本报告的出版得到

国家重点文物保护专项经费资助

阜新高林台城址
发掘报告

辽宁省文物考古研究院　编著

文物出版社

北京·2024

图书在版编目（CIP）数据

阜新高林台城址发掘报告／辽宁省文物考古研究院
编著．—北京：文物出版社，2024.5
ISBN 978 - 7 - 5010 - 8394 - 7

Ⅰ．①阜…　Ⅱ．①辽…　Ⅲ.①古城遗址（考古）—发掘
报告—阜新　Ⅳ.①K878.35

中国国家版本馆 CIP 数据核字（2024）第 058207 号

阜新高林台城址发掘报告

编　　著：辽宁省文物考古研究院

责任编辑：黄　曲
助理编辑：蔡睿恺
封面设计：程星涛
责任印制：张　丽

出版发行：文物出版社
社　　址：北京市东城区东直门内北小街 2 号楼
邮　　编：100007
网　　址：http://www.wenwu.com
经　　销：新华书店
印　　刷：宝蕾元仁浩（天津）印刷有限公司
开　　本：889mm×1194mm　1/16
印　　张：29
版　　次：2024 年 5 月第 1 版
印　　次：2024 年 5 月第 1 次印刷
书　　号：ISBN 978 - 7 - 5010 - 8394 - 7
定　　价：350.00 元

Excavation Report on Gaolintai City site, Fuxin Mongolian Autonomous County

(With an English Abstract)

by

Liaoning Provincial Institute of Cultural Relics and Archaeology

Cultural Relics Press

Beijing · 2024

目录

插图目录

彩版目录

第一章　概述

第一节　地理位置和周边环境

　　高林台城址位于辽宁省阜新市阜新蒙古族自治县（下称阜新县）境内。阜新县地处辽宁省西北部，地理坐标为北纬 41°44′~42°34′、东经 121°01′~122°25′。北与内蒙古自治区通辽市库伦旗、赤峰市奈曼旗交界，东与辽宁省彰武县、新民市相连，南与义县、北镇市、黑山县接壤，西与北票市毗邻。县境东西长约 114 千米，南北宽约 94 千米，总面积约 6164.2 平方千米。

　　县域内地形以低山丘陵为主，医巫闾山和努鲁尔虎山于县东北招束沟镇一带逐渐隆起并分别向东南和西南方向延伸，境内最高点为乌兰木图山，海拔 831 米。

　　细河为阜新县境内流域最广、水流量最大的河流，蒙古语名称为锡日塔拉（意为黄色的草原）河；属山溪性河流，水位暴涨暴落；发源于县北的骆驼山西坡，在阜新县境内有高林台河、九营子河、四官营子河等支流，于锦州义县复兴堡汇入大凌河。除细河外，阜新县境内还有二道河、八道河、羊肠河、厚很河、牤牛河、饶阳河等大凌河或辽河支流。

　　阜新县属于温带大陆性季风气候，为辽宁省西北部的少雨区。夏季多西南风，气温较高；冬季多西北风，寒冷干燥。降雨量年际间变化较大，年内分配不均，常出现干旱现象。县内东南——医巫闾山地区，降水量大；县境中部——医巫闾山和努鲁尔虎山之间区域，降水量较大；县西北——努鲁尔虎山以北，降水量较小。

　　阜新县交通便利，四通八达。现有长深、阜锦、阜营高速公路连接北京、沈阳、长春、锦州、营口等区域中心城市和港口城市。国道 101 线由县西南向东北贯穿全境；省道 205 北通内蒙古自治区库伦旗，南达沈阳。铁路方面有新义线、锦承线连接沈阳、锦州、朝阳；巴新铁路向西北通往内蒙古通辽市；新建京沈高铁客运专线，半小时可至沈阳，两小时即抵北京。因此，该地区是连接辽宁省西部和内蒙古东部地区的重要交通枢纽。

　　阜新县文化遗产资源丰富，位于县境东部沙拉镇的查海遗址①被誉为"东北第一村"，迄今为止仍是东北地区发现的年代最早、保存最完整的新石器时代早期村落遗址。境内王府镇西灰同遗址②

---

① 辽宁省文物考古研究所：《查海——新石器时代聚落遗址发掘报告》，文物出版社，2012 年。
② 辽宁省文物考古研究所：《辽宁考古年报——铁朝高速公路特刊（2006）》（内部资料），第 29~39 页。

代表了辽西地区夏家店下层文化分布的东缘，务欢池镇勿欢池遗址①代表了辽西北地区高台山文化分布的西缘，反映了青铜时代早期两支不同性质的考古学文化在本地区的交汇。早期燕秦汉长城和明代长城分别从县境北部和南部山区由西南向东北穿过，体现了本地区有史以来就是草原游牧民族与农耕民族交错分布地带。境内的乌兰木图山辽墓群②、关山辽墓群③是与内蒙古巴林左旗辽祖陵④、巴林右旗辽庆陵⑤和辽宁省北镇市医巫闾山乾、显二陵⑥等齐名的契丹贵族墓葬遗存。佛寺镇的瑞应寺⑦、大板镇的海棠山摩崖造像⑧是东北地区体量最大、保存最好的藏传佛教遗存，也是本地区重要的文化旅游景观。

第二节　城址现状和以往工作

一、城址现状

高林台城址位于阜新县中部偏南，行政隶属于阜新镇（原他本扎兰镇）西扣莫村高林台村，城址中心地理坐标为北纬42°04′23.5″、东经121°41′55.9″，海拔170米（图一）。城址东北侧为一条季节性河流（当地俗称哈朋河），哈朋河向南汇入高林台河，高林台河入细河（彩版一，1）。西北为八家子山（医巫闾山余脉），海拔305米，其东侧山坡地表可见数十米长的土石堆砌的长城遗迹（彩版二，1）；东北为一处高岗，当地俗称北山，海拔220米；城址北扼两山之间的峡谷，战略地位十分重要。

城址现存平面呈梯形，东北侧被河流冲毁。西城墙墙体外侧夯土被取土破坏，主体尚存，现存长度约165米，高2～4米。北城墙保存较差，仅西段尚存少许内侧夯土，现存长度约62米，高1～2米。东城墙保存最差，只在南段地表见有凸起的土垄，现存长度约40米，高0.5米。南城墙保存一般，其东段情况与东城墙南段相似，为凸起的土垄，现存长度约130米，高0.5～1米；西段保存较好，长度约42米，高2～3米。

城内现为耕地，地形呈现西高东低、南高北低的态势（彩版一，2）。因人为耕种和自然雨水的冲击，城墙堆积由顶部向城内呈慢坡状。城内随处可见绳纹板瓦、筒瓦残片和夹砂灰陶片、铜镞、铁器等遗物。城东南侧一处自然形成的断面上可见大量瓦片、陶片以及兽骨，有灰沟、灰坑

① 辛岩：《阜新勿欢池遗址发掘简报》，《辽海文物学刊》1997年第2期。
② 李龙彬、樊圣英：《阜新蒙古族自治县乌兰木图山辽墓群》，《中国考古学年鉴2011》，文物出版社，2012年，第195～196页。辽宁省文物考古研究所：《辽宁阜新县辽代平原公主墓与梯子庙4号墓》，《考古》2011年第8期。辽宁省文物考古研究所：《辽宁阜新梯子庙二、三号辽墓发掘简报》，《北方文物》2004年第11期。
③ 辽宁省文物考古研究所：《关山辽墓》，文物出版社，2011年。
④ 中国社会科学院考古研究所内蒙古第二工作队、内蒙古文物考古研究所：《内蒙古巴林左旗辽代祖陵陵园遗址》，《考古》2009年第7期。
⑤ 田村實造、小林行雄：《慶陵———東モンゴリアにおける遼代帝王陵とその壁畫に關する考古學的調查報告》，東京座右寶刊行會，1953年。
⑥ 辽宁省文物考古研究院、锦州市博物馆、北镇市文物处：《辽宁省北镇市医巫闾山辽代帝陵遗址群重要发现——新立M1、M2》，《边疆考古研究》第27辑，科学出版社，2020年，第59～65页。
⑦ 特沫若：《瑞应寺》，辽宁民族出版社，2004年。
⑧ 阜新对外文化交流协会：《阜新海棠山摩崖造像》（内部资料），1993年。

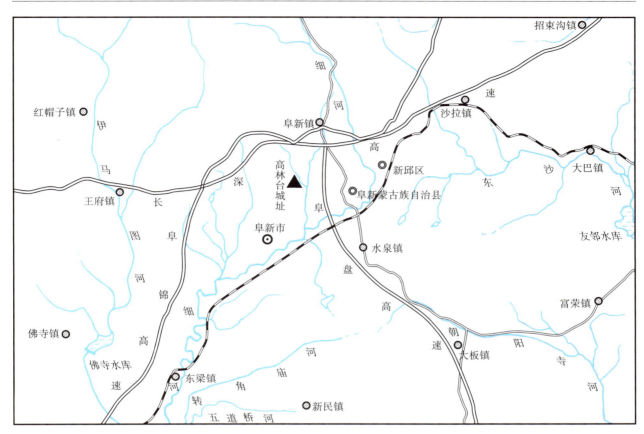

图一　高林台城址地理位置示意图

类遗迹，文化层厚 2～3 米。

二、以往工作

目前所见最早记述高林台城址的是成书于 1935 年的《阜新县志》。《阜新县志》卷二《地理古迹》"古城"条载："高梁畲古城，在县城西北十二里有古废城一座，遗址稍存，并被河水冲刷四分之一矣，建自何代不可考。"①

21 世纪初，在辽宁省长城学会和阜新市文化局组织的阜新地区燕、秦、汉长城联合调查中，高林台城址首次进入考古工作者视野。在吉昌盛等编写的《辽宁省阜新市区、阜新县燕、秦、汉内线（南线）长城考古调查情况纪实》② 一文中，对高林台城址有简单的描述，目测其边长为 250～300 米，当时认为其是辽宁乃至东北地区发现的最大战国城址之一。

2006 年，阜新市文物管理办公室和阜新市考古所在配合高林台城址申报省级重点文物保护单位时，对城址做了进一步调查，并对城址本体及周边地形进行了初步测绘，相关成果见于《阜新两座汉代城址调查》③ 一文。此次调查和测绘，确认城址边长为 160～175 米，体量较一般汉代县

---

① 张遇春、高赞华、贾如谊等：《阜新县志》卷二《地理古迹》，奉天正文斋印刷局，1935 年，第四十页。
② 吉昌盛、王久贵、金光远等：《辽宁省阜新市区、阜新县燕、秦、汉内线（南线）长城考古调查情况纪实》（内部资料），2006 年，第 54 页。
③ 阜新市考古所：《阜新两座汉代城址调查》，《辽宁考古文集》（二），科学出版社，2010 年，第 94～100 页。

级治所略小。

2007 年，辽宁省人民政府将高林台城址公布为第七批省级重点文物保护单位。

2008 年，辽宁省文物考古研究所和阜新市考古所在京沈高铁（阜新段）占地区域文物调查中，发现拟建铁路经由高林台城址南侧通过。

2014 年底，辽宁省文物考古研究所联合阜新市文物管理办公室、阜新市考古所、阜新县文物管理所启动了对高林台城址的考古勘探和发掘工作。

第三节　考古勘探、发掘和资料整理概况

一、考古勘探

高林台城址考古勘探工作先后开展了两次：

2014 年 6 月至 7 月，辽宁省文物考古研究所对京沈高铁沿线文物普查中发现的遗址进行了全面勘探。对高林台城址的勘探主要围绕铁路线经由的南城墙及其以南区域展开。此次勘探确认了南城墙保存情况、南门遗址位置，发现了城址南侧护城河。

2016 年，在完成铁路线经由区域的考古发掘工作后，为进一步了解城内遗存的分布情况，辽宁省文物考古研究所对城内进行了系统勘探。此次工作确认了城址的四至，掌握了城内遗迹的分布情况。

二、考古发掘

高林台城址考古发掘工作始于 2014 年 10 月，至 2017 年 11 月野外工作全部结束。期间，辽宁省文物考古研究所联合阜新市文物管理办公室、阜新市考古所、阜新县文物管理所对城址南侧护城河、城内东南角、城墙西南内角、南门遗址、城内西北角五个区域进行了考古发掘（彩版二，2）。

2014 年 10 月至 2015 年 1 月，对城址南侧护城河（Ⅰ区）进行考古发掘（彩版三，1），布设 5 米×5 米探方 24 个，实际发掘面积约 625 平方米（图二）。参加发掘人员有辽宁省文物考古研究所褚金刚、阜新市文物管理办公室王义和阜新市考古所郭添刚、陈亦峰。

2015 年 4 月至 10 月，对城内东南角（Ⅱ区）和城墙西南内角（Ⅲ区）进行发掘（彩版三，2；彩版四，1）。Ⅱ区布设 5 米×5 米探方 20 个，实际发掘面积约 540 平方米（图三）；Ⅲ区布设 5 米×5 米探方 6 个，4 米×7 米探沟 1 条，3 米×12 米探沟 1 条，实际发掘面积 206 平方米（图四）。参加发掘人员有辽宁省文物考古研究所褚金刚、马红光和阜新市文物管理办公室王义、阜新市考古所郭添刚。

2016 年 4 月至 11 月，对城址南门遗址（Ⅳ区）进行发掘（彩版四，2），布设 5 米×5 米探方 31 个，加上扩方实际发掘面积 800 平方米（图五）。参加发掘人员有辽宁省文物考古研究所褚金刚、阜新市文物管理办公室王义、阜新市考古所崔嵩和阜新县文物管理所姚崇。

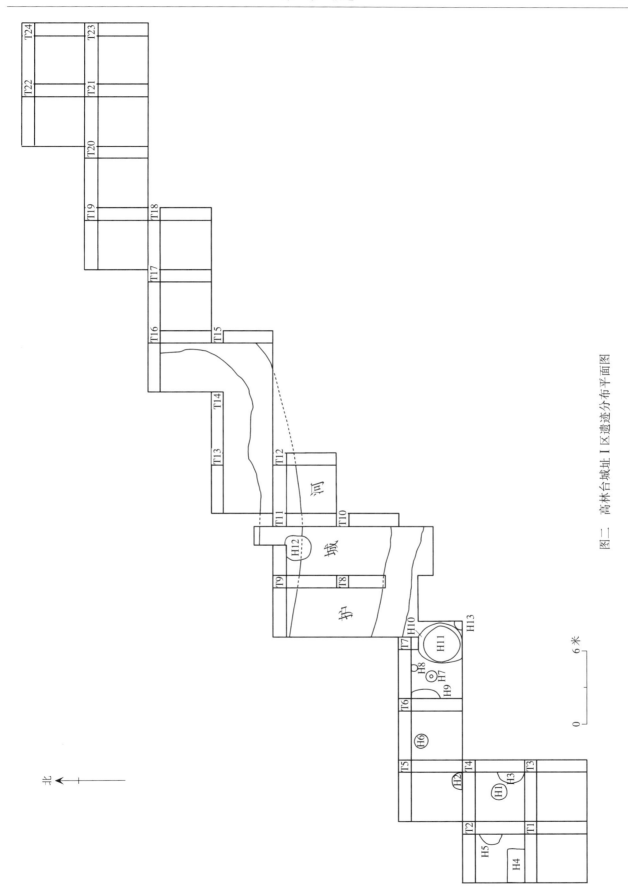

图二 高林台城址 I 区遗迹分布平面图

图三 高林台城址Ⅱ区遗迹分布平面图

北

T0504 T0503 T0502 T0501

T0404 T0403 T0402

T0304 T0303 T0302 T0301

T0204 T0202 T0201

T0104 T0103 T0102 T0101

0 2.5 米

F1 F2

G1 G2 G3 G4

Q1

H1 H2 H3 H4 H5 H6 H7 H8 H9 H10 H11 H12 H13 H14 H15 H16 H17 H18 H19 H20 H21 H22 H23 H24 H25 H26 H27 H28 H29 H30 H31 H32 H33 H34 H35 H36 H37 H38 H39 H40 H41 H42 H43 H44 H45 H46 H47 H48 H49

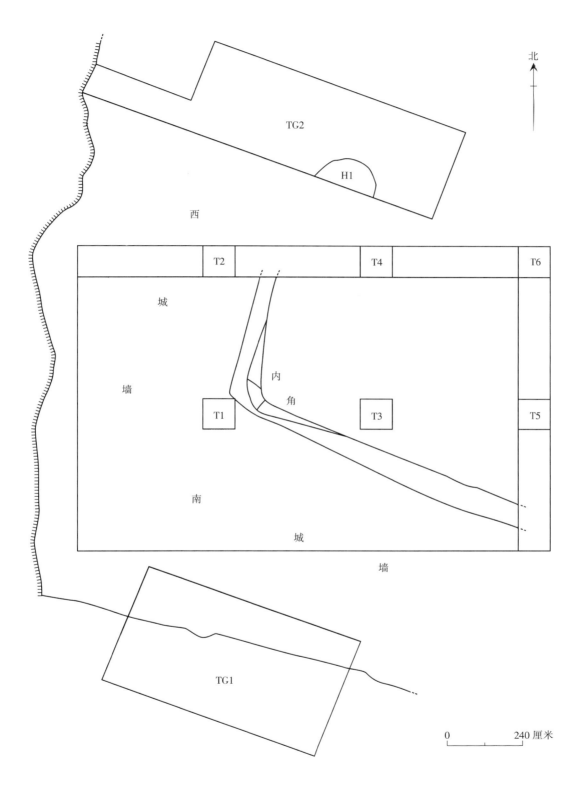

图四 高林台城址Ⅲ区遗迹分布平面图

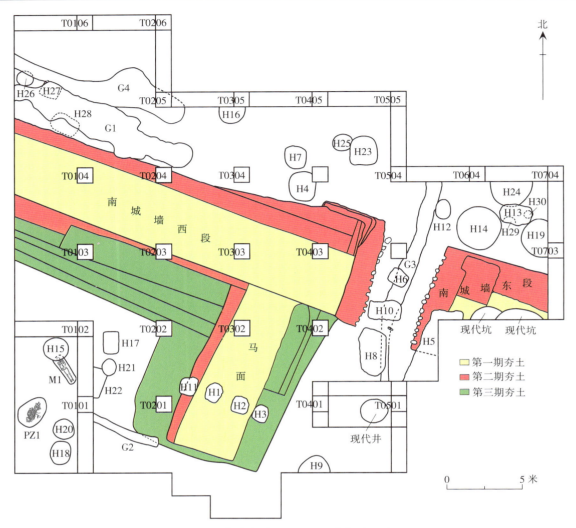

图五　高林台城址Ⅳ区遗迹分布平面图

2017 年 4 月至 11 月，对城内西北角（Ⅴ区）发掘（彩版五），布设 10 米×10 米探方 8 个，实际发掘面积约 840 平方米（图六）。参加发掘人员有辽宁省文物考古研究所褚金刚、阜新市文物管理办公室王义、阜新市考古所崔嵩、阜新县文物管理所姚崇和吉林大学 2016 级硕士研究生龚湛清。

三、资料整理

高林台城址考古资料整理工作从田野发掘伊始，一直在断续推进，然早年整理工作仅限于部分遗物的拼对、修复、绘图和遗迹线图的数字化处理，并不系统。

2019 年 5 月，辽宁省文物考古研究院将高林台城址考古发掘资料整理列为院资助项目，此后相关整理工作全面启动。

2019 年至 2020 年，对出土文物标本进行拼对、修复、照相、绘图、描述。参加工作人员有辽宁省文物考古研究院褚金刚、万成忠、中国人民大学历史学院 2019 级硕士研究生马志国。

2021 年 7 月，吉林大学考古学院动物考古实验室王春雪教授对出土动物遗存进行了种属鉴定、

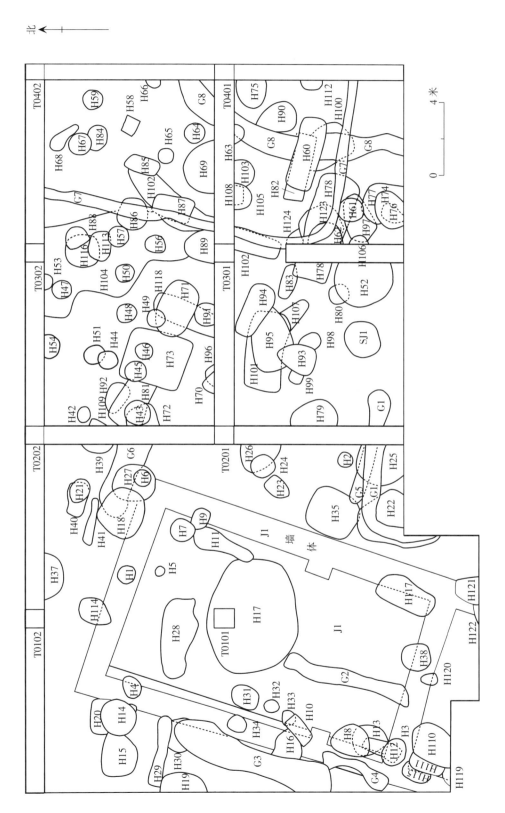

图六　高林台城址 V 区遗迹分布平面图

稳定同位素分析、DNA 分析。8 月，辽宁省文物考古研究院技术保护部柏艺萌研究员对出土铜器进行采样分析。8 月至 11 月，褚金刚对已完成的遗迹线图、遗物线图、器物照片、器物描述等进行了整理核对，吉林大学考古学院 2017 级本科生毕桐馨参与了核对。

2022 年 1 月至 6 月，褚金刚完成了报告文字撰写和图片排版工作，万成忠完成了线图排版工作，报告初稿完成。

2022 年 12 月，辽宁省文物考古研究院组织专家对《阜新高林台城址发掘报告》进行审定。会后，褚金刚据专家意见对文稿进行修订和完善，至此资料整理和报告编写工作全部完成。

第二章　城址本体的勘探和发掘

第一节　城墙的勘探和发掘

一、城墙的勘探

2014 年和 2016 年分两次对城墙本体进行勘探（图七），其结果如下：

南城墙：墙体中部偏东设城门一座，城门将南城墙分为东、西两段。西段墙体基础下即为生土，底部无基槽，长 98 米，底部宽 14.5 米，顶部宽 3.5 米；其中有 40 米墙体高于现地表约 2.0～3.5 米，地下部分约 1.5 米（彩版六）；余 58 米墙体地表以上均被破坏，地下部分高约 1.5 米。东段墙体基础修筑在战国文化层或生土层上，底部无基槽，长 75 米，底部宽 14.5 米，顶部宽 3.7 米，地表可见高约 0.5 米的土垄，地下部分高约 1.5 米。

东城墙：北部被河流冲毁，仅南部残存一段。城墙基础修筑在生土层上，底部无基槽，存长 53 米，底部宽 14.5 米，顶部宽 3.5 米，地表局部可见高约 0.5 米的土垄，地下部分高约 1.0 米。

北城墙：东部被河流冲毁，仅存西部且墙外侧夯土被取土破坏。城墙基础修筑在生土层上，底部无基槽，存长 78 米，底部存宽 4.5 米，顶部宽 1.5 米，地表以上部分高 1.0～2.0 米，地下部分高约 1.5 米（彩版七，1）。

西城墙：整段墙体的外侧夯土被不同程度破坏。城墙基础修筑在生土层上，局部开槽，墙体长 169 米，底部存宽 11.6 米，顶部宽 2.5 米，墙体残高 4.5 米（彩版七，2）。

二、城墙的解剖发掘

为了解城墙结构，选择南城墙西段外立面ⅢTG1（见图四；彩版八，1）和西城墙南段自然豁口ⅢTG2（见图四；彩版八，2）进行了解剖发掘。

（一）ⅢTG1

ⅢTG1 地表被现代垃圾、杂草和野枣树覆盖，清理地表植被后即露出城墙夯土。因常年风雨侵蚀，外立面倒塌呈斜坡状，地表以上现存高约 2.5 米。斜坡上夯层清晰可见，夯层厚约 10 厘米；夯窝均为圆形、圜底，窝径 4～7、深 0.5 厘米。

探沟南侧为城墙夯土倒塌堆积，清理倒塌堆积后即露出南城墙外立面的地下部分，现存高度 1.4 米，外立面较直，略有收分。

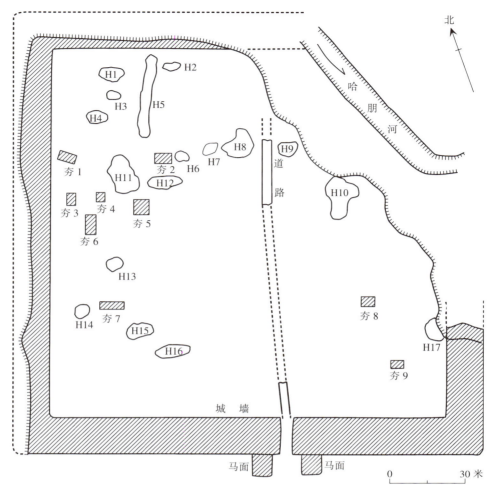

图七　高林台城址考古勘探平面图

（二）ⅢTG2

　　ⅢTG2 表土层下即为城墙。墙体底部通过局部开槽加筑夯土的方式与外侧取平，然后向上夯筑墙体。根据夯土颜色、致密度和夯层厚度，将其分为三期：第一期夯土为黄褐色砂土，质地紧密，夯层厚 0.1～0.4 米；第二期夯土为浅褐色砂土，质地略疏松，夯层厚约 0.25～0.6 米，系在第一期夯土的两侧和顶部加筑；第三期夯土为花色黏土，质地紧密，夯层厚 0.5～2.0 米，系在第一期和第二期夯土的外侧加夯（图八）。

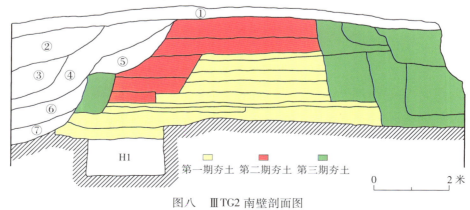

图八　ⅢTG2 南壁剖面图

（三）出土遗物

ⅢTG1 无遗物出土。

ⅢTG2 出土遗物共 5 件。有陶器和铁镞。

1. 陶器　2 件。出土于第二期夯土中，形制与第二期文化相同。

灯　1 件。

标本ⅢTG2：1，夹砂红褐陶。手制。圆唇，敞口，矮圈足。素面。口径 8.4、底径 5.6、高9.3、厚 0.6、圈足高 1.2 厘米（图九，1；彩版一〇，4）。

器底　1 件。

标本ⅢTG2：2，夹砂红褐陶。手制。口部残，斜直腹，平底。素面。底径 4.4、残高 2.4、厚0.7 厘米（图九，2）。

2. 铁镞　3 件。形制与第五期文化相同。

标本ⅢTG2⑥：2，三棱锥形镞。体细长，镞身剖面呈三角形。铤残。残长 5.4、宽 0.8、铤残长 1.1 厘米（图一〇，1）。

标本ⅢTG2⑥：1，四棱锥形镞。体细长，镞身剖面呈方形。铤残。残长 5.2、宽 0.7、铤残长1.2 厘米（图一〇，2）。

标本ⅢTG2⑥：3，四棱锥形镞。体细长，镞身剖面呈方形。铤残，剖面呈圆形。残长 6.3、宽0.7、铤残长 2.9、铤径 0.3 厘米（图一〇，3）。

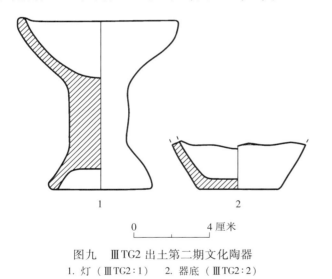

图九　ⅢTG2 出土第二期文化陶器
1. 灯（ⅢTG2：1）　2. 器底（ⅢTG2：2）

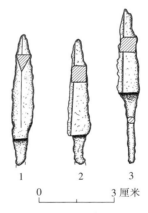

图一〇　ⅢTG2 出土第五期文化铁镞
1. 三棱锥形镞（ⅢTG2⑥：2）　2、3. 四棱锥形镞（ⅢTG2⑥：1、ⅢTG2⑥：3）

第二节　城墙西南内角的发掘

为了解城墙内角形制，在城墙西南角进行了发掘，探方编号ⅢT1 ～ ⅢT6（见图四）。

（一）城墙西南内角形制

ⅢT1、ⅢT2、ⅢT3 清理表土后即露出城墙本体。从已揭露墙体顶部夯土颜色和质地看，有与ⅢTG2 同类型的第二、三期夯土。未发现与角台相关的遗迹或遗物，推测城墙转角没有角台一类建筑。

ⅢT4、ⅢT5、ⅢT6 为城址西南内角所在，地层堆积与ⅢTG2 墙内侧堆积相同（见图八），即表土层（①层）、唐代文化层（②~⑥层）和汉代文化层（⑦层），各层都出土有少量的布纹或绳纹瓦片。经清理可知，城址西南内角为抹角方形（彩版九，1），拐角处由中间的扇形夯土和两侧的弧边三角形夯土共同构成（彩版九，2）。

（二）出土遗物

出土遗物共 12 件。有建筑构件、陶器和铁器，器物形制与第五期文化相同。

1. 建筑构件　4 件。均为板瓦。出土时，四件板瓦叠置倚靠于南城墙内立面上（彩版一〇，1）。

标本ⅢT5⑤:1，夹砂灰陶。平面呈梯形。背面为素面，宽沿处有指压纹；内侧饰布纹，两侧有较窄的切割痕。长 35.9、宽 30.6、高 6.0、厚 1.0~2.4 厘米（图一一，1；彩版一〇，2）。

标本ⅢT5⑤:2，夹砂红陶。平面呈梯形。背面为素面；内侧饰布纹，两侧有较窄的切割痕。长 35.0、宽 27.4、高 6.5、厚 1.2~1.7 厘米（图一一，3；彩版一〇，3）。

标本ⅢT5⑤:3，夹砂灰陶。平面呈梯形。背面为素面，宽沿处有指压纹；内侧饰布纹，两侧有较窄的切割痕。长 36.6、宽 29.4、高 7.3、厚 1.5~2.4 厘米（图一一，4）。

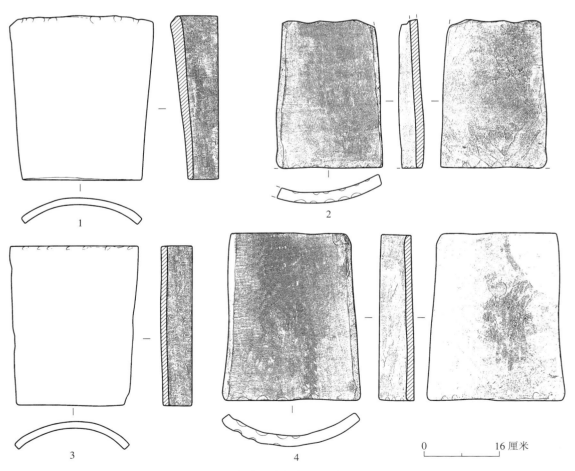

图一一　Ⅲ区城墙西南内角出土第五期文化板瓦
1~4. ⅢT5⑤:1、ⅢT5⑤:4、ⅢT5⑤:2、ⅢT5⑤:3

标本ⅢT5⑤：4，夹砂灰陶。平面呈长方形。背面近宽端有手抹痕，宽沿处有指压纹；内侧饰布纹，一侧残存较窄的切割痕。残长32.5、宽22.6、残高5.6、厚1.2~2.3厘米（图一一，2）。

2. 陶器　1件。为纺轮。

标本ⅢT4③：9，夹砂黄褐陶。呈圆台状，中间有圆形穿孔。顶径3.4、底径4.9、孔径0.7、厚2.2厘米（图一二，2；彩版一〇，5）。

3. 铁器　7件。有镞、镰、铲。

镞　4件。

标本ⅢT4③：3，四棱锥形镞。镞身粗短，剖面呈方形；铤细长，剖面呈圆形。通长9.7、宽0.8、铤长6.5、铤径0.4厘米（图一二，6）。

标本ⅢT5③：1，四棱锥形镞。镞身粗短，剖面呈方形；铤残，剖面呈圆形。通长6.5、宽0.7、铤残长2.8、铤径0.3厘米（图一二，5）。

标本ⅢT5③：2，四棱锥形镞。镞身粗短，剖面呈方形；铤残，剖面呈圆形。通长5.4、宽0.7、铤残长1.9、铤径0.3厘米（图一二，4）。

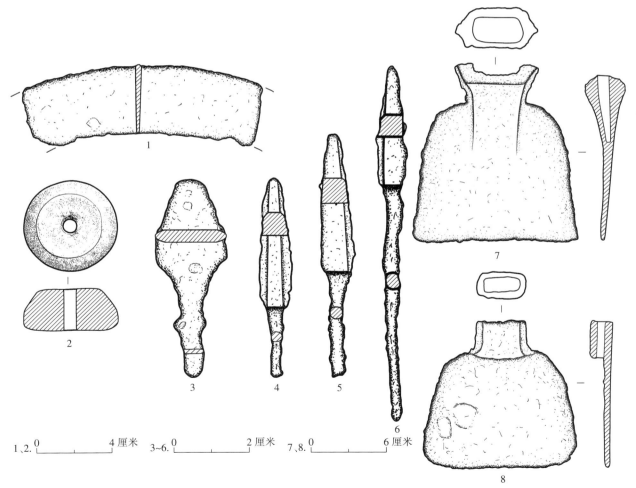

图一二　Ⅲ区城墙西南内角出土第五期文化器物

1. 铁镰（ⅢT6③：1）　2. 陶纺轮（ⅢT4③：9）　3. 菱形铁镞（ⅢT5②：5）　4~6. 四棱锥形铁镞（ⅢT5③：2、ⅢT5③：1、ⅢT4③：3）
7、8. 铁铲（ⅢT4③：4、ⅢT4③：5）

标本ⅢT5②：5，菱形镞。体粗短、镞身平面呈菱形，剖面呈卵形；铤残，剖面呈长方形。通长 5.3、宽 1.8、厚 0.3、铤残长 2.3、铤宽 0.5 厘米（图一二，3）。

镰　1 件。

标本ⅢT6③：1，平面呈长舌状，弧背弧刃，首尾均残。残长 12.6、宽 3.8、厚 0.3 厘米（图一二，1）。

铲　2 件。

标本ⅢT4③：4，平面呈梯形，溜肩，直刃，方銎。长 14.8、宽 13.1 厘米（图一二，7）。

标本ⅢT4③：5，平面呈梯形，溜肩，直刃，卷筒状銎。长 12.1、宽 11.9 厘米（图一二，8）。

第三节　南门遗址的发掘

南门遗址发掘区，编为Ⅳ区（图五），位于城址南城墙中部偏东。本节仅介绍属于城址本体的门址、门址两侧城墙以及马面，该发掘区其他遗迹见本书第三章。

一、南门门址

（一）地层堆积

以门道所在的ⅣT0503、ⅣT0603 北壁为例（图一三）：

①层：黄色砂土，土质疏松。出土少量绳纹、布纹瓦残片。厚 32～42 厘米。为耕土层。

②层：灰褐色土，土质疏松。出土少量绳纹、布纹瓦残片和铁镞等。厚 21～31 厘米。为唐代文化层。

③层：黄褐色土，土质较硬。出土少量绳纹瓦残片和红烧土。厚 5～70 厘米。为门道上层倒塌堆积。

④层：红色烧土层，土质疏松。出土大量绳纹瓦残块、瓦当残块和铜镞、铁镢、铁铲等。厚 39～77 厘米。为门道下层倒塌堆积。

以下为门道活动面，未继续清理。

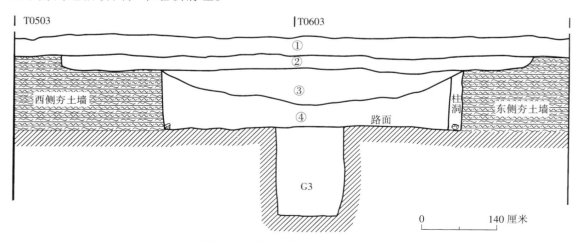

图一三　南门门道地层堆积剖面图

（二）门址结构

门址位于Ⅳ区 T0502、T0503、T0504、T0602、T0603、T0604 内，开口于②层下，坐落于生土上。平面呈长方形，进深 7.08、宽 3.24～4.08 米，门道活动面距现地表 1.72 米。其结构包括以下几个部分（图一四；彩版一一，1）：

1. 门道基础

门道底部东、西两侧有柱础石，础石上直接立排叉柱，两侧分别有 12 个排叉柱、柱洞和柱础石。门道东侧柱洞间距，由北向南依次为 0.21、0.35、0.50、0.38、0.45、0.14、0.34、0.19、0.25、0.31、0.52 米；门道西侧柱洞间距（柱洞消失者以础石中心测量），由北向南依次为 0.44、0.21、0.26、0.16、0.26、0.31、0.32、0.42、0.21、0.30、0.41 米。柱洞内多数都保留有烧毁的排叉柱木炭痕迹。础石类型分为石板和碎石两种：门道东侧础石以石板居多，西侧础石以碎石居多。另外在门道西侧距城外 0.17 米处，有排叉柱完全包筑在城墙夯土中，内有腐木，应是早期门道柱洞。

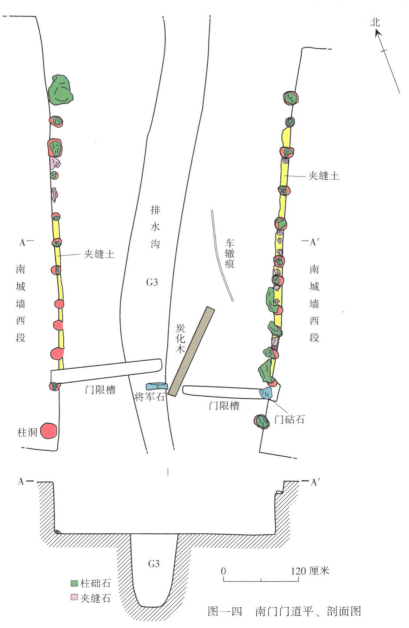

图一四　南门门道平、剖面图

2. 门道边壁

边壁借助门道两侧城墙夯土为之，夯筑前预埋圆形木柱，木柱一半置于夯土中，另一半暴露在夯土之外，外侧有木护板；木护板和夯土边壁之间填充碎石、板石和填缝土，存高 1.38～1.42 米（彩版一一，2）。

3. 门道路面

现存门道路面为砂土面，路土板结成块，踩踏痕迹明显。门道东侧还见有一条车辙痕，长约 1.69、宽 0.04 米（见图一四）。门道倒塌堆积中出土多块绳纹砖，推测门道路面可能有铺砖。道路向北水平延伸至城内，向南出门道后低行至城外。经解剖，路面仅此一层，厚约 0.08 米，其下即为生土。

4. 门道其他设施（门限、将军石、排水沟）

门限位于近城外一侧，地表可见两道安装门限的凹槽。东侧凹槽长 1.27、宽 0.14、深 0.15 米，靠近边壁处有一石板，为门砧石。西侧凹槽长 1.77、宽 0.23、深 0.15 米，靠近边壁处不见门砧石。两侧门限槽不对称，东侧靠外，西侧靠内，相距 0.4 米（见图一四）。

将军石（标本 ⅣMZ：27）位于东、西门限槽之间，偏近东侧。系花岗岩打磨而成，平面呈不规则长方形，两侧面磨制光滑，四周打制痕迹明显。宽 0.41、高 0.59、厚 0.14 米，埋藏深度 0.38 米（图一五）。

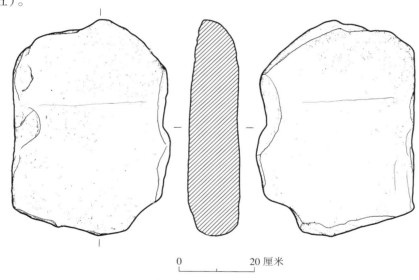

0　　　　20厘米

图一五　南门门址出土将军石（ⅣMZ：27）

排水沟（ⅣG3）位于 Ⅳ 区 T0502、T0503、T0602、T0603、T0604 内，开口于门道活动面下，打破生土。平面呈长条形，南北纵向穿过门道中部，向北愈浅、延伸至城内，向南愈深、可至城外（见图一四）。门道倒塌堆积中出土有绳纹砖，推测 ⅣG3 顶部应有石或砖质的盖板，方便平时通行。沟内为黄砂土，土质较硬，水浸痕迹明显。已清理部分长 12.3、上口宽 0.4～1.0、底宽 0.4～0.6、深 1.3 米。

（三）出土遗物

南门是高林台城唯一的出入口，其沿用时间较长，出土遗物与城址第一期和第二期文化相似。

1. 第一期文化遗物

共3件。有瓦当、钱币。

（1）瓦当　1件。

标本ⅣMZ：29，夹砂红陶。半瓦当，残。当面正中有竖向界格将其一分为二，界格两侧饰对称的曲尺几何纹，曲尺组成的方格内装饰乳丁纹。当面径11.6、残高6.6、厚0.9～1.4厘米（图一六，1；彩版一二，1）。

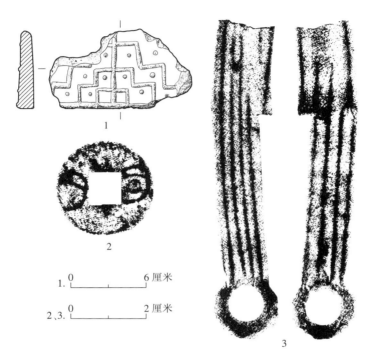

图一六　南门门址出土第一期文化器物

1. 瓦当（ⅣMZ：29）　2. "明化"钱（ⅣMZ：5）拓片　3. 明刀币（ⅣMZ：8）拓片

（2）钱币　2枚。有明刀币和"明化"钱。

明刀币　1枚。

标本ⅣMZ：8，仅存柄部和部分刀身，尖部残。弧背。残长8.7、宽1.6厘米。重9.0克（图一六，3）。

"明化"钱　1枚。

标本ⅣMZ：5，圆形，方孔，无郭，背平。正面篆书"明化"二字。直径2.6、穿孔宽0.8、厚0.1厘米。重3.0克（图一六，2）。

2. 第二期文化遗物

共38件。有建筑构件、陶器、铜器、铁器、钱币等。

（1）建筑构件　27件。有筒瓦、板瓦、瓦当、绳纹砖。

筒瓦　9件。

标本ⅣMZ：9，夹砂黄褐陶。半筒形，残。背面饰稀疏的竖向绳纹；内侧可见泥圈套接痕、手捏痕和切割痕。残长15.6、径15.6、高7.6、厚0.8～1.3厘米（图一七，4）。

　　标本ⅣMZ：23，夹砂黄褐陶。半筒形，有瓦舌，残。背面饰稀疏的斜向绳纹；内侧可见泥圈套接痕、手捏痕和切割痕，近瓦舌一端有慢轮修整痕迹。残长30.3、径15.4、高7.9、厚0.9～1.9、舌长3.7厘米（图一七，1；彩版一二，4）。

　　标本ⅣG3：7，夹砂灰陶。半筒形，残。背面饰瓦棱纹和弦断竖向细绳纹；内侧近尾端有慢轮修整痕迹，局部饰麻点纹，一侧有由外向内的窄切割痕。残长16.4、高3.6、厚0.9～1.3厘米（图一八，1）。

　　标本ⅣG3：8，夹砂黄陶。半筒形，残。背面饰稀疏的斜向绳纹并抹平；内侧可见泥圈套接痕、手捏痕和由外向内的切割痕。残长42.1、高4.2、厚1.1～1.4厘米（图一八，7）。

　　标本ⅣG3：9，夹砂灰陶。半筒形，有瓦舌，残。背面饰竖向绳纹；内侧可见泥圈套接痕、手捏痕和由外向内的切割痕，近瓦舌端有慢轮修整痕迹。残长23.0、高4.9、舌长1.9、厚0.7～1.4厘米（图一八，5）。

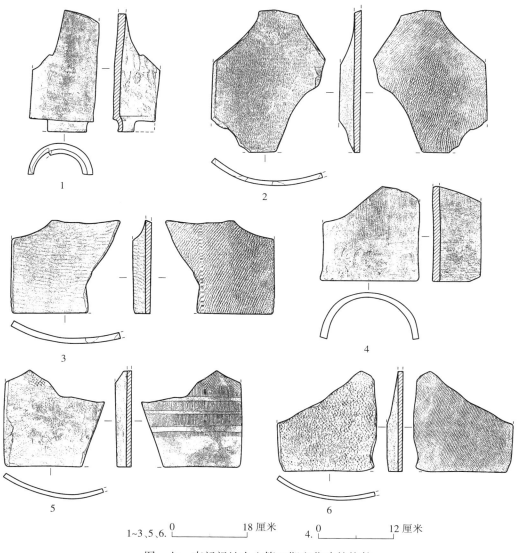

图一七　南门门址出土第二期文化建筑构件

1、4．筒瓦（ⅣMZ：23、ⅣMZ：9）　2、3、5、6．板瓦（ⅣMZ：25、ⅣMZ：6、ⅣMZ：26、ⅣMZ：24）

标本ⅣG3：10，夹砂黄陶。半筒形，有瓦舌，残。背面饰弦断竖向粗绳纹；内侧可见手捏痕和由内向外的切割痕，近尾端有慢轮修整痕迹。残长24.5、高5.0、厚0.8～1.3厘米（图一八，6）。

标本ⅣG3：11，夹砂灰陶。半筒形，有瓦舌，残。背面饰弦断竖向粗绳纹；内侧可见泥圈套接痕、手捏痕和由外向内的切割痕，近瓦舌端有慢轮修整痕迹。残长26.3、径15.2、高7.3、厚0.8～1.3、舌长2.5厘米（图一八，4；彩版一四，3）。

标本ⅣG3：13，夹砂灰陶。半筒形，有瓦舌，残。背面饰稀疏的竖向绳纹并抹平；内侧局部施绳纹并抹平，另可见手捏痕和由外向内的切割痕，近瓦舌端有慢轮修整痕迹。残长22.5、径14.6、高7.5、厚0.6～1.1、舌长2.2厘米（图一八，3；彩版一四，2）。

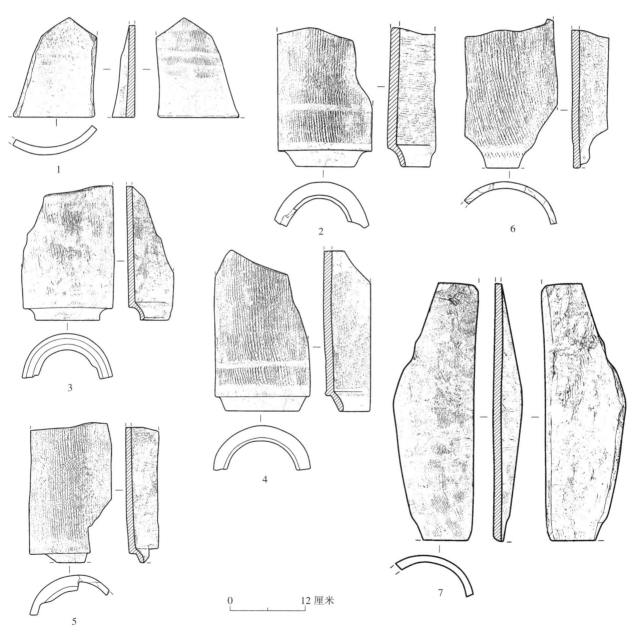

0 　　　　　　12厘米

图一八　ⅣG3出土第二期文化筒瓦

1～7. ⅣG3：7、ⅣG3：14、ⅣG3：13、ⅣG3：11、ⅣG3：9、ⅣG3：10、ⅣG3：8

标本ⅣG3∶14，夹砂灰陶。半筒形，有瓦舌，残。背面饰弦断竖向粗绳纹；内侧可见泥圈套接痕、手捏痕、划痕和由外向内的切割痕。残长22.9、径15.3、高7.5、厚0.7～1.1、舌长2.7厘米（图一八，2）。

板瓦　7件。

标本ⅣMZ∶6，夹砂灰陶。残存较宽的一端。平面近梯形。背面饰斜向绳纹；内侧饰横向篮纹，一端残存较窄的切割痕。残长23.2、宽26.4、厚0.9～1.3厘米（图一七，3）。

标本ⅣMZ∶24，夹砂红褐陶。残存较窄的一端。平面呈梯形。背面饰斜向绳纹；内侧饰麻点纹，一端残存较窄的切割痕。残长24.8、宽23.8、厚0.9～1.2厘米（图一七，6）。

标本ⅣMZ∶25，夹砂灰陶。残存较宽的一端。平面呈不规则形。背面饰交错绳纹；内侧饰麻点纹并抹平，一端残存较窄的切割痕。残长35.4、宽27.1、厚1.0～1.5厘米（图一七，2）。

标本ⅣMZ∶26，夹砂黄褐陶。残存较宽的一端。平面呈不规则形。背面近宽端饰弦断竖向绳纹，其余部位饰斜向绳纹；内侧有烟炱，饰麻点纹，一端残存较宽的切割痕。残长23.6、宽24.2、厚0.9～1.4厘米（图一七，5）。

标本ⅣG3∶5，夹砂灰陶。残存较宽的一端。平面呈长方形。背面近宽端饰交错绳纹，近窄端饰弦断竖向绳纹；内侧饰麻点纹并抹平，一端残存较窄的由内向外切割痕。残长34.5、宽25.4、厚1.1～1.4厘米（图一九，2；彩版一三，7）。

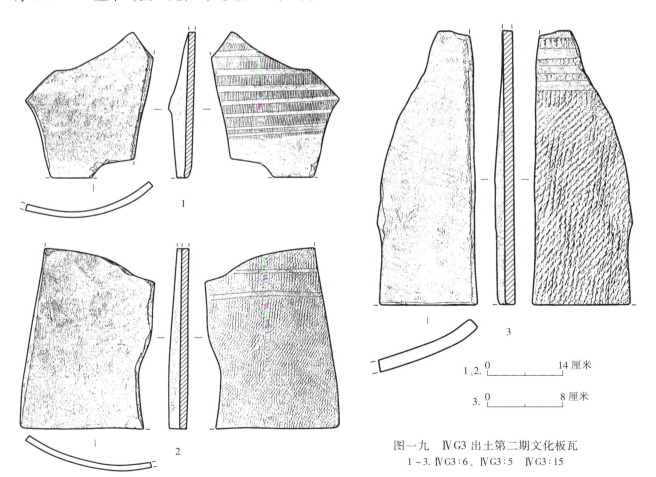

图一九　ⅣG3出土第二期文化板瓦
1～3.ⅣG3∶6、ⅣG3∶5、ⅣG3∶15

　　标本ⅣG3∶6，夹砂灰陶。残存较窄的一端。平面呈不规则四边形。背面近窄端饰瓦棱纹，中部饰弦断竖向细绳纹；内侧近窄端亦饰瓦棱纹，残存较窄的由内向外切割痕。残长28.4、宽23.9、厚1.2~1.5厘米（图一九，1）。

　　标本ⅣG3∶15，夹砂灰陶。残。平面近长方形。背面近宽端饰弦断竖向绳纹，其余部位饰交错粗绳纹；内侧饰席纹，一端残存较窄的切割痕。残长30.0、宽10.5、厚1.3厘米（图一九，3）。

　　瓦当　9件。均为卷云纹瓦当。

　　标本ⅣMZ∶1，夹砂灰褐陶。半瓦当，残。当面饰一朵卷云纹。当面残宽4.2、高4.5、厚0.7~1.9厘米（图二〇，2）。

　　标本ⅣMZ∶2，夹砂灰陶。半瓦当，后接筒瓦，残。当面中上部饰一朵卷云纹，左下饰半朵卷云纹，右下残；当背有切割痕。筒瓦背部和内侧均为素面。当面残宽11.7、高7.5、厚0.8厘米，筒瓦残长4.1、厚1.3厘米（图二〇，3）。

　　标本ⅣMZ∶3，夹砂灰陶，局部有烟炱。半瓦当，后接筒瓦，残。当面中心为一半圆形凸起，凸起周围有半圆形凸棱，凸棱正上方饰一朵完整的卷云纹，两侧对称饰半朵卷云纹；当背有切割痕。筒瓦背部和内侧均为素面。当面径13.8、高6.9、厚0.7~1.6厘米，筒瓦残长7.2、径13.8、

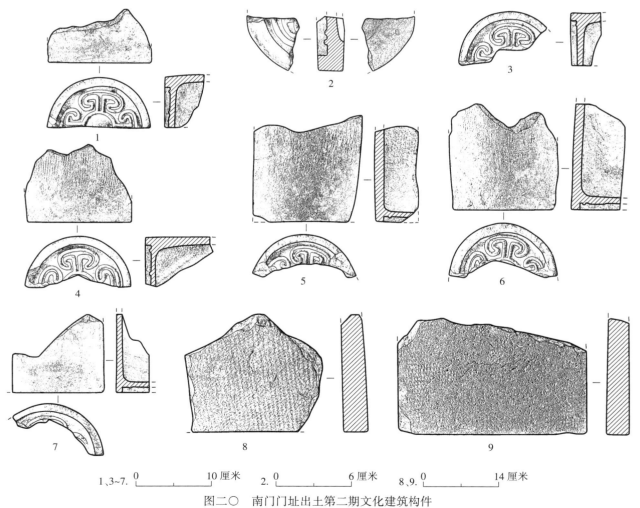

图二〇　南门门址出土第二期文化建筑构件

1~7. 瓦当（ⅣMZ∶3、ⅣMZ∶1、ⅣMZ∶2、ⅣMZ∶16、ⅣMZ∶4、ⅣMZ∶12、ⅣMZ∶7）　8、9. 绳纹砖（ⅣMZ∶21、ⅣMZ∶22）

厚 1.4 厘米（图二〇，1；彩版一二，2）。

标本ⅣMZ：4，夹砂灰陶。后接筒瓦，残。当面残存两朵卷云纹；筒瓦背部饰竖向绳纹，内侧可见泥条套接痕和切割痕。当面残宽 13.7、高 6.0、厚 0.4 ~ 0.7 厘米，筒瓦残长 14.8、径 13.9、厚 1.1 厘米（图二〇，5）。

标本ⅣMZ：7，夹砂灰陶。后接筒瓦，残。当面纹饰不存，推测为卷云纹；筒瓦背部饰竖向绳纹，内侧可见切割痕。当面残宽 12.2、高 4.5 厘米，筒瓦残长 10.6、径 12.2、厚 1.0 厘米（图二〇，7）。

标本ⅣMZ：12，夹砂灰陶。半瓦当，后附筒瓦，残。当面中心半圆形凸起不存，饰三朵卷云纹，其中左、右两朵不完整；筒瓦背部饰绳纹并抹平，内侧可见泥圈套接痕和较宽的切割痕。当面径 13.9、高 7.5、厚 0.8 ~ 1.0 厘米，筒瓦残长 14.7、径 14.5、厚 1.0 ~ 1.3 厘米（图二〇，6）。

标本ⅣMZ：16，夹砂黄褐陶，局部陶胎二次过火呈红色。半瓦当，后附筒瓦，残。当面中心半圆形凸起不存，饰三朵卷云纹，其中左、右两朵不完整；筒瓦背部饰竖向绳纹，内侧可见手捏痕。当面径 13.9、高 7.2、厚 0.6 ~ 1.0 厘米，筒瓦残长 10.4、径 13.9、厚 1.2 ~ 1.5 厘米（图二〇，4；彩版一二，3）。

标本ⅣG3：1，夹砂灰陶。圆瓦当，残。当面中心为圆形凸起，饰三朵卷云纹，其中左、右两朵不完整；内侧可见切割痕。当面径 13.8、残高 10.2、厚 2.3 ~ 2.8 厘米（图二一，1；彩版一四，1）。

标本ⅣG3：2，夹砂灰陶。半瓦当，后附筒瓦，残。当面残存二朵卷云纹；后衔接的筒瓦背部和内侧均素面，内侧一段有切割痕。当面残宽 9.0、高 7.8、厚 0.6 ~ 1.0 厘米，筒瓦残长 6.0、厚 1.1 ~ 1.4 厘米（图二一，2）。

绳纹砖　2 件。

标本ⅣMZ：21，夹砂灰陶。残呈梯形。正面饰绳纹，多数已被磨平；背面为素面。残长 25.6、宽 22.7、厚 4.6 厘米（图二〇，8；彩版一二，5）。

标本ⅣMZ：22，夹砂灰陶。残呈梯形。正面饰绳纹，多数已被磨平；背面为素面。残长 34.8、

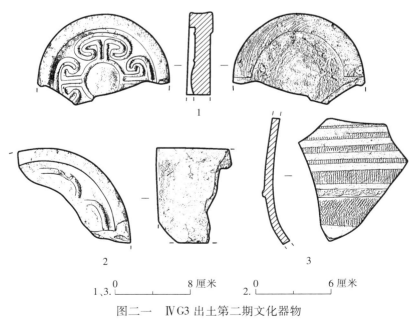

图二一　ⅣG3 出土第二期文化器物
1、2. 瓦当（ⅣG3：1、ⅣG3：2）　3. 陶瓷残片（ⅣG3：12）

宽 21.9、厚 4.5 厘米（图二〇，9；彩版一二，6）。

（2）陶器　1 件。为瓮。

标本 ⅣG3：12，夹砂灰陶。陶瓮腹部残片。器表饰弦断绳纹和压花附加堆纹。残高 13.8、厚 0.7 厘米（图二一，3）。

（3）铜器　4 件。均为镞。

标本 ⅣMZ：11，镞身细长呈三翼状。尖锋，斜刃，尾部为圆形铜铤。残长 6.5、宽 0.7、铤长 3.2、铤径 0.3 厘米（图二二，2；彩版一三，1）。

标本 ⅣMZ：13，镞身粗短呈三翼状。尖锋，斜刃，尾残。残长 2.2、宽 1.0 厘米（图二二，4；彩版一三，2）。

标本 ⅣMZ：19，镞身略粗短呈三翼状。尖锋，斜刃，尾部残留有圆形铁铤。残长 6.7、宽 1.2、铤长 2.7、铤径 0.9 厘米（图二二，1；彩版一三，3）。

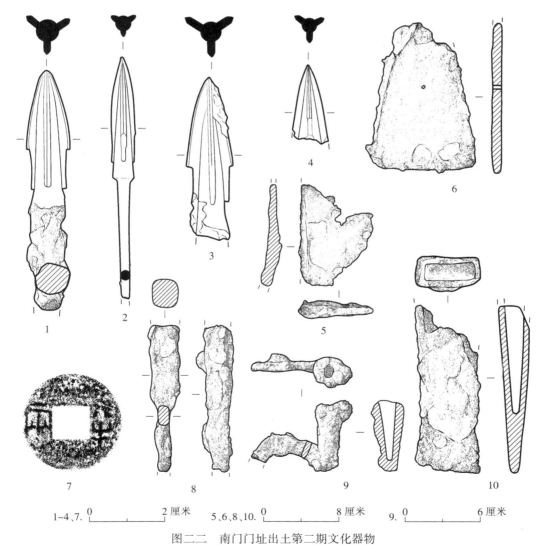

图二二　南门门址出土第二期文化器物

1~4. 三翼铜镞（ⅣMZ：19、ⅣMZ：11、ⅣMZ：20、ⅣMZ：13）　5、6. 铁铲（ⅣMZ：15、ⅣMZ：14）　7. "半两"钱（ⅣMZ：28）拓片　8. 铁凿（ⅣMZ：10）　9. 铁叉（ⅣMZ：18）　10. 铁斧（ⅣMZ：17）

标本ⅣMZ：20，镞身略粗短呈三翼状。尖锋，斜刃，有倒刺，尾部残留有铁铤痕。残长 4.5、宽 1.3 厘米（图二二，3；彩版一三，4）。

（4）铁器　5 件。种类有斧、凿、铲、叉。

斧　1 件。

标本ⅣMZ：17，平面近长方形。弧边，直刃，方銎。残长 18.3、宽 7.1、厚 0.4 厘米（图二二，10；彩版一三，5）。

凿　1 件。

标本ⅣMZ：10，平面呈扁长方体状。銎和刃部均残。残长 16.0、宽 3.2 厘米（图二二，8）。

铲　2 件。

标本ⅣMZ：14，平面近梯形。背线。两侧边斜直出脊，弧角，直刃，铲面中部偏上有圆形穿孔。残长 16.2、宽 11.2、厚 1.0、孔圣 0.5 厘米（图二二，6；彩版一三，6）。

标本ⅣMZ：15，平面近梯形。刃部残。平背，两侧边斜直出脊，弧角，直刃，铲面中部偏上有不规则形穿孔。残长 11.2、宽 7.8、厚 1.2、孔径 1.0 厘米（图二二，5）。

叉　1 件。

标本ⅣMZ：18，仅存銎部和一侧叉头。残长 5.7、宽 8.1、厚 0.4、銎口径 1.1 厘米（图二二，9）。

（5）钱币　1 枚。为"半两"钱。

标本ⅣMZ：28，近圆形，方孔，无郭，背平，正面篆书"半两"二字。直径 2.8、穿孔宽 1.0、厚 0.2 厘米。重 3.34 克（图二二，7）。

二、门址两侧城墙

（一）地层堆积

南门门道两侧为南城墙东段、西段。墙体均开口于①层下，底部坐落在生土上。

（二）城墙形制

发掘揭露南城墙东段长 7.72、西段长 24.84 米，内侧残高约 0.92 ~ 1.58、外侧高 0.95 ~ 1.67 米，顶部宽 2.21 ~ 6.33、底部宽 5.89 ~ 8.71 米（见图五）。从平面上看，夯土的土色、致密度及夯筑顺序与Ⅲ区 TG2 解剖情况如出一辙：中间为第一期黄褐色夯土，夯土中包含黄色小石粒，土质坚硬；黄褐色夯土两侧包裹有第二期戈褐色夯土，夯筑质量不高，土质较松软；最外侧为花色黏土状的第三期夯土，土质最为坚硬（彩版一五，1）。

三、马面

南门门道外西侧发掘马面一座（见图五；彩版一五，2）。经考古勘探，门道外东侧确认有同样形制的遗迹（见图七）。

（一）地层堆积

马面开口于①层下，底部坐落在生土上。

（二）马面形制

马面北端直抵第一期城墙夯土，二者应是同时夯筑；马面中心夯土土色较第一期城墙夯土更为纯净，土质也更坚硬。东、西、南三侧，局部有补夯的第二期和第三期夯土。马面存长11.42 米，顶部宽 3.12 ~ 5.21 米，底部宽 5.95 米，残高 1.32 ~ 1.72 米（彩版一六，1）。早期夯土夯层厚 0.18 ~ 0.20 米，第二期、三期夯土分层不明显。马面东侧第一期夯土壁上发现有两列五行 10 个纤木孔，孔径 0.03 ~ 0.06 米，横间距 0.21 ~ 0.26 米，纵间距 0.14 米（彩版一六，2）。马面南侧距夯土基础约 0.15 米处发现一个倒置的头盖骨，头盖骨仅存眼眶以上部分，可能与战争或奠基有关。

第四节　南护城河的发掘

南护城河位于Ⅰ区中部，因体量较大，仅对ⅠT8 ~ ⅠT17 探方内所见段落进行了局部发掘和解剖（见图二）。

（一）地层堆积

南护城河（ⅠG1）沟内堆积可分为 8 层（图二三）：

①~③层：黄褐色自然泥沙堆积，出土遗物较少。

④、⑤层：为城址使用过程中和废弃后的堆积，出土较多的绳纹瓦残块、夹砂灰陶片等。

⑥~⑧层：为护城河底部的黑褐色淤泥，系城址使用过程中形成的淤泥层，出土遗物较少。

南护城河（ⅠG1）所处探方及北侧诸探方地层（ⅠT8 ~ ⅠT16）与南侧（ⅠT1 ~ ⅠT7）有所不同，以其东壁北侧为例（图二三），可分为 7 层：

①层：与ⅠT4①层（见图二五）同，为耕土层。

②层：仅存在于护城河北侧诸探方内，为现代道路踩踏层。

③层：可分为③A、③B 两层，与ⅠT4②层（见图二五）同，为唐代文化层。

④层：与ⅠT4③层（见图二五）同，为唐代文化层。

⑤~⑦层：与ⅠT4⑥层（见图二五）同，为战国文化层。

此处不见汉代文化层。

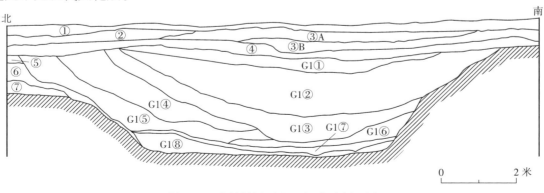

图二三　南护城河（ⅠG1）东壁剖面图

由护城河内、外地层堆积情况分析，其上限不早于战国晚期，下限可至两汉之际，结合城墙、门址年代推测其由战国晚期沿用至两汉之际。

（二）护城河结构

ⅠG1 北距南城墙约 14 米，剖面呈梯形，上口宽 12.7、底宽 6.2、深 2.8 米。已揭露部分北侧护坡长度约 20.4 米，南侧护坡长度约 9.25 米。整体呈东西走向，东侧止于ⅠT15、ⅠT16 探方，再向东即为哈朋河河道；西侧与南城墙平行向西延伸，止于城址西南角。护城河内堆积可分为 8 层，其中 G1④、G1⑤层包含有少量遗物，其他堆积多为淤泥和流沙（彩版一七）。

勘探结果表明，仅在城址南城墙外侧有护城河遗迹，其他三侧未见此遗迹。

（三）出土遗物

护城河内出土遗物共 5 件。种类有建筑构件、陶器、铜器。根据出土遗物形制的分析，均为第三期文化遗存。

1. 建筑构件　2 件。有筒瓦、瓦当。

筒瓦　1 件。

标本ⅠG1:7，夹砂红陶。半筒形，残。背面饰斜向绳纹并抹平；内侧可见泥圈套接痕、手抹痕和切割痕。残长 28.1、径 14.0、高 7.6、厚 1.0~1.5 厘米（图二四，5；彩版一八，1）。

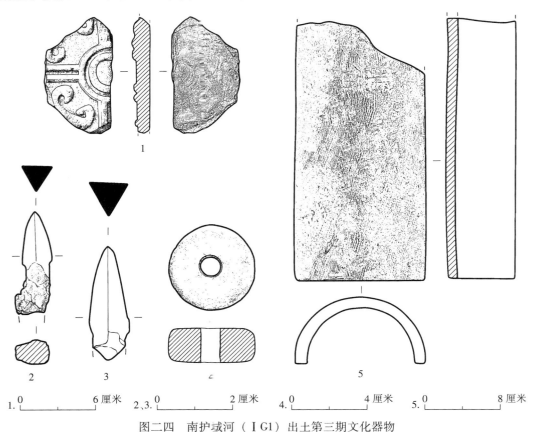

图二四　南护城河（ⅠG1）出土第三期文化器物

1. 瓦当（ⅠG1:6）　2、3. 三棱锥形铜镞（ⅠG1:1、ⅠG1:3）　4. 陶纺轮（ⅠG1:4）　5. 筒瓦（ⅠG1:7）

瓦当　1件。

标本ⅠG1：6，夹砂灰陶。圆瓦当，残。当面中心残有一组两道半圆凸棱，凸棱外有两朵勾云纹，勾云纹之间有双线界格。当面残宽5.4、高9.8、厚0.9～1.2厘米（图二四，1；彩版一八，2）。

2. 陶器　1件。为纺轮。

标本ⅠG1：4，夹砂黄褐陶。呈圆饼状，中间有圆形穿孔。直径4.5、孔径1.0、厚1.8厘米（图二四，4；彩版一八，3）。

3. 铜器　2件。均为三棱锥形镞。镞身粗短，剖面呈三角形。无倒刺，尾部残留有铁铤痕。

标本ⅠG1：1，残长2.8、宽0.7厘米（图二四，2；彩版一八，4）。

标本ⅠG1：3，残长3.0、宽0.9厘米（图二四，3；彩版一八，5）。

第三章　城内、城外的考古发掘

第一节　地层堆积与城址分期

一、地层堆积

高林台城址历年发掘区之间相距较远，城内、城外地层堆积情况不尽相同，我们选择各发掘区典型地层分别予以介绍。

（一）Ⅰ区地层堆积情况

Ⅰ区护城河以南（ⅠT1～ⅠT7）以ⅠT4南壁为例，可分为6层（图二五）：

①层：黄色耕土层，土质较硬。包含大量植物根茎，出土少量绳纹、布纹瓦片。厚23～30厘米。

②层：浅褐色土，土质较疏松。出土少量夹砂灰陶片、布纹瓦残块和铁器。厚30～35厘米。

③层：浅黄色砂土，土质疏松。出土遗物极少，见夹砂灰陶片和布纹瓦。有明显的淤泥沉积。厚18～25厘米。

④层：灰褐色土，土质较硬。出土少量夹砂灰陶片、绳纹瓦残块、铁器和铜器。厚33～45厘米。

⑤层：黄褐色细砂土，土质疏松。无遗物，为河流冲积层。厚10～20厘米。

⑥层：黑褐色土，土质疏松。出土大量夹砂灰陶片、绳纹瓦残块。厚55～70厘米。此层下为生土。

护城河及以北地层以ⅠG1东壁为例，见前述。

（二）Ⅱ区地层堆积情况

以ⅡT0302南壁为例，可分为5层（图二六）：

①层：黄色耕土层，土质疏松。包含大量植物根茎，出土绳纹瓦残片。厚30～40厘米。

②层：灰褐色土，土质较硬。出土少量绳纹瓦片、布纹瓦片、莲花纹瓦当和铁器、钱币等。厚25～35厘米，为唐代文化层。

③层：灰黑色土，土质坚硬。出土大量绳纹瓦片、云纹瓦当和铁器、铜器等。厚25～50厘米。

④层：黄褐色黏土，土质较疏松细腻。出土大量绳纹瓦片、云纹瓦当和铁器、铜器等。厚40～75厘米。

⑤层：黄色黏土，土质较疏松。出土一定数量的绳纹瓦片、夹砂灰陶片、兽面纹瓦当和铜器等。厚20～30厘米。此层下为生土。

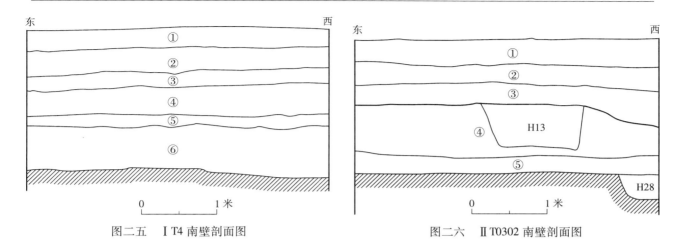

图二五 ⅠT4 南壁剖面图　　　　图二六 ⅡT0302 南壁剖面图

（三）Ⅲ区地层堆积情况

以ⅢTG2 南壁为例，可分为 7 层（见图八）：

①层：黄色耕土层，土质疏松。含大量植物根茎，出土少量绳纹、布纹瓦片。厚 20～35 厘米。

②层：浅褐色土，土质疏松。含少量植物根茎，出土少量绳纹、布纹瓦片。厚 5～90 厘米。

③层：黑褐色土，土质疏松。出土少量绳纹、布纹瓦残块。厚 5～70 厘米。

④层：灰褐色土，土质疏松。出土少量绳纹瓦片、布纹瓦。厚 5～80 厘米。

⑤层：灰白色土，土质疏松。内含大量烧灰，出土大量布纹、绳纹瓦片。已发掘部分厚 5～55 厘米。

⑥层：深褐色土，土质较硬。出土绳纹瓦和布纹瓦残片。厚 5～50 厘米。

⑦层：黄色土，土质较硬较纯净。出土少量绳纹瓦、夹砂灰陶片。厚 5～40 厘米。

①～⑦层均叠压城墙夯土。

（四）Ⅳ区地层堆积情况

以ⅣT0305 北壁为例，可分为 6 层（图二七）：

①层：黄色耕土层，土质疏松。包含大量植物根茎，出土少量绳纹、布纹瓦残片。厚 8～15 厘米。

②层：灰褐色土，土质较硬。出土一定数量的绳纹、布纹瓦残片和铁镢等。厚 30～63 厘米。

③层：灰黑色土，土质疏松。出土一定数量的布纹、绳纹瓦残片和"开元通宝"铜钱、铁器、兽骨等。厚 15～75 厘米。

④层：黄褐色黏土，土质细腻、坚硬。出土大量绳纹瓦残块、云纹瓦当和铜器、铁器等。厚 20～55 厘米。

⑤层：浅黄色土，土质坚硬。出土少量绳纹瓦残块、云纹瓦当和铁器、铜器等。厚 23～53 厘米。

⑥层：黄色黏土，土质坚硬。出土绳纹瓦残块、兽面纹瓦当和铜器、铁器、骨锥等。厚 23～75 厘米。以下为生土。

另ⅣT0106、ⅣT0206 北侧局部有⑦、⑧层。⑦层为灰褐色黏土，土质较硬，出土少量绳纹瓦残块，厚 5～25 厘米；⑧层为黑色淤泥层，土质坚硬，出土绳纹瓦残块、几何乳丁纹瓦当和夹砂红陶、灰陶片，厚 5～32 厘米。

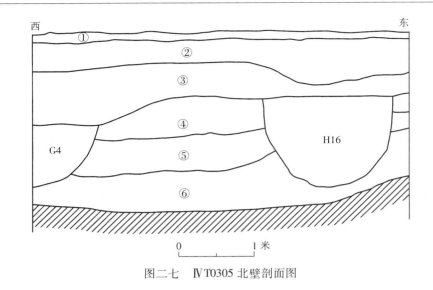

图二七　Ⅳ T0305 北壁剖面图

（五）Ⅴ区地层堆积情况

1. Ⅴ区西侧（T0101、T0102、T0201、T0202 全部及 T0301、T0302 西侧局部）以ⅤT0202 南壁为例，可分为 5 层（图二八）：

①层：黄色耕土层，土质疏松。包含大量的植物根茎，出土少许绳纹瓦、布纹瓦、夹砂灰陶片。厚 12～30 厘米。

②层：浅褐色土，土质较硬。出土一定数量的布纹、绳纹瓦残片和铁器等。厚 10～35 厘米。

③层：灰褐色土，土质疏松。出土大量布纹瓦残片和铁器等。厚 15～30 厘米。

④层：深灰色土，土质疏松。出土少量绳纹瓦片、夹砂灰陶片、夹砂灰褐陶片和铁器等。厚 10～25 厘米。仅分布于发掘区西半部。

⑤层：黄褐色土，土质较硬。出土大量绳纹瓦片、夹砂灰陶片等。厚 25～66 厘米。为保护建筑址本体，以下未发掘。

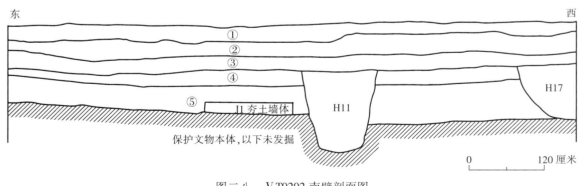

图二八　Ⅴ T0202 南壁剖面图

2. Ⅴ区东侧（T0401、T0402 全部及 T0301、T0302 东部）以Ⅴ T0402 南壁为例，可分为 6 层（图二九）：

①层：黄色耕土层，土质疏松。含有大量植物根茎，出土较多的绳纹、布纹瓦残片。厚 25～45 厘米。

②层：浅褐色土，土质较硬。出土较多的布纹、绳纹瓦残片和铁器等。厚 30～55 厘米。

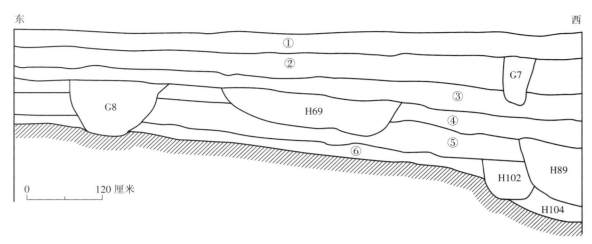

图二九　Ⅴ T0402 南壁剖面图

③层：灰褐色土，土质疏松。出土少量布纹瓦残片和铁器等。厚 18~45 厘米。

④层：黄褐色土，土质较硬。出土大量绳纹瓦片、夹砂灰陶片等。厚 20~45 厘米。

⑤层：浅黄色土，土质较硬。出土一定数量的绳纹瓦、夹砂灰陶片和铁器、铜镞等。厚 35~55 厘米。

⑥层：黄色黏土，土质较硬。出土绳纹瓦片、夹砂灰陶片、夹云母陶片和铜镞等。厚 10~30 厘米。

二、城址分期

根据城址五个发掘区的地层堆积、遗迹间的叠压打破关系，并结合出土遗物的类型学分析，将城内、城外遗存分为五个时期。五期遗存在时代上分别属于战国燕文化遗存、西汉早期遗存、西汉中期至两汉之际遗存、早期鲜卑遗存、唐代遗存。各发掘区地层和遗迹分期情况详列如下。

（一）第一期文化遗存

地层方面：包括Ⅰ区⑥、⑦层，Ⅱ区⑤层，Ⅳ区⑥、⑦、⑧层，Ⅴ区东侧⑥层。

遗迹方面：包括城墙、马面第一期夯土；Ⅰ区 G1；Ⅱ区 H26、H27、H28、H30、H48、G4；Ⅲ区 H1；Ⅳ区 H19、MZ（门址）、G3；Ⅴ区 H78、H83、H100、H102、H104、H116、H118、H123、H124、SJ1。

（二）第二期文化遗存

地层方面：包括Ⅰ区⑤层、Ⅱ区④层、Ⅳ区⑤层、Ⅴ区东侧⑤层。

遗迹方面：包括城墙、马面第二期夯土；Ⅰ区 H1、H2、H3、H4、H5、H6、H12；Ⅱ区 H1、H2、H3、H4、H5、H6、H9、H29、H31、H32、H33、H34、H35、H39、H40、H41、H42、H43、H44、H45、H46、G1、G3；Ⅳ区 H14、H23、H24、H25、H26、H27、H28、H29、H30；Ⅴ区 H71、H76、H80、H82、H84、H85、H86、H87、H88、H89、H90、H91、H92、H96、H97、H103、H105、H108、H109、H112、H113、J1。

（三）第三期文化遗存

地层方面：包括Ⅰ区④层、Ⅱ区③层、Ⅲ区⑦层、Ⅳ区④层、Ⅴ区西侧⑤层、Ⅴ区东侧④层。

遗迹方面：包括城墙、马面第三期夯土；Ⅰ区H7、H8、H9、H10、H11、H13；Ⅱ区H7、H8、H10、H11、H12、H13、H14、H15、H16、H17、H19、H20、H21、H22、H23、H24、H25、H38、H47、H49、F1、F2、Q1；Ⅳ区H9、H12、H13、H21、H22；Ⅴ区H4、H18、H21、H23、H24、H26、H27、H35、H37、H40、H41、H65、H66、H67、H68、H69、H72、H73、H74、H75、H77、H79、H81、H94、H95、H101、H107、H110、H111、H115、H119、G6、G8。

（四）第四期文化遗存

地层方面：包括Ⅴ区西侧④层。

遗迹方面：包括Ⅴ区H5、H10、H13、H15、H16、H17、H19、H20、H28、H29、H30、H31、H32、H33、H34、H38、H39、H70、H93、H98、H99、H114、H117、H120、H122、G2、G4。

（五）第五期文化遗存

地层方面：包括Ⅰ区②、③层，Ⅱ区②层，Ⅲ区②、③、④、⑤、⑥层，Ⅳ区②、③层，Ⅴ区②、③层。

遗迹方面：包括Ⅱ区H18、H36、H37、G2、SQ1；Ⅳ区H1、H2、H3、H4、H5、H6、H7、H8、H10、H11、H15、H16、H17、H18、H20、G1、G2、G4、M1、PZ1；Ⅴ区H1、H2、H3、H6、H7、H8、H9、H11、H12、H14、H22、H25、H42、H43、H44、H45、H46、H47、H48、H49、H50、H51、H52、H53、H54、H56、H57、H58、H59、H60、H61、H62、H63、H64、H106、H121、G1、G3、G5、G7。

第二节　第一期文化遗存

一、遗迹

（一）灰坑

第一期文化遗存有灰坑16座。

ⅡH26

位于ⅡT0302东部，开口于⑤层下，被ⅡH27打破，打破生土。坑口平面近椭圆形，弧壁，底不平。口长径1.72、短径1.42、深0.41米（图三〇）。坑内填土为灰褐色砂土，土质疏松。出土遗物较少。

ⅡH27

位于ⅡT0302东部，开口于⑤层下，打破ⅡH26和生土。坑口平面呈圆形，直壁，平底。口径1.38、深0.14米（图三一）。坑内填土为灰褐色砂土，土质疏松。出土少量绳纹瓦残块。

ⅡH28

位于ⅡT0302西南角，开口于⑤层下，打破生土。已发掘部分坑口平面近半圆形，弧壁，底不平。已清理部分长径1.48、短径0.66、深0.39米（图三二）。坑内填土为黄褐色砂土，土质疏松。出土少量绳纹瓦残块。

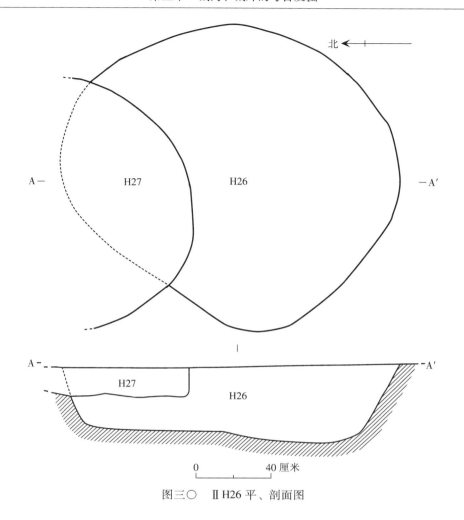

北 ←

A — 　　　H27　　　　H26　　　　— A′

A — 　H27　　　　H26　　　　— A′

0　　　　40 厘米

图三〇　ⅡH26 平、剖面图

ⅡH30

位于ⅡT0303 东南部，部分压在ⅡT0302 北隔梁下，开口于⑤层下，打破生土。坑口平面呈半圆形，直壁，平底。已清理部分长径1.24、短径0.92、深0.36米（图三三）。坑内填土为灰褐色黏土，夹有少量炭粒。出土少量绳纹瓦残块。

ⅡH48

位于ⅡT0401 南扩方，开口于ⅡG4 下，部分位于发掘区外，打破生土。已发掘部分坑口平面呈半弧形，斜壁，底不平。已清理部分长径1.0、短径0.46、深0.56米（图三四）。坑内填土为灰褐色砂土，土质细密。

出土遗物较少，共4件。均为陶器，有罐、盆、甑、器底。

罐　1件。

标本ⅡH48：3，夹砂灰陶。方唇，侈口，展沿，沿面有凹槽，矮领，领部以下残。口径15.9、残高5.4、厚0.9厘米（图三五，1）。

盆　1件。

标本ⅡH48：4，夹砂灰陶。方唇，侈口，宽沿，沿面有凹槽。腹部饰绳纹。残高5.4、厚0.6～1.1厘米（图三五，2）。

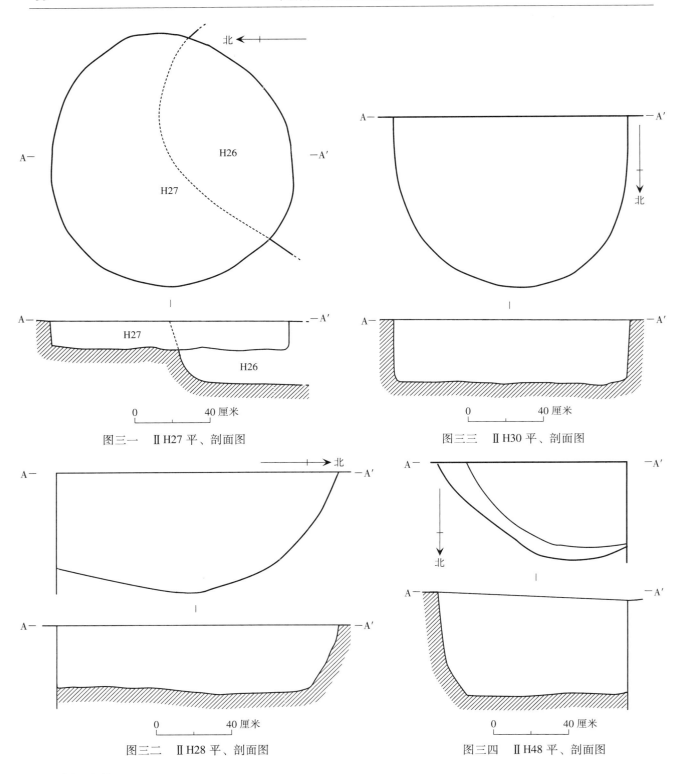

图三一　ⅡH27 平、剖面图

图三三　ⅡH30 平、剖面图

图三二　ⅡH28 平、剖面图

图三四　ⅡH48 平、剖面图

甑　1 件。

标本ⅡH48：1，夹砂灰褐陶。仅存下腹部和底部，底部残存梭形甑眼。通体饰绳纹并抹平。残高 11.9、厚 0.8～1.4 厘米（图三五，4）。

器底　1 件。

标本ⅡH48：2，夹砂红褐陶。下腹斜收，平底。素面。底径 6.2、残高 4.5、厚 0.6 厘米（图

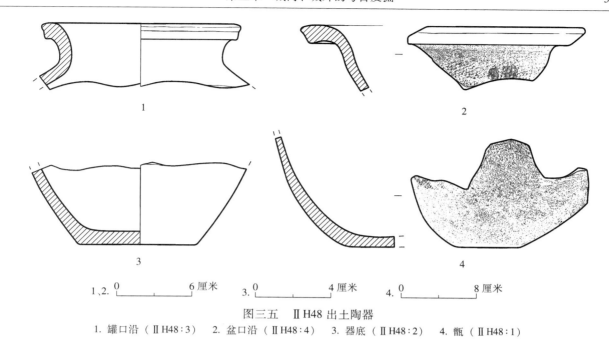

图三五　ⅡH48 出土陶器
1. 罐口沿（ⅡH48∶3）　2. 盆口沿（ⅡH48∶4）　3. 器底（ⅡH48∶2）　4. 甑（ⅡH48∶1）

三五，3）。

ⅢH1

位于ⅢTG2 东部，开口于西城墙夯土基础下，打破生土。袋形坑，已发掘部分坑口平面呈半圆形，直壁，平底。已清理部分长径 2.16、短径 0.96、深 1 米（图三六）。坑内填土为灰褐色砂土，土质疏松。出土少量夹砂夹云母陶片。

ⅣH19

位于ⅣT0704 东部，开口于⑤层下，打破⑥层和生土。已发掘部分坑口平面近半圆形，斜壁，平底。直径 2.28、深 1.12 米（图三七；彩版一九）。坑内填土为灰褐色砂土，土质疏松。出土少量绳纹瓦残块和动物骨骼。

出土遗物 1 件。为瓦当。

标本ⅣH19∶1，夹砂黄褐陶。后接筒瓦，残。当面饰兽面纹，仅存部分眉毛；筒瓦背部素面。当面残宽 10.2、高 7.3、厚 1.1 厘米，筒瓦残长 4.9、厚 1.8 厘米（图三八）。

ⅤH78

位于ⅤT0301 东部，延伸至ⅤT0401 内，开口于⑤层下，被ⅤH97 打破，打破⑥层、ⅤH83、ⅤH123 和生土。已发掘部分坑口平面呈梯形，斜直壁，平底。已清理部分长 1.95、宽 1.20、深 0.42 米（图三九）。坑内填土为灰黑色砂土，土质疏松。出土少量兽骨和瓦片。

出土遗物共 3 件。均为建筑构件，有筒瓦和板瓦。

筒瓦　2 件。

标本ⅤH78∶1，夹砂黄褐陶。残呈长方形。背面饰瓦棱纹和竖向粗绳纹，内侧亦饰瓦棱纹。残长 17.1、宽 12.2、厚 0.8～1.2 厘米（图四〇，1）。

标本ⅤH78∶2，夹砂灰陶。半筒形，有瓦舌，残。背面饰瓦棱纹；内侧可见瓦棱纹和由外向内的切割痕，近瓦舌处有慢轮修整痕迹。残长 15.3、厚 0.6～1.1、舌长 3.5 厘米（图四〇，2）。

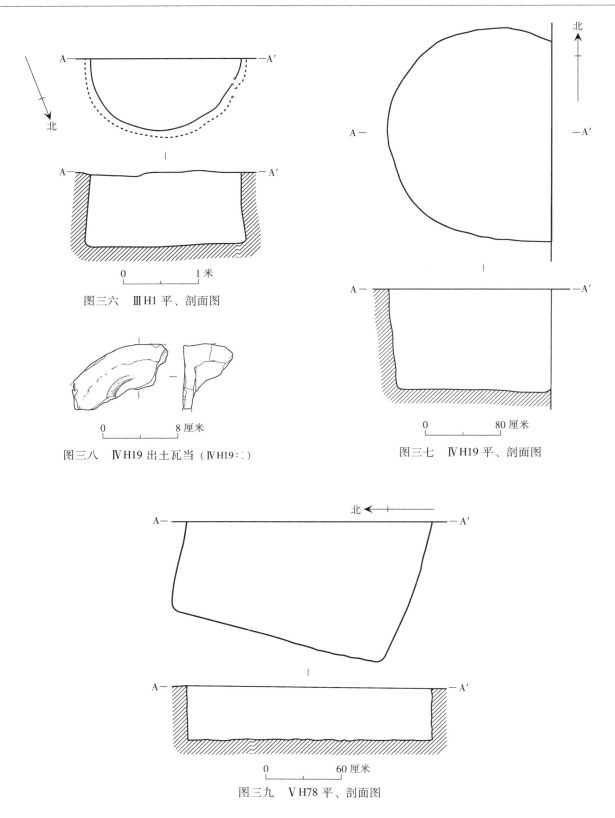

图三六　ⅢH1平、剖面图

图三八　ⅣH19出土瓦当（ⅣH19：□）

图三七　ⅣH19平、剖面图

图三九　ⅤH78平、剖面图

板瓦　1件。

标本ⅤH78：3，夹砂黄陶。残呈梯形。背面饰瓦棱纹和竖向绳纹；内侧素面，一端有较窄的切割痕。残长22.8、宽17.4、厚1.1厘米（图四〇，3）。

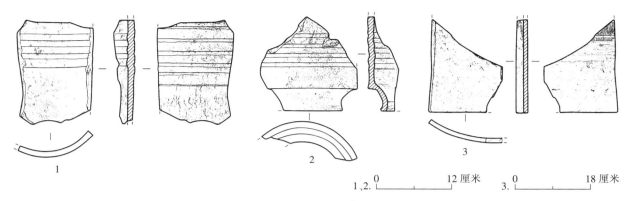

图四〇 ⅤH78 出土建筑构件
1、2. 筒瓦（ⅤH78：1、ⅤH78：2） 3. 板瓦（ⅤH78：3）

ⅤH83

位于ⅤT0301 东部，开口于⑤层下，被ⅤH78 打破，打破生土。坑口平面呈椭圆形，斜直壁，平底。口长径1.96、短径0.82、深0.5 米（图四一）。坑内填土为灰黑色砂土，土质疏松。出土少量绳纹瓦残片。

ⅤH100

位于ⅤT0401 中部，开口于⑤层下，被ⅤH60、ⅤH82 和ⅤG8 打破，打破⑥层和生土。坑口平面呈椭圆形，弧壁，圜底。口长径3.65、短径2.25、深1.90 米（图四二）。坑内填土为棕黑色砂土，土质疏松。出土少量兽骨和瓦片。

出土遗物共6 件。有建筑构件、陶器、石器。

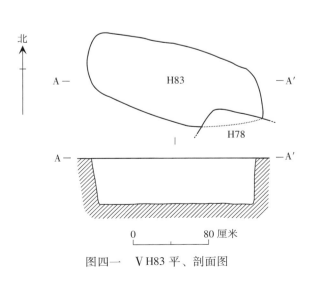

图四一 ⅤH83 平、剖面图

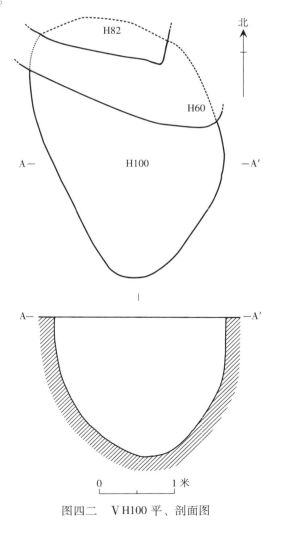

图四二 ⅤH100 平、剖面图

1. 建筑构件　1件。为筒瓦。

标本ⅤH100：6，夹砂黑褐陶。半筒形，有瓦舌，残。背面饰弦断竖向绳纹；内侧可见泥圈套接痕，近瓦舌处有慢轮修整痕迹。残长18.9、径18.0、高7.8、厚0.6~1.0、舌长2.9厘米（图四三，5；彩版二〇，1）。

2. 陶器　1件。为钵。

标本ⅤH100：3，夹砂黄陶。口部和上腹部残，下腹折收为平底。素面，内底可见轮旋痕。底径10.2、残高6.3、厚0.8~1.1厘米（图四三，1）。

3. 铜器　2件。均为锥形镞。镞身呈三棱锥状，无倒刺，剖面呈三角形，尾部残留有圆形铁铤。

标本ⅤH100：2，镞身粗短。残长6.5、宽0.8、铤长5.0、铤径0.6厘米（图四三，4；彩版二〇，3）。

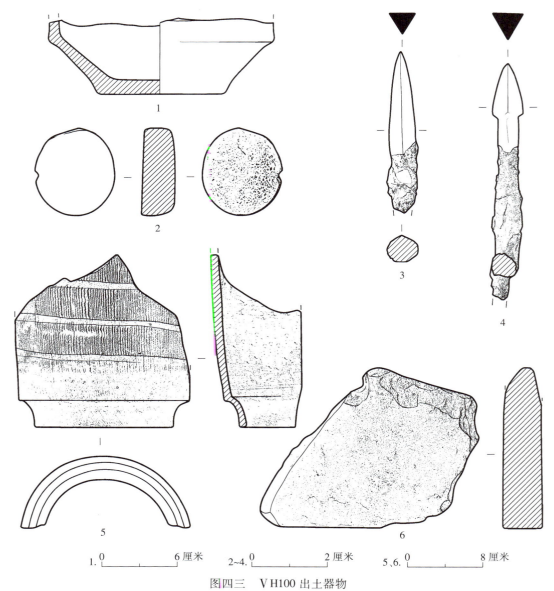

图四三　ⅤH100出土器物

1. 陶钵底（ⅤH100：3）　2. 石饼（ⅤH100：1）　3、4. 锥形铜镞（ⅤH100：4、ⅤH100：2）　5. 筒瓦（ⅤH100：6）
6. 砺石（ⅤH100：5）

标本ⅤH100：4，镞身细长。残长4.4、宽0.7、铤长1.2、铤径0.5厘米（图四三，3；彩版二〇，4）。

4. 石器　2件。有石饼和砺石。

石饼　1件。

标本ⅤH100：1，由白色玛瑙石磨制而成。平面呈椭圆饼状。顶部有原石形成时残留的气泡孔。侧面和底部经过磨制。底长径2.3、短径2.0、厚0.8厘米（图四三，2）。

砺石　1件。

标本ⅤH100：5，石板状，平面呈菱形。两面均磨光。长26.1、宽17.6、厚3.9厘米（图四三，6；彩版二〇，2）。

ⅤH102

位于ⅤT0402西南角，开口于⑤层下，被ⅤH85、ⅤH87和ⅤH89打破，打破⑥层。坑口平面呈长条形，斜直壁，平底。口长7.90、宽1.48、深0.30米（图四四）。坑内填土为灰黑色砂土，土质疏松。出土遗物较丰富。

出土遗物共15件。有建筑构件、陶器、铜器、铁器、钱币。

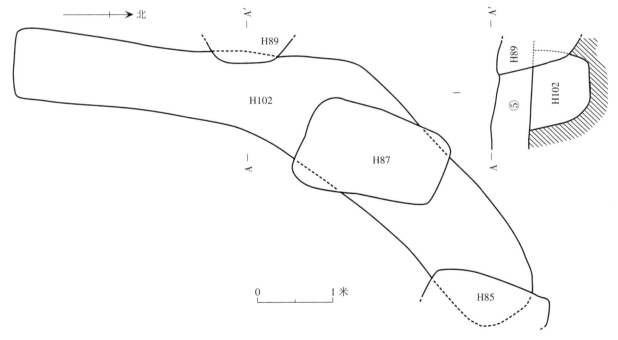

图四四　ⅤH102平、剖面图

1. 建筑构件　4件。均为板瓦。

标本ⅤH102：14，夹砂黄陶。残呈长方形。背面和内侧均饰瓦棱纹。残长10.9、宽22.3、厚1.0~1.6厘米（图四五，1）。

标本ⅤH102：15，夹砂黄陶。残呈梯形。背面饰交错绳纹，内侧为素面。残长24.5、宽17.4、厚0.9厘米（图四五，4）。

标本ⅤH102：16，夹砂黄陶。残呈不规则形。背面饰弦断竖向绳纹。残长24.8、宽22.7、厚

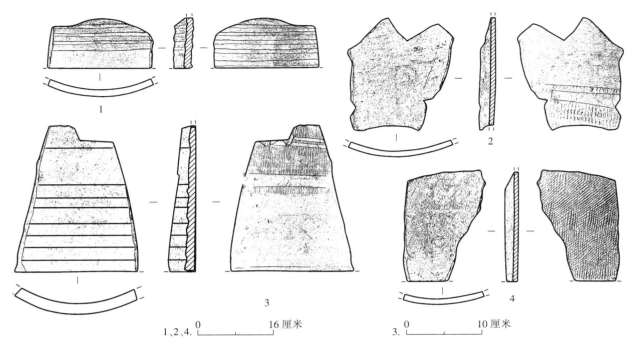

图四五　Ⅴ H102 出土板瓦
1～4. Ⅴ H102：14、Ⅴ H102：16、Ⅴ H102：17、Ⅴ H102：15

0.9～1.2 厘米（图四五，2）。

标本Ⅴ H102：17，夹砂黄褐陶。残呈梯形。背面饰弦断竖向绳纹，内侧有瓦棱纹。残长 20.0、宽 16.3、厚 0.9～1.4 厘米（图四五，3）。

2. 陶器　3 件。有钵、器底、鼎足。

钵　1 件。

标本Ⅴ H102：9，夹砂灰陶。圆唇，敞口，折腹，平底。上腹部饰弦纹。口径 15.0、底径 7.6、高 5.4、厚 0.6～1.0 厘米（图四六，2）。

器底　1 件。

标本Ⅴ H102：10，夹砂黑褐陶。口部和上腹部残，下腹弧收为平底。下腹部和底部饰绳纹。底径 19.7、残高 7.7、厚 0.5～1.1 厘米（图四六，1）。

鼎足　1 件。

标本Ⅴ H102：11，夹砂黑褐陶。四棱柱状。残高 7.5 厘米（图四六，8）。

3. 铜器　4 件。有镞、管銎、带钩。

镞　2 件。

标本Ⅴ H102：4，镞身细长呈三翼状。尖锋，斜刃，近底部开有三孔，三孔与尾部装铤的圆銎相通。通长 3.4、宽 0.9、銎径 0.7、銎深 1.2 厘米（图四六，3；彩版二〇，5）。

标本Ⅴ H102：6，镞身粗短呈三棱锥状，剖面呈三角形。尖残，无倒刺，尾部残留有圆形铁铤。残长 14.6、宽 0.7、铤长 15.3、铤径 0.5 厘米（图四六，6）。

管銎　1 件。

标本Ⅴ H102：1，残呈圆柱体状，中空。体中部开有三个穿孔，居中为一大圆孔，两侧为小圆

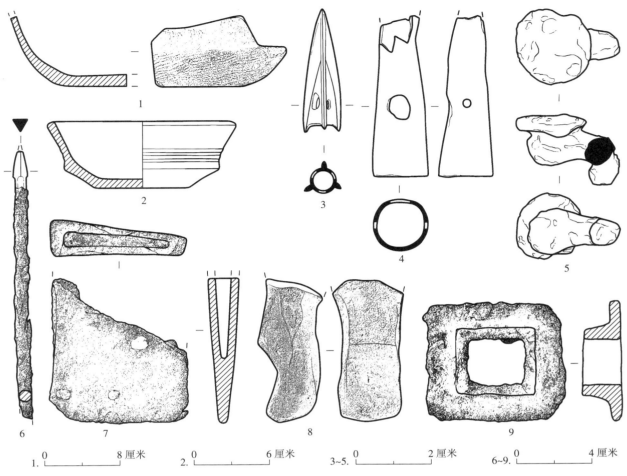

图四六　ⅤH102 出土器物

1. 陶器底（ⅤH102：10）　　2. 陶钵（ⅤH102：9）　　3. 有孔三翼铜镞（ⅤH102：4）　　4. 铜管銎（ⅤH102：1）　　5. 铜带钩（ⅤH102：5）
6. 锥形铜镞（ⅤH102：6）　　7. 铁斧（ⅤH102：3）　　8. 陶鼎足（ⅤH102：11）　　9. 铁构件（ⅤH102：7）

孔。銎口径 1.4、残高 4.4、厚 0.1 厘米（图四六，4；彩版二〇，6）。

带钩　1 件。

标本ⅤH102：5，钩首残。钩体粗短，钩颈弯曲，钩纽较大呈圆饼状。长 2.7 厘米（图四六，5）。

4. 铁器　2 件。有斧、构件。

斧　1 件。

标本ⅤH102：3，銎部残。平面残呈梯形，直边，直刃，两角残。宽 7.3、残高 8.0、厚 1.0 厘米（图四六，7）。

构件　1 件。

标本ⅤH102：7，平面残呈长方形。中间开孔，并铸有长方形銎口。残长 7.4、宽 6.6、高 2.2 厘米，銎口长 3.2、宽 2.7、厚 0.4～1.0 厘米（图四六，9）。

5. 钱币　2 枚。有"一化"钱和刀币。

"一化"钱　1 件。

标本ⅤH102：2，圆形，方孔，有郭，背平。正面篆书钱文"一化"二字。直径 2.0、穿孔宽

0.6、厚 0.1 厘米。重 0.9 克（图四七，1）。

刀币　1 件。

标本 ⅤH102：8，仅存刀身。两侧有郭隆起，背郭较厚。残留有柄间二直纹。残长 3.3、宽 1.5、厚 0.2 厘米。重 2.99 克（图四七，2）。

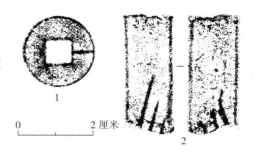

图四七　ⅤH102 出土拓片
1. "一化"钱（ⅤH102：2）拓片
2. 刀币（ⅤH102：8）拓片

ⅤH104

位于 ⅤT0402 西部并延伸至 ⅤT0302 东部和 ⅤT0401 北部，开口于⑤层下，被 ⅤH86、ⅤH87、ⅤH88、ⅤH89、ⅤH102、ⅤH113 打破，打破⑥层、ⅤH116 和生土。灰坑原为一自然冲沟，坑口平面呈不规则形，斜直壁，坡底。已清理部分长 8.9、宽 0.85 ~ 5.12、深 0.45 米（图四八）。坑内填土为灰黑色砂土，内含大量烧灰，土质疏松。出土大量陶片、瓦片及兽骨。

出土遗物共 123 件。有建筑构件、陶器、铜器、铁器、钱币。

1. 建筑构件　13 件。有筒瓦、板瓦和瓦当。

筒瓦　4 件。

标本 ⅤH104：119，夹砂红褐陶。半筒形，残。背面饰弦断细绳纹，内侧可见切割痕。残长

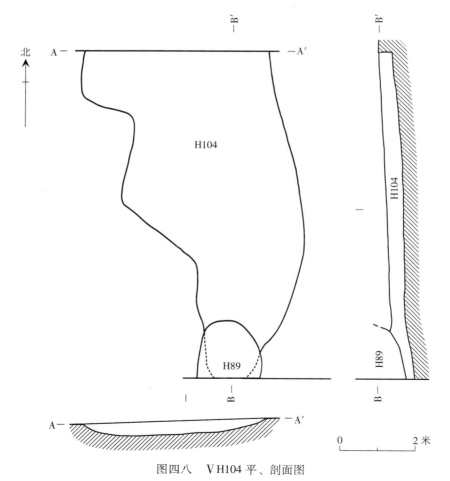

图四八　ⅤH104 平、剖面图

15.8、厚0.6～1.0厘米（图四九，1）。

标本ⅤH104：120，夹砂黄褐陶。半筒形，残。背面饰弦断竖向粗绳纹，尾端起棱；内侧可见切割痕。残长16.7、厚0.7～1.5厘米（图四九，2）。

标本ⅤH104：122，夹砂灰陶。半筒形，残。背面近尾端饰弦断绳纹，尾端起棱；内侧可见泥圈套接痕。残长27.6、厚0.7～1.1厘米（图四九，3）。

标本ⅤH104：123，夹砂灰陶。半筒形，有瓦舌，残。背面和内侧均饰瓦棱纹。残长12.5、厚0.5～0.8、舌长3.3厘米（图四九，4）。

板瓦　2件。

标本ⅤH104：4，夹砂红褐陶。残存较窄的一端。平面呈不规则形。背面中部饰弦断斜向绳纹；内侧可见切割痕。残长26.3、宽34.5、高8.2、厚1.0厘米（图五〇，2）。

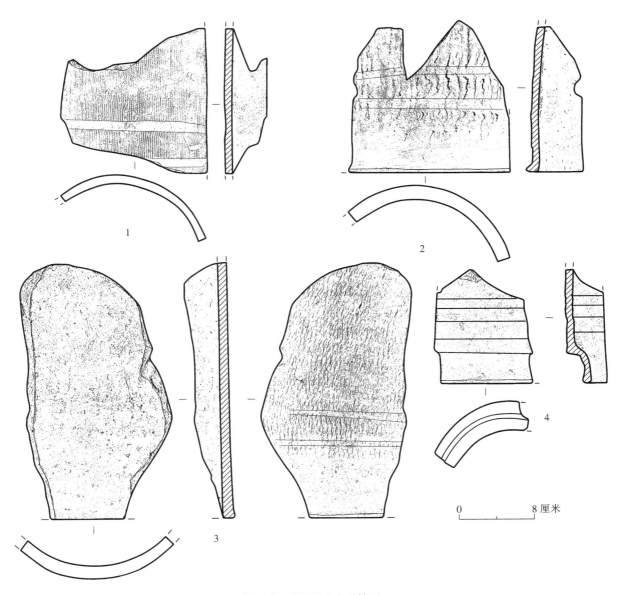

图四九　ⅤH104 出土筒瓦
1～4. ⅤH104：119、ⅤH104：120、ⅤH104：122、ⅤH104：123

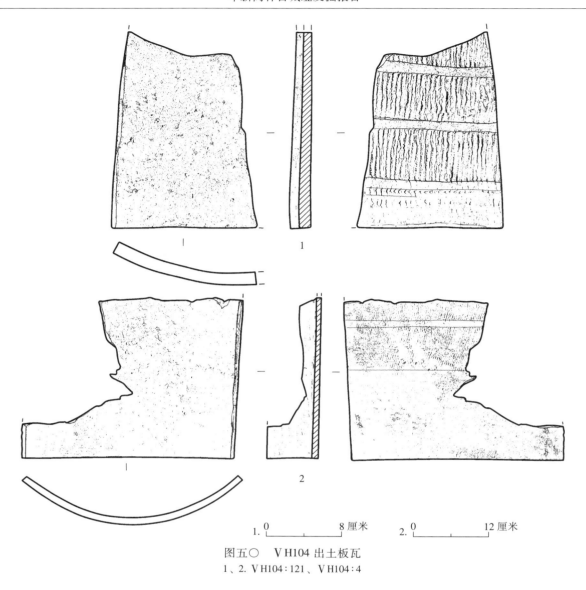

图五〇　ⅤH104 出土板瓦
1、2. ⅤH104：121、ⅤH104：4

　　标本ⅤH104：121，夹砂灰陶。残存较宽的一端。平面呈长方形。背面饰弦断竖向粗绳纹；内侧素面，一端残存较窄的切割痕。残长21.4、宽15.6、厚0.8～1.1厘米（图五〇，1）。

　　瓦当　7件。

　　标本ⅤH104：6，夹砂灰陶。半瓦当，残。底边起棱，当面残存两条凸棱，具体纹样不可辨识。当面残宽6.0、高4.4、厚0.6～0.9厘米（图五一，1）。

　　标本ⅤH104：24，夹砂灰陶。半瓦当，后接筒瓦，残。边口起棱，当面残存一凸棱和圆形乳突，具体纹样不可辨识。筒瓦背部饰瓦棱纹，内侧有切割痕。当面残宽10.0、高9.7、厚0.5～1.0厘米，筒瓦残长12.3、厚0.9～1.5厘米（图五一，7；彩版二一，1）。

　　标本ⅤH104：30，夹砂灰陶。半瓦当，残。当面饰兽面纹：左目圆睁，右目残；眉毛弯曲与鼻部相连，鼻梁笔直，鼻翼小巧；左侧可见胡须。当面残宽9.3、高7.5、厚0.7～1.9厘米（图五一，3；彩版二一，2）。

　　标本ⅤH104：52，夹砂红陶。半瓦当，后接筒瓦，残。当面残存曲尺几何纹。筒瓦背部和内侧均为素面，内侧有切割痕。当面残宽 6.0、高 3.0、厚 0.5 厘米，筒瓦残长 4.4、厚 1.2 厘米（图五一，4）。

标本 V H104：81，夹砂灰陶。后接筒瓦，残。边口起棱，当面残存一凸棱，具体纹样不可辨识。筒瓦背部和内侧均为素面。当面残宽 8.5、高 4.0、厚 1.2～1.7 厘米，筒瓦残长 4.7、厚 1.1 厘米（图五一，6）。

标本 V H104：82，夹砂红褐陶。圆瓦当，残。当面为素面。当面残宽 8.4、高 10.4、厚 0.9 厘米，筒瓦残长 2.1、厚 1.6 厘米（图五一，5）。

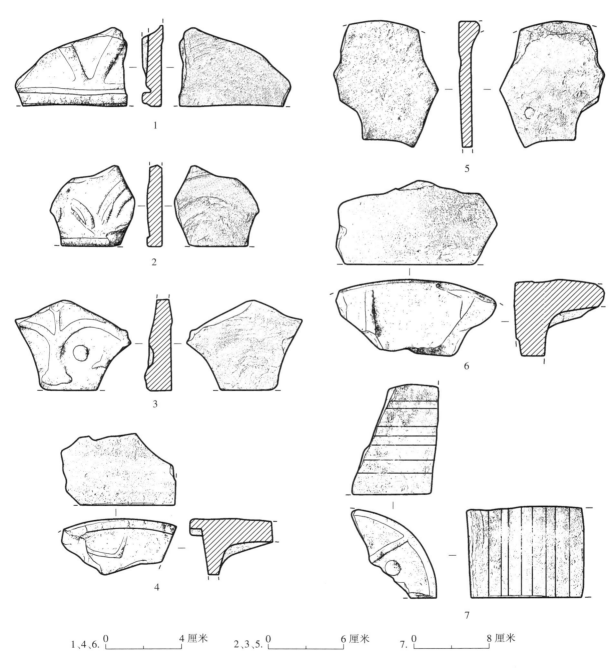

1、4、6. 0___4厘米　　2、3、5. 0___6厘米　　7. 0___8厘米

图五一　V H104 出土瓦当
1～7. V H104：6、V H104：112、V H104：30、V H104：52、V H104：82、V H104：81、V H104：24

标本ⅤH104：112，夹砂灰陶。半瓦当，残。当面饰兽面纹：仅存眉毛，眼、鼻和胡须不存。当面残宽6.7、高6.6、厚0.9～1.2厘米（图五一，2）。

2. 陶器　68件。有钵、豆、釜、罐、盆、壶、鼎足、陶饼等。

钵　28件。

标本ⅤH104：15，夹砂灰陶。口和上腹部残。折腹，平底。素面。底径7.8、残高4.6、厚0.9～1.3厘米（图五二，11）。

标本ⅤH104：17，夹砂灰褐陶。仅存底部。平底。底径6.6、高2.6、厚0.7～0.9厘米（图五二，2）。

标本ⅤH104：22，夹砂黄陶。圆唇，敞口，折腹，平底。上腹部饰三周凸弦纹。口径15.0、底径7.6、高6.0、厚0.5～1.3厘米（图五二，4；彩版二一，3）。

标本ⅤH104：23，夹砂灰陶。方唇，敞口，折腹，平底。上腹部饰四周凹弦纹。口径14.2、底径6.6、高6.3、厚0.6～1.6厘米（图五二，14；彩版二一，4）。

标本ⅤH104：25，夹砂红褐陶。圆唇，直口，折腹，平底。上腹部饰二周凹弦纹。口径12.3、底径7.0、高5.8、厚0.6～0.8厘米（图五二，7）。

标本ⅤH104：27，夹砂灰陶。残。尖唇，敞口，折腹，平底。上腹部饰一周凸弦纹。口径16.0、底径7.6、高6.5、厚0.6～1.2厘米（图五二，9）。

标本ⅤH104：29，夹砂灰陶。方唇，敞口，折腹，平底。上腹部饰四周凹弦纹。口径13.7、底径6.2、高5.7、厚0.5～0.9厘米（图五二，13）。

标本ⅤH104：31，夹砂灰陶。圆唇，敞口，折腹，平底。上腹部有轮旋痕。口径15.4、底径6.0、高6.8、厚0.6～1.1厘米（图五二，6）。

标本ⅤH104：32，夹砂灰陶。方唇，敞口，折腹，平底。上腹部饰一周凸弦纹。口径13.4、底径6.0、高5.2、厚0.6～0.9厘米（图五二，12）。

标本ⅤH104：64，夹砂灰陶。口及上腹部残。折腹，平底。腹部饰一周凸弦纹。底径7.3、高4.5、厚0.4～1.2厘米（图五二，1）。

标本ⅤH104：65，夹砂红陶。底残。圆唇，敞口，折腹。素面。口径23.9、高7.5、厚0.6～1.1厘米（图五二，10）。

标本ⅤH104：66，夹砂黄褐陶。底残。圆唇，敞口，折腹。腹部饰一周凸弦纹。口径13.0、高5.8、厚0.5厘米（图五二，8）。

标本ⅤH104：68，夹砂灰陶。方唇，敞口，折腹，平底。腹部饰两周凸弦纹，外壁有"十"字刻划符号。口径14.0、底径7.0、高5.9、厚0.4～0.8厘米（图五二，3）。

标本ⅤH104：69，夹砂灰陶。圆唇，敞口，折腹，平底。腹部饰两周凹弦纹。口径12.1、底径4.8、高5.7、厚0.6～1.0厘米（图五二，5）。

标本ⅤH104：71，夹砂灰陶。口及上腹部残。折腹，平底。素面。底径4.6、残高2.6、厚0.4～0.6厘米（图五三，1）。

标本ⅤH104：72，夹砂灰陶。圆唇，敞口，折腹，平底。上腹部饰三周凹弦纹。口径13.0、底径6.4、高5.4、厚0.6～0.9厘米（图五三，6）。

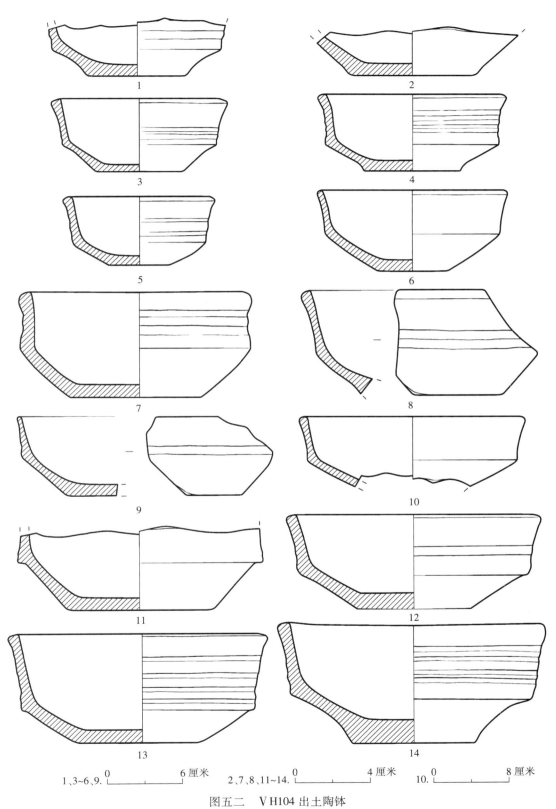

图五二　ⅤH104 出土陶钵

1～14. ⅤH104：64、ⅤH104：17、ⅤH104：68、ⅤH104：22、ⅤH104：69、ⅤH104：31、ⅤH104：25、ⅤH104：66、ⅤH104：27、
ⅤH104：65、ⅤH104：15、ⅤH104：32、ⅤH104：29、ⅤH104：23

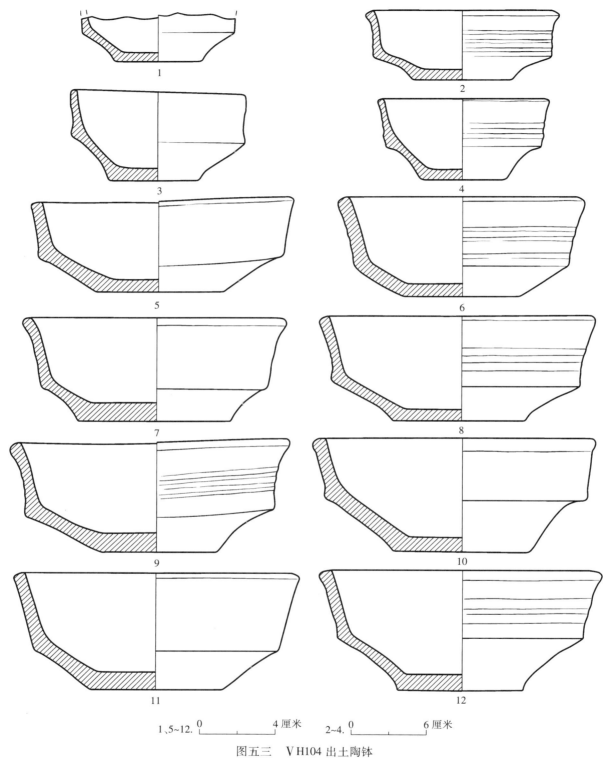

1、5~12. 0 [_____] 4 厘米　　2~4. 0 [_____] 6 厘米

图五三　ⅤH104 出土陶钵

1~12. ⅤH104：71、ⅤH104：132、ⅤH104：131、ⅤH104：133、ⅤH104：98、ⅤH104：72、ⅤH104：111、ⅤH104：95、ⅤH104：99、
ⅤH104：102、ⅤH104：101、ⅤH104：108

　　标本ⅤH104：95，夹砂灰陶。圆唇，敞口，折腹，平底。上腹部饰弦纹。口径 14.8、底径
7.0、高 5.8、厚 0.5~0.8 厘米（图五三，8）。

　　标本ⅤH104：98，夹砂红陶。方唇，敞口，折腹，平底。素面。口径 14.0、底径6.7、高5.2、厚 0.6 ~ 1.0 厘米（图五三，5；彩版二一，5）。

标本ⅤH104：99，夹砂灰陶。圆唇，敞口，折腹，平底。上腹部饰三周凸弦纹。口径 14.6、底径 6.2、高 6.2、厚 0.4 ~ 1.0 厘米（图五三，9）。

标本ⅤH104：101，夹砂灰陶。方唇，敞口，折腹，平底。素面。口径 15.0、底径 7.0、高 6.4、厚 0.6 ~ 1.0 厘米（图五三，11）。

标本ⅤH104：102，夹砂灰陶。圆唇，敞口，折腹，平底。素面。口径 15.0、底径 7.2、高 6.2、厚 0.6 ~ 1.1 厘米（图五三，10；彩版二二，1）。

标本ⅤH104：108，夹砂灰陶。方唇，敞口，折腹，平底。上腹部饰二周凸弦纹。口径 14.8、底径 6.6、高 6.3、厚 0.6 ~ 0.9 厘米（图五三，12；彩版二二，2）。

标本ⅤH104：111，夹砂灰陶。圆唇，敞口，折腹，平底。素面。口径 14.0、底径 8.2、高 5.9、厚 0.5 ~ 1.1 厘米（图五三，7）。

标本ⅤH104：131，夹砂黄褐陶。圆唇，直口，折腹，平底。素面。口径 13.8、底径 7.2、高 7.5、厚 0.9 厘米（图五三，3）。

标本ⅤH104：132，夹砂黄褐陶。方唇，敞口，折腹，平底。上腹部饰三周凹弦纹。口径 15.3、底径 7.8、高 5.7、厚 0.5 ~ 0.9 厘米（图五三，2）。

标本ⅤH104：133，夹砂黑褐陶。方唇，敞口，折腹，平底。上腹部饰二周凸弦纹。口径 13.5、底径 6.6、高 6.6、厚 0.5 ~ 0.9 厘米（图五三，4）。

标本ⅤH104：134，夹砂黄褐陶。方唇，敞口，折腹，平底。素面。口径 14.4、底径 6.9、高 6.5、厚 0.5 ~ 0.9 厘米（图五四，2）。

标本ⅤH104：135，夹砂黄陶。方唇，敞口，折腹，平底。素面。口径 14.4、底径 6.8、高 6.4、厚 0.4 ~ 0.8 厘米（图五四，1；彩版二一，6）。

豆　6 件。

标本ⅤH104：60，夹砂灰陶。仅存豆盘底部。素面，内底有"米"字刻划纹。残高 2.8、厚 0.6 ~ 1.1 厘米（图五四，5）。

标本ⅤH104：83，夹砂灰陶。仅存豆柄和豆座。柄中空，豆座呈喇叭口状。素面。底径 8.3、残高 5.9、厚 0.4 ~ 1.1 厘米（图五四，7）。

标本ⅤH104：84，夹砂黑陶。仅存豆柄和豆座。柄中空，豆座呈喇叭口状。素面。底径 9.5、残高 5.9、厚 0.6 ~ 1.0 厘米（图五四，6）。

标本ⅤH104：85，夹砂黄褐陶。仅存豆柄和部分豆盘。柄中空。素面。残高 8.2、厚 0.6 ~ 0.9 厘米（图五四，8）。

标本ⅤH104：86，夹砂灰陶。仅存豆柄和部分豆盘。柄中空。素面。残高 8.4、厚 0.6 ~ 1.3 厘米（图五四，3）。

标本ⅤH104：103，夹砂灰陶。仅存豆盘，呈钵形。方唇，敞口。素面。口径 14.6、残高 6.6、厚 0.5 ~ 1.1 厘米（图五四，4）。

釜　16 件。

标本ⅤH104：5，夹砂红陶。下腹部及底部残。方唇，唇下贴塑泥条起棱，敞口，斜直腹。腹

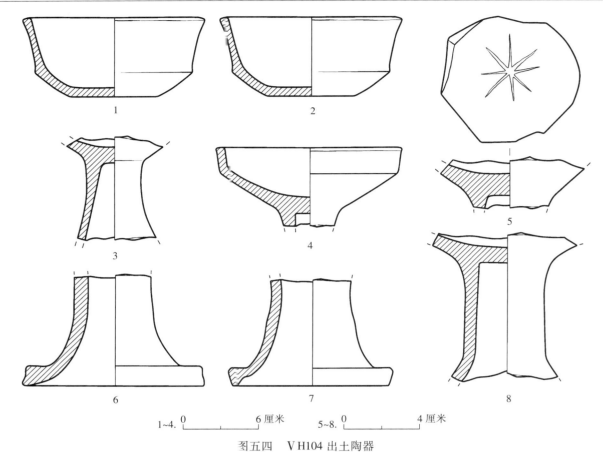

图五四　ⅤH104 出土陶器

1、2. 钵（ⅤH104：135、ⅤH104：134）　3～8. 豆（ⅤH104：86、ⅤH104：103、ⅤH104：60、ⅤH104：84、ⅤH104：83、
ⅤH104：85）

部饰粗绳纹并抹平。口径 32.0、残高 13.4、厚 0.7～1.0 厘米（图五五，4）。

标本ⅤH104：76，夹砂红褐陶。下腹部及底部残。方唇，敞口，展沿，斜直腹。上腹部饰粗绳纹并抹平，内壁饰布纹。口径 32.0、残高 9.9、厚 0.6～1.0 厘米（图五五，8）。

标本ⅤH104：77，夹砂红褐陶。下腹部及底部残。方唇，敞口，展沿，斜腹。上腹部饰粗绳纹并抹平，内壁饰布纹。口径 33.0、残高 10.2、厚 0.8～1.4 厘米（图五五，6）。

标本ⅤH104：89，夹砂红陶。下腹部及底部残。方唇，敞口，展沿，沿内侧起棱，斜腹。上腹部饰粗绳纹。口径 36.0、残高 15.6、厚 0.8～1.8 厘米（图五五，7）。

标本ⅤH104：90，夹砂红陶。下腹部及底部残。圆唇，唇下贴塑泥条起棱，敞口，展沿，沿面有凹槽，斜腹。上腹部饰绳纹并抹平，内壁可见布纹。口径 35.8、残高 15.1、厚 0.8～1.1 厘米（图五五，5；彩版二二，3）。

标本ⅤH104：91，夹砂黄褐陶。下腹部及底部残。圆唇，敞口，展沿，沿面有凹槽，斜腹。上腹部饰弦纹。口径 33.4、残高 17.3、厚 0.7～1.1 厘米（图五五，3）。

标本ⅤH104：92，夹砂灰陶。下腹部及底部残。方唇，唇下起棱，敞口，展沿，沿面有凹槽，斜腹。上腹部饰竖向绳纹并抹平，内壁饰布纹。口径 33.0、残高 14.5、厚 0.6～1.1 厘米（图五五，2）。

标本ⅤH104：93，夹砂红陶。下腹部及底部残。方唇，唇下贴塑泥条起尖棱，敞口，展沿，沿面有凹槽，斜腹。上腹部饰绳纹并抹平。口径 32.0、残高 9.0、厚 0.6～0.9 厘米（图五五，1）。

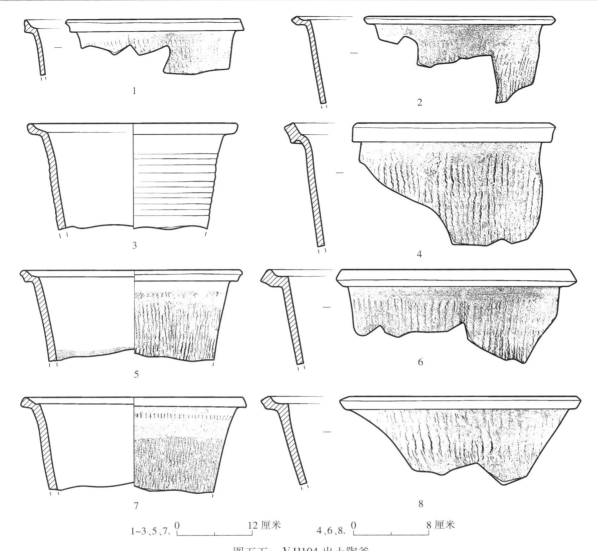

1~3、5、7. 　0 ├──────┤ 12 厘米　　　4、6、8. 　0 ├──────┤ 8 厘米

图五五　ⅤH104 出土陶釜

1~8. ⅤH104：93、ⅤH104：92、ⅤH104：91、ⅤH104：5、ⅤH104：90、ⅤH104：77、ⅤH104：89、ⅤH104：76

标本ⅤH104：94，夹砂灰陶。下腹部及底部残。方唇，敞口，展沿，沿面有凹槽，斜腹。上腹部饰弦纹。口径36.0、残高11.0、厚0.8~1.3厘米（图五六，2）。

标本ⅤH104：96，夹砂红陶。底部残。方唇，唇下贴塑泥条起棱，敞口，展沿，沿面有凹槽，斜腹。上腹部饰绳纹，下腹部内壁饰布纹。口径35.0、残高16.7、厚0.7~1.0厘米（图五六，4）。

标本ⅤH104：105，夹砂灰陶。方唇，敞口，展沿，沿面有凹槽，鼓腹，圜底。腹部饰粗绳纹。口径24.8、高30.8、厚0.8~1.2厘米（图五六，8）。

标本ⅤH104：113，夹砂红陶。底部残。方唇，敞口，展沿，沿面有凹槽，斜腹。上腹部饰竖向粗绳纹并抹平，下腹内壁可见布纹。口径27.6、残高12.3、厚0.7~1.6厘米（图五六，3）。

标本ⅤH104：114，夹砂红褐陶。底部残。方唇，唇下贴塑泥条起棱，敞口，展沿，沿面有凹槽，斜腹。上腹部饰竖向粗绳纹并抹平。口径32.2、残高8.1、厚0.6~1.2厘米（图五六，7）。

标本ⅤH104：115，夹砂灰陶。下腹部及底部残。方唇，敞口，展沿，沿面有凹槽，斜腹。上腹部饰竖向粗绳纹并抹平。口径26.8、残高10.6、厚0.7~1.1厘米（图五六，1）。

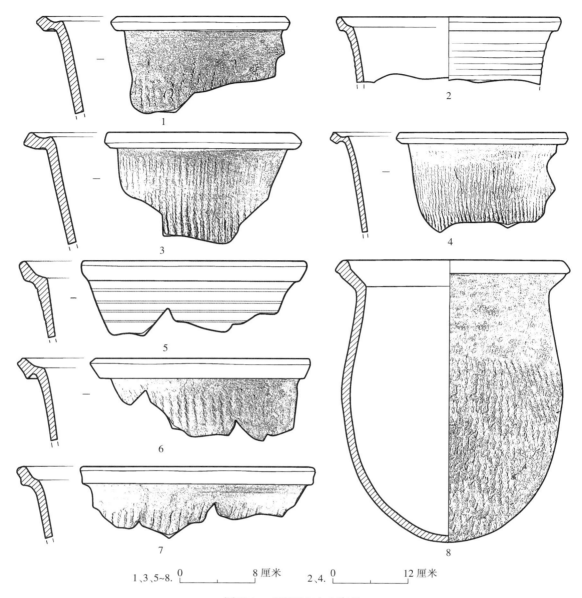

图五六　ⅤH104 出土陶釜

1~7. 釜口部（ⅤH104∶115、ⅤH104∶94、ⅤH104∶113、ⅤH104∶96、ⅤH104∶116、ⅤH104∶117、ⅤH104∶114）　8. 釜（ⅤH104∶105）

标本ⅤH104∶116，夹砂灰陶。下腹部及底部残。圆唇，敞口，展沿，沿面有凹槽，斜腹。上腹部饰数周弦纹。口径 28.0、残高 8.3、厚 0.7~1.3 厘米（图五六，5）。

标本ⅤH104∶117，夹砂红陶。下腹部及底部残。方唇，唇下贴塑泥条起棱，敞口，展沿，沿面有凹槽，斜腹。上腹部饰竖向粗绳纹并抹平。口径 32.4、残高 9.1、厚 0.7~1.2 厘米（图五六，6）。

罐　10 件。

标本ⅤH104∶73，夹砂、夹云母红陶。方唇，敞口，鼓腹。腹部饰绳纹并抹平。口径 26.0、残高 11.3、厚 0.9~1.4 厘米（图五七，8）。

标本ⅤH104∶78，夹砂灰陶。下腹部及底部残。方唇，敞口，矮领，鼓腹。领部有系耳，腹部磨光。口径 10.0、残高 11.8、厚 0.7~1.1 厘米（图五七，6）。

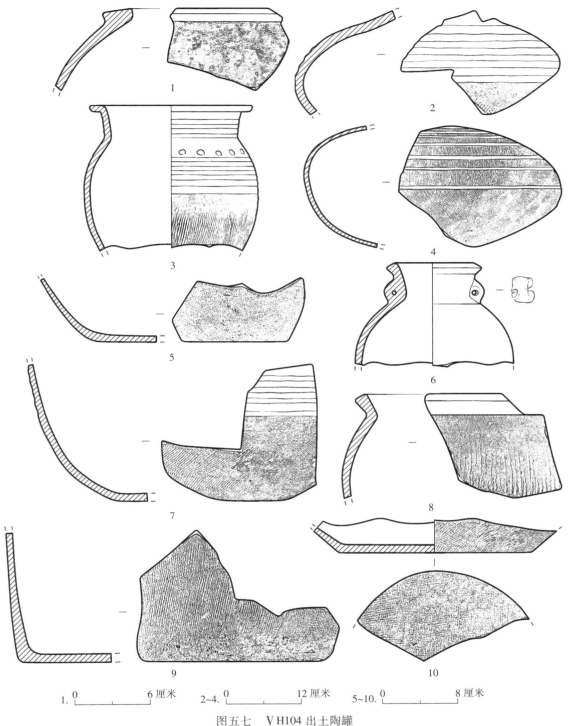

图五七　ⅤH104 出土陶罐

1～10. ⅤH104：79、ⅤH104：126、ⅤH104：97、ⅤH104：125、ⅤH104：129、ⅤH104：78、ⅤH104：127、ⅤH104：73、
ⅤH104：124、ⅤH104：128

标本ⅤH104：79，夹砂红褐陶。罐口沿。尖唇，敛口，窄沿，鼓腹。素面。口径23.0、残高6.8、厚0.6厘米（图五七，1）。

标本ⅤH104：97，夹砂红陶。下腹部及底部残。方唇，敞口，展沿，矮领，垂肩，腹微鼓。领部和上腹部饰弦纹，肩部饰六个模印圆圈纹，下腹部饰细绳纹，领内壁贴塑一泥条。口径26.0、残高 24.0、厚 0.7～1.1 厘米（图五七，3；彩版二二，4）。

标本ⅤH104：124，夹砂灰陶。仅存下腹部和底部。下腹斜收，平底。下腹部饰斜向细绳纹。底径 16.8、残高 14.2、厚 0.7～1.6 厘米（图五七，9）。

标本ⅤH104：125，夹砂灰陶。仅存腹部。上腹部饰弦断细绳纹，下腹部饰斜向绳纹。残高 20.1、厚 0.6 厘米（图五七，4）。

标本ⅤH104：126，夹砂灰陶。肩腹残片。肩部饰瓦棱纹，腹部饰斜向细绳纹。残高 17.0、厚 1.2 厘米（图五七，2）。

标本ⅤH104：127，夹砂灰陶。仅存腹部和底部。腹部弧收，平底。上腹部饰数周弦纹，下腹部饰斜向细绳纹，底部饰交错绳纹，腹内壁有麻点纹。残高 15.1、厚 0.5～0.8 厘米（图五七，7）。

标本ⅤH104：128，夹砂灰陶。仅存底部。平底。下腹部饰横向细绳纹，底部饰交错绳纹。底径 20.3、残高 3.8、厚 0.5～0.8 厘米（图五七，10）。

标本ⅤH104：129，夹砂黄褐陶。仅存下腹部和底部。下腹弧收，平底。下腹部饰斜向细绳纹，底部饰交错绳纹，腹内壁有麻点纹。底径 12.6、残高 7.0、厚 0.4～0.9 厘米（图五七，5）。

盆　5 件。

标本ⅤH104：74，夹砂黄陶。下腹部及底部残。方唇，敞口，窄沿，沿面有凹槽，弧腹。上腹部饰一周弦纹和六周瓦棱纹。口径 28.0、残高 12.8、厚 0.3～1.2 厘米（图五八，5）。

标本ⅤH104：80，夹砂灰陶。盆口沿。方唇，唇下贴塑泥条起棱，敞口，折沿，沿面有凹槽，弧腹。口径 28.0、残高 3.4、厚 0.6～1.0 厘米（图五八，4）。

标本ⅤH104：87，夹砂灰陶。下腹部及底部残。方唇，唇下贴塑泥条起棱，侈口，卷沿，弧腹。腹部饰数周弦纹。口径 24.0、残高 12.5、厚 0.5～0.9 厘米（图五八，7）。

标本ⅤH104：88，夹砂灰陶。下腹部及底部残。尖唇，唇下贴塑泥条起尖棱，侈口，卷沿，沿面内外均有凹槽，斜腹。上腹部饰数周弦纹，下腹部饰细绳纹。口径 49.5、残高 18.3、厚 0.6～1.8 厘米（图五八，8）。

标本ⅤH104：118，夹砂灰陶。下腹部及底部残。方唇，侈口，展沿，弧腹。腹部饰数周弦纹。口径 39.9、残高 16.4、厚 0.8～1.2 厘米（图五八，6）。

壶　1 件。

标本ⅤH104：75，夹砂红陶。仅存颈部和肩部。高领，溜肩。器表饰凸弦纹。残高 11.3、厚 0.7 厘米（图五八，3）。

鼎足　1 件。

标本ⅤH104：59，夹砂黑褐陶。呈四棱柱状。残高 6.6 厘米（图五八，2）。

陶饼　1 件。

标本ⅤH104：16，夹砂灰褐陶。捏制而成。呈圆饼状。可能为封泥。直径 1.8、厚 0.8 厘米（图五八，1）。

3. 铜器　16 件。有镞（据镞身形态分为锥形镞、无孔三翼镞、有孔三翼镞）、剑格、簪。

锥形镞　12 件。镞身呈三棱锥状，剖面呈三角形。

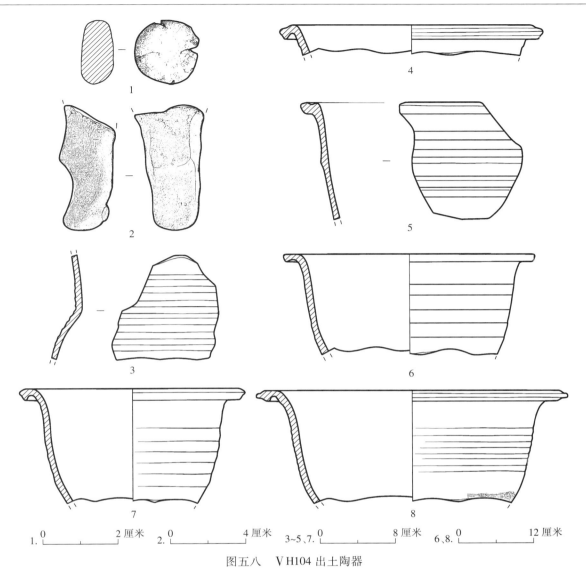

图五八　Ⅴ H104 出土陶器

1. 陶饼（ⅤH104：16）　2. 鼎足（ⅤH104：59）　3. 壶（ⅤH104：75）　4～8. 盆（ⅤH104：80、ⅤH104：74、ⅤH104：118、ⅤH104：87、ⅤH104：88）

标本ⅤH104：8，镞身粗短。尾部残留有圆形铁铤。残长 4.3、宽 0.8、铤长 2.7、铤径 0.7 厘米（图五九，3；彩版二二，5）。

标本ⅤH104：37，镞身细长。尖部残，尾部残。残长 2.8、宽 0.6 厘米（图五九，12）。

标本ⅤH104：40，镞身粗短。尾部有铁铤锈痕。残长 3.5、宽 1.2 厘米（图五九，14；彩版二二，6）。

标本ⅤH104：44，镞身粗短。尾部残留有圆形铁铤。残长 3.3、宽 1.0、铤长 1.0、铤径 0.5 厘米（图五九，15；彩版二二，7）。

标本ⅤH104：45，镞身粗短。尾部残留有圆形铁铤。残长 3.8、宽 1.0、铤长 1.0、铤径 0.7 厘米（图五九，7）。

标本ⅤH104：47，镞身粗短。尾部残留有圆形铁铤。残长 7.4、宽 0.7、铤长 5.1、铤径 0.8 厘米（图五九，10）。

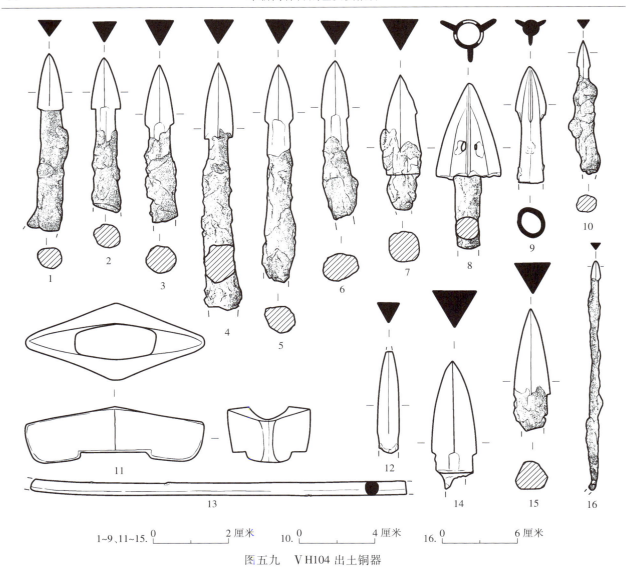

图五九　ⅤH104 出土铜器

1～7、10、12、14～16. 锥形镞（ⅤH104：53、ⅤH104：51、ⅤH104：8、ⅤH104：57、ⅤH104：61、ⅤH104：56、ⅤH104：45、
ⅤH104：47、ⅤH104：37、ⅤH104：40、ⅤH104：44、ⅤH104：50）　8. 有孔三翼镞（ⅤH104：10）　9. 无孔三翼镞（ⅤH104：35）
11. 剑格（ⅤH104：14）　13. 簪（ⅤH104：110）

　　标本ⅤH104：50，镞身粗短。尾部残留有圆形铁铤。残长 18.5、宽 0.7、铤长 16.7、铤径 0.6
厘米（图五九，16）。

　　标本ⅤH104：51，镞身粗短。有倒刺，尾部残留有圆形铁铤。残长 4.3、宽 0.8、铤长 2.9、铤
径 0.7 厘米（图五九，2；彩版二三，1）。

　　标本ⅤH104：53，镞身粗短。尾部残留有圆形铁铤。残长 4.9、宽 0.7、铤长 3.2、铤径 0.7 厘
米（图五九，1）。

　　标本ⅤH104：56，镞身粗短。尾部残留有圆形铁铤。残长 4.3、宽 0.7、铤长 2.7、铤径 0.6 厘
米（图五九，6）。

　　标本ⅤH104：57，镞身略粗短。有倒刺，尾部残留有圆形铁铤。残长 6.8、宽 0.8、铤长 4.7、
铤径 0.8 厘米（图五九，4；彩版二三，2）。

　　标本ⅤH104：61，镞身粗短。尾部残留有圆形铁铤。残长 6.0、宽 0.8、铤长 4.3、铤径 0.8 厘

米（图五九，5）。

有孔三翼镞　1件。

标本ⅤH104：10，镞身粗短，为三翼状。尖锋，斜刃，近底部开有三孔，三孔与尾部装铤的圆銎相通。铤为铁芯包木。残长4.5、宽1.7、銎径0.9、銎深1.5、铤长2.0、铤径0.6厘米（图五九，8；彩版二三，3）。

无孔三翼镞　1件。

标本ⅤH104：35，镞身略粗短，为三翼状。尖锋，斜刃，管銎尾，銎口呈椭圆形。残长3.2、宽0.8厘米，銎口长径0.6、短径0.4厘米（图五九，9；彩版二三，4）。

剑格　1件。

标本ⅤH104：14，平面呈菱形。宽4.7、厚1.1厘米（图五九，11；彩版二三，5）。

簪　1件。

标本ⅤH104：110，首尾残，仅存中部。体细长，剖面呈圆形。残长9.9、径0.4厘米（图五九，13）。

4. 铁器　15件。有斧、钉、镰、铚刀、环首器、削、马衔等。

斧　6件。

标本ⅤH104：18，平面残呈梯形。銎部和刃部均残。直边。宽7.0、残高11.2、厚0.8厘米（图六〇，1）。

标本ⅤH104：19，平面近长方形。銎部残。弧边，圆角，弧刃。宽5.7、残高8.2、厚1.0厘米（图六〇，6）。

标本ⅤH104：20，平面近长方形。銎部和刃部略残。弧边，圆角，弧刃。宽6.3、残高7.9、銎口长5.1、宽1.4、厚1.4厘米（图六〇，3；彩版二四，1）。

标本ⅤH104：42，平面近长方形。銎部和刃部残。弧边，圆角，弧刃。宽4.6、残高9.5、厚1.5厘米（图六〇，4）。

标本ⅤH104：43，平面近长方形。銎部略残。直边，圆角，弧刃。宽6.4、残高8.0、銎口长5.1、宽1.5、厚1.4厘米（图六〇，5）。

标本ⅤH104：58，平面近长方形。銎部残。直边，圆角，斜刃。宽7.0、残高6.3、厚1.0厘米（图六〇，2；彩版二四，2）。

钉　2件。呈圆台状，体厚重，外壁有两个对称的子榫。

标本ⅤH104：21，外径9.5、内径7.8、高4.2、厚0.9厘米（图六一，8；彩版二四，3）。

标本ⅤH104：34，外径11.4、内径8.6、高6.3、厚1.2厘米（图六一，7）。

镰　2件。平面近长条状。

标本ⅤH104：36，仅存首部。弧背弧刃。残长10.5、宽2.0、厚0.4厘米（图六一，1）。

标本ⅤH104：49，首尾均残。弧背直刃。残长13.6、宽3.8、厚0.6厘米（图六一，2）。

铚刀　2件。平面呈半月形，弧背，直刃，近背部中央开有两个穿孔。

标本ⅤH104：39，右下角刃部略残。残长12.7、宽4.2、厚0.6厘米（图六一，6；彩版二四，4）。

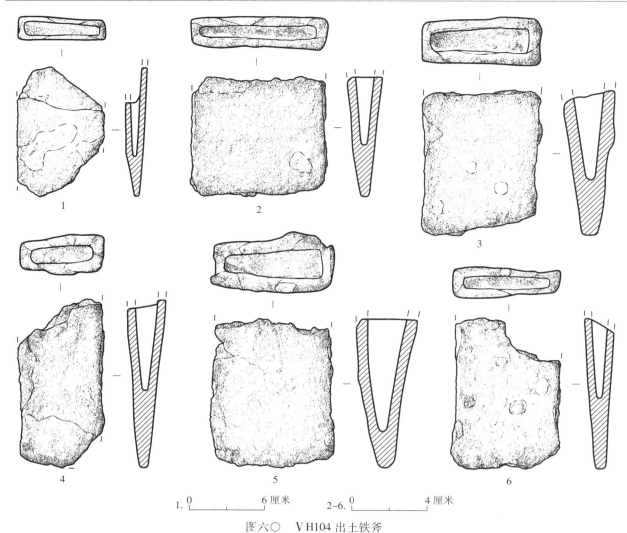

图六〇　Ⅴ H104 出土铁斧
1～6. Ⅴ H104：18、Ⅴ H104：58、Ⅴ H104：20、Ⅴ H104：42、Ⅴ H104：43、Ⅴ H104：19

标本Ⅴ H104：48，两刃角残。残长13.4、宽4.5、厚0.6厘米（图六一，5）。

环首器　1件。

标本Ⅴ H104：46，仅存环首部。剖面呈圆形。残长7.1、径0.6厘米（图六一，9）。

削　1件。

标本Ⅴ H104：54，呈长条状。尖部和柄部残。直背直刃。残长7.8、宽1.4、厚0.6厘米（图六一，4）。

马衔残件　1件。

标本Ⅴ H104：55，平面呈长条状，中段微折。两端均残。近折角处有一长方形穿孔。残长8.8、宽1.2、厚0.6厘米（图六一，3）。

5. 骨器　5件。有饼、针和锥。

饼　1件。

标本Ⅴ H104：1，由动物骨骼磨制而成。呈圆台状。顶径1.5、底径2.0、高0.7厘米（图六二，5；彩版二三，6）。

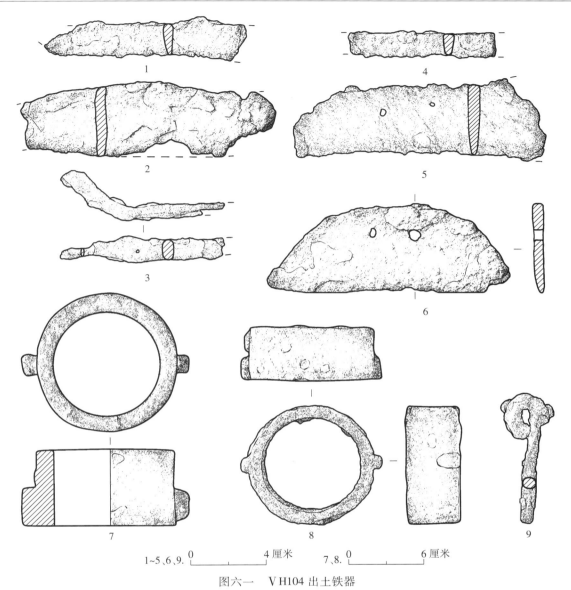

图六一　ⅤH104 出土铁器

1、2. 镰（ⅤH104：36、ⅤH104：49）　3. 马衔（ⅤH104：55）　4. 削（ⅤH104：54）　5、6. 铚刀（ⅤH104：48、ⅤH104：
39）　7、8. 钉（ⅤH104：34、ⅤH104：21）　9. 环首器（ⅤH104：46）

针　2件。

标本ⅤH104：3-1、3-2，体细长。由动物肢骨削制打磨而成。柄部略扁，末端有圆形穿孔，尖部为圆锥状。两件均长8.1、宽0.4、孔径0.2厘米（图六二，2、3；彩版二三，7、8）。

锥　2件。由动物肢骨削磨而成。

标本ⅤH104：106，剖面呈扁凹弧形。长5.4、宽0.5厘米（图六二，4；彩版二三，9）。

标本ⅤH104：107，呈长条柱状。剖面呈长方形。柄部残。残长10.9、宽0.3、厚0.2厘米（图六二，1）。

6. 钱币　6枚。有“一化”钱、刀币和布币。

“一化”钱　1件。

标本ⅤH104：7，圆形，方孔，无郭，背平。正面篆书"一化"二字。直径1.9、穿孔宽0.5、厚0.1厘米。重0.9克（图六三，4）。

刀币 4件。

标本ⅤH104：9，仅存小段刀身。有郭隆起，残存柄间二直纹。正面残存"明"字局部，背面书"父"字。残长3.8、刀身宽1.4、厚0.1厘米。重3.23克（图六三，5）。

标本ⅤH104：11，仅存部分刀身和柄部。刀身有郭隆起，钱文不存，面、背柄间均有二直纹。残长4.0、刀身宽1.6、柄宽1.1、厚0.1厘米。重4.1克（图六三，3）。

标本ⅤH104：12，仅存刀身部分。首尖较短，刀身有郭隆起。正面篆书"明"，背面书"易"（或释"中"）。残长5.0、宽1.8、厚0.2厘米。重5.64克（图六三，2）。

标本ⅤH104：38，仅存柄部和部分刀身。刀身有郭隆起，面、背柄间均有二直纹。通长7.9、刀身宽1.4、柄长5.6、柄宽1.0、厚0.1厘米。重4.33克（图六三，1）。

布币 1件。

标本ⅤH104：62，平首布。首部上宽下窄，平肩，束腰，平裆，方足。正面钱文不可辨识，背面饰"小"字纹。高4.6、宽2.8、厚0.1厘米。重3.16克（图六三，6）。

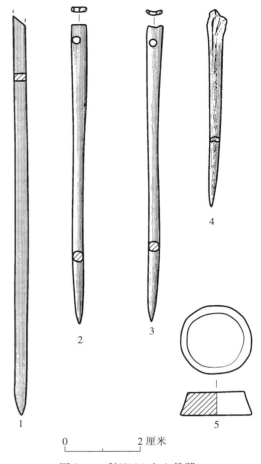

图六二 ⅤH104出土骨器
1、4. 锥（ⅤH104：107、ⅤH104：106）
2、3. 针（ⅤH104：3-1、ⅤH104：3-2）
5. 饼（ⅤH104：1）

ⅤH116

位于ⅤT0402西部，并延伸至ⅤT0302东部，开口于⑥层下，被ⅤH88打破，打破生土。坑口平面呈圆形，斜弧壁，平底。直径1.84、深0.48米。坑内填土为灰黑色砂土，内含大量烧灰，土质疏松。出土少量陶片（图六四）。

ⅤH118

位于ⅤT0302南部，开口于⑥层下，被ⅤH71、ⅤH91打破，打破生土。坑口平面呈长条形，直壁，平底。已清理部分长3.62、宽1.35、深1.30米（图六五）。坑内填土为灰黑色砂土，土质疏松，底为生土底。出土遗物较多。

出土遗物共6件。有建筑构件、陶器。

1. 建筑构件 3件。均为半瓦当。

标本ⅤH118：1，夹砂灰陶。半瓦当，残。当面为素面。筒瓦背部和内侧均为素面，内侧可见切割痕。当面残宽7.7、高9.2、厚1.2厘米，筒瓦残长7.8、厚1.3～2.1厘米（图六

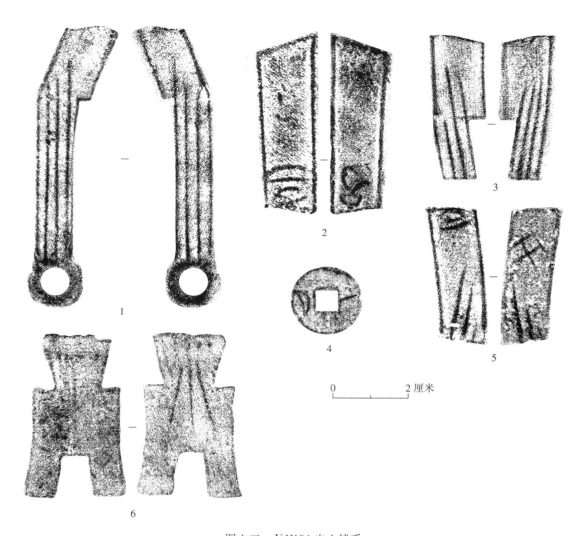

图六三　Ⅴ H104 出土钱币

1～3、5. 刀币（Ⅴ H104：38、Ⅴ H104：12、Ⅴ H104：11、Ⅴ H104：9）拓片　4. "一化"钱（Ⅴ H104：7）拓片
6. 布币（Ⅴ H104：62）拓片

六，4）。

标本Ⅴ H118：3，夹砂灰陶。半瓦当，残。当面为素面，当背可见轮旋痕。当面残宽12.3、高9.0、厚1.3～1.6厘米（图六六，3；彩版二四，5）。

标本Ⅴ H118：4，夹砂红陶。半瓦当，残。当面有中线将其分为左、右两部分，对称有浅浮雕装饰，应是兽面纹。当面残宽17.2、高10.2、厚0.8～1.2厘米（图六六，6；彩版二四，6）。

2. 陶器　3件。有钵、豆、器底。

钵　1件。

标本Ⅴ H118：2，夹砂红陶。方唇，敞口，折腹，平底。上腹部饰四周凹弦纹。口径13.8、底径6.4、高6.2、厚0.5～0.9厘米（图六六，2）。

豆　1件。

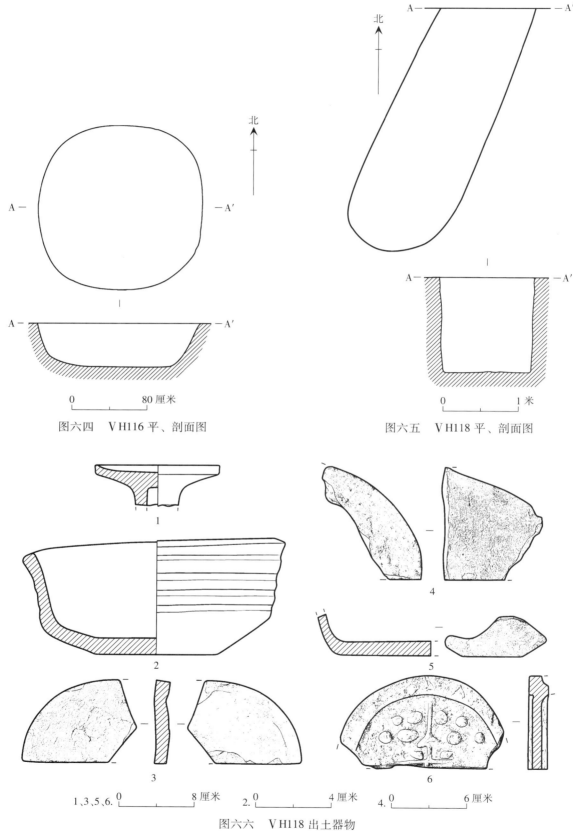

北

A —　　　　— A′

北

A —　　　　　　— A′

A —　　　　— A′

A —　　　　　　— A′

0　　　　80 厘米

0　　　　1 米

图六四　ⅤH116 平、剖面图

图六五　ⅤH118 平、剖面图

1

2

4

5

3

6

1、3、5、6. 0　　　　8 厘米　　　2. 0　　　4 厘米　　　4. 0　　　6 厘米

图六六　ⅤH118 出土器物

1. 陶豆（ⅤH118：6）　2. 陶钵（ⅤH118：2）　3、4、6. 瓦当（ⅤH118：3、ⅤH118：1、ⅤH118：4）　5. 陶器底
（ⅤH118：5）

标本ⅤH118：6，夹砂灰陶。仅存豆盘和豆柄。豆盘呈浅盘状，方唇，敞口，豆柄中空。素面。口径13.3、残高4.5、厚0.8～1.9厘米（图六六，1）。

器底　1件。

标本ⅤH118：5，夹砂灰褐陶。口部和腹部残。平底。素面。底径10.5、残高4.1、厚0.8～1.8厘米（图六六，5）。

ⅤH123

位于ⅤT0401西部，开口于⑥层下，被ⅤH78打破，打破H124和生土。坑口平面近椭圆形，弧直壁，平底。已清理部分长径2.44、短径2.19、深1.47米（图六七）。坑内填土为棕黑色砂土，土质疏松，底为生土底。出土遗物较多。

出土遗物共8件。有建筑构件、铁器。

1. 建筑构件　6件。有筒瓦和板瓦。

筒瓦　5件。

标本ⅤH123：3，夹砂红陶。半筒形，有瓦舌，残。背面近舌端饰瓦棱纹，中部饰弦断竖向绳纹；内侧饰瓦棱纹，一侧残存切割痕。残长25.6、厚0.7～1.2、舌长3.9厘米（图六八，6）。

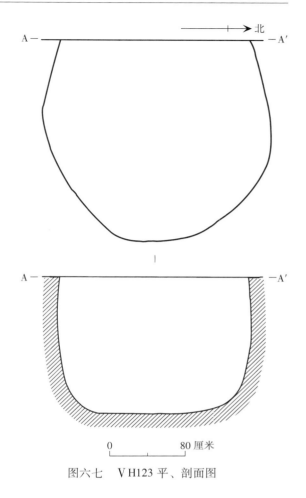

图六七　ⅤH123平、剖面图

标本ⅤH123：4，夹砂黑陶。半筒形，有瓦舌，残。背面饰瓦棱纹，内侧可见轮旋痕。残长8.1、厚0.5～1.2、瓦舌长4.2厘米（图六八，2）。

标本ⅤH123：5，夹砂灰陶。半筒形，有瓦舌，残。背面饰瓦棱纹，内侧可见轮旋痕。残长12.8、厚0.5～1.2、舌长2.8厘米（图六八，3）。

标本ⅤH123：6，夹砂灰褐陶。半筒形，残。背面和内侧皆饰瓦棱纹，内侧一段残存切割痕。残长11.2、厚0.6～1.1厘米（图六八，4）。

标本ⅤH123：7，夹砂灰陶。半筒形，残。背面饰弦断竖向绳纹；内侧可见泥圈套接痕，一端残存切割痕。残长20.8、厚0.5～0.8厘米（图六八，5）。

板瓦　1件。

标本ⅤH123：8，夹砂红陶。残呈长方形。背面饰瓦棱纹和弦断斜向绳纹；内侧饰瓦棱纹，一端残存较窄的切割痕。残长12.0、宽22.2、厚0.6～1.2厘米（图六八，1）。

2. 铁器　2件。均为斧。平面近长方形，直边，圆角，弧刃。

标本ⅤH123：1，銎部残。宽7.7、残高15.5、厚1.1厘米（图六九，1）。

标本ⅤH123：2，銎部、右侧刃残。宽7.1、残高8.2、厚1.0厘米（图六九，2）。

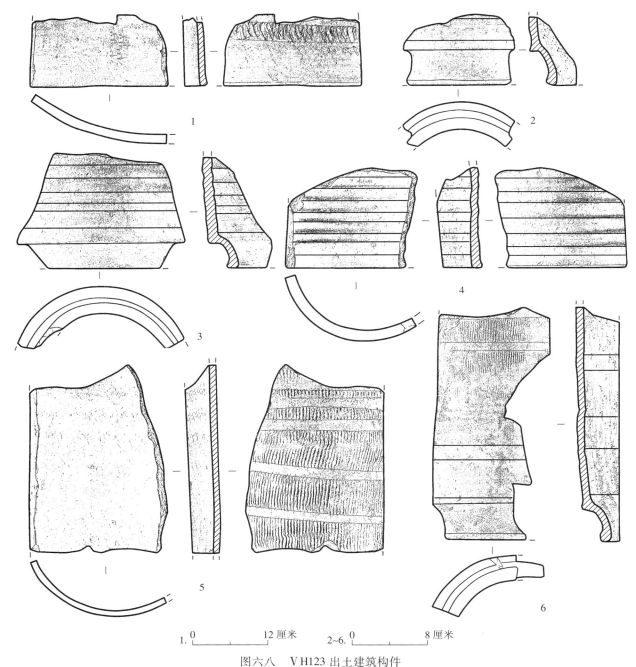

图六八　Ⅴ H123 出土建筑构件
1. 板瓦（Ⅴ H123：8）　2~6. 筒瓦（Ⅴ H123：4、Ⅴ H123：5、Ⅴ H123：6、Ⅴ H123：7、Ⅴ H123：3）

Ⅴ H124

位于Ⅴ T0401 西部，开口于⑥层下，被Ⅴ H123 打破，打破生土。坑口平面呈弧三角形，斜直壁，平底。已清理部分口长 1.35、宽 1.32、深 0.55 米（图七○）。坑内填土为黑色砂土，土质疏松，底为生土底。未出土遗物。

（二）灰沟

第一期文化遗存有灰沟 1 条。

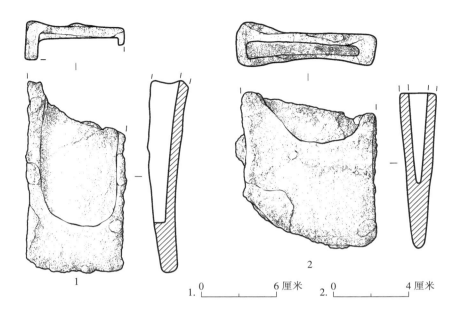

图六九　ⅤH123 出土铁斧
1、2. ⅤH123:1、ⅤH123:2

ⅡG4

位 于 Ⅱ T0401 南 部，向 东、西 延 伸 至 Ⅱ
T0501、Ⅱ T0301 内，向南延伸至发掘区外，开口
于⑤层下，打破生土，叠压Ⅱ H48。坑口平面呈长
方形，斜壁，有生土二层台，底不平。已清理部分
上口长 9.31、宽 2.85、底长 8.07、宽 2.38、深
1.26 米（图七一）。坑内填土为灰褐色土，土质细
密，含有大量的木炭颗粒，出土大量绳纹瓦残
块等。

出土遗物共 11 件。有建筑构件、陶器、铜器、
铁器。

1. 建筑构件　4 件。有筒瓦和板瓦。

筒瓦　3 件。均为半筒形，有瓦舌，残。背面
饰弦断竖向绳纹；内侧可见泥圈套接痕和切割痕，
近舌端有慢轮修整痕迹。

标本Ⅱ G4:13，夹砂黄陶。残长 20.8、高 7.6、
厚约 0.7~1.0、瓦舌长 1.9 厘米（图七二，3；彩
版二五，1）。

标本Ⅱ G4:14，夹砂黄陶。残长 11.3、厚约 0.5~0.8、瓦舌长 1.8 厘米（图七二，4）。

标本Ⅱ G4:15，夹砂灰陶。残长 18.8、厚约 0.6~1.0、瓦舌长 2.3 厘米（图七二，2）。

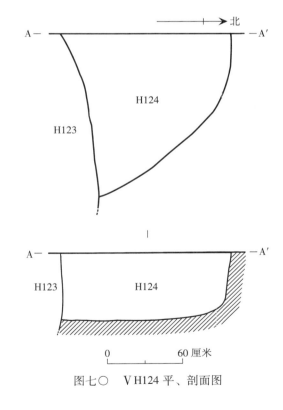

图七〇　ⅤH124 平、剖面图

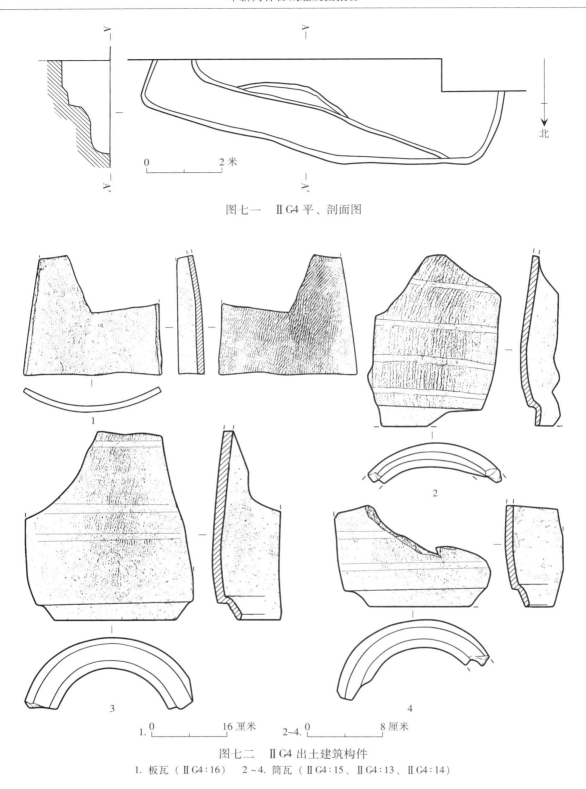

图七一　ⅡG4 平、剖面图

图七二　ⅡG4 出土建筑构件
1. 板瓦（ⅡG4∶16）　2～4. 筒瓦（ⅡG4∶15、ⅡG4∶13、ⅡG4∶14）

板瓦　1件。

标本ⅡG4∶16，夹砂红褐陶。残存较宽的一端。平面呈不规则形。背面饰斜向绳纹；内侧饰麻点纹并抹平，一端残存较窄的切割痕。残长 25.8、宽 29.6、高 5.6、厚 1.0～1.5 厘米（图七二，1；彩版二五，2）。

2. 陶器　3件。均为罐口部。

标本ⅡG4:17，夹砂红陶。圆唇，敞口，展沿，上腹微鼓。素面。口径 22.0、残高 7.2、厚 0.7 厘米（图七三，2）。

标本ⅡG4:19，夹砂灰陶。领部以下残。方唇，唇下贴塑泥条起棱，侈口，展沿，矮领。素面。口径 21.8、残高 6.4、厚 0.7～1.2 厘米（图七三，3）。

标本ⅡG4:20，夹砂灰陶。肩部以下残。方唇，唇下贴塑泥条起棱，侈口，卷沿，矮领，圆肩。素面。口径 27.5、残高 9.5、厚 0.5～1.0 厘米（图七三，4）。

3. 铜器　1件。为带钩。

标本ⅡG4:3，呈琵琶状，纽柱位于钩尾。长 7.9 厘米（图七三，1；彩版二五，3）。

4. 铁器　3件。有镰、斧、钉。

镰　1件。

标本ⅡG4:2，平面呈长条状。头部残。弧背弧刃，尾部装柄处微卷。残长 18.0、宽 3.9、厚 0.2 厘米（图七三，5；彩版二五，4）。

斧　1件。

标本ⅡG4:9，残。平面呈长方形。刃部残。直边，长方形銎。残长 16.0、刃宽 7.0、厚 1.8 厘米（图七三，7；彩版二五，5）。

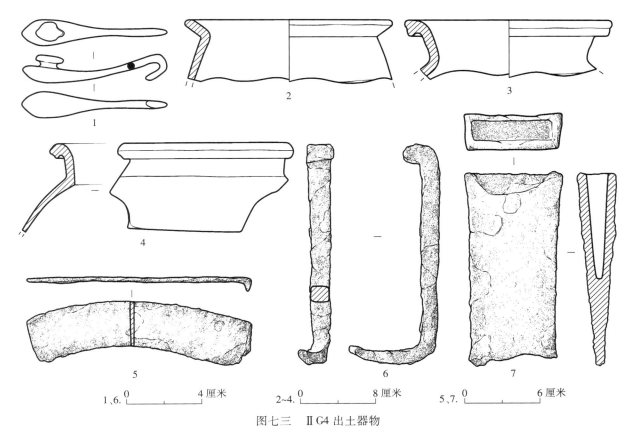

图七三　ⅡG4 出土器物

1. 铜带钩（ⅡG4:3）　　2～4. 陶罐口部（ⅡG4:17、ⅡG4:19、ⅡG4:20）　　5. 铁镰（ⅡG4:2）　　6. 铁钉（ⅡG4:10）　　7. 铁斧（ⅡG4:9）

钉　1 件。

标本ⅡG4∶10，扭曲呈"L"形，剖面呈方形。残长 12、宽 1.0、厚 0.8 厘米（图七三，6；彩版二五，6）。

（三）水井

第一期文化遗存有水井 1 座。

ⅤSJ1

位于ⅤT0301 南部，开口于③层下，打破生土。水井开凿于生土上，外围为一慢坡生土台，台顶呈梯形。井口平面近圆形，直壁，清理深度 2.3 米（因塌方未清理到底，勘探约 5 米到底），总深约 7.3 米。井口直径 1.8～2.0 米，梯形生土台长 3.1 米，宽 2.6～3.1 米（图七四；彩版二六）。从水井直接打破生土看，其在第一期文化时期已经开凿，并沿用至第二、三期文化。因清理深度有限，出土遗物均为第四期文化遗物。

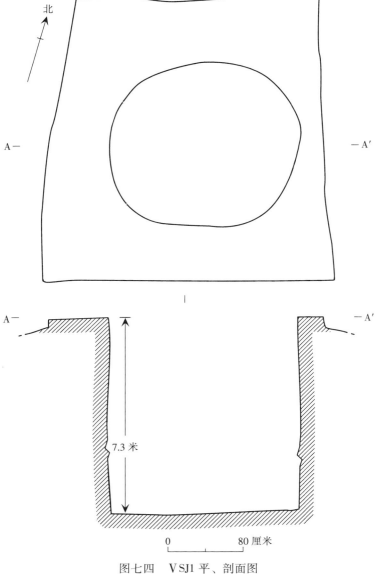

图七四　ⅤSJ1 平、剖面图

出土遗物共 3 件。有陶器、角器。

1. 陶器　2 件。有盆和器底。

盆　1 件。

标本ⅤSJ1：2，夹砂黄陶。圆唇，侈口，窄沿，弧腹微鼓，平底。腹部模印草叶纹，器表残存焗孔 5 个。口径 26.0、底径 11.6、高 10.9、厚 0.6～1.0 厘米（图七五，3）。

器底　1 件。

标本ⅤSJ1：3，夹砂黄褐陶。器底残片。平底，近底部有 4 个焗孔。残高 2.9、壁厚 0.4 厘米（图七五，2）。

2. 角器　1 件。

标本ⅤSJ1：1，牛角。呈圆锥体状。长 22.5、最大径 8.6 厘米（图七五，1）。

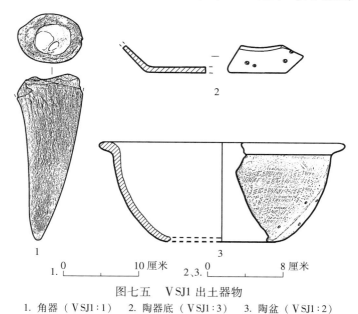

图七五　ⅤSJ1 出土器物

1. 角器（ⅤSJ1：1）　2. 陶器底（ⅤSJ1：3）　3. 陶盆（ⅤSJ1：2）

二、地层出土遗物

第一期文化地层出土遗物共 146 件，有建筑构件、陶器、铜器、铁器、骨角蚌器、石器、钱币等。

（一）建筑构件

40 件。有筒瓦、板瓦、瓦当、滴水。

筒瓦　13 件（彩版二七，1）。

标本ⅠT11⑦：1，夹砂灰陶。半筒形，有瓦舌。背面饰弦断竖向绳纹；内侧亦饰绳纹，另可见泥圈套接痕和切割痕，近舌端有慢轮修整痕迹。长 42.3、径 15.6、高 8.4、厚约 0.5～1.6、瓦舌长 1.8 厘米（图七六，1；彩版二七，2）。

标本ⅠT11⑦：2，夹砂灰陶。半筒形。背面饰斜向绳纹并抹平，近末端有楔形坑点；内侧亦饰绳纹，另可见瓦钉、泥圈套接痕、手抹痕和切割痕。残长 39.9、径 14.3～15.5、高 8.4、厚 0.6～1.5 厘米（图七六，4；彩版二七，3）。

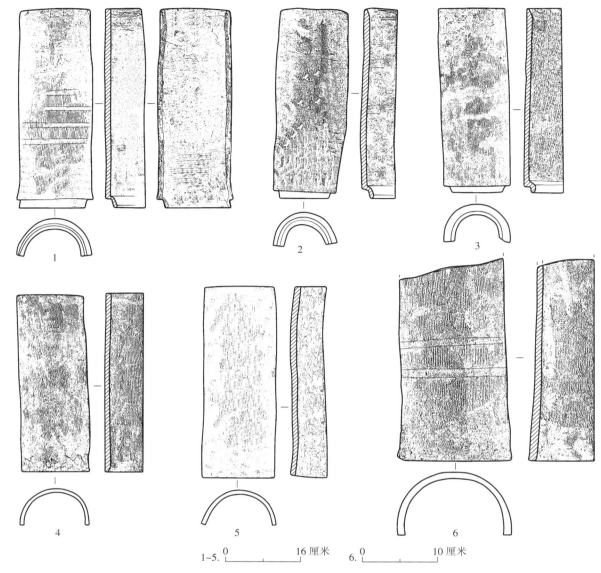

图七六　第一期文化地层出土筒瓦

1~6. ⅠT11⑦:1、ⅠT11⑦:3、ⅠT11⑦:4、ⅠT11⑦:2、ⅠT11⑦:5、ⅠT11⑦:6

　　标本ⅠT11⑦:3，夹砂灰陶。半筒形，有瓦舌。背面近舌端饰竖向绳纹并抹平，近尾端素面；内侧可见泥圈套接痕和切割痕，近舌端有慢轮修整痕迹。长41.4、径15.5、高7.8、厚约0.4~1.2、瓦舌长1.3厘米（图七六，2；彩版二七，4）。

　　标本ⅠT11⑦:4，夹砂灰陶。半筒形，有瓦舌。背面饰竖向绳纹并抹平；内侧亦饰绳纹，另可见瓦钉、泥圈套接痕和切割痕，近舌端有慢轮修整痕迹。长41.4、径14.4、高8.3、厚约0.5~1.3、瓦舌长1.3厘米（图七六，3；彩版二七，5）。

　　标本ⅠT11⑦:5，夹砂灰陶。半筒形。背面饰竖向绳纹并抹平，内侧可见泥圈套接痕和切割痕。残长41.2、径15.4、高8.4、厚0.7~1.6厘米（图七六，5）。

　　标本ⅠT11⑦:6，夹砂灰陶。半筒形，残。背面饰弦断竖向绳纹；内侧亦饰绳纹，另可见泥圈套接痕、手抹痕和切割痕。残长27.8、径15.2、高8.8、厚0.7~1.2厘米（图七六，6）。

标本 ⅣT0305⑥：1，夹砂黄褐陶。半筒形，残。背面饰弦断竖向粗绳纹并抹平；内侧为素面，有慢轮修整痕迹。残长 22.8、厚 0.7～1.2 厘米（图七七，6）。

标本 ⅣT0305⑥：5，夹砂红陶。半筒形，有瓦舌，残。背面近瓦舌端饰弦断绳纹，近瓦尾端饰瓦棱纹；内侧可见手捏痕和切割痕，一侧残有由外向内的切割痕。残长 39.3、厚 0.5～1.1、舌长 4.3 厘米（图七七，4；彩版二八，1）。

标本 ⅣT0405⑥：1，夹砂黄陶。半筒形，有瓦舌，残。背面饰弦断竖向绳纹并抹平，近瓦舌处有瓦钉孔；内侧为素面。残长 16.8、舌长 2.8、厚 0.6～1.2 厘米（图七七，7）。

标本 ⅤT0301⑥：2，夹砂黄褐陶。半筒形，有瓦舌，残。背面饰弦断斜向绳纹；内侧可见由外向内的切割痕，近瓦舌一端有慢轮修整痕迹。残长 10.8、宽 11.6、厚 0.6～0.8、舌长 2.0 厘米（图七七，5）。

标本 ⅤT0301⑥：3，夹砂灰陶。半筒形，有瓦舌，残。背面饰瓦棱纹；内侧亦有瓦棱纹，一端可见由外向内的切割痕，近瓦舌一端有慢轮修整痕迹。残长 16.2、厚 0.6～1.4、舌残长 2.0 厘米（图七七，1）。

标本 ⅤT0302⑥：6，夹砂灰褐陶。半筒形，残。背面饰斜向绳纹，内侧可见泥圈套接痕、手捏痕和切割痕。残长 24.5、径 15.1、高 7.5、厚 0.4～0.8 厘米（图七七，3）。

标本 ⅤT0401⑥：13，夹砂灰陶。半筒形，有瓦舌，残。背面近舌端饰瓦楞纹和绳纹，远端饰绳纹并抹平；内侧可见切割痕和慢轮修整痕迹。残长 18.0、径 16.8、厚 0.8～1.2、舌长 2.9 厘米（图七七，2）。

板瓦　3 件。

标本 ⅣT0106⑦：1，夹砂灰褐陶。平面呈不规则形。背面饰弦断绳纹；内侧有横向划纹。残长 14.2、宽 21.5、厚 0.8～1.0 厘米（图七八，2）。

标本 ⅣT0106⑦：2，夹砂灰褐陶。残存较宽的一端。平面呈不规则形。背面饰弦断竖向绳纹和斜向绳纹；内侧可见泥圈套接痕和由内向外的切割痕。残长 25.9、宽 25.9、厚 0.7～1.0 厘米（图七八，1）。

标本 ⅤT0402⑥：8，夹砂黄褐陶。残呈不规则形。背面饰弦断竖向绳纹；内侧素面，一端残存较窄的切割痕。残长 19.8、宽 14.9、厚 0.8～1.2 厘米（图七八，3）。

瓦当　23 件。

均为半瓦当。据当面纹饰可分为兽面纹瓦当、几何乳丁纹瓦当、饕餮纹瓦当、素面瓦当、其他瓦当。

（1）兽面纹瓦当　10 件。均夹砂灰陶，半瓦当。均残。

标本 ⅡT0302⑤：1，当面饰兽面纹：左目残，右目圆睁；眉毛弯曲与鼻部相连；鼻梁笔直，鼻翼小巧不丰满；右侧残存少许胡须，左侧残；当背有手捏痕。当面残宽 7.0、高 7.4、厚 1.4～2.0 厘米（图七九，8）。

标本 ⅡT0304⑤：1，当面饰兽面纹：双目圆睁；眉毛弯曲与鼻部相连；鼻梁笔直，鼻翼小巧不甚丰满；右侧可见胡须，左侧残。当面残宽 12.1、高 7.1、厚 0.8～1.1 厘米（图七九，3；彩版二八，3）。

标本 ⅣT0505④：1，后接筒瓦。当面饰兽面纹：双目圆睁；眉毛弯曲与鼻部相连；鼻梁笔直，

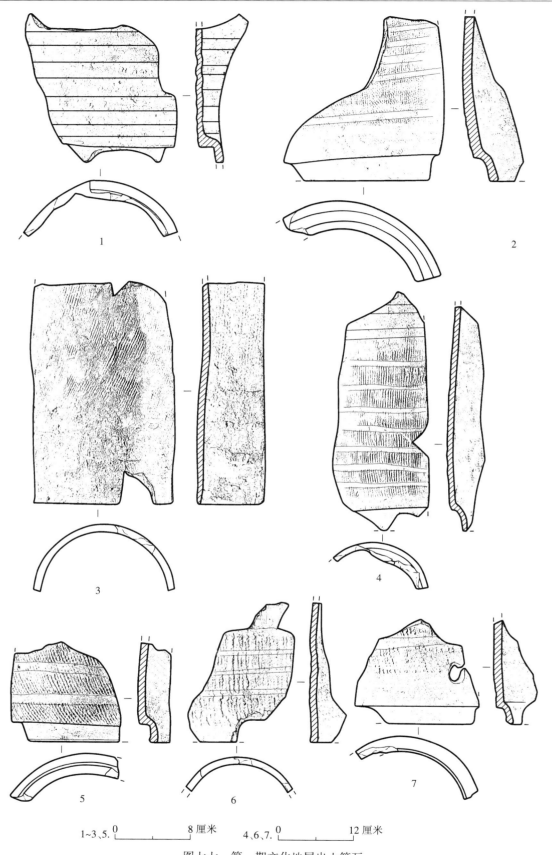

1~3、5. 0 ————————— 8厘米　　4、6、7. 0 ————————— 12厘米

图七七　第一期文化地层出土筒瓦

1~7. ⅤT0301⑥：3、ⅤT0401⑥：13、ⅤT0302⑥：6、ⅣT0305⑥：5、ⅤT0301⑥：2、ⅣT0305⑥：1、ⅣT0405⑥：1

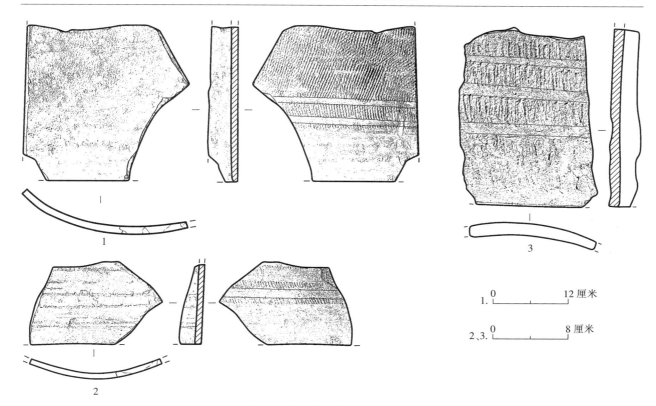

图七八　第一期文化地层出土板瓦
1～3. ⅣT0106⑦：2、ⅣT0106⑦：1、ⅤT0402⑥：8

鼻翼小巧不甚丰满；鼻翼两侧各有两绺弯曲的胡须，右侧眉毛和胡须略残。筒瓦背部饰交错的斜向绳纹。当面宽18.3、高9.2、厚0.7～1.1厘米，筒瓦残长22.8、厚1.2厘米（图七九，10；彩版二八，4）。

标本ⅤT0302⑥：10，后接筒瓦。当面外缘与边口间有凹槽。当面饰兽面纹：双目圆睁；眉毛弯曲与鼻部相连；鼻梁笔直，鼻翼小巧不甚丰满；鼻翼左侧有两绺弯曲向下的胡须，右侧眉毛和胡须残；当背有手捏痕。筒瓦背部和内侧均为素面。当面残宽13.6、高9.4、厚0.8～1.2厘米，筒瓦残长7.3、厚1.2厘米（图七九，5；彩版二八，5）。

标本ⅤT0302⑥：24，当面饰兽面纹：仅存右侧眉毛和胡须。当面残宽6.1、高7.8、厚1.1～2.3厘米（图七九，7）。

标本ⅤT0302⑥：38，后接筒瓦。当面饰兽面纹：双目圆睁；眉毛弯曲与鼻部相连；鼻梁笔直，鼻翼小巧不甚丰满；鼻翼两侧有两绺弯曲向上的胡须，左侧胡须残；当背有手捏痕。筒瓦背部和内侧均为素面。当面残宽15.6、高9.4、厚1.4～2.1厘米，筒瓦残长4.8、厚1.2厘米（图七九，2；彩版二八，6）。

标本ⅤT0401⑥：6，当面饰兽面纹：双目圆睁；眉毛弯曲与鼻部相连，鼻梁笔直，鼻翼小巧不甚丰满；两侧残，不见胡须。当面残宽8.8、高7.2、厚0.9～2.1厘米（图七九，9）。

标本ⅤT0401⑥：7，当面饰兽面纹：残存左侧目、眉毛和胡须，右侧均残。当面残宽10.5、高7.7、厚0.5～1.1厘米（图七九，1）。

标本ⅤT0401⑥：9，当面饰兽面纹：右目缺失，左目凸起圆睁；鼻梁笔直，鼻翼小巧；眉毛和

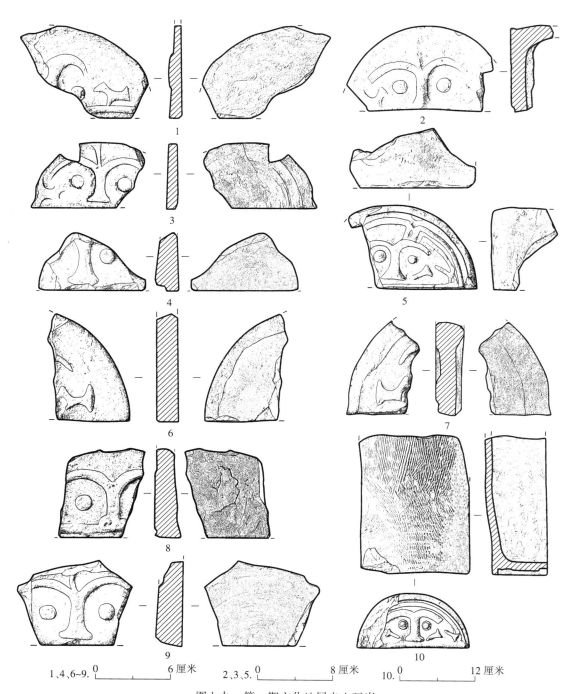

图七九　第一期文化地层出土瓦当

1～10. 兽面纹瓦当（ⅤT0401⑥：7、ⅤT0302⑥：38、ⅡT0304⑤：1、ⅤT0401⑥：9、ⅤT0302⑥：10、ⅤT0401⑥：11、
ⅤT0302⑥：24、ⅡT0302⑤：1、ⅤT0401⑥：6、ⅣT0505④：1）

胡须残。当面残宽 8.7、高 4.9、厚 1.0～1.7 厘米（图七九，4）。

　　标本ⅤT0401⑥：11，当面饰兽面纹：仅存左侧眉毛和胡须。当面残宽 6.8、高 9.0、厚 1.7 厘
米（图七九，6）。

　　（2）几何乳丁纹瓦当　7 件。

　　标本ⅣT0103⑥：1，夹砂红陶。半瓦当，后附筒瓦，残。当面饰曲尺几何纹，曲尺组成的方格内

装饰乳丁纹。当面残宽 7.2、高 9.0、厚 0.6~1.3 厘米，筒瓦残长 6.2、厚 1.5 厘米（图八〇，8）。

标本ⅣT0103⑥：2，夹砂灰陶。后附筒瓦，残。当面饰曲尺几何纹，曲尺组成的方格内装饰乳丁纹。当面残宽 8.2、厚 0.8~1.5 厘米，筒瓦残长 6.6、厚 1.2 厘米（图八〇，3）。

标本ⅣT0106⑧：1，夹砂红陶。后附筒瓦，残。当面仅存一乳丁，应为几何乳丁纹。当面残宽 4.5、厚 0.5~1.2 厘米，筒瓦残长 4.3、厚 1.8 厘米（图八〇，1）。

标本ⅣT0505④：3，夹砂红陶。后附筒瓦，残。当面饰曲尺几何纹，曲尺组成的方格内装饰乳丁纹。当面残宽 8.6、厚 0.8 厘米，筒瓦残长 5.1、厚 1.2 厘米（图八〇，6）。

标本ⅣT0505④：4，夹砂红陶。后附筒瓦，残。当面饰曲尺几何纹，曲尺组成的方格内装饰乳丁纹。当面残宽 9.3、厚 0.8 厘米，筒瓦残长 4.5、厚 0.9 厘米（图八〇，2）。

标本ⅣT0704⑥：1，夹砂红陶。半瓦当，后附筒瓦，残。当面正中有竖向界格将当面一分为二，界格两侧饰对称的曲尺几何纹，曲尺组成的方格内装饰乳丁纹；筒瓦背部和内侧均为素面。当面残

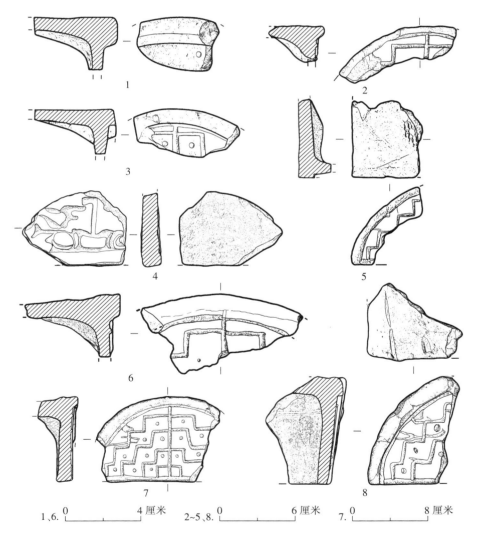

图八〇　第一期文化地层出土瓦当
1~3、5~8. 几何乳丁纹瓦当（ⅣT0106⑧：1、ⅣT0505④：4、ⅣT0103⑥：2、ⅤT0302⑥：13、
ⅣT0505④：3、ⅣT0704⑥：1、ⅣT0103⑥：1）　4. 饕餮纹瓦当（ⅤT0401⑥：12）

宽 13.0、高 9.0、厚 0.9～1.5 厘米，筒瓦残长 4.1、厚 1.7 厘米（图八○，7；彩版二九，1）。

标本 V T0302⑥：13，夹砂红陶。半瓦当，后接筒瓦，残。当面仅存部分曲尺几何纹；筒瓦背部为素面，内侧可见切割痕。当面残宽 5.7、高 6.5、厚 0.6～1.2 厘米，筒瓦残长 6.5、厚 0.9～1.2 厘米（图八○，5）。

（3）饕餮纹瓦当　1 件。

标本 V T0401⑥：12，夹砂灰陶。半瓦当，后接筒瓦，残。当面饰饕餮纹。当面残宽 8.3、高 6.3、厚 1.1～1.5 厘米（图八○，4；彩版二八，2）。

（4）素面瓦当　3 件。夹砂灰陶。半瓦当，后接筒瓦，残。当面为素面。

标本 V T0401⑥：5，当面残宽 7.7、高 6.2、厚 1.3 厘米，筒瓦残长 2.7、厚 2.1 厘米（图八一，4）。

标本 V T0402⑥：3，筒瓦背部饰斜向绳纹；内侧为素面，可见切割痕。当面残宽 14、高 10.0、厚 1.2 厘米，筒瓦残长 6.8、径 20.0、厚 1.2 厘米（图八一，6；彩版二九，2）。

标本 V T0402⑥：11，筒瓦背部饰斜向绳纹，内侧为素面，可见切割痕。当面残宽 7.5、高 8.3、厚 1.2～1.6 厘米，筒瓦残长 5.8、厚 1.5 厘米（图八一，3）。

（5）其他瓦当

2 件。当面纹饰缺失较多，不可辨识。

标本 V T0401⑥：1，夹砂灰陶。半瓦当，后接筒瓦，残。当面纹饰磨损严重，纹样不可辨识；筒瓦背部饰竖向绳纹并抹平，内侧为素面。当面残宽 17.8、高 7.8、厚 1.0～1.8 厘米，筒瓦残长 9.6、径 18.0、厚 0.9～2.7 厘米（图八一，5）。

标本 V T0402⑥：2，夹砂黄褐陶。半瓦当，后接筒瓦，残。当面沿边口有凸棱，当面亦残存凸棱，具体纹样不可辨识。筒瓦背部和内侧有瓦棱纹，内侧有切割痕。当面残宽 6.1、高 8.1、厚 0.8 厘米，筒瓦残长 8.6、厚 1.2～1.9 厘米（图八一，2）。

滴水　1 件。

标本 V T0302⑥：12，夹砂灰褐陶。垂边有刻槽，背面磨光，内侧素面。残长 6.5、宽 7.6、高 2.8、厚 0.8～2.7 厘米（图八一，1）。

（二）陶器

47 件。有钵、豆、釜、罐、盆、瓮、甑、量、器盖、高足、器底、纺轮、圆陶片等。

钵　4 件。

标本 Ⅳ T0206⑧：4，夹砂红陶。圆唇，敞口，折腹，平底。口径 21.2、底径 9.0、高 8.4、厚 0.9 厘米（图八二，8；彩版二九，3）。

标本 Ⅳ T0206⑧：15，夹砂红褐陶。底部残。圆唇，敞口，折腹。腹部饰四周凹弦纹。口径 18.0、高 6.4、厚 0.7～1.4 厘米（图八二，9）。

标本 V T0302⑥：7，夹砂灰陶。圆唇，敞口，折腹，平底。腹部饰四周凹弦纹。口径 14、底径 7、高 6.8、厚 0.4～1.4 厘米（图八二，11）。

标本 V T0302⑥：8，夹砂灰陶。圆唇，敞口，折腹，平底。素面。口径 14.6、底径 5.8、高

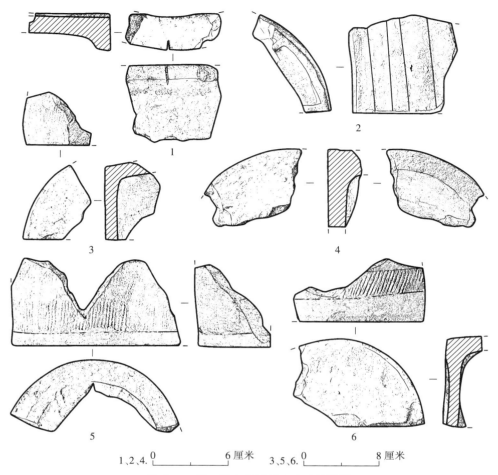

1、2、4. ⊢─────┤6厘米　　3、5、6. ⊢─────┤8厘米

图八一　第一期文化地层出土建筑构件

1. 滴水（ⅤT0302⑥：12）　　2、5. 其他瓦当（ⅤT0402⑥：2、ⅤT0401⑥：1）　　3、4、6. 素面瓦当（ⅤT0402⑥：11、ⅤT0401⑥：5、ⅤT0402⑥：3）

5.8、厚0.7~1.3厘米（图八二，10）。

豆　7件。

标本ⅣT0206⑧：16，夹砂灰陶。仅存豆柄和部分豆盘。柄中空呈竹节状。残高6.8、厚0.6~1.2厘米（图八二，3）。

标本ⅣT0206⑧：17，夹砂灰陶。仅存豆柄和部分豆盘。柄中空呈竹节状。残高8.4、厚0.9厘米（图八二，1）。

标本ⅣT0206⑧：18，夹砂灰陶。仅存豆柄和部分豆盘。柄中空。残高8.0、厚0.8厘米（图八二，5）。

标本ⅣT0206⑧：19，夹砂灰陶。仅存喇叭口状豆座。底径10.5、残高4.8、厚1.2厘米（图八二，6）。

标本ⅤT0402⑥：6，夹砂灰陶。仅存豆柄和部分豆盘。柄中空。残高8.7、厚1.2~2.0厘米（图八二，2）。

标本ⅣT0402⑥：7，夹砂灰陶。仅存豆盘。圆唇，敞口，折腹。口径14.1、残高4.4、厚0.4~0.9厘米（图八二，7）。

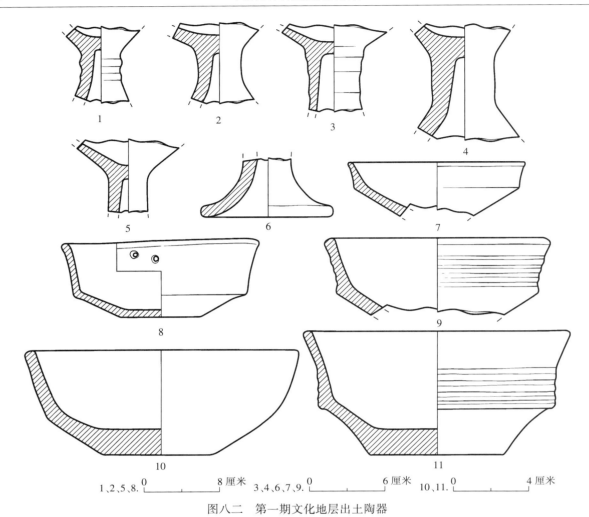

图八二　第一期文化地层出土陶器

1~7. 豆（ⅣT0206⑧：17、ⅤT0402⑥：6、ⅣT0206⑧：16、ⅣT0402⑥：9、ⅣT0206⑧：18、ⅣT0206⑧：19、ⅣT0402⑥：7）
8~11. 钵（ⅣT0206⑧：4、ⅣT0206⑧：15、ⅤT0302⑥：8、ⅤT0302⑥：7）

标本ⅣT0402⑥：9，夹砂红陶。仅存豆柄和部分豆盘。柄中空。残高9.6、厚1.5厘米（图八二，4）。

釜　3件。

标本ⅣT0106⑧：2，夹砂红陶。方唇，侈口，上腹微鼓。腹部饰粗绳纹。口径28.0、残高15.1、厚0.8厘米（图八三，3）。

标本ⅣT0206⑧：14，夹砂红陶。方唇，直口，展沿，沿面有凹槽。腹部饰绳纹。宽7.1、残高5、厚0.7~1.4厘米（图八三，1）。

标本ⅣT0206⑧：9，夹砂红褐陶。釜腹部残片。微鼓腹。腹部饰绳纹。宽16.3、残高16.6、厚1.0厘米（图八三，2）。

罐　5件。

标本ⅣT0206⑧：8，夹砂灰褐陶。方唇，侈口，短颈，颈部以下残。口径23.6、残高6.6、厚0.8~1.6厘米（图八三，4）。

标本ⅣT0206⑧：11，夹砂灰褐陶。圆唇，直口，短颈，颈部以下残。口径24.6、残高8.8、

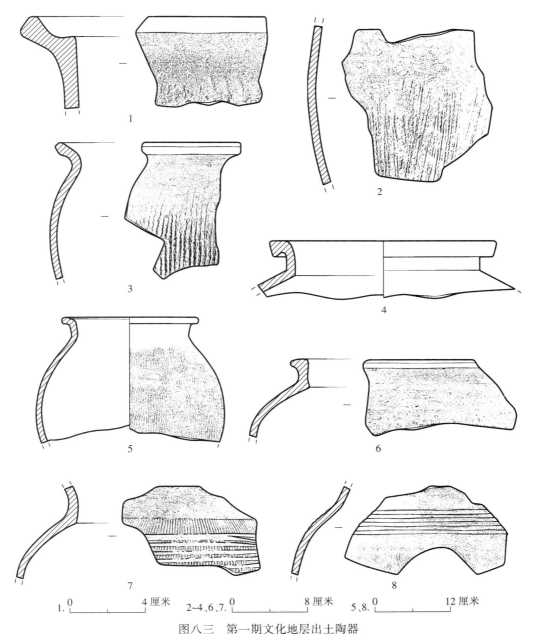

图八三 第一期文化地层出土陶器

1~3. 釜（ⅣT0206⑧：14、ⅣT0206⑧：9、ⅣT0106⑧：2） 4~8. 罐（ⅣT0206⑧：8、ⅤT0402⑥：4、
ⅣT0206⑧：11、ⅣT0206⑧：12、ⅤT0401⑥：10）

厚0.8~1.2厘米（图八三，6）。

标本ⅣT0206⑧：12，夹砂红陶。罐肩、腹部残片。器表饰弦断绳纹。残高9.6、厚0.6~1.3厘米（图八三，7）。

标本ⅤT0402⑥：4，夹砂灰褐陶。下腹部及底部残。方唇，侈口，卷沿，沿面有凹槽，短颈，鼓腹。腹部饰绳纹并抹平。口径21.6、残高20.4、厚0.8厘米（图八三，5；彩版二九，4）。

标本ⅤT0401⑥：10，夹砂灰陶。罐腹部残片。溜肩，鼓腹。肩部饰瓦棱纹，腹部饰绳纹。残高14.0、厚0.7~1.2厘米（图八三，8）。

瓮 1件。

标本ⅣT0206⑧：22，夹砂灰褐陶。瓮口沿。方唇，敞口，短束颈，斜肩，肩部以下残。口径35.0、残高8.2、厚1.2～1.7厘米（图八四，1）。

盆　6件。

标本ⅣT0206⑧：10，夹砂灰陶。下腹部及底部残。方唇，唇下贴塑泥条起棱，敞口，展沿，斜腹。腹部内外皆饰瓦棱纹。口径47.7、残高11.4、厚0.9～1.2厘米（图八四，6）。

标本ⅣT0405⑥：2，夹砂灰陶。下腹部及底部残。方唇，侈口，展沿，斜腹。口沿外缘有压花，腹部素面。口径41.6、高12.0、厚0.8～1.6厘米（图八四，2）。

标本ⅤT0302⑥：3，夹砂灰陶。下腹部及底部残。方唇，唇下贴塑泥条起棱，敞口，展沿，沿面有凹槽，弧腹。腹部饰数周弦纹。口径42.0、残高15.0、厚0.5～1.2厘米（图八四，3）。

标本ⅤT0302⑥：9，夹砂灰陶。下腹部及底部残。方唇，侈口，窄沿，上腹微折，下腹斜收。器表为素面，内壁篆书"尌"字。口径40.0、残高15.0、厚0.8～1.1厘米（图八四，4）。

标本ⅤT0401⑥：2，夹砂灰陶。尖唇，唇下贴塑泥条起棱，侈口，展沿，沿面有凹槽，斜腹，圜底。近底部饰一周花边，底部饰绳纹。口径34.5、底径24.0、残高11.0、厚0.6～1.3厘米（图八四，5）。

标本ⅤT0401⑥：3，夹砂灰陶。口部残。斜腹，圜底。近底部饰一周花边，底部饰绳纹。底径23.4、残高9.4、厚0.6～1.0厘米（图八四，7）。

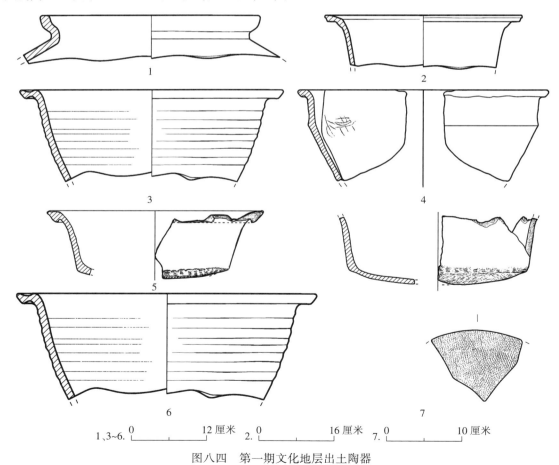

图八四　第一期文化地层出土陶器

1. 瓮（ⅣT0206⑧：22）　2～7. 盆（ⅣT0405⑥：2、ⅤT0302⑥：3、ⅤT0302⑥：9、ⅤT0401⑥：2、ⅣT0206⑧：10、ⅤT0401⑥：3）

甑　2 件。

标本 I T4⑥∶73，夹砂灰陶。方唇，敞口，弧腹，平底。底部残存十四个甑孔，素面。口径12.3、底径 5.4、高 3.4、厚 0.8 厘米，甑孔直径 0.3 厘米（图八五，7）。

标本 V T0302⑥∶20，夹砂灰陶。仅存底部。底径 20.0、残高 2.1、厚 0.9～1.7 厘米，甑孔直径 0.6 厘米（图八五，8）。

量　1 件。

标本 V T0302⑥∶33，夹砂灰陶。方唇，直口，直腹，平底。侧面残存装耳的疤痕。器底饰稀疏

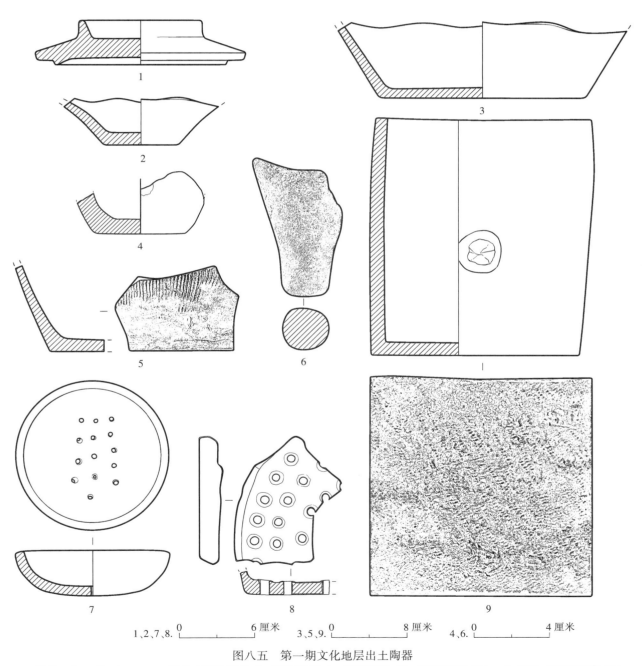

图八五　第一期文化地层出土陶器

1. 器盖（I T11⑦∶7）　　2～5. 器底（V T0402⑥∶5、Ⅳ T0201⑥∶1、Ⅳ T0206⑧∶23、Ⅳ T0206⑧∶13）　　6. 鬲足（V T0302⑥∶11）

7、8. 甑（I T4⑥∶73、V T0302⑥∶20）　　9. 量（V T0302⑥∶33）

的绳纹。上口边长23.2、底部边长21.8、高26、厚1.2~1.6厘米（图八五，9；彩版二九，5、6）。

器盖　1件。

标本ⅠT11⑦:7，夹砂灰陶。整体呈覆盘状，顶部为圈足，子母口。素面。顶径9.4、口径14.1、高3.5、厚0.7~1.7厘米（图八五，1）。

鬲足　1件。

标本ⅤT0302⑥:11，夹砂红陶。柱状实足根。素面。残高7.6厘米（图八五，6）。

器底　4件。均夹砂灰陶。平底。

标本ⅣT0201⑥:1，素面。底径21.6、残高8.3、厚0.8~1.1厘米（图八五，3）。

标本ⅣT0206⑧:13，腹下部饰绳纹。底径22.1、残高9.2、厚0.9~2.0厘米（图八五，5）。

标本ⅣT0206⑧:23，素面。底径4.7、残高3.4、厚1.0厘米（图八五，4）。

标本ⅤT0402⑥:5，素面。底径5.8、残高3.9、厚0.6~1.1厘米（图八五，2）。

纺轮　1件。

标本ⅠT4⑥:35，夹砂灰陶。由绳纹陶片磨制而成。呈圆饼状，中间有圆形穿孔。直径3.9、孔径0.8、厚0.9厘米（图八六，11）。

圆陶片　11件。近圆形，不规整。由绳纹瓦片或陶片打磨而成。

标本ⅠT2⑥:12，夹砂灰陶。由绳纹陶片打制而成。直径3.6、厚0.9厘米（图八六，10）。

标本ⅠT4⑥:36-1，夹砂灰陶。由瓦片打制而成。直径4、厚1.2厘米（图八六，12）。

标本ⅠT4⑥:36-2，夹砂灰陶。由绳纹瓦片打制而成。直径3.3、厚1.2厘米（图八六，9）。

标本ⅠT4⑥:36-3，夹砂红褐陶。由绳纹瓦片打制而成。直径4.9、厚1.3厘米（图八六，4）。

标本ⅠT4⑥:39-1，夹砂灰陶。由绳纹陶片磨制而成。直径5.3、厚0.9厘米（图八六，5）。

标本ⅠT4⑥:39-2，夹砂红褐陶。由绳纹陶片磨制而成。直径4.1、厚0.9厘米（图八六，1）。

标本ⅠT4⑥:39-3，夹砂灰陶。由绳纹陶片打制而成。直径5.5、厚1.0厘米（图八六，3）。

标本ⅠT4⑥:39-4，夹砂灰陶。由绳纹瓦片打制而成。直径4.1、厚1.6厘米（图八六，2）。

标本ⅠT4⑥:39-5，夹砂红褐陶。由绳纹瓦片打制而成。直径5.9、厚1.4厘米（图八六，8）。

标本ⅣT0206⑧:20，夹砂灰陶。由绳纹陶片磨制而成。直径3.3、厚0.7厘米（图八六，6）。

标本ⅣT0206⑧:21，夹砂灰陶。由绳纹陶片磨制而成。直径3.2、厚0.7厘米（图八六，7）。

（三）铜器

29件。有镞、笋。

镞　26件。据镞身形态，可分为锥形镞、无孔三翼镞、有孔三翼镞。

（1）锥形镞　17件。镞身呈三棱锥状，剖面呈三角形。

标本ⅠT2⑥:8，镞身粗短。尾部呈柱突状，并有铁铤锈痕。残长3.4、宽1.2、柱突长0.6、柱径0.3厘米（图八七，4；彩版三〇，1）。

标本ⅠT4⑥:2，镞身粗短。尾部残留有铁铤。残长2.8、宽0.7、铤长0.7、铤径0.8厘米（图八七，3；彩版三〇，2）。

标本ⅠT4⑥:6，镞身细长。尾部残留有铁铤。残长4.2、宽0.6、铤长0.9、铤径0.5厘米

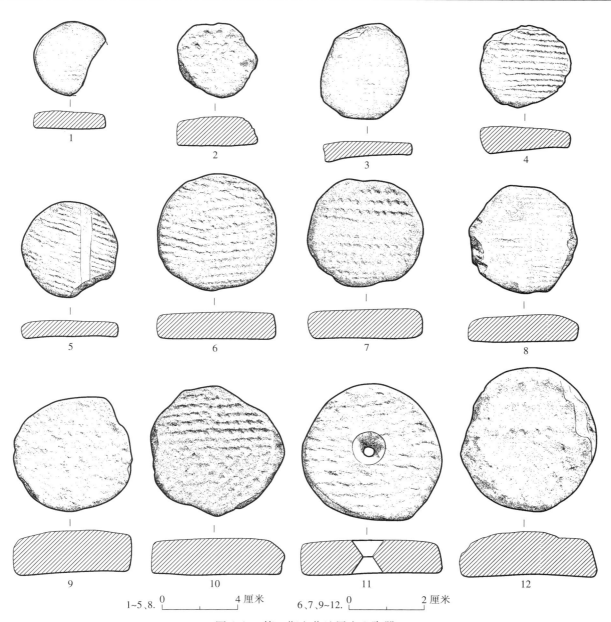

图八六　第一期文化地层出土陶器

1～10、12. 圆陶片（ⅠT4⑥∶39-2、ⅠT4⑥∶39-4、ⅠT4⑥∶39-3、ⅠT4⑥∶36-3、ⅠT4⑥∶39-1、ⅣT0206⑧∶20、ⅣT0206⑧∶21、
ⅠT4⑥∶39-5、ⅠT4⑥∶36-2、ⅠT2⑥∶12、ⅠT4⑥∶36-1）　　11. 纺轮（ⅠT4⑥∶35）

（图八七，2；彩版三〇，3）。

　　标本ⅠT4⑥∶17，镞身粗短。尾部残留有圆形铁铤。残长5.3、宽1.0、铤长1.9、铤径0.8厘米（图八七，11；彩版三〇，4）。

　　标本ⅠT4⑥∶26，镞身细长。尾部残留有铁铤。残长8.7、宽0.6、铤长6.0、铤径0.6厘米（图八七，7）。

　　标本ⅠT4⑥∶29，镞身粗短。尾部残留有铁铤锈痕。残长3.2、宽1.1厘米（图八七，1；彩版三〇，5）。

　　标本ⅣT0206⑧∶1，镞身粗短。尾部残留有铁铤。残长4.2、宽0.7、铤长2.1、铤径0.5厘米

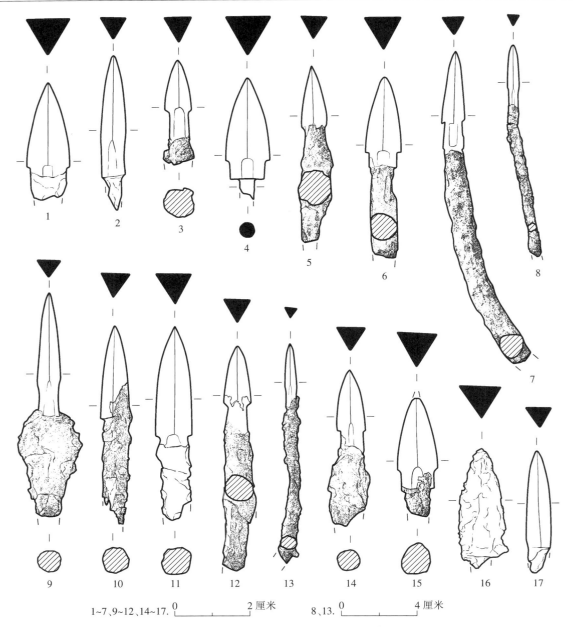

图八七　第一期文化地层出土锥形铜镞

1~17. Ⅰ T4⑥：29、Ⅰ T4⑥：6、Ⅰ T4⑥：2、Ⅰ T2⑥：8、Ⅴ T0302⑥：25、Ⅴ T0302⑥：37、Ⅰ T4⑥：26、Ⅴ T0302⑥：29、
Ⅳ T0206⑧：3、Ⅴ T0302⑥：18、Ⅰ T4⑥：17、Ⅴ T0302⑥：28、Ⅴ T0302⑥：14、Ⅳ T0206⑧：1、Ⅴ T0302⑥：17、Ⅴ T0302⑥：21、
Ⅴ T0302⑥：30

（图八七，14）。

标本Ⅳ T0206⑧：3，镞身细长。尾部残留有铁铤。残长 6.3、宽 0.7、铤长 2.9、铤径 0.6 厘米（图八七，9）。

标本Ⅴ T0302⑥：14，镞身细长。尾部残留有圆形铁铤。残长 12.0、宽 0.6、铤长 8.5、铤径 0.8 厘米（图八七，13；彩版三〇，7）。

标本Ⅴ T0302⑥：17，镞身粗短。尖部残，尾部残留有圆形铁铤。残长 3.3、宽 1.1、铤长 0.8、径 0.6 厘米（图八七，15；彩版三〇，6）。

标本ⅤT0302⑥：18，镞身细长。尾部残留有圆形铁铤。残长5.3、宽0.8、铤长2.8、铤径0.6厘米（图八七，10；彩版三〇，8）。

标本ⅤT0302⑥：21，镞身粗短。尾部残留有铁铤锈痕。残长3.3、宽1.2厘米（图八七，16）。

标本ⅤT0302⑥：25，镞身粗短。尾部残留有圆形铁铤。残长4.9、宽0.7、铤长2.6、铤径0.5厘米（图八七，5）。

标本ⅤT0302⑥：28，镞身粗短。尾部残留有圆形铁铤。残长8.0、宽0.7、铤长5.5、铤径0.6厘米（图八七，12）。

标本ⅤT0302⑥：29，镞身细长。尾部残留有圆形铁铤。残长11.6、宽0.6、铤长8.1、铤径0.5厘米（图八七，8）。

标本ⅤT0302⑥：30，镞身细长。尾部残呈管銎状，并有铁铤锈痕。残长3.3、宽0.7厘米（图八七，17）。

标本ⅤT0302⑥：37，镞身粗短。尾部残留有铁铤，为铁芯包木。残长5.1、宽1.0、铤长2.5、铤径0.7厘米（图八七，6；彩版三〇，9）。

（2）无孔三翼镞　8件。尖锋，斜刃，镞身为三翼状。

标本ⅠT2⑥：10，体略粗短。尖部和一侧刃残，尾部为管銎状。通长3.7、宽0.8厘米（图八八，5；彩版三一，1）。

标本ⅠT4⑥：1，体略粗短。尾部有柱突和铁铤锈痕。残长4.2、宽1.2、柱突长0.1、柱径0.4厘米（图八八，3；彩版三一，2）。

标本ⅠT4⑥：13，体略粗短。尾部呈柱突状，并有铁铤锈痕。残长4.7、宽1.3、柱突长0.8、柱径0.7厘米（图八八，12；彩版三一，3）。

标本ⅠT4⑥：31，体略粗短。尾部残留有圆形铁铤。残长4.6、宽1.1、铤长0.8、铤径0.6厘米（图八八，11；彩版三一，4）。

标本ⅣT0206⑧：2，体略粗短。尾部残，有铁铤锈痕。残长4.2、宽0.9厘米（图八八，2；彩版三一，6）。

标本ⅤT0302⑥：16，体粗短。尾部为柱突状。残长4.4、宽1.2、柱突长0.4、柱径0.5厘米（图八八，10；彩版三一，7）。

标本ⅤT0302⑥：35，体较粗短。有倒刺，尾部装有铜铤。残长12.1、宽1.2、铤长8.9、铤径0.5厘米（图八八，9；彩版三一，9）。

标本ⅤT0302⑥：41，体粗短。尾部残留有铁铤锈痕。残长3.7、宽1.2厘米（图八八，4；彩版三一，8）。

（3）有孔三翼镞　1件。

ⅡT0303⑤：1，体粗短。镞身为三翼状。尖部残，斜刃，尾部残。残长2.3、宽1.1、插孔径0.6厘米（图八八，1；彩版三一，5）。

笄　3件。均呈圆柱体状，两端残。

标本ⅠT4⑥：19，体略粗。残长9.7、径0.3厘米（图八八，6）。

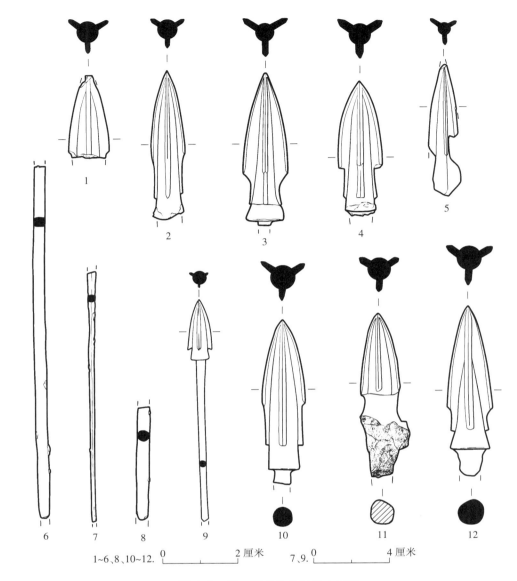

图八八　第一期文化地层出土铜器

　1. 有孔三翼镞（ⅡT0303⑤:1）　2~5、9~12. 无孔三翼镞（ⅣT0206⑧:2、ⅠT4⑥:1、ⅤT0302⑥:41、ⅠT2⑥:10、
ⅤT0302⑥:35、ⅤT0302⑥:16、ⅠT4⑥:31、ⅠT4⑥:13）　6~8. 笄（ⅠT4⑥:19、ⅤT0302⑥:4、ⅠT4⑥:32）

标本ⅠT4⑥:32，体略粗。残长3.1、径0.3厘米（图八八，8）。

标本ⅤT0302⑥:4，体细长。残长13.6、径0.4厘米（图八八，7）。

（四）铁器

11件。有镞、镰、斧、环首刀、钉等。

镞　3件。均为锥形镞。镞身呈三棱锥状，剖面呈三角形。

标本ⅠT2⑥:2，体粗短，尾部残留有圆形铁铤。残长4.1、宽0.9、铤长1.1、铤径0.5厘米
（图八九，3）。

标本ⅠT2⑥:5，体粗短，基部呈圆柱状，底部残留有圆形插孔。残长3.7、宽1.2厘米（图

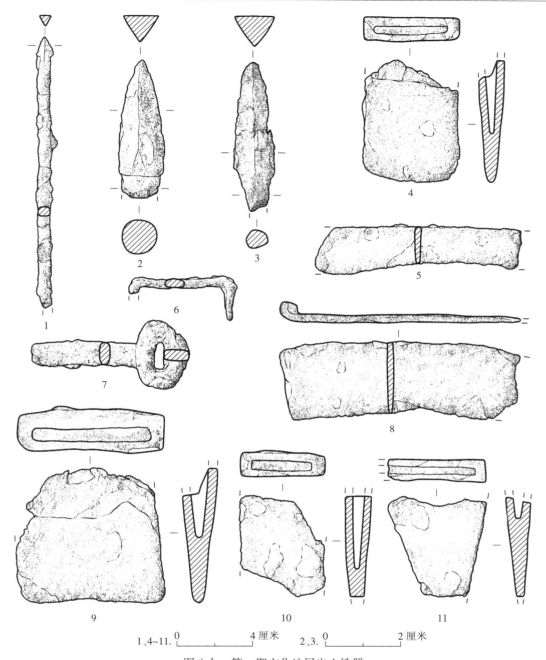

图八九　第一期文化地层出土铁器

1~3. 锥形镞（ⅤT0302⑥:15、ⅠT2⑥:5、ⅠT2⑥:2）　4、9~11. 斧（ⅤT0302⑥:5、ⅤT0401⑥:8、ⅤT0302⑥:39、ⅤT0402⑥:15）　5、8. 镰（ⅤT0302⑥:36、ⅠT2⑤:2）　6. 钉（ⅤT0302⑥:26）　7. 环首刀（ⅤT0302⑥:22）

八九，2；彩版三二，1）。

标本ⅤT0302⑥:15，镞身粗短。铤细长，剖面呈圆形，与镞身一体铸成。残长14.8、宽0.7、铤长13.7、铤径0.6厘米（图八九，1）。

镰　2件。

标本ⅠT2⑤:2，头部残。弧背直刃，尾端装柄处微卷。残长12.8、宽3.9、厚0.4厘米（图八九，8）。

标本ⅤT0302⑥:36，两端均残。直背弧刃。残长10.9、宽2.6、厚0.3厘米（图八九，5）。

斧　4件。

标本ⅤT0302⑥:5，銎口残。平面近长方形。直边，圆角，弧刃。宽5.1、残高6.7、厚1.0厘米（图八九，4）。

标本ⅤT0302⑥:39，銎和刃部均残。平面近长方形。直边。宽4.5、残高5.5、厚1.0厘米（图八九，10）。

标本ⅤT0401⑥:8，銎口残。平面残呈长方形。直边，圆角，直刃，刃中部磨损内凹。宽7.6、高7.9、厚1.1厘米（图八九，9）。

标本ⅤT0402⑥:15，銎口和刃部均残。平面呈梯形。残宽5.1、高5.3、厚1.0厘米（图八九，11）。

环首刀　1件。

标本ⅤT0302⑥:22，仅存柄部。体细长，柄部作环首状。残长8.4、宽1.2、厚0.6厘米（图八九，7）。

钉　1件。

标本ⅤT0302⑥:26，体宽扁，呈马鞍形。残高2.4、宽5.7、厚0.4厘米（图八九，6）。

（五）骨蚌器

3件。有骨锥、磨制骨块、蚌珠。

骨锥　1件。

标本ⅤT0402⑥:1，体细长，柄部残呈长方体状，近端削制呈锥状。残长10.8、宽0.7、厚0.3厘米（图九〇，7；彩版三二，2）。

磨制骨块　1件。

标本ⅠT4⑥:16，呈长方体状。长2.6、宽1.2、高1.1厘米（图九〇，6；彩版三二，3）。

蚌珠　1件

标本ⅣT0305⑥:8，由蚌壳磨制而成。呈圆饼状，不规整，中间有圆形穿孔。直径1.1、孔径0.3、厚0.5厘米（图九〇，1）。

（六）石器

4件。有斧、细石叶、耳瑱。

斧　1件。

标本ⅠT2⑥:1，磨制而成。平面近梯形，平顶，斜边，直刃。长5.8、宽4.3、厚1.4厘米（图九〇，4；彩版三二，4）。

细石叶　1件。

标本ⅠT4⑥:21，由玛瑙石料琢制而成。两面刃，剖面呈棱形。残长2.2、宽1.7、厚0.6厘米（图九〇，5）。

耳瑱　2件。

标本ⅠT4⑥:22，残呈八棱柱状，底有圆托。残长3.0、底径1.6、体径0.6厘米（图九〇，

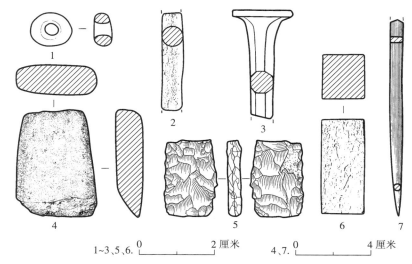

图九〇 第一期文化地层出土器物

1. 蚌珠（ⅣT0305⑥：8） 2、3. 琉璃耳瑱（ⅠT4⑥：28、ⅠT4⑥：22） 4. 石斧（ⅠT2⑥：1）
5. 细石叶（ⅠT4⑥：21） 6. 磨制骨块（ⅠT4⑥：16） 7. 骨锥（ⅤT0402⑥：1）

3；彩版三二，5）。

标本ⅠT4⑥：28，残呈圆柱状。残长2.7、体径0.5厘米（图九〇，2）。

（七）钱币

12枚。有"一化"钱、"明化"钱、刀币、布币等。

"一化"钱 5件。均圆形，方孔，背平。正面篆书"一化"二字。

标本ⅠT4⑥：30-1，直径1.8、穿孔宽0.7、厚0.1厘米。重0.72克（图九一，1）。

标本ⅠT4⑥：30-2，直径1.8、穿孔宽0.6、厚0.1厘米。重1.16克（图九一，2）。

标本ⅠT4⑥：30-3，直径1.8、穿孔宽0.6、厚0.1厘米。重0.82克（图九一，3）。

标本ⅤT0302⑥：19，直径2.0、穿孔宽0.6、厚0.1厘米。重1.25克（图九一，4）。

标本ⅤT0302⑥：40，直径1.9、穿孔宽0.5、厚0.1厘米。重1.25克（图九一，5）。

"明化"钱 2件。方孔，无郭，背平。

标本ⅤT0401⑥：14，圆形。正面篆书"明化"二字。直径2.5、穿孔宽0.8、厚0.1厘米。重2.66克（图九一，6；彩版三二，6）。

标本ⅤT0402⑥：16，残，呈半圆形。正面残存篆书"明"字。直径2.4、穿孔宽0.7、厚0.1厘米。重1.01克（图九一，7）。

刀币 3件。

标本ⅤT0301⑥：1，仅存部分刀身。首尖较短，刀身有郭隆起。正面篆书"明"，背面钱文不识。残长5.0、刀身宽1.5、厚0.1厘米。重5.12克（图九一，9）。

标本ⅤT0302⑥：31，仅存刀柄。面、背柄间均有二直纹。残长4.3、刀身宽1.2、厚0.1厘米。重3.96克（图九一，10）。

标本ⅤT0302⑥：32，刀身较长，首尖较短，刀身有郭隆起。钱文不可辨。面、背柄间均有二直纹。通长13.7、刀身宽2、柄长5.3、柄宽1.1、厚0.1厘米。重12.91克（图九一，12；彩版

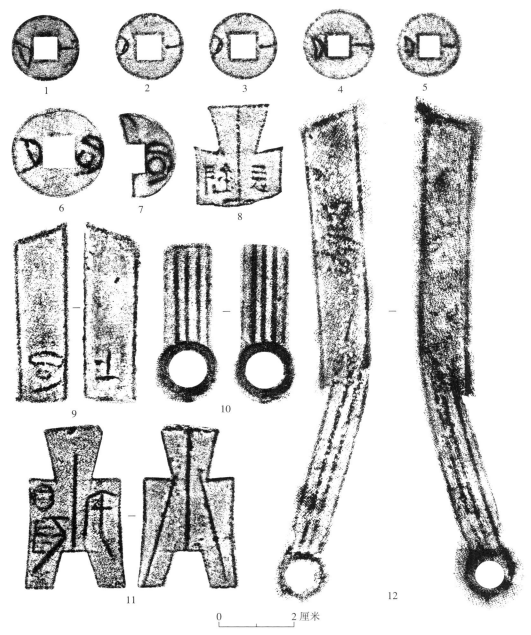

图九一　第一期文化地层出土钱币

1~5. "一化"钱（ⅠT4⑥:30-1、ⅠT4⑥:30-2、ⅠT4⑥:30-3、ⅤT0302⑥:19、ⅤT0302⑥:40）拓片　6、7. "明化"钱
（ⅤT0401⑥:14、ⅤT0402⑥:16）拓片　8、11. 布币（ⅤT0302⑥:2、ⅤT0402⑥:17）拓片　9、10、12. 刀币（ⅤT0301⑥:1、
ⅤT0302⑥:31、ⅤT0302⑥:32）拓片

三二，8）。

　　布币　2件。

　　标本ⅤT0302⑥:2，平首布。裆、足残。周缘有郭，首部上宽下窄，耸肩，束腰。正面中间一道
竖纹，两侧篆书"坪阴"二字；背面平素。残高2.7、宽2.5、厚0.2厘米。重6.16克（图九一，8）。

　　标本ⅤT0402⑥:17，平首布。肩微耸，束腰，平裆，方足。正面中间一道竖纹，两侧篆书"安阳"
二字；背面饰"小"字纹。高4.6、宽2.8、厚0.1厘米。重4.93克（图九一，11；彩版三二，7）。

第三节　第二期文化遗存

一、遗迹

（一）灰坑

第二期文化遗存有灰坑 58 座。

ⅠH1

位于ⅠT4 中部，开口于⑤层下，打破⑥层。坑口平面近圆形，直壁，底不平。口径 1.32、深 0.34 米（图九二）。坑内填土为褐色砂土，土质疏松。出土大量夹砂灰陶片和铁器。

出土遗物共 10 件。有陶器、铁器。

1. 陶器　共 5 件。有钵、纺轮、圆陶片。

钵　3 件。

标本ⅠH1∶9，夹砂灰陶。方唇，敞口，折腹，平底。素面磨光。口径 25.8、底径 12.8、高 9.2、厚 0.8～1.0 厘米（图九三，8；彩版三三，1）。

标本ⅠH1∶4，夹砂黄褐陶。圆唇，敞口，折腹，平底。上腹部饰弦纹。口径 13.5、底径 6.7、高 4.9、厚 0.6 厘米（图九三，7；彩版三三，2）。

标本ⅠH1∶2，夹砂黑褐陶。圆唇，敞口，折腹，平底。素面。口径 12.8、底径 6.3、高 5.6、厚 0.6～0.9 厘米（图九三，6；彩版三三，3）。

纺轮　1 件。

标本ⅠH1∶1，夹砂灰陶。呈圆饼状，中间有圆形穿孔。直径 4.5、孔径 1.0、厚 1.8 厘米（图九三，4；彩版三四，1）。

圆陶片　1 件。

标本ⅠH1∶7，夹砂灰陶。由瓦片打制而成。近圆形，不规整。直径 4.6、厚 1.0 厘米（图九三，3）。

2. 铁器　5 件。有斧、镰、环、削。

斧　1 件。

标本ⅠH1∶6，銎部残。平面近长方形，直边，直刃。宽 6.6、残高 8.0、厚 0.9 厘米（图九三，9）。

镰　2 件。

标本ⅠH1∶8，头、尾均残。平面近长条状。弧背弧刃。残长 18.1、宽 3.8、厚 0.8 厘米（图九三，2）。

标本ⅠH1∶10，平面近长条状。弧背弧刃，尾端装柄处微卷，头部呈舌状。长 22.6、宽 3.9、

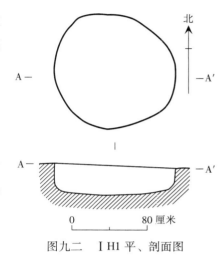

图九二　ⅠH1 平、剖面图

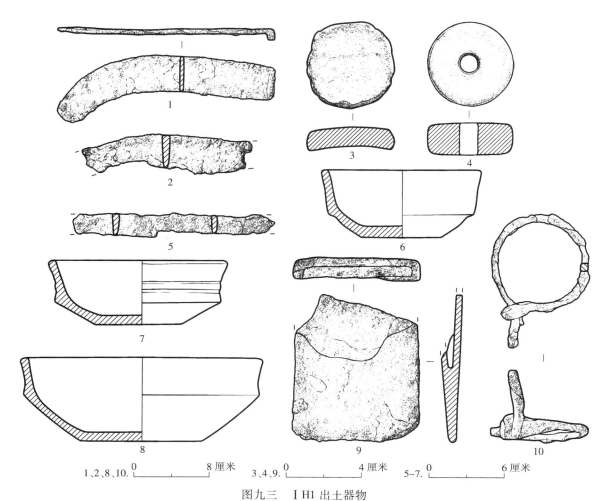

图九三　ⅠH1 出土器物

1、2. 铁镰（ⅠH1∶10、ⅠH1∶8）　3. 圆陶片（ⅠH1∶7）　4. 陶纺轮（ⅠH1∶1）　5. 铁削（ⅠH1∶5）　6～8. 陶钵
（ⅠH1∶2、ⅠH1∶4、ⅠH1∶9）　9. 铁斧（ⅠH1∶6）　10. 铁环（ⅠH1∶3）

厚 0.3 厘米（图九三，1；彩版三三，4）。

环　1 件。

标本ⅠH1∶3，铁条扭结而成。环直径 10.7、厚 0.9 厘米（图九三，10；彩版三三，5）。

削　1 件。

标本ⅠH1∶5，尖部、柄部残。呈长条状，直背直刃。残长 16.1、宽 1.8、柄长 9.3、厚 0.4 厘米（图九三，5；彩版三三，6）。

ⅠH2

位于ⅠT5 东南角，开口于④层下，打破⑤层。已发掘部分坑口平面呈半圆形，直壁，平底。口径 1.39、深 0.34 米（图九四）。坑内填土为黑褐土，土质疏松，含少量红烧土粒。未出土遗物。

ⅠH3

位于ⅠT4 东南角，开口于④层下，打破⑤层。已发掘部分坑口平面呈半圆形，直壁，底略不平。口径 2.14、深 0.57 米（图九五）。坑内填土为黑褐土，土质疏松。未出土遗物。

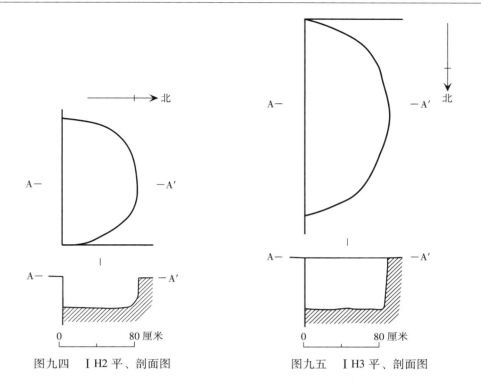

图九四　ⅠH2 平、剖面图　　　　　　图九五　ⅠH3 平、剖面图

ⅠH4

位于ⅠT2 西南角，开口于④层下，打破⑤层。已发掘部分坑口平面呈长方形，直壁，底不平。口长 2.76、宽 1.36、深 0.6 米（图九六）。坑内填土为浅褐土，土质疏松。未出土遗物。

ⅠH5

位于ⅠT2 东北角，开口于④层下，打破⑤层。已发掘部分坑口平面呈半圆形，斜壁，底不平。口径 1.81、深 0.42 米（图九七）。坑内填土为黑褐土，土质疏松。出土少量绳纹碎瓦块。

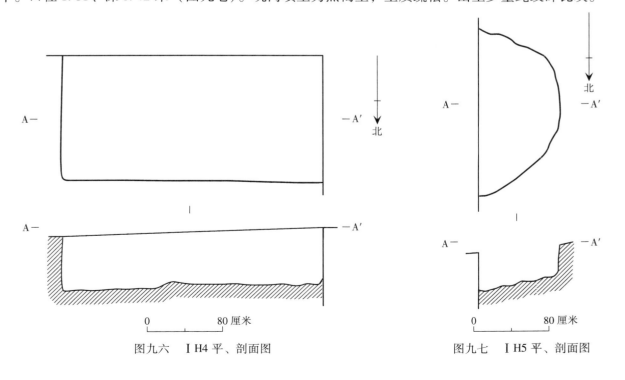

图九六　ⅠH4 平、剖面图　　　　　　图九七　ⅠH5 平、剖面图

Ⅰ H6

位于Ⅰ T6 西北部，开口于⑤层下，打破⑥层。坑口平面近圆形，直壁，平底。口径 1.12、深 0.87 米（图九八）。坑内填土为褐色砂土，土质疏松。出土遗物较多。

出土遗物共 8 件。有陶器、铜器、铁器。

1. 陶器　1 件。为纺轮。

标本Ⅰ H6：4，夹砂灰陶。呈圆饼状，中间有圆形穿孔。直径 4.5、孔径 0.6、厚 1.0 厘米（图九九，8；彩版三四，2）。

2. 铜器　6 件。均为镞。据镞身形态可分为锥形镞和无孔三翼镞。

锥形镞　5 件。镞身呈三棱锥状，剖面呈三角形。

标本Ⅰ H6：1，镞身粗短。尾部残留有圆形铁铤。残长 4.1、宽 1.0、铤长 0.9、铤径 0.6 厘米（图九九，5；彩版三四，3）。

标本Ⅰ H6：2，镞身粗短。尾部为柱突状。残长 3.4、宽 1.0、柱突长 0.3、柱径 0.4 厘米（图九九，4；彩版三四，4）。

标本Ⅰ H6：5，镞身粗短。尾部残留有铁铤。残长 17.4、宽 0.7、铤长 15.2、铤径 0.7 厘米（图九九，1；彩版三四，7）。

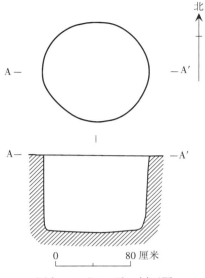

北

图九八　Ⅰ H6 平、剖面图

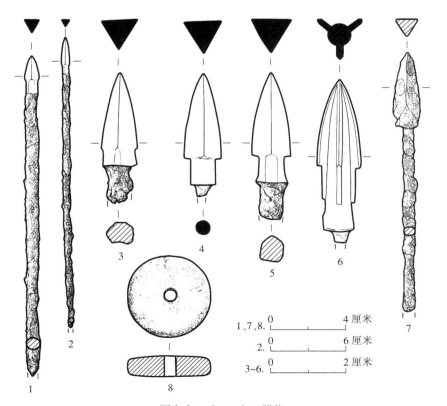

图九九　Ⅰ H6 出土器物

1~5. 锥形铜镞（Ⅰ H6：5、Ⅰ H6：6、Ⅰ H6：7、Ⅰ H6：2、Ⅰ H6：1）　6. 无孔三翼铜镞（Ⅰ H6：3）
7. 锥形铁镞（Ⅰ H6：8）　8. 陶纺轮（Ⅰ H6：4）

标本ⅠH6∶6，镞身细长。有倒刺，尾部有圆形铁铤。残长23.7、宽0.6、铤长20.9、铤径0.6厘米（图九九，2；彩版三四，8）。

标本ⅠH6∶7，镞身粗短。尾部残留有铁铤。残长3.6、宽0.9、铤长1.0、铤径0.6厘米（图九九，3；彩版三四，6）。

无孔三翼镞　1件。

标本ⅠH6∶3，镞身粗短呈三翼状。尖锋，斜刃，尾部为柱突状。残长4.5、宽1.2、柱突长0.3、柱径0.4厘米（图九九，6；彩版三四，5）。

3. 铁器　1件。为锥形镞。

标本ⅠH6∶8，镞身粗短呈三棱锥状，剖面呈三角形。尾部装有铁铤。残长13.9、宽1.4、铤长9.9、铤径0.6厘米（图九九，7；彩版三四，9）。

ⅠH12

位于ⅠT11北部，开口于ⅠG1⑤层下，打破⑥层和生土。坑口平面近圆形，斜壁，圜底。口径2.29、深0.42米（图一〇〇）。坑内填土为黑褐色，土质松软，含少量红烧土粒。出土遗物较少。

ⅡH1

位于ⅡT0101西部，开口于③层下，打破ⅡH2、ⅡH3及生土。坑口平面近圆形，直壁，平底。口径0.81、深0.14米（图一〇一）。坑内填土为灰褐色砂土，土质疏松。出土少量绳纹瓦残块。

ⅡH2

位于ⅡT0101西部，部分在发掘区外，开口于③层下，被ⅡH1打破，打破生土。已发掘部分坑口平面呈弧形，直壁，底不平。已发掘部分口长2.04、宽0.76、深0.48米（图一〇二）。坑内填土为灰褐色砂土，土质疏松。未出土遗物。

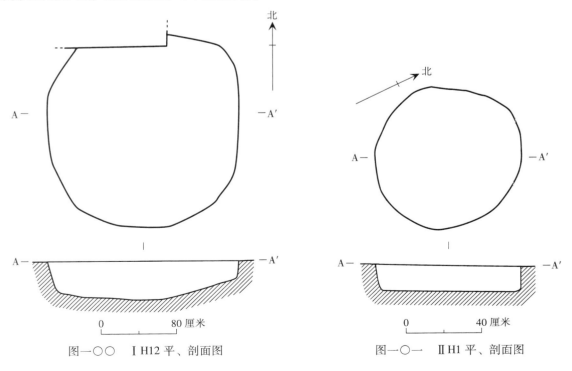

图一〇〇　ⅠH12平、剖面图　　　　　图一〇一　ⅡH1平、剖面图

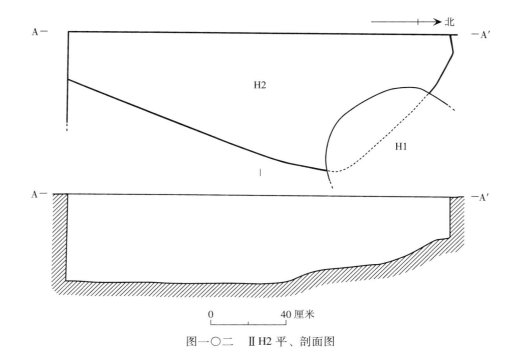

图一〇二　ⅡH2 平、剖面图

ⅡH3

位于ⅡT0101 西部，开口于③层下，被ⅡH1 打破，打破ⅡH4、ⅡG1 和生土。坑口平面近长方形，直壁，底不平。口长 2.16、宽 1.31、深 0.22 米（图一〇三）。坑内填土为褐色砂土，土质疏松。出土少量绳纹瓦块。

ⅡH4

位于ⅡT0101 西北角，开口于③层下，被ⅡH3 打破，打破生土。坑口平面近椭圆形，斜壁，圜底。口长径 1.64、短径 1.38、深 0.48 米（图一〇四）。坑内填土为灰褐色砂土，土质疏松。未出土遗物。

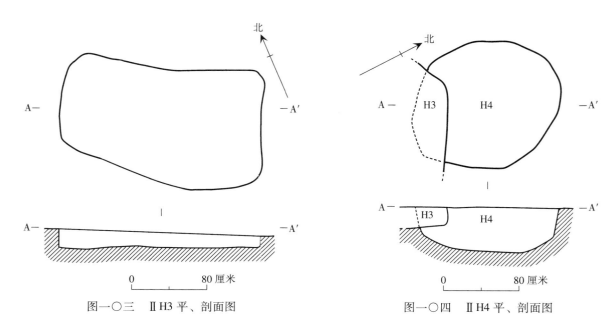

图一〇三　ⅡH3 平、剖面图　　　　　　图一〇四　ⅡH4 平、剖面图

Ⅱ H5

位于ⅡT0102 南部，部分压在ⅡT0101 北隔梁下，开口于③层下，打破ⅡG1 和生土。坑口平面近椭圆形，直壁，底不平。口长径 1.27、短径 0.85、深 0.16 米（图一〇五）。坑内填土为黑褐色砂土，土质较硬。出土少量绳纹瓦残块。

Ⅱ H6

位于ⅡT0102 中部，开口于③层下，打破ⅡG1 和生土。坑口平面近圆形，直壁，底不平。口径 0.96、深 0.27 米（图一〇六）。坑内填土为灰褐色砂土，土质疏松。出土少量绳纹瓦残块及夹砂陶片。

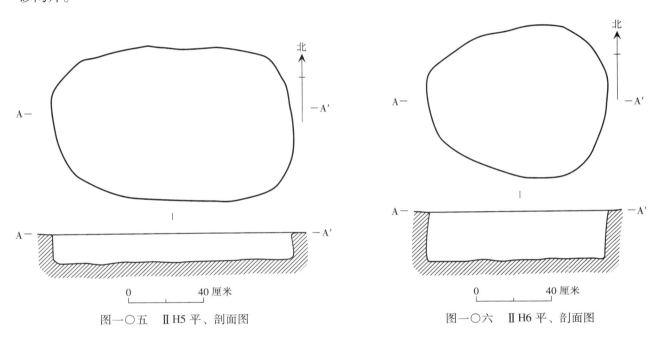

图一〇五　ⅡH5 平、剖面图　　　　　图一〇六　ⅡH6 平、剖面图

Ⅱ H9

位于ⅡT0104 中部，开口于③层下，打破生土。坑口平面近方形，直壁，底不平。口长 1.26、宽 1.11、深 0.17 米（图一〇七）。坑内填土为灰褐色砂土，土质疏松。出土少量绳纹瓦残块及夹砂陶片。

Ⅱ H29

位于ⅡT0303 西南角，部分压在ⅡT0203 东隔梁、ⅡT0302 北隔梁下，开口于④层下，被ⅡH14 打破，打破⑤层和生土。坑口平面呈圆形，斜壁，底不平。口径 1.97、底径 1.76、深 1.16 米（图一〇八）。坑内填土为黄褐色砂土，土质疏松。未出土遗物。

Ⅱ H31

位于ⅡT0404 南部，部分压在ⅡT0403 北隔梁下，开口于ⅡF2 活动面下，打破④层和生土。坑口平面近方形，

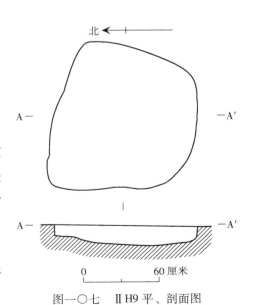

图一〇七　ⅡH9 平、剖面图

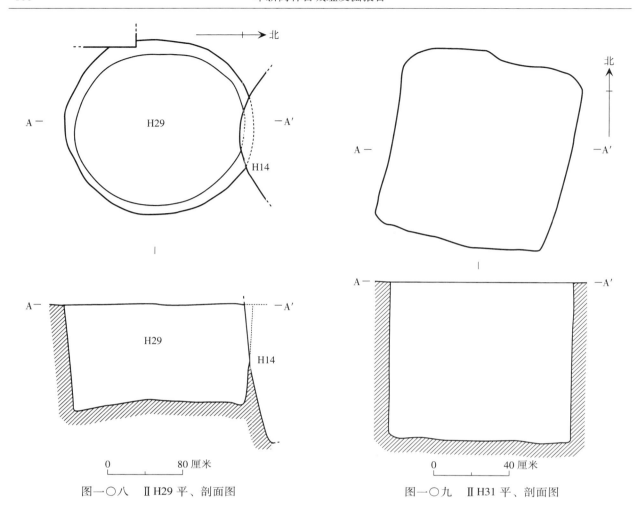

图一〇八　ⅡH29 平、剖面图

图一〇九　ⅡH31 平、剖面图

直壁，底不平。口长 1.04、宽 0.94、深 0.85 米（图一〇九）。坑内填土为灰黑色细砂土，土质疏松。出土遗物较少。

出土遗物 1 件。为瓦当。

标本ⅡH31：1，夹砂灰褐陶。后附筒瓦，残。当面饰一朵卷云纹。当面残宽 7.2、残高 5.1、厚 0.8 厘米，筒瓦残长 4.5、厚 2.0 厘米（图一一〇）。

图一一〇　ⅡH31 出土瓦当（ⅡH31：1）

ⅡH32

位于ⅡT0402 中部，开口于④层下，被ⅡQ1 叠压，打破生土。坑口平面近长方形，斜壁，底不平。口长 3.02、宽 1.81、深 0.43 米（图一一一）。坑内填土为灰褐色砂土，土质疏松。出土瓦残块和夹砂灰陶片。

出土遗物共 3 件。有陶器、骨器。

1. 陶器　2 件。均为罐。

标本ⅡH32：2，底部残。圆唇，侈口，弧腹微鼓。素面。口径 16.8、残高 17.2、厚 0.7 厘米（图一一二，1）。

标本ⅡH32：3，仅存下腹部及底部。腹、底均饰绳纹，底部有焗孔。底径 11.0、残高 6.8、厚 0.8 ~ 1.1 厘米（图一一二，3）。

2. 骨器 1件。为镞。

标本ⅡH32：1，由动物肢骨磨制而成。体细长呈圆锥体状，底部有圆形插孔。长 2.9、径 0.9、插孔径 0.4 厘米（图一一二，2）。

ⅡH33

位于ⅡT0504 西部，开口于ⅡF2 活动面下，打破④层和生土。坑口平面呈圆形，斜壁，底不平。口径

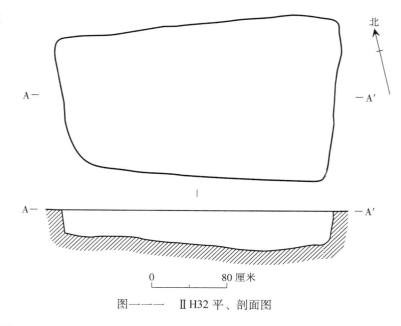

北

图一一一 ⅡH32 平、剖面图

0.98、深 0.56 米（图一一三）。坑内填土为灰黑色细砂土，土质疏松，未出土遗物。

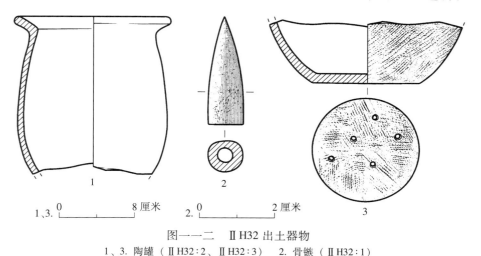

1、3. 0   8 厘米   2. 0   2 厘米

图一一二 ⅡH32 出土器物

1、3. 陶罐（ⅡH32：2、ⅡH32：3） 2. 骨镞（ⅡH32：1）

ⅡH34

位于ⅡT0202 西北角，开口于④层下，被ⅡH22 打破，打破⑤层和生土。坑口平面呈椭圆形，直壁，底不平。口长径 1.03、短径 0.74、深 0.75 米（图一一四）。坑内填土为黑褐色砂土，土质疏松。出土少量绳纹瓦残块。

ⅡH35

位于ⅡT0404 东北部，开口于ⅡF2 活动面下，打破④层、ⅡH39 和生土。坑口平面近长方形，斜壁，平底。口长 1.2、宽 1.02、深 0.68 米（图一一五）。坑内填土为灰褐色细砂土，土质疏松。出土少量绳纹瓦残块和夹砂灰陶片。

ⅡH39

位于ⅡT0404 东北部，开口于ⅡF2 活动面下，被ⅡH35 打破，打破④层和生土。坑口平面近圆角长方形，斜壁，底不平。口长 1.32、宽 0.99、深 0.36 米（图一一六）。坑内填土为灰褐色

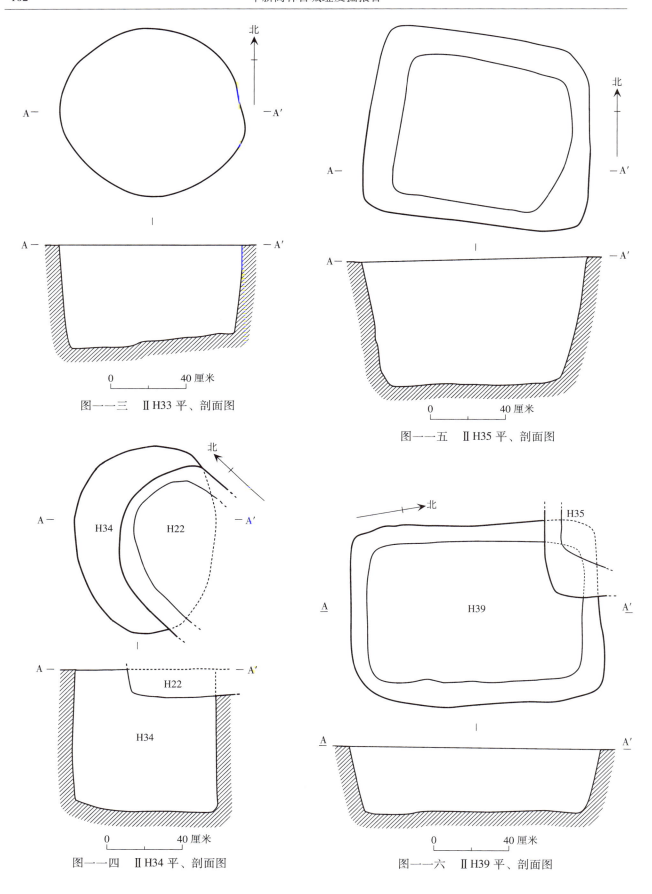

图一一三　ⅡH33 平、剖面图

图一一五　ⅡH35 平、剖面图

图一一四　ⅡH34 平、剖面图

图一一六　ⅡH39 平、剖面图

砂土，土质疏松。出土遗物较少。

Ⅱ H40

位于Ⅱ T0304 东北角，部分延伸至Ⅱ T0304 北隔梁下，开口于④层下，打破Ⅱ H41、Ⅱ H44。坑口平面呈圆形，直壁，平底。口径 1.91、深 0.46 米（图一一七）。坑内填土为黄褐色砂土，土质疏松。出土少量绳纹碎瓦块。

Ⅱ H41

位于Ⅱ T0304 北部，部分延伸至Ⅱ T0304 北隔梁下，开口于④层下，被Ⅱ H40 打破，打破Ⅱ H44。坑口平面近圆形，直壁，平底。口径 1.27、深 0.93 米（图一一八）。坑内填土为黄褐色砂土，土质疏松。出土少量绳纹瓦残块。

Ⅱ H42

位于Ⅱ T0502 西南角，部分延伸到Ⅱ T0402 东隔梁下，开口于④层下，叠压Ⅱ H46，打破生土。坑口平面呈椭圆形，直壁，底不平。口长径 1.47、短径 1.13、深 0.21 米（图一一九）。坑内填土为黄褐色砂土，土质疏松。出土少量绳纹瓦残块和夹砂灰陶片。

Ⅱ H43

位于Ⅱ T0402 东隔梁下，部分压在关键柱下，开口于④层下，打破生土。已发掘部分坑口平面呈半圆形，斜壁，底不平。已发掘部分长径 1.35、短径 0.39、深 0.42 米（图一二〇）。坑内填土为黄褐色砂土，土质疏松。出土少量绳纹瓦残块和夹砂灰陶、红褐陶片。

Ⅱ H44

位于Ⅱ T0304 中部偏北，开口于④层下，被Ⅱ H40、Ⅱ H41 打破。坑口平面近椭圆形，直壁，平底。口长径 1.06、短径 0.77、深 0.71 米（图一二一）。坑内填土为黄褐色砂土，土质疏松。出土少量绳纹瓦残块和夹砂灰陶片、泥质灰陶片。

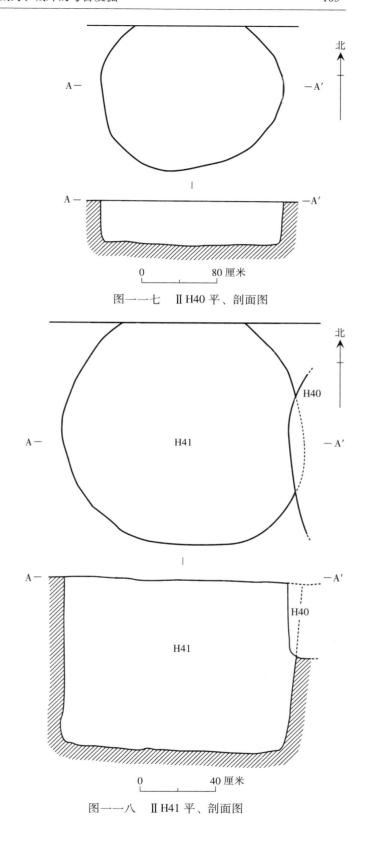

图一一七　Ⅱ H40 平、剖面图

0 ————— 80 厘米

图一一八　Ⅱ H41 平、剖面图

0 ————— 40 厘米

ⅡH45

位于ⅡT0101北隔梁下，开口于③层下，打破ⅡG1和生土。坑口平面近圆形，直壁，平底。口径0.96、深0.2米（图一二二）。坑内填土为黑褐色砂土，土质较硬。出土少量绳纹瓦残块。

ⅡH46

位于ⅡT0502西南角，部分延伸到ⅡT0402东隔梁下，开口于ⅡH42底部，打破生土。坑口平面近椭圆形，直壁，平底。口长径0.99、短径0.84、深0.38米（图一二三）。坑内填土为黄褐色砂土，土质疏松。出土遗物较少。

ⅣH14

位于ⅣT0604东南角，开口于④层下，打破⑤、⑥层和生土。坑口平面呈圆形，斜壁，平底。口径2.59、深0.78米（图一二四；彩版三六，1）。坑内填土为灰褐色砂土，土质疏松。出土少量绳纹瓦残块、夹砂灰陶片及兽骨。

出土遗物共2件。有陶器、钱币。

1. 陶器　1件。为圆陶片。

标本ⅣH14：2，夹砂灰陶。由绳纹陶片磨制而成。近圆形，不规整，一侧有钻孔痕。直径4.9、厚1.5厘米（图一二五，1）。

2. 钱币　1枚。为"半两"钱。

标本ⅣH14：1，残。圆形，方孔，无郭，背平。正面篆书"半两"二字。直径2.3、穿孔宽0.8、厚0.1厘米。重1.15克（图一二五，2；彩版三五，5）。

ⅣH23

位于ⅣT0505中部，开口于④层下，打破ⅣH25和生土。坑口平面呈弧边长方形，直壁，平底。口长1.78、宽1.6、深0.38米（图一二六）。坑内填土为灰褐色砂土，土质疏松。出土少量绳纹瓦残块和夹砂陶片。

ⅣH24

位于ⅣT0704北部，开口于④层下，被ⅣH13打破，打破⑤、⑥层和生土。已发掘部分坑口平面呈半圆形，直壁，平底。已发掘部分长径2.77、短径1.66、深0.66米（图一二七）。坑内

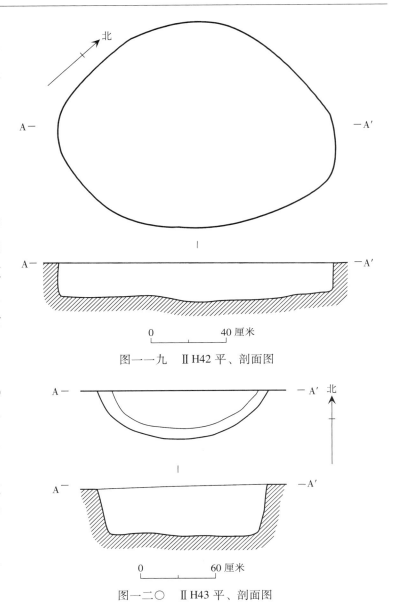

北

A— —A′

A— —A′

0　　　　40厘米

图一一九　ⅡH42平、剖面图

A— —A′　北

A— —A′

0　　　　60厘米

图一二〇　ⅡH43平、剖面图

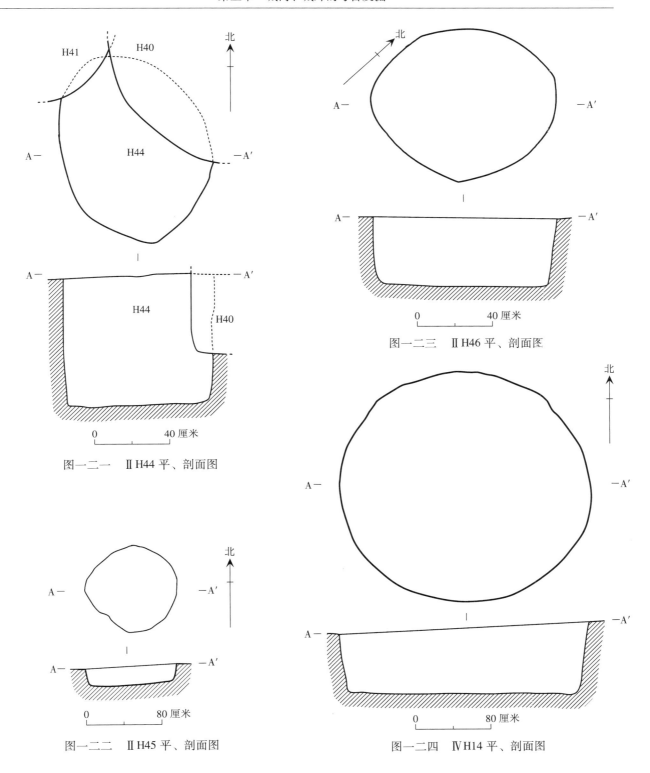

图一二一　ⅡH44 平、剖面图

图一二三　ⅡH46 平、剖面图

图一二二　ⅡH45 平、剖面图

图一二四　ⅣH14 平、剖面图

填土为灰褐色砂土，土质疏松。出土遗物较少。

出土遗物 1 件。为铜镞。

标本ⅣH24：2，镞身粗短呈三棱锥状，剖面呈三角形。尾部残留有铁铤锈痕。残长 3.0、宽 0.9 厘米（图一二八）。

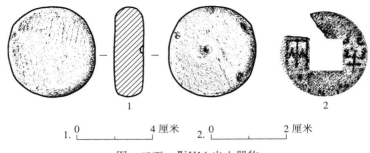

图一二五　Ⅳ H14 出土器物
1. 圆陶片（Ⅳ H14∶2）　　2. "半两"钱（Ⅳ H14∶1）拓片

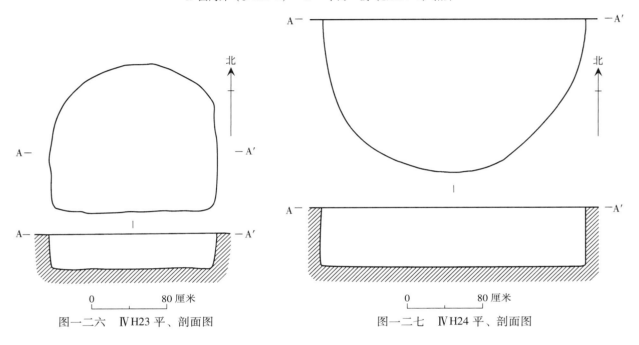

图一二六　Ⅳ H23 平、剖面图　　　　　　图一二七　Ⅳ H24 平、剖面图

Ⅳ H25

位于Ⅳ T0505 中西部，开口于④层下，被Ⅳ H23 打破，打破生土。坑口平面呈圆形，直壁，平底。口径 1.24、深 0.3 米（图一二九）。坑内填土为灰褐色砂土，土质疏松。出土少量绳纹瓦残块。

Ⅳ H26

位于Ⅳ T0106 西南角，开口于⑤层下，打破⑥层。坑口平面呈圆形，弧壁，圜底。口径 1.1、深 0.32 米（图一三〇）。坑内填土为灰褐色砂土，土质疏松。出土遗物较少。

出土遗物 1 件。为陶豆。

标本Ⅳ H26∶1，夹砂灰褐陶。仅存钵状豆盘及柄上部。残高 7.0、盘厚 0.9 厘米（图一三一）。

Ⅳ H27

位于Ⅳ T0106 南部，开口于⑤层下，打破⑥层。坑口平面呈长方形，直壁，平底。口长 1.2、宽 1.08、深 0.63 米（图一三二）。坑内填土为黑褐色土，土质疏松。无遗物出土。

Ⅳ H28

位于Ⅳ T0105 东北部，开口于⑤层下，打破⑥层。坑口平面呈圆角长方形，直壁，平底。口长 1.87、宽 1.11、深 1.03 米（图一三三）。坑内填土为灰色砂土，土质疏松。出土少量绳纹瓦残

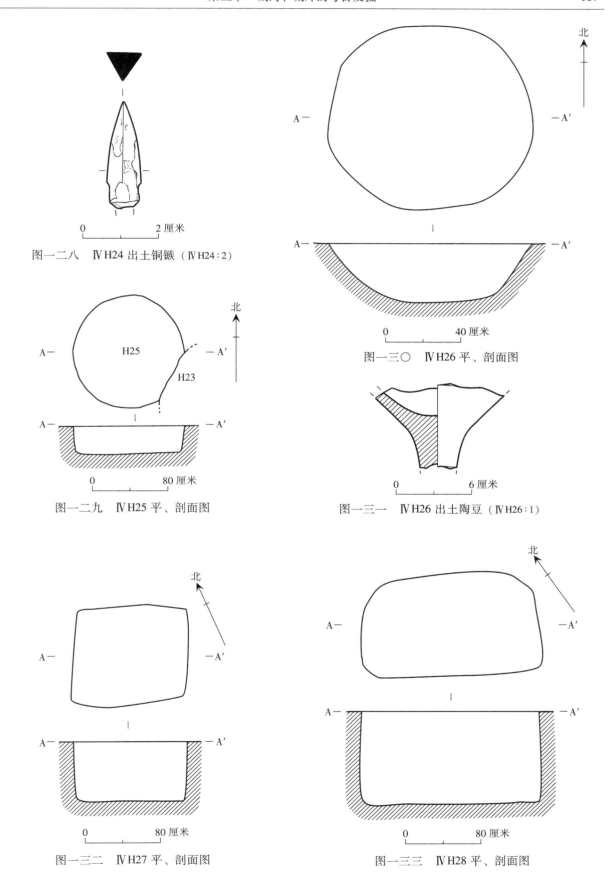

图一二八　ⅣH24 出土铜镞（ⅣH24:2）

图一二九　ⅣH25 平、剖面图

图一三○　ⅣH26 平、剖面图

图一三一　ⅣH26 出土陶豆（ⅣH26:1）

图一三二　ⅣH27 平、剖面图

图一三三　ⅣH28 平、剖面图

块和夹砂陶片。

　　出土遗物共3件。均为陶器。有豆、盆、罐。

　　豆　1件。

　　标本ⅣH28：2，夹砂灰褐陶。仅存钵状豆盘及柄上部。残高7、厚0.6～1.8厘米（图一三四，3）。

　　盆　1件。

　　标本ⅣH28：3，夹砂灰陶。方唇，侈口，斜腹。器表饰交错细绳纹。口径33.6、残高11.5、厚0.5～1.0厘米（图一三四，1）。

　　罐　1件。

　　标本ⅣH28：1，夹砂红褐陶。仅存底部，平底内凹。素面。底径17.5、残高8.7、厚1.0～1.5厘米（图一三四，2）。

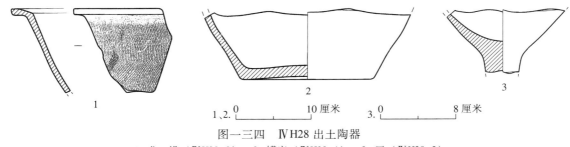

图一三四　ⅣH28出土陶器
1. 盆口沿（ⅣH28：3）　2. 罐底（ⅣH28：1）　3. 豆（ⅣH28：2）

ⅣH29

　　位于ⅣT0704西南部，开口于⑤层下，打破⑥层。坑口平面呈圆形，弧壁，圜底。口径1.1、深0.34米（图一三五）。坑内填土为黄褐色砂土，含红烧土粒，土质疏松。出土遗物较少。

　　出土遗物1件。为铁斧。

　　标本ⅣH29：1，銎部残。平面近长方形。直边，圆角，直刃。宽5.8、残高5.6、厚1.1厘米（图一三六）。

ⅣH30

　　位于ⅣT0704中部，开口于⑤层下，打破⑥层。坑口平面呈圆形，弧壁，圜底。口径0.58、深0.26米（图一三七）。坑内填土为黄褐色砂土，含红烧土粒，土质疏松。出土遗物较少。

ⅤH71

　　位于ⅤT0302南部，开口于④层下，打破⑤、⑥层和ⅤH73、ⅤH91、ⅤH118。坑口平面呈椭圆形，直壁，平底。口长径3.17、短径1.95、深1.05米（图一三八）。坑内填土为灰黑色砂土，土质疏松。出土大量绳纹瓦块、夹砂灰陶片和兽骨。

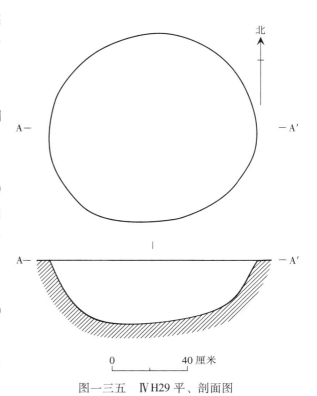

图一三五　ⅣH29平、剖面图

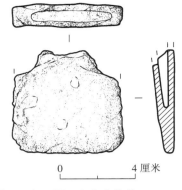

图一三六　ⅣH29 出土铁斧（ⅣH29∶1）

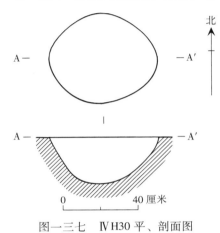

图一三七　ⅣH30 平、剖面图

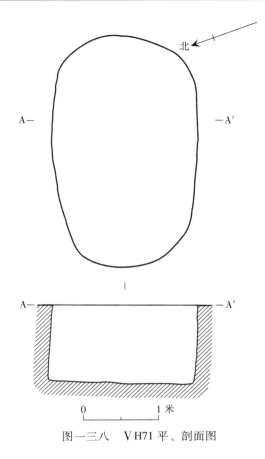

图一三八　ⅤH71 平、剖面图

出土遗物共 7 件。有建筑构件、陶器、铁器。

1. 建筑构件　2 件。有筒瓦和瓦当。

筒瓦　1 件。

标本ⅤH71∶3，夹砂黄陶。半筒形，有瓦舌，残。背面饰竖向绳纹；内侧可见泥圈套接痕和由外向内的切割痕，近瓦舌一端有慢轮修整痕迹。残长 17.7、厚 0.6 ~ 1.0、舌长 1.9 厘米（图一三九，7）。

瓦当　1 件。

标本ⅤH71∶2，夹砂灰陶。圆瓦当，后接筒瓦，残。当面中心为一圆形凸起，凸起周围有一周凸棱，凸棱外侧饰四朵卷云纹；当背有衔接筒瓦的切割痕。筒瓦背部和内侧均为素面。当面径 14.0、高 14.1、厚 1.2 ~ 2.0 厘米，筒瓦残长 4.9、厚 1.7 厘米（图一三九，1；彩版三五，6）。

2. 陶器　4 件。有豆、瓮、甑、器底。

豆　1 件。

标本ⅤH71∶7，夹砂红陶。仅存实心豆柄。器表有削胎痕。残高 10.1、厚 0.9 ~ 4.7 厘米（图一三九，6）。

瓮　1 件。

标本ⅤH71∶5，夹砂黑褐陶。方唇，侈口，短颈，鼓肩，肩部以下残。肩部饰弦断绳纹。口径 35.6、残高 19.8、厚 0.9 ~ 2.9 厘米（图一三九，3）。

甑　1 件。

标本ⅤH71∶4，夹砂灰陶。仅存甑底。平底。下腹部饰斜向绳纹，底部饰交错绳纹，底部残存四个梭形甑孔。底径22.3、残高3.0、厚0.5～1.0厘米（图一三九，2）。

器底　1件。

标本ⅤH71∶6，夹砂灰陶。下腹斜收，平底。下腹部及底部饰绳纹。底径15.0、残高8.6、厚0.7～1.5厘米（图一三九，4）。

3. 铁器　1件。为斧。

标本ⅤH71∶1，仅存銎部。平面近梯形。两侧边斜直。宽6.9、残高7.4厘米，銎口长6.0、宽2.5、厚0.5厘米（图一三九，5）。

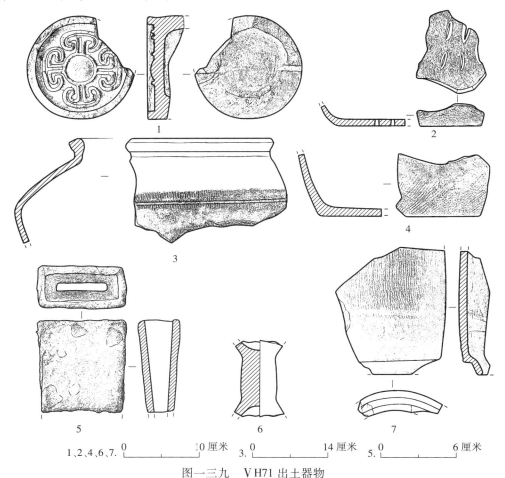

1、2、4、6、7.　0　　　　　　　10厘米　　　3.　0　　　　　　14厘米　　　5.　0　　　　　6厘米

图一三九　ⅤH71 出土器物

1. 瓦当（ⅤH71∶2）　2. 陶甑底（ⅤH71∶4）　3. 陶瓮（ⅤH71∶5）　4. 陶器底（ⅤH71∶6）　5. 铁斧
（ⅤH71∶1）　6. 陶豆（ⅤH71∶7）　7. 筒瓦（ⅤH71∶3）

ⅤH76

位于ⅤT0401 西南部，开口于ⅤH74 底部，打破⑤层。坑口平面近椭圆形，直壁，底不平。已发掘部分口长径1.37、短径0.92、深0.2米（图一四〇）。坑内填土为灰黑色砂土，土质疏松。出土少量瓦片。

ⅤH80

位于ⅤT0301 东部，开口于④层下，被ⅤH52 打破，打破⑤层。坑口平面呈圆形，直壁，平底。口径1.15、深0.26米（图一四一）。坑内填土为灰黑色砂土，土质疏松。出土少量瓦片和兽骨。

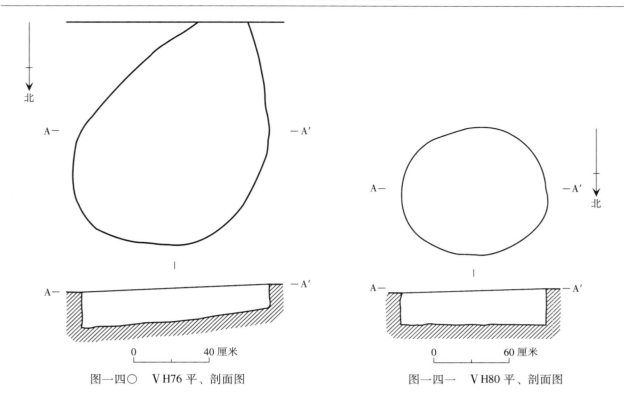

图一四〇　Ⅴ H76 平、剖面图

图一四一　Ⅴ H80 平、剖面图

Ⅴ H82

位于Ⅴ T0401 中部，开口于④层下，被Ⅴ G8、Ⅴ H60 打破，打破⑤、⑥层和生土。坑口平面呈长方形，直壁，平底。口长 3.54、宽 1.11、深 2.27 米（图一四二）。坑内填土为灰黑色砂土，土

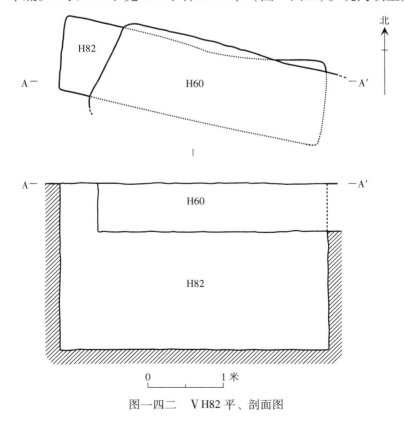

图一四二　Ⅴ H82 平、剖面图

质疏松。出土少量瓦片和兽骨。

　　出土遗物共 2 件。有建筑构件、铁器。

　　1. 建筑构件　1 件。为筒瓦。

　　标本 V H82：2，夹砂灰陶。半筒形，有瓦舌，残。背面饰稀疏的斜向绳纹；内侧可见泥圈套接痕，近瓦舌一端有慢轮修整痕迹。残长 13.1、厚 0.6~1.0、舌长 2.3 厘米（图一四三，2）。

　　2. 铁器　1 件。为斧。

　　标本 V H82：1，平面近长方形。銎口为长方形，直边，弧角，弧刃。宽 6.8、残高 10.6 厘米，銎长 6.2、宽 1.7、厚 1.0 厘米（图一四三，1；彩版三五，3）。

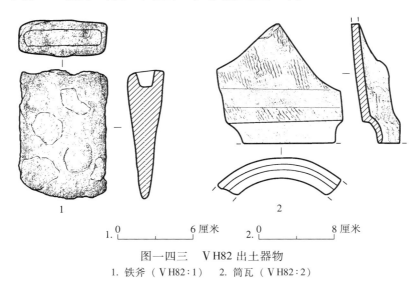

1. _____0_____6 厘米　　2. _____0_____8 厘米

图一四三　V H82 出土器物
1. 铁斧（V H82：1）　2. 筒瓦（V H82：2）

V H84

　　位于 V T0402 东北部，开口于④层下，被 V H67 打破，打破⑤、⑥层和生土。坑口平面呈椭圆形，直壁，平底。口长径 1.38、短径 0.96、深 0.95 米（图一四四）。坑内填土为棕黄色砂土，土质疏松。出土遗物较少。

　　出土遗物共 5 件。有陶器、铜器、铁器、钱币。

　　1. 陶器　1 件。为纺轮。

　　标本 V H84：5，夹砂黄褐陶。由陶器器底打磨而成。呈圆饼状，中间有圆形穿孔。直径 3.1、孔径 0.5、厚 1.2 厘米（图一四五，1）。

　　2. 铜器　1 件。为无孔三翼镞。

　　标本 V H84：4，体略粗短呈三翼状。尖锋，斜刃，尾部呈柱突状。通长 4.5、宽 1.0、柱突长 0.8、柱径 0.5 厘米（图一四五，3；彩版三五，1）。

　　3. 铁器　2 件。有锸和斧。

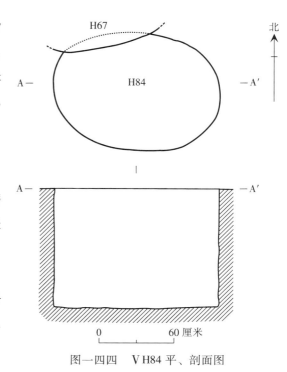

0 _____ 60 厘米

图一四四　V H84 平、剖面图

锤　1件。

标本ⅤH84:2，平面呈横长方形。顶部为长方形銎口，两侧边弧收，直刃。宽13.1、高5.3厘米，銎口长12.4、宽0.8、深3.5、厚1.2厘米（图一四五，5；彩版三五，4）。

斧　1件。

标本ⅤH84:3，仅存銎部。平面近梯形。方銎，两侧边斜直，近銎口部有两周凸棱。宽7.6、残高10.6厘米，銎口长6.5、宽2.5、厚0.8厘米（图一四五，4）。

4. 钱币　1枚。为刀币。

标本ⅤH84:1，仅存柄部。面、背柄间均有二直纹。残长4.4、宽1.1、厚0.1厘米。重4.33克（图一四五，2）。

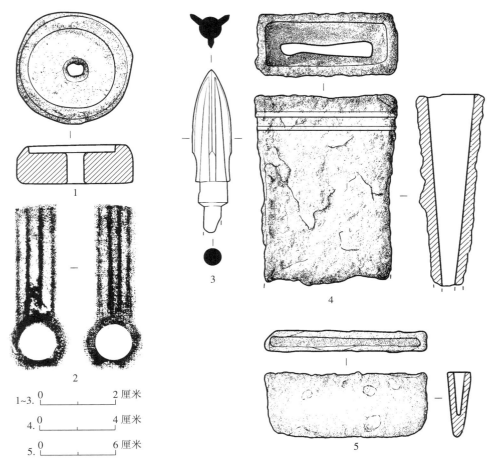

图一四五　ⅤH84 出土器物

1. 陶纺轮（ⅤH84:5）　2. 刀币（ⅤH84:1）拓片　3. 无孔三翼铜镞（ⅤH84:4）　4. 铁斧（ⅤH84:3）　5. 铁锤（ⅤH84:2）

ⅤH85

位于ⅤT0402 中部，开口于④层下，打破⑤、⑥层和ⅤH102。坑口平面呈长方形，直壁，平底。口长1.72、宽0.92、深0.35米（图一四六）。坑内填土为灰黑色砂土，土质疏松。出土遗物较多。

出土遗物共4件。有陶器、铜器、钱币。

1. 陶器　1件。为钵。

标本ⅤH85:2，夹砂灰陶。圆唇，直口，折腹，平底。上腹部饰弦纹。口径18、底径9、高

6.4、厚 0.6～1.0 厘米（图一四七，2）。

　　2. 铜器　2 件。有镞和销。

　　镞　1 件。为剑形镞。

　　标本ⅤH85∶1，体细长，平锋，镞身呈剑形，剖面呈方形；铤残，剖面为圆形。残长 3.9、宽 0.4、铤径 0.2 厘米（图一四七，3）。

　　销　1 件。

　　标本ⅤH85∶3，体粗短。销帽为长方形，体呈圆柱状。长 3.5、径 0.7 厘米（图一四七，1）。

　　3. 钱币　1 枚。为刀币。

　　标本ⅤH85∶4，仅存柄部。面、背柄间均有二直纹。残长 4.7、宽 1.1、厚 0.1 厘米。重 4.91 克（图一四七，4）。

ⅤH86

　　位于ⅤT0402 西部，开口于④层下，打破⑤、⑥层。坑口平面近圆形，直壁，平底。口径 1.76、深 0.99 米（图一四八）。坑内填土为灰黑色砂土，土质疏松。出土遗物较少。

　　出土遗物共 4 件。有陶器、铁器。

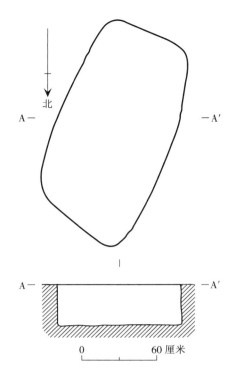

图一四六　ⅤH85 平、剖面图

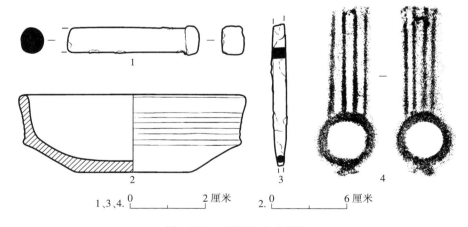

图一四七　ⅤH85 出土器物
1. 铜销（ⅤH85∶3）　2. 陶钵（ⅤH85∶2）　3. 剑形铜镞（ⅤH85∶1）　4. 刀币（ⅤH85∶4）拓片

　　1. 陶器　2 件。均为豆。

　　标本ⅤH86∶1，夹砂灰陶。仅存豆盘，呈钵状。圆唇，敞口，弧腹。口径 13.8、残高 4.4、厚 0.8 厘米（图一四九，1）。

　　标本ⅤH86∶2，夹砂灰陶。仅存豆座，呈覆盘状。底径 12.0、残高 2.4、厚 0.7～0.9 厘米（图一四九，2）。

　　2. 铁器　2 件。有镰和斧。

　　镰　1 件。

标本ⅤH86：3，两端残。平面近长条状，弧背起脊，弧刃。残长 10.3、宽 4.3、厚 0.2～0.8 厘米（图一四九，3）。

斧　1 件。

标本ⅤH86：4，仅存刃部，銎部残。平面近长方形。直边，弧角，直刃。宽 6.9、残高 5.1、厚 0.8 厘米（图一四九，4）。

ⅤH87

位于ⅤT0402 西南部，开口于④层下，打破⑤、⑥层。坑口平面近长方形，直壁，平底。口长 2.07、宽 1.36、深 0.86 米（图一五〇）。坑内填土为灰黑色砂土，土质疏松。出土遗物较少。

出土遗物 1 件。为铁斧。

标本ⅤH87：1，仅存刃部，銎部残。平面近长方形。直边，直角，直刃。宽 7.1、残高 6.1、厚 1.2 厘米（图一五一）。

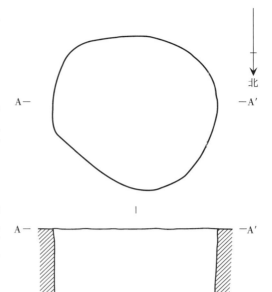

图一四八　ⅤH86 平、剖面图

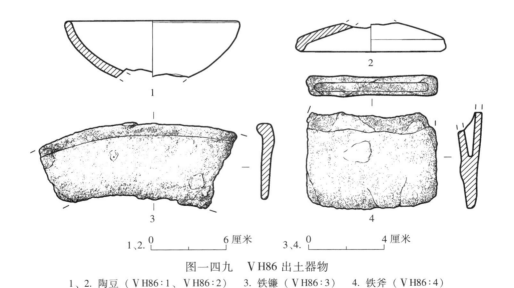

图一四九　ⅤH86 出土器物
1、2. 陶豆（ⅤH86：1、ⅤH86：2）　3. 铁镰（ⅤH86：3）　4. 铁斧（ⅤH86：4）

ⅤH88

位于ⅤT0402 西北部，开口于④层下，打破⑤、⑥层和ⅤH104、ⅤH116。坑口平面近圆形，直壁，平底。口长径 1.29、宽 1.15、深 0.79 米（图一五二）。坑内填土为灰黑色砂土，土质疏松。出土遗物较少。

出土遗物共 3 件。有铜器、铁器、骨器。

1. 铜器　1 件。为锥形镞。

标本ⅤH88：2，镞身粗短呈三棱锥状，剖面呈三角形。无倒刺，尾部残留有铁铤锈痕。残长

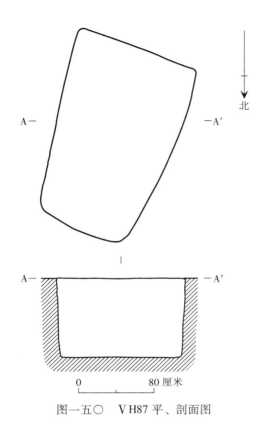

图一五○　　Ⅴ H87 平、剖面图

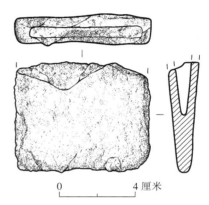

图一五一　　Ⅴ H87 出土铁斧（Ⅴ H87∶1）

3.2、宽 1.0 厘米（图一五三，2）。

　　2. 铁器　1 件。为凿。

　　标本 Ⅴ H88∶3，顶部有圆角长方形帽，体呈扁长方形，凿身局部有锻制遗留的凹槽，直刃。长 22.3、宽 1.7、厚 1.2 厘米（图一五三，1；彩版三五，7）。

　　3. 骨器　1 件。为镞。

　　标本 Ⅴ H88∶1，镞身粗短呈矛形，尖锋，斜刃，镞身为双翼状，有倒刺，尾部有圆銎。长 3.6、宽 1.1、銎径 0.6、銎深 0.9 厘米（图一五三，3；彩版三五，2）。

　　Ⅴ H89

　　位于 Ⅴ T0402 西南角，开口于④层下，打破⑤、⑥层和 Ⅴ H104、Ⅴ H102。已发掘部分坑口平面呈半椭圆形，弧壁，圜底。已发掘部分长径 1.93、短径 1.58、深 1.79 米（图一五四）。坑内填土为灰黑色砂土，土质疏松。出土铁器、兽骨等。

　　出土遗物共 2 件。均为铁器。有斧和钉。

　　斧　1 件。

　　标本 Ⅴ H89∶1，銎部残，仅存刃部一侧。直边，弧角，直刃。宽 7.1、残高 9.3、厚 1.2 厘米（图一五五，1）。

　　钉　1 件。

　　标本 Ⅴ H89∶2，钉帽近圆形，钉身剖面呈方形。长 4.7、宽 0.4 厘米（图一五五，2）。

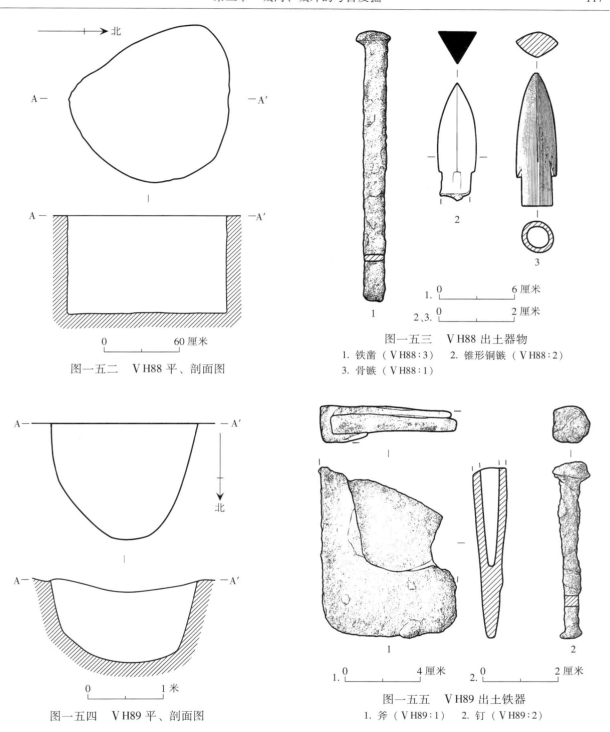

图一五二　ⅤH88 平、剖面图

图一五三　ⅤH88 出土器物
1. 铁凿（ⅤH88：3）　2. 锥形铜镞（ⅤH88：2）
3. 骨镞（ⅤH88：1）

图一五四　ⅤH89 平、剖面图

图一五五　ⅤH89 出土铁器
1. 斧（ⅤH89：1）　2. 钉（ⅤH89：2）

ⅤH90

位于ⅤT0401 东北部，开口于④层下，被ⅤG8 打破，打破⑤层。坑口平面呈椭圆形，斜直壁，平底。口长径 2.18、短径 1.68、深 0.56 米（图一五六）。坑内填土为棕黑色砂土，土质疏松。出土遗物较少。

出土遗物共 2 件。有铁器、钱币。

1. 铁器　1 件。为斧。

标本ⅤH90：1，刃部和銎部均残。平面近长方形，直边。宽4.8、残高8.3、厚1.1厘米（图一五七，1）。

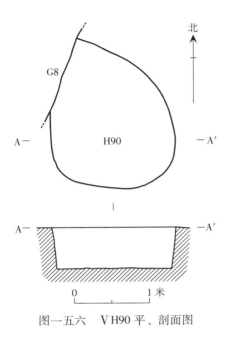

图一五六　ⅤH90 平、剖面图

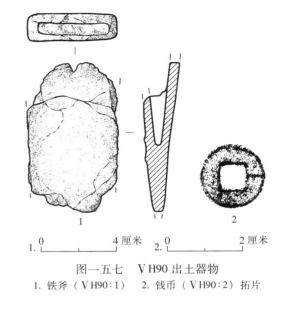

图一五七　ⅤH90 出土器物
1. 铁斧（ⅤH90：1）　2. 钱币（ⅤH90：2）拓片

2. 钱币　1枚。

标本ⅤH90：2，圆形，方孔，有郭，孔下一横，背平。正面篆书"一"字。应是"一化"钱。直径1.8、穿孔宽0.6、厚0.1厘米。重0.84克（图一五七，2）。

ⅤH91

位于ⅤT0302东南部，开口于⑤层下，被ⅤH71打破，打破⑥层和ⅤH118。坑口平面近圆形，斜直壁，平底。口径1.26、深0.31米（图一五八）。坑内填土为灰黑色砂土，土质疏松。出土少量瓦片和兽骨。

出土遗物1件。为绳纹砖。

标本ⅤH91：1，夹砂灰陶。残呈长方形。正面饰绳纹，背面为素面。残长14.4、宽7.6、厚3.6厘米（图一五九）。

ⅤH92

位于ⅤT0302西部，开口于⑤层下，被ⅤH81打破，打破⑥层和生土。坑口平面呈圆角长方形，直壁，平底。口长1.62、宽1.08、深0.93米（图一六〇）。坑内填土为棕黑色砂土，土质疏松。出土少量瓦片、夹砂灰陶片和兽骨。

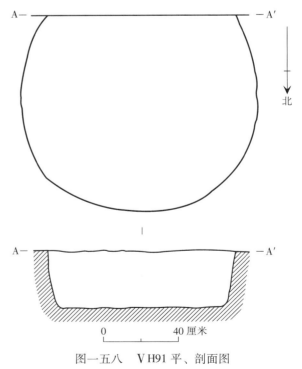

图一五八　ⅤH91 平、剖面图

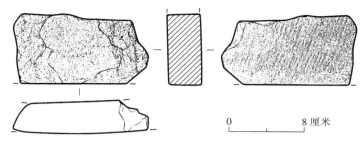

图一五九　ⅤH91 出土绳纹砖（ⅤH91∶1）

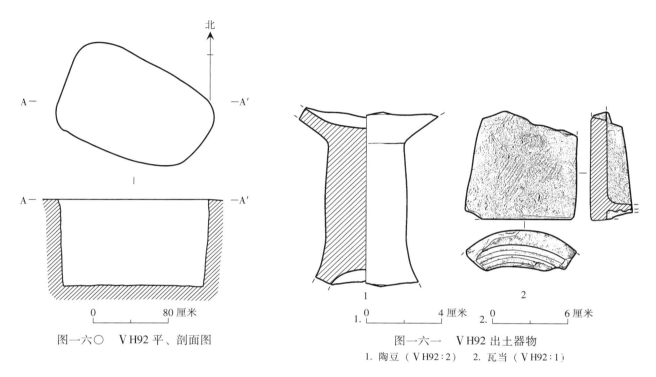

图一六〇　ⅤH92 平、剖面图

图一六一　ⅤH92 出土器物
1. 陶豆（ⅤH92∶2）　2. 瓦当（ⅤH92∶1）

出土遗物共 2 件。有建筑构件、陶器。

1. 建筑构件　1 件。为瓦当。

标本ⅤH92∶1，夹砂灰陶。后附筒瓦，残。当面残存勾云纹外侧凸棱；筒瓦背部饰斜向绳纹，内侧可见泥圈套接痕和切割痕。当面残宽 8.8、厚 0.5 厘米，筒瓦残长 9.1、厚 1.3 厘米（图一六一，2）。

2. 陶器　1 件。为豆。

标本ⅤH92∶2，夹砂灰陶。仅存实心豆柄和豆盘底部。残高 9.8、厚 0.6～2.2 厘米（图一六一，1）。

ⅤH96

位于ⅤT0302 西南部，开口于⑤层下，被ⅤH70 打破。已发掘部分坑口平面呈半圆形，斜直壁，平底。已发掘部分口长径 1.24、短径 0.49、深 0.36 米（图一六二）。坑内填土为灰黑色砂土，土质疏松。出土少量瓦片和兽骨。

ⅤH97

位于ⅤT0401 西南部，开口于④层下，被ⅤH77 和ⅤH106 打破，打破⑤层和ⅤH78。坑口平面近椭圆形，弧壁，圜底。口长 2.6、宽 1.55、深 0.51 米（图一六三）。坑内填土为灰黑色砂土，土质疏松。出土少量兽骨和瓦片。

ⅤH103

位于ⅤT0401西北部，开口于④层下，被ⅤH105打破，打破⑤、⑥层。已发掘部分坑口平面呈半椭圆形，斜直壁，平底。已发掘部分口长径1.48、短径1.15、深0.52米（图一六四）。坑内填土为灰黑色砂土，土质疏松。出土少量瓦片、铁器和兽骨。

出土遗物1件。为铁斧。

标本ⅤH103∶1，刃部和銎部残。平面近长方形。宽9、残高7.4、厚1.1厘米（图一六五）。

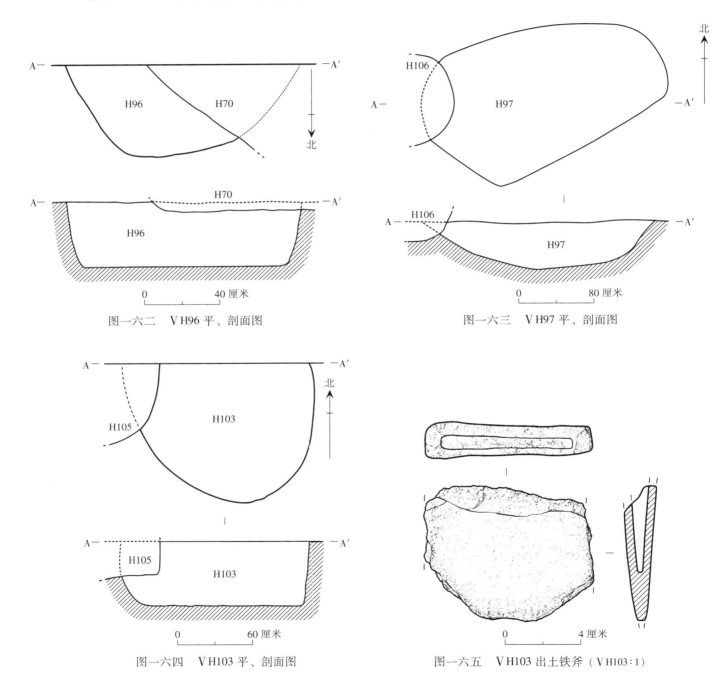

图一六二　ⅤH96平、剖面图

图一六三　ⅤH97平、剖面图

图一六四　ⅤH103平、剖面图

图一六五　ⅤH103出土铁斧（ⅤH103∶1）

ⅤH105

位于ⅤT0401西北部，开口于④层下，打破⑤层、⑥层、ⅤH103和生土。已发掘部分坑口平面呈半椭圆形，直壁，平底。已发掘部分口长径2.4、短径1.58、深1.46米（图一六六）。坑内填土为灰黑色砂土，土质疏松。未出土遗物。

ⅤH108

位于ⅤT0401西北部，开口于ⅤH105底部，打破生土。已发掘部分坑口平面呈圆角长方形，弧壁，圜底。已发掘部分口长1.2、宽0.54、深0.32米（图一六七）。坑内填土为棕黑色砂土，土质疏松。出土少量绳纹瓦残片。

ⅤH109

位于ⅤT0302西中部，开口于⑤层下，打破⑥层。已发掘部分坑口平面呈三角形，斜直壁，平底。已发掘部分口长0.9、宽0.38、深0.15米（图一六八）。坑内填土为灰黑色砂土，土质疏松。出土少量绳纹瓦残块。

ⅤH112

位于ⅤT0401东部，开口于⑤层下，打破⑥层和生土。已发掘部分坑口平面呈半圆形，斜直

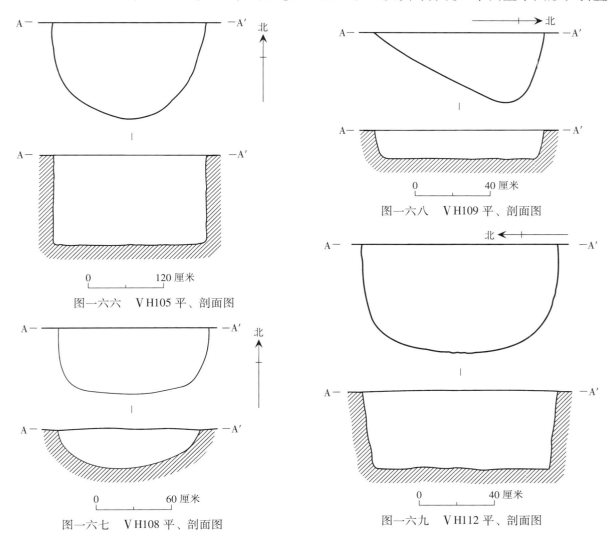

图一六六　ⅤH105平、剖面图

图一六七　ⅤH108平、剖面图

图一六八　ⅤH109平、剖面图

图一六九　ⅤH112平、剖面图

壁，平底。已发掘部分口长径 1.03、短径 0.58、深 0.43 米（图一六九）。坑内填土为棕黑色砂土，土质疏松。未出土遗物。

Ⅴ H113

位于Ⅴ T0302 东隔梁内，开口于④层下，打破⑤、⑥层和Ⅴ H104。坑口平面呈椭圆形，斜直壁，平底。口长径 2.25、短径 1.16、深 0.78 米（图一七○）。坑内填土为灰黑色砂土，土质疏松。出土遗物较少。

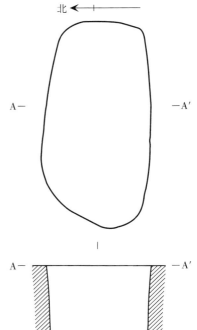

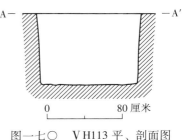

图一七○　Ⅴ H113 平、剖面图

（二）灰沟

第二期文化遗存有灰沟 2 条。

Ⅱ G1

位于Ⅱ区西部，南北纵穿Ⅱ T0101、Ⅱ T0102、Ⅱ T0103、Ⅱ T0104 四个探方，通过Ⅱ T0104 后继续向北侧延伸。开口于③层下，被Ⅱ H3、Ⅱ H5、Ⅱ H6、Ⅱ H10、Ⅱ H45 打破，被Ⅱ Q1 叠压，打破④层和生土。灰沟平面呈长条形，口大底小，斜壁，底部南高北低。已发掘部分口长 16.6、顶宽 0.6～1.55、底宽 0.25～1.1、深 0.1～0.9 米（图一七一；彩版三六，2、3）。沟内填土为黄褐色砂土，土质疏松。出土遗物较少，见有绳纹瓦残块和夹砂灰陶片、夹砂红褐陶片。

出土遗物共 2 件。均为陶器。有豆和纺轮。

豆　1 件。

标本Ⅱ G1：2，夹砂灰陶。仅存钵形豆盘。圆唇，直口，斜腹。素面。口径 15.6、残高 5.6、厚 0.6 厘米（图一七二，2）。

纺轮　1 件。

标本Ⅱ G1：1，夹砂灰陶。由陶片磨制而成。呈圆饼状，中间有圆形穿孔，穿孔两侧有两个小钻坑。正面饰两排短竖线纹。直径 5.4、孔径 0.5、厚 0.8 厘米（图一七二，1）。

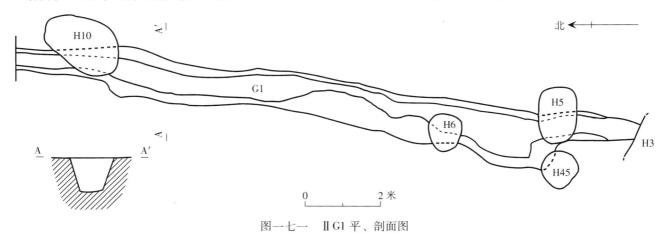

图一七一　Ⅱ G1 平、剖面图

Ⅱ G3

位于ⅡT0204 西部，开口于③层下，被ⅡG2、ⅡH11 打破，打破④层。坑口平面近长条形，斜壁，平底。已发掘部分口长 4.24、宽 0.42～0.86、深 0.35 米（图一七三）。坑内填土为黑褐色砂土，土质较硬。出土遗物较少。

（三）建筑址

第二期文化遗存有建筑址 1 座。

Ⅴ J1

位于Ⅴ区西侧，横跨ⅤT0101、ⅤT0102、ⅤT0201、ⅤT0202 四个探方，并向南延伸至发掘区外，距西城墙约 15 米，开口于⑤层下，打破⑥层（图一七四；彩版三七、三八）。

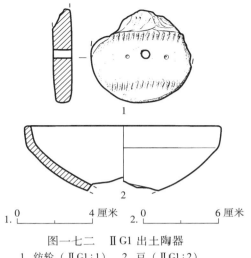

图一七二　ⅡG1 出土陶器
1. 纺轮（ⅡG1：1）　2. 豆（ⅡG1：2）

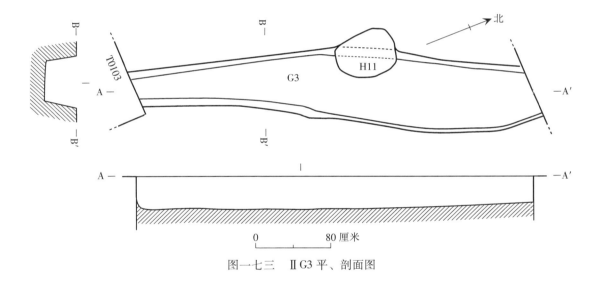

图一七三　ⅡG3 平、剖面图

Ⅴ J1 由南、北两组建筑共同组成，北侧建筑较大，南侧建筑较小。

北侧建筑平面呈长方形。外长 18.9、外宽 12.9、内长 16.1、内宽（进深）9.5 米，门向东，方向 125°。四周夯土墙基保存较好，东墙长 18.0、宽 1.6、残高 0.75 米；西墙长 18.9、宽 1.4～1.9、残高 0.85 米；南墙长 12.7、宽 1.2、残高 0.75 米；北墙长 12.9、宽 1.4、残高 0.68 米。东墙中部偏南在建筑内设有夯土踏步，踏步长 1.4、宽 0.68、残高 0.75 米。西墙内侧有夯土二层台，二层台与西墙内侧同长，宽 0.45、高 0.53 米。通过对北墙中段的解剖可知：墙体底部开有深约 20 厘米的基槽，夯土为黄褐色砂土，土质较纯净，夯层厚约 8～11 厘米（彩版三九）。活动面现存础石五块，编号 d1～d5。础石呈两行三列排列，第一行中间础石被晚期灰坑（ⅤH17）破坏。

d1，自然板石，明础。平面呈四边形。长 48、宽 45、厚 22 厘米。

d2，自然板石，明础。平面呈四边形。长 95、宽 53、厚 21 厘米。

d3，自然板石，明础。平面呈不规则形。长 55、宽 39、厚 24 厘米。

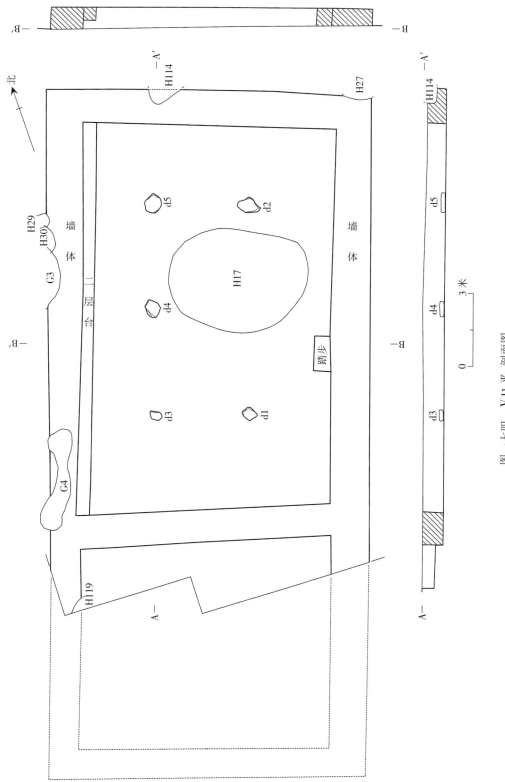

图一七四 VJ1 平、剖面图

d4，自然板石，明础。平面呈四边形。长 68、宽 49、厚 25 厘米。

d5，自然板石，明础。平面呈四边形。长 68、宽 58、厚 27 厘米。

础石为建筑内支撑立柱所用。从础石分布情况分析，北侧建筑面阔四间，从左向右开间宽度依次为 3.8、4.1、4.2、3.1 米，进深三间。

北侧建筑址内及东墙外墙基处出土大量建筑构件。

南侧建筑未完全揭露，经过勘探，确认其平面呈长方形。外长 12.6、外宽 11.1、内长 9.9、内宽 8.6 米。四周夯土墙体保存较好，北墙与北侧建筑共用，形制同上；西墙与北侧建筑西墙接筑在一起，长 9.4（已发掘部分长 2.7）、宽 1.1、残高 0.6 米；东墙与北侧建筑东墙亦接筑在一起，长 9.8（已发掘部分长 1.6）、宽 1.4、高 0.5 米；南墙长 12.6、宽 1.1 米，高度不详。南侧建筑已发掘部分未见踏步、门道、础石等遗迹。据南侧建筑墙体与北侧建筑墙体接筑情况推测，二者是同时修筑的，南侧建筑活动面略高于北侧建筑活动面约 0.25 米。

南侧建筑址内和墙基处发现遗物较少。

出土遗物共 65 件。有建筑构件、陶器、铜器、铁器。

1. 建筑构件　56 件。有筒瓦、板瓦、瓦当、绳纹砖。

筒瓦　23 件。

标本 ⅤJ1∶20，夹砂灰陶。半筒形，残。背面饰稀疏的斜向绳纹；内侧可见泥圈套接痕、手捏痕和切割痕。残长 19.8、径 14.9、高 7.5、厚 1.3 厘米（图一七五，3）。

标本 ⅤJ1∶21，夹砂灰陶。半筒形，残。背面饰稀疏的斜向绳纹；内侧可见泥圈套接痕、手捏痕和切割痕。残长 21.3、径 13.2、高 6.4、厚 1.0～1.5 厘米（图一七五，4）。

标本 ⅤJ1∶22，夹砂灰陶。半筒形，残。背面饰弦断竖向绳纹和稀疏的斜向绳纹；内侧可见泥圈套接痕、手捏痕和切割痕。残长 34.1、径 16.0、高 8.1、厚 0.8～1.0 厘米（图一七五，6）。

标本 ⅤJ1∶23，夹砂灰褐陶。半筒形，残。背面为素面；内侧可见泥圈套接痕和切割痕。残长 28.2、径 14.1、高 7.5、厚 0.9～1.2 厘米（图一七五，1）。

标本 ⅤJ1∶24，夹砂灰陶。半筒形，残。背面饰稀疏的斜向绳纹；内侧可见泥圈套接痕和切割痕。残长 26.6、径 14.0、高 7.6、厚 0.9～1.4 厘米（图一七五，5）。

标本 ⅤJ1∶25，夹砂灰陶。半筒形，残。背面饰稀疏的竖向绳纹；内侧可见泥圈套接痕和单边切割痕。残长 33.2、厚 0.6～1.2 厘米（图一七五，2）。

标本 ⅤJ1∶26，夹砂灰褐陶。半筒形，残。背面饰弦断竖向绳纹；内侧可见泥圈套接痕和切割痕。残长 23.2、径 16.0、高 8、厚 0.9～1.2 厘米（图一七六，2）。

标本 ⅤJ1∶27，夹砂黄褐陶。半筒形，残。背面饰斜向绳纹；内侧可见泥圈套接痕和切割痕。残长 19.2、径 12.9、高 6.7、厚 0.9～1.2 厘米（图一七六，1）。

标本 ⅤJ1∶36，夹砂灰陶。半筒形，有瓦舌，残。背面饰斜向绳纹；内侧可见泥圈套接痕、手抹痕和切割痕，近瓦舌端有慢轮修整痕迹。残长 26.5、径 14.5、高 8.2、厚 0.5～1.2、舌长 2.9 厘米（图一七六，4）。

标本 ⅤJ1∶37，夹砂灰陶。半筒形，有瓦舌。背面饰弦断竖向绳纹；内侧可见泥圈套接痕、切割痕和绳纹并抹平，近瓦舌端和尾部有慢轮修整痕迹。残长 40、径 16、高 7.6、厚 0.4～1.0、舌

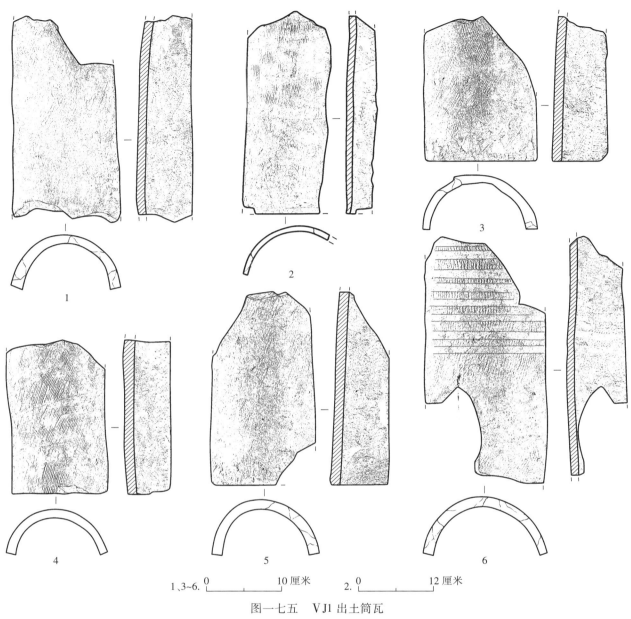

图一七五　Ⅴ J1 出土筒瓦

1～6. Ⅴ J1：23、Ⅴ J1：25、Ⅴ J1：20、Ⅴ J1：21、Ⅴ J1：24、Ⅴ J1：22

长 2.5 厘米（图一七六，3；彩版四〇，1）。

　　标本 Ⅴ J1：43，夹砂灰陶。半筒形，有瓦舌，残。背面饰斜向绳纹并抹平；内侧可见泥圈套接痕、手抹痕和切割痕，近瓦舌处有慢轮修整痕迹。残长 22.8、径 13.2、高 7.1、厚 0.5～1.5、舌长 2.7 厘米（图一七七，2）。

　　标本 Ⅴ J1：44，夹砂灰陶。半筒形，残。背面饰斜向绳纹并抹平，近末端有楔形坑点；内侧可见泥圈套接痕和切割痕。残长 31.2、径 14.0、高 6.6、厚 0.8～1.4 厘米（图一七七，3）。

　　标本 Ⅴ J1：45，夹砂灰陶。半筒形，残。背面近舌端饰竖向绳纹并抹平，中部和近尾端饰斜向绳纹并抹平；内侧可见泥圈套接痕和切割痕，近瓦舌处有慢轮修整痕迹。残长 33.0、径 14.0、高 7.1、厚 0.8～1.2 厘米（图一七七，1）。

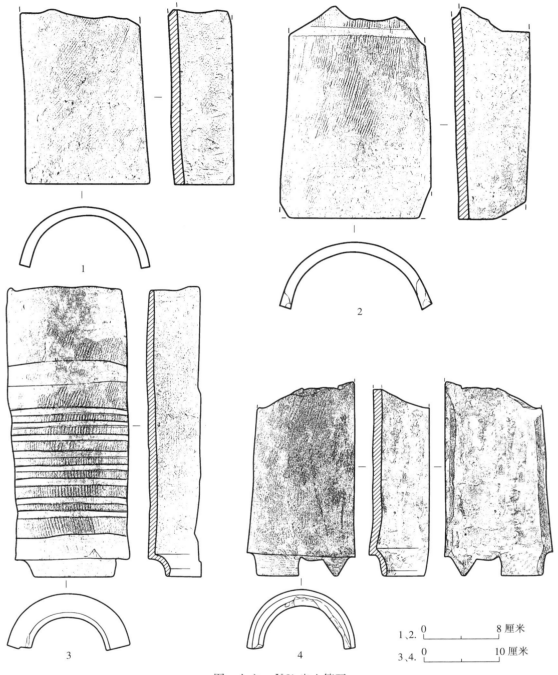

图一七六　ⅤJ1 出土筒瓦
1～4. ⅤJ1：27、ⅤJ1：26、ⅤJ1：37、ⅤJ1：36

　　标本ⅤJ1：48，夹砂灰陶。半筒形，残。背面饰斜向绳纹并抹平，近末端有楔形坑点；内侧可见泥圈套接痕、手抹痕和切割痕。残长36.8、径14.6、高7.6、厚0.8～1.0厘米（图一七七，4）。

　　标本ⅤJ1：49，夹砂灰陶。半筒形，有瓦舌，残。背面近舌端饰竖向绳纹并抹平，近尾端饰斜向绳纹并抹平；内侧可见泥圈套接痕、手抹痕和切割痕，近瓦舌处有慢轮修整痕迹。长38.6、径14.2、高6.8、厚0.4～1.1、舌长2.5厘米（图一七八，6；彩版四〇，2）。

　　标本ⅤJ1：50，夹砂黄陶。半筒形，有瓦舌，残。背面饰斜向绳纹并抹平；内侧可见泥圈套接

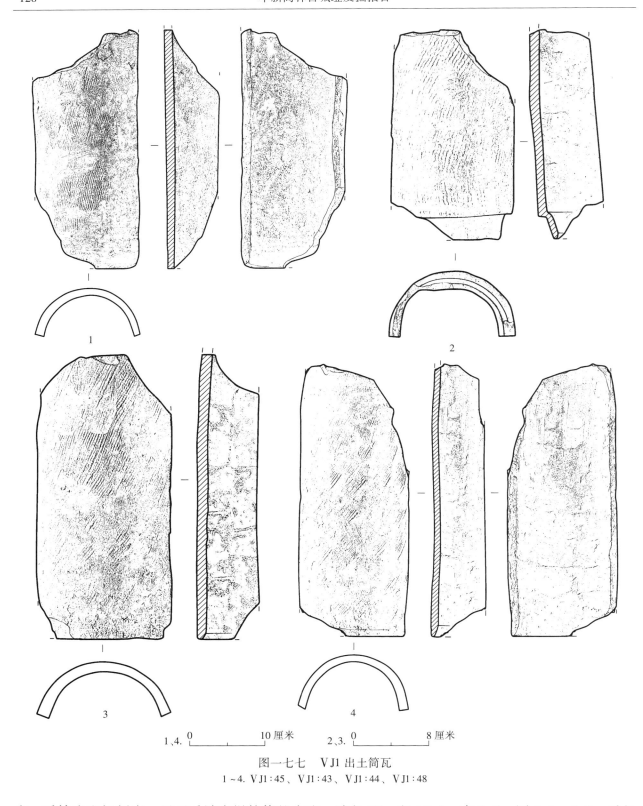

1、4. 0 _____ 10厘米　　2、3. 0 _____ 8厘米

图一七七　VJ1 出土筒瓦
1~4. VJ1：45、VJ1：43、VJ1：44、VJ1：48

痕、手抹痕和切割痕，近瓦舌端有慢轮修整痕迹。残长22、径12.5、高7.3、厚0.4~1.0、舌长2.9厘米（图一七八，5；彩版四〇，3）。

标本VJ1：52，夹砂灰陶。半筒形，有瓦舌，残。背面饰弦断斜向绳纹；内侧可见泥圈套接痕和切割痕，近瓦舌一端有慢轮修整痕迹。残长16.5、径14.2、高8.0、厚0.6~1.1、舌长3.5厘

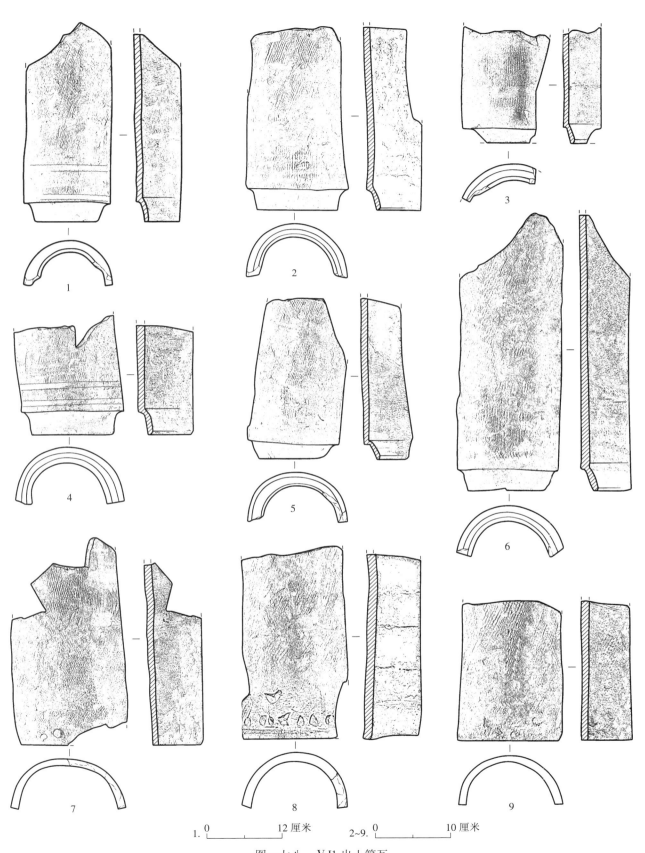

图一七八　ⅤJ1 出土筒瓦
1~9. ⅤJ1：60、ⅤJ1：59、ⅤJ1：56、ⅤJ1：52、ⅤJ1：50、ⅤJ1：49、ⅤJ1：57、ⅤJ1：58、ⅤJ1：53

米（图一七八，4）。

标本ⅤJ1：53，夹砂灰陶。半筒形，残。背面饰斜向绳纹并抹平，近末端有楔形坑点；内侧可见泥圈套接痕和切割痕。残长18.8、径14.0、高7.0、厚0.8~1.0厘米（图一七八，9）。

标本ⅤJ1：56，夹砂灰陶。半筒形，有瓦舌，残。背面饰稀疏的竖向绳纹；内侧可见泥圈套接痕和切割痕，近瓦舌一端有慢轮修整痕迹。残长15.7、厚0.5~0.8、舌长2.2厘米（图一七八，3）。

标本ⅤJ1：57，夹砂灰陶。半筒形，残。背面饰斜向绳纹并抹平，近末端有楔形坑点；内侧可见泥圈套接痕和切割痕。残长28.0、径15.0、高7.0、厚0.7~1.0厘米（图一七八，7）。

标本ⅤJ1：58，夹砂灰陶。半筒形，残。背面饰斜向绳纹并抹平，近末端有楔形坑点；内侧可见泥圈套接痕和切割痕。残长26.0、径13.8、高7.5、厚1.0~1.2厘米（图一七八，8）。

标本ⅤJ1：59，夹砂黄陶。半筒形，有瓦舌，残。背面近瓦舌端饰竖向绳纹，中部饰斜向绳纹；内侧可见泥圈套接痕、手抹痕和切割痕，近瓦舌一端有慢轮修整痕迹。残长25、径13.4、高7.0、厚0.5~1.0、舌长3.0厘米（图一七八，2）。

标本ⅤJ1：60，夹砂灰陶。半筒形，有瓦舌，残。背面近瓦舌端饰弦断竖向绳纹，中部饰斜向绳纹；内侧可见泥圈套接痕和切割痕，近瓦舌一端有慢轮修整痕迹。残长32.4、径14.0、高7.8、厚0.6~1.2、舌长2.9厘米（图一七八，1；彩版四〇，4）。

板瓦　8件。

标本ⅤJ1：12，夹砂灰陶。残存较窄的一端。平面呈不规则形。背面饰斜向绳纹；内侧饰麻点纹并抹平，两端残存较窄的切割痕。残长45.0、宽42.0、厚1.8厘米（图一七九，1；彩版四〇，5、6）。

标本ⅤJ1：28，夹砂黄陶。残存较宽的一端。平面呈不规则形。背面饰弦断竖向绳纹和交错绳纹；内侧饰麻点纹，一端残存较窄的切割痕。残长25.5、宽22.0、厚0.9~1.2厘米（图一七九，4）。

标本ⅤJ1：29，夹砂黄褐陶。残存一侧边。平面呈不规则形。背面饰交错绳纹；内侧为麻点纹，一端残存较窄的切割痕。残长36.1、宽17.5、厚0.9~1.2厘米（图一七九，3）。

标本ⅤJ1：30，夹砂黄陶。残存较宽的一端。平面呈不规则形。背面饰斜向绳纹；内侧为麻点纹，一端残存较窄的切割痕。残长23.5、宽21.9、厚0.9~1.2厘米（图一七九，5）。

标本ⅤJ1：31，夹砂黄陶。残存较宽的一端。平面呈不规则形。背面近宽端饰弦断竖向绳纹，中部饰斜向绳纹；内侧有麻点纹，一端残存较窄的切割痕。残长18.8、宽25.3、厚0.8厘米（图一七九，2）。

标本ⅤJ1：34，夹砂灰褐陶。残存一侧边。平面呈不规则形。背面饰弦断竖向绳纹和斜向绳纹；内侧为麻点纹，一端残存较窄的切割痕。残长33.0、宽28.0、厚0.8~1.2厘米（图一八〇，2）。

标本ⅤJ1：51，夹砂灰陶。残存较宽的一端。平面呈不规则形。背面饰斜向绳纹；内侧饰麻点纹并抹平，一端残存较窄的切割痕。残长35.8、宽33.6、厚1.5厘米（图一八〇，3）。

标本ⅤJ1：54，夹砂灰陶。残存较宽的一端。平面呈不规则形。背面饰斜向绳纹；内侧饰麻点纹并抹平，一端残存较窄的切割痕。残长31.0、宽24.0、厚0.8~1.4厘米（图一八〇，1）。

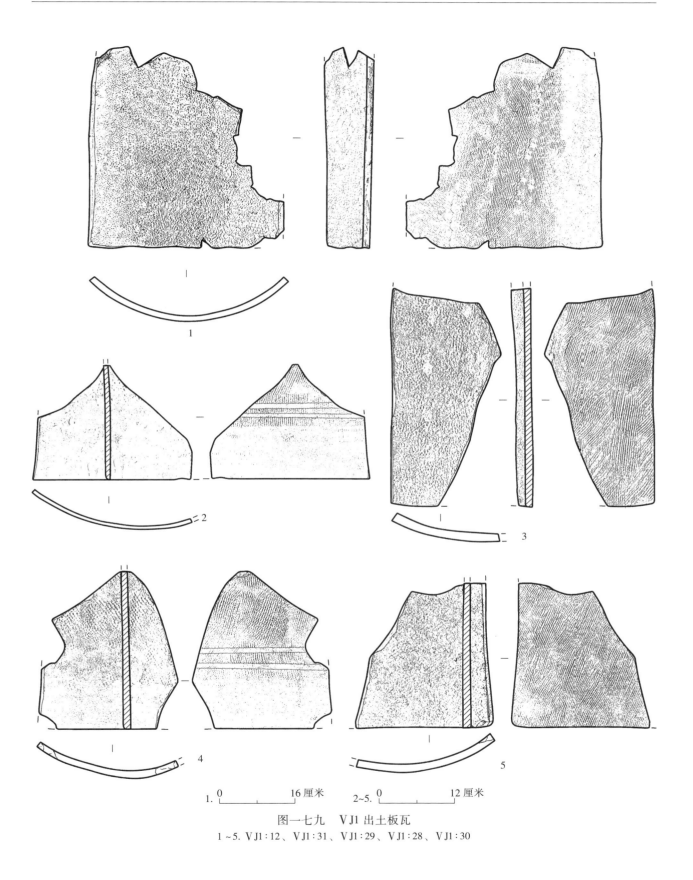

1. 0 ____ 16 厘米   2~5. 0 ____ 12 厘米

图一七九　ⅤJ1 出土板瓦

1~5. ⅤJ1：12、ⅤJ1：31、ⅤJ1：29、ⅤJ1：28、ⅤJ1：30

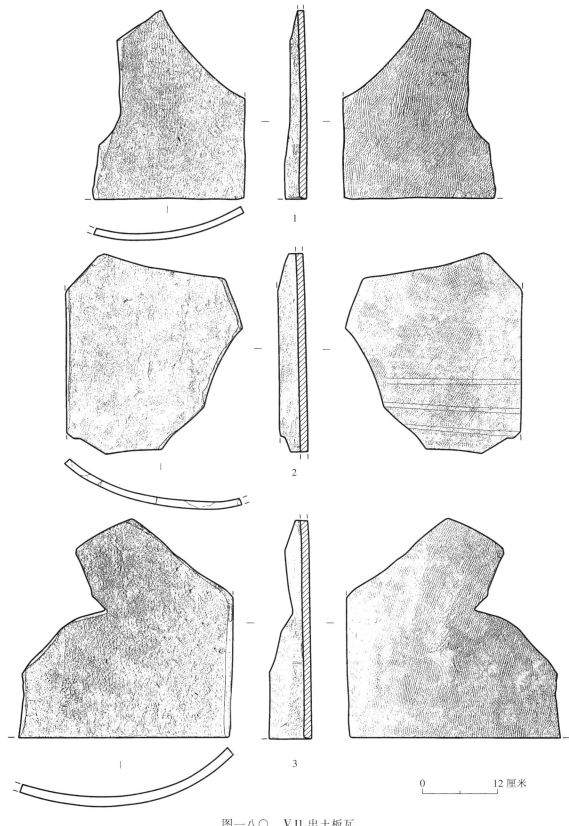

图一八〇　VJ1 出土板瓦

1~3. VJ1∶54、VJ1∶34、VJ1∶51

瓦当　23件。

标本ⅤJ1:7，夹砂灰陶。残。当面饰一朵勾云纹，勾云纹外有凸起的界格。当面残宽6.8、高8.8、厚1.0厘米（图一八一，2）。

标本ⅤJ1:9，夹砂灰陶。圆瓦当，后附筒瓦，残。当面中心和边缘分别饰一组两道圆形凸棱，两组凸棱之间有双线界格将当面分为四格，界格内饰勾云纹；筒瓦背部饰稀疏绳纹，内侧可见切割痕。当面径14.4、高14.8、厚1.1厘米，筒瓦残长8.0、径14.5、厚1.0厘米（图一八一，6）。

标本ⅤJ1:13，夹砂灰陶。半瓦当，后附筒瓦，残。当面残存两朵勾云纹，勾云纹外侧有凸棱和界格；筒瓦背部饰稀疏绳纹，内侧可见泥圈套接痕、楔形压印痕和切割痕。当面径15.2、残高8.0、厚0.9厘米，筒瓦残长15.8、径15.4、厚1.2厘米（图一八一，7）。

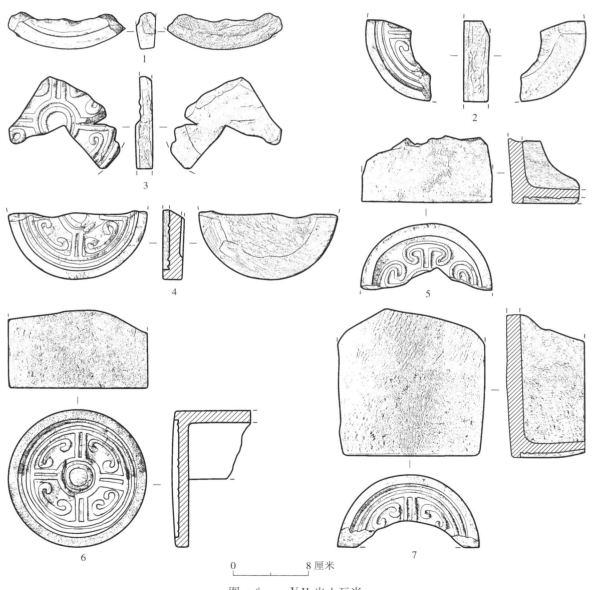

0　　　　　　8厘米

图一八一　ⅤJ1出土瓦当
1~7. ⅤJ1:46、ⅤJ1:7、ⅤJ1:39、ⅤJ1:41、ⅤJ1:47、ⅤJ1:9、ⅤJ1:13

标本ⅤJ1：39，夹砂灰陶。圆瓦当，残。当面中心和周边各有一组两周圆形凸棱，凸棱间有界格，界格内存四朵残勾云纹；当背有切割痕。当面残宽11.6、高10、厚1.0～1.4厘米（图一八一，3）。

标本ⅤJ1：41，夹砂灰陶。圆瓦当，残。当面中心和周边各有一组两周圆形凸棱，凸棱间有界格，界格内残存两朵勾云纹；当背有切割痕。当面径14.6、残高8.0、厚1.2厘米（图一八一，4；彩版四一，1）。

标本ⅤJ1：46，夹砂灰陶。残。纹样不可辨识。当面残宽12.2、厚0.7～1.2厘米（图一八一，1）。

标本ⅤJ1：47，夹砂灰陶。后接筒瓦，残。当面中心上方为一朵完整的卷云纹，两侧为两朵残卷云纹；筒瓦背部和内侧均为素面，内侧可见切割痕。当面径14.4、残高7.2、厚0.8厘米，筒瓦残长7.2、厚1.3厘米（图一八一，5；彩版四一，2）。

标本ⅤJ1：61，夹砂灰陶。圆瓦当。当面中心和周边各有一组两周圆形凸棱，凸棱间有界格，界格将当面分为四等分，界格内饰四朵勾云纹；当背有切割痕。当面径13.2、高13.6、厚0.8～1.0厘米（图一八二，2）。

标本ⅤJ1：62，夹砂灰陶。圆瓦当，后附筒瓦，残。当面中心和周边各有一组两周圆形凸棱，凸棱间有界格，界格将当面分为四等份，界格内饰勾云纹；当背有切割痕。筒瓦背部素面，内侧可见手捏痕和切割痕。当面径14.5、高14.4、厚0.8～1.9厘米，筒瓦残长8.5、厚2.0厘米（图一八二，4；彩版四一，3）。

标本ⅤJ1：63，夹砂灰陶。圆瓦当，后附筒瓦，残。当面中心和周边各有一组两周圆形凸棱，凸棱间有界格，界格将当面分为四等分，界格内残存两朵勾云纹；当背有切割痕。筒瓦背部饰稀疏的斜向绳纹，内侧可见泥圈套接痕和切割痕。当面径13.6、高13.6、厚0.8～1.8厘米，筒瓦残长14.4、厚1.4厘米（图一八二，3）。

标本ⅤJ1：64，夹砂灰陶。圆瓦当，后附筒瓦，残。当面中心和周边各有一组两周圆形凸棱，凸棱间有界格，界格将当面分为四等分，界格内饰勾云纹；当背有切割痕。筒瓦背部饰斜向绳纹，内侧素面。当面径13.2、高13.2、厚0.8厘米，筒瓦残长4.4、厚1.6厘米（图一八二，1；彩版四一，4）。

标本ⅤJ1：66，夹砂灰陶。后附筒瓦，残。当面残存两朵勾云纹，勾云纹外侧有凸棱和界格；筒瓦背部饰稀疏绳纹，内侧可见泥圈套接痕和切割痕。当面残宽14.4、高7.7、厚0.6厘米，筒瓦残长18.1、径14.4、厚1.1厘米（图一八二，5）。

标本ⅤJ1：67，夹砂灰陶。残。当面饰卷云纹。当面残宽6、高7.2、厚1.0厘米（图一八三，6）。

标本ⅤJ1：68，夹砂灰陶。圆瓦当，残。当面中心和边缘分别残有一组两道半圆凸棱，两组凸棱之间有双线界格将当面分为四格，界格内饰勾云纹；当背有衔接筒瓦的切割痕。当面残宽11.6、高11.7、厚1.0～1.6厘米（图一八三，5）。

标本ⅤJ1：69，夹砂黄陶。后附筒瓦，残。当面残存一朵勾云纹，勾云纹外侧有凸棱和界格。筒瓦背部素面，内侧可见泥圈套接痕、楔形戳印痕和切割痕。当面残宽9.2、高7.3、厚0.9厘米，筒瓦残长12.3、厚1.4厘米（图一八三，4）。

标本ⅤJ1：70，夹砂灰陶。残。当面残存一朵勾云纹，勾云纹外侧有凸棱和界格；当背有切割

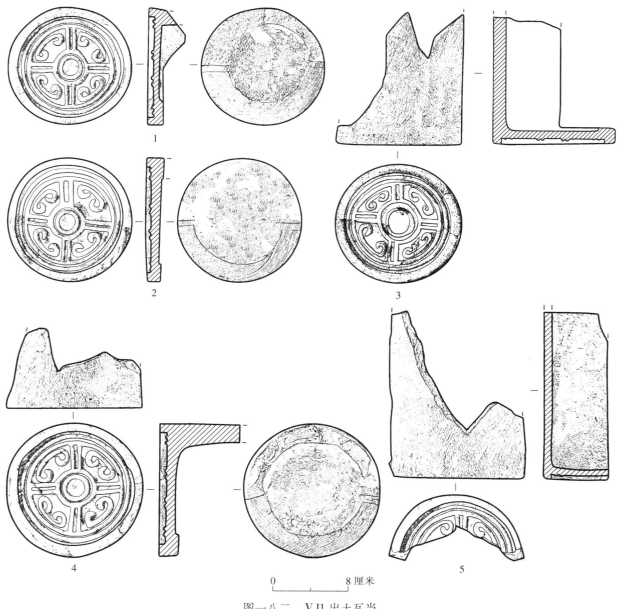

图一八二　VJ1 出土瓦当

1～5. VJ1∶64、VJ1∶61、VJ1∶63、VJ1∶62、VJ1∶66

痕。当面残宽7.5、高5.7、厚1.4厘米（图一八三，1）。

　　标本VJ1∶71，夹砂灰陶。残。当面残存一朵勾云纹，勾云纹外侧有凸棱和界格。当面残宽6.9、高5.4、厚1.1～2.5厘米（图一八三，2）。

　　标本VJ1∶72，夹砂灰陶。后附筒瓦，残。当面残存边缘凸棱。筒瓦背部饰稀疏的斜向绳纹；内侧素面，可见切割痕。当面残宽5.8、高3.2、厚1.0厘米，筒瓦残长6.0、厚1.3～2.0厘米（图一八三，10）。

　　标本VJ1∶73，夹砂灰陶。后附筒瓦，残。当面残存边缘凸棱。筒瓦背部饰稀疏的斜向绳纹；内侧素面，可见切割痕。当面残宽7.6、高3.4、厚0.7厘米，筒瓦残长4.7、厚1.4厘米（图一八三，9）。

图一八三　Ⅴ J1 出土瓦当

1 ~ 11. Ⅴ J1∶70、Ⅴ J1∶71、Ⅴ J1∶77、Ⅴ J1∶69、Ⅴ J1∶68、Ⅴ J1∶67、Ⅴ J1∶74、Ⅴ J1∶75、Ⅴ J1∶73、Ⅴ J1∶72、Ⅴ J1∶76

　　标本 Ⅴ J1∶74，夹砂灰陶。圆瓦当，残。当面残存一朵勾云纹，勾云纹外侧有凸棱和界格；当背有切割痕。当面残宽 8.8、高 8.4、厚 0.6 ~ 1.5 厘米（图一八三，7）。

　　标本 Ⅴ J1∶75，夹砂灰陶。后附筒瓦，残。当面残存一朵勾云纹，勾云纹外侧有凸棱和界格。筒瓦背部饰稀疏的斜向绳纹；内侧可见泥圈套接痕、切割痕和切割孔。当面残宽 6.6、高 7.2、厚 0.8 厘米，筒瓦残长 5.8、厚 1.2 厘米（图一八三，8）。

标本ⅤJ1：76，夹砂灰陶。残。当面残存一朵卷云纹。当面残宽5.3、高6.2、厚0.7～1.4厘米（图一八三，11）。

标本ⅤJ1：77，夹砂红陶。残。当面饰一朵勾云纹，勾云纹外有凸起的界格。当面残宽11.6、高7.7、厚0.5～1.8厘米（图一八三，3）。

绳纹砖　2件。

标本ⅤJ1：15，夹砂灰陶。残呈长方形。正面饰绳纹，多数已磨平；背面为素面。残长16、宽12.8、厚5.6厘米（图一八四，2）。

标本ⅤJ1：16，夹砂灰陶。残呈不规则形。正面饰绳纹，部分已被磨平；背面为素面。残长13.6、宽14、厚3.3厘米（图一八四，1）。

2. 陶器　4件。有豆、纺轮、器耳。

豆　1件。

标本ⅤJ1：18，夹砂红陶。仅存实心豆柄。残高9.3、厚1.2～2.0厘米（图一八五，6）。

纺轮　2件。

标本ⅤJ1：42，夹砂灰陶。呈圆饼状，中间有圆形穿孔。直径4.4、孔径1.2、厚1.9厘米（图一八五，7）。

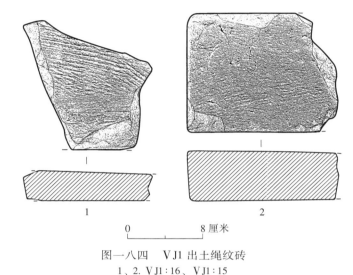

图一八四　ⅤJ1 出土绳纹砖
1、2. ⅤJ1：16、ⅤJ1：15

标本ⅤJ1：55，夹砂红褐陶。残呈不规则四边形。由绳纹陶片磨制而成。长7.0、宽5.2、厚1.3厘米（图一八五，8）。

器耳　1件。

标本ⅤJ1：19，夹砂黄褐陶。横錾手。边缘有压花。残宽9.5、高6.6、厚0.5～1.1厘米（图一八五，9）。

3. 铜器　2件。均为镞。可分为锥形镞和无孔三翼镞。

锥形镞　1件。

标本ⅤJ1：65，镞身粗短呈三棱锥状，剖面呈三角形。有倒刺，尾部残。残长2.5、宽0.8厘米（图一八五，5）。

无孔三翼镞　1件。

标本ⅤJ1：38，体细长，尖锋，斜刃。镞身为三翼状，尾部为柱突状。残长3.5、宽0.6、柱突长0.2、柱径0.3厘米（图一八五，4）。

4. 铁器　3件。有镞、斧。

镞　2件。

标本ⅤJ1：2，镞身粗短呈三棱锥状，剖面呈三角形。无倒刺，尾部残。残长4.1、宽0.9、铤长0.6、铤径0.5厘米（图一八五，2）。

标本ⅤJ1：3，体细长，镞身呈四棱锥状，剖面呈方形。铤残，剖面呈圆形。残长6.0、宽

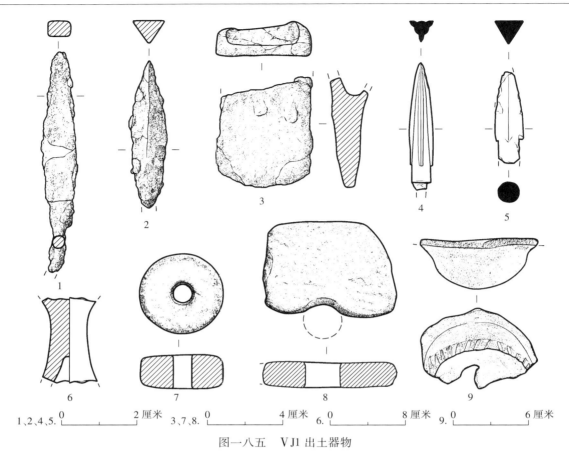

图一八五　ⅤJ1 出土器物

1. 四棱锥形铁镞（ⅤJ1：3）　2. 三棱锥形铁镞（ⅤJ1：2）　3. 铁斧（ⅤJ1：40）　4. 无孔三翼铜镞（ⅤJ1：38）
5. 锥形铜镞（ⅤJ1：65）　6. 陶豆（ⅤJ1：18）　7、8. 陶纺轮（ⅤJ1：42、ⅤJ1：55）　9. 陶器耳（ⅤJ1：19）

0.8、铤长 1.8、铤径 0.3 厘米（图一八五，1）。

斧　1 件。

标本ⅤJ1：40，平面近长方形。銎部残。直边，圆角，弧刃。宽 4.8、残高 6、厚 2.0 厘米（图一八五，3）。

二、地层出土遗物

第二期文化地层出土遗物共 113 件。有建筑构件、陶器、铜器、铁器、骨器、石器、钱币等。

（一）建筑构件

49 件。有筒瓦、板瓦、瓦当。

筒瓦　16 件。

标本ⅣT0102⑤：1，夹砂黄陶。半筒形，有瓦舌，残。背面饰稀疏的弦断竖向绳纹；内侧可见泥圈套接痕、手捏痕和由外向内的切割痕。残长 18.1、径 14.2、高 6.8、厚 0.7～1.2、舌长 2.8 厘米（图一八六，2）。

标本ⅣT0102⑤：3，夹砂黄褐陶。半筒形，有瓦舌，残。背面饰弦断竖向绳纹；内侧可见泥圈套接痕和由外向内的切割痕。残长 27.1、高 5.0、厚 0.5～1.0、舌长 2.9 厘米（图一八六，4）。

标本ⅣT0102⑤:6，夹砂灰陶。半筒形，残。背面饰稀疏竖向绳纹；内侧可见泥圈套接痕，一侧残存由外向内的切割痕。残长24.0、厚0.8～1.2厘米（图一八六，3）。

标本ⅣT0202⑤:3，夹砂黄褐陶。半筒形，残。背面饰斜向绳纹；内侧可见泥圈套接痕和由外向内的切割痕。残长24.8、径14.7、高6.6、厚0.7～1.2厘米（图一八六，6）。

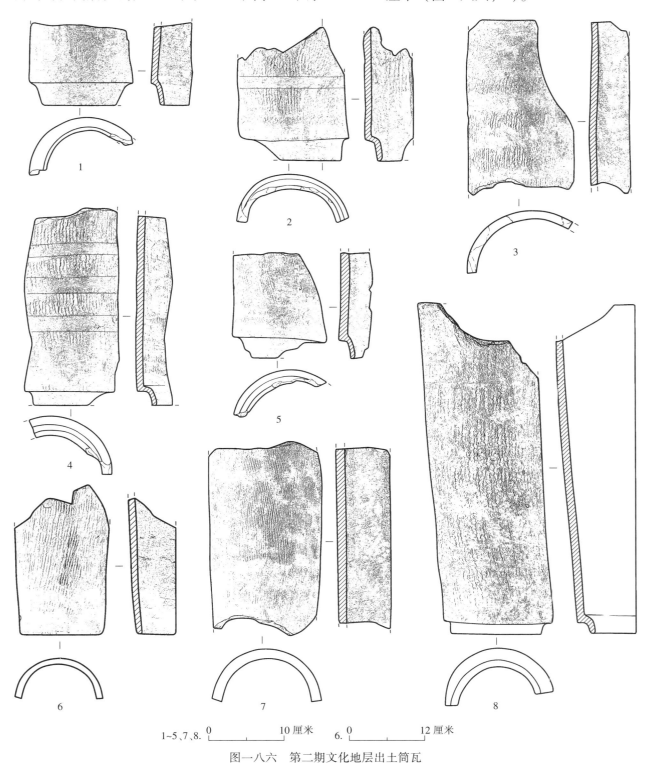

1~5、7、8. 0 —————— 10厘米　　6. 0 —————— 12厘米

图一八六　第二期文化地层出土筒瓦

1~8. ⅣT0504⑤:3、ⅣT0102⑤:1、ⅣT0102⑤:6、ⅣT0102⑤:3、ⅣT0604⑤:7、ⅣT0202⑤:3、ⅣT0704⑤:6、ⅣT0704⑤:5

标本Ⅳ T0504⑤:3，夹砂灰陶。半筒形，有瓦舌，残。背面饰竖向绳纹并抹平；内侧可见慢轮修整痕和切割痕。残长11.2、厚0.5~1.0、舌长3.6厘米（图一八六，1）。

标本Ⅳ T0604⑤:7，夹砂黄陶。半筒形，有瓦舌，残。背面饰稀疏的斜向绳纹；内侧可见泥圈套接痕、手捏痕，一侧残留由外向内的切割痕。残长14.1、厚0.5~1.4、舌长3.1厘米（图一八六，5）。

标本Ⅳ T0704⑤:5，夹砂灰陶。半筒形，有瓦舌，残。背面饰稀疏的竖向绳纹并抹平；内侧素面，两侧边可见由外向内的切割痕，有慢轮修整痕迹。残长45.3、径14.8~15.7、高8.2、厚0.7~1.0、舌长2.5厘米（图一八六，8；彩版四一，5）。

标本Ⅳ T0704⑤:6，夹砂灰陶。半筒形，残。背面饰竖向细绳纹并抹平；内侧在泥圈套接痕处可见规律的刻划纹，两侧边有由外向内的切割痕。残长26.4、径13.5~15、高7.3、厚0.8~1.4厘米（图一八六，7）。

标本Ⅳ T0704⑤:8，夹砂灰陶。半筒形，残。背面饰竖向绳纹并抹平；内侧可见泥圈套和由外向内的切割痕。残长38.2、径15.1、高7.4、厚0.7~1.0厘米（图一八七，8）。

标本Ⅴ T0301⑤:10，夹砂灰陶。半筒形，有瓦舌，残。背面饰稀疏的竖向绳纹；内侧可见切割痕，近瓦舌一端有慢轮修整痕迹。残长21.0、径15.6、高8.4、厚0.5~1.1、舌长3.7厘米（图一八七，7）。

标本Ⅴ T0401⑤:13，夹砂灰陶。半筒形，残。背面饰稀疏的斜向绳纹；内侧可见切割痕，尾部有慢轮修整痕迹。残长12.4、径14.1、高6.6、厚1.0厘米（图一八七，5）。

标本Ⅴ T0401⑤:20，夹砂灰陶。半筒形，有瓦舌，残。背面为素面；内侧一端有切割痕，近瓦舌处有慢轮修整痕迹。残长8.8、厚0.5~1.2、舌长3.5厘米（图一八七，4）。

标本Ⅴ T0401⑤:21，夹砂黄褐陶。半筒形，有瓦舌，残。背面饰稀疏绳纹；内侧素面，近瓦舌处有慢轮修整痕迹。残长8.7、厚0.8~1.2、舌长2.2厘米（图一八七，2）。

标本Ⅴ T0402⑤:4，夹砂黄褐陶。半筒形，有瓦舌，残。背面饰稀疏的竖向细绳纹；内侧可见泥圈套接痕和切割痕，近瓦舌端有慢轮修整痕迹。残长15.2、径13.7、高7.3、厚0.6~1.1、舌长2.8厘米（图一八七，6；彩版四一，6）。

标本Ⅴ T0402⑤:21，夹砂红陶。半筒形，有瓦舌，残。背面饰弦断绳纹；内侧可见泥圈套接痕、手捏痕和由外向内的切割痕，近瓦舌一端有慢轮修整痕迹。长12.7、厚0.6~1.0、舌长2.4厘米（图一八七，1）。

标本Ⅴ T0402⑤:29，夹砂黄褐陶。半筒形，有瓦舌，残。背面饰弦断竖向绳纹；内侧可见慢轮修整痕迹和切割痕。残长11.0、厚0.7~1.0、舌长2.3厘米（图一八七，3）。

板瓦　10件。

标本Ⅳ T0102⑤:2，夹砂灰褐陶。残存较窄的一端。平面近长方形。背面饰斜向绳纹；内侧饰麻点纹并抹平，一端残存较窄的由内向外的切割痕。残长25.2、宽26.1、厚1.0~1.6厘米（图一八八，1）。

标本Ⅳ T0102⑤:5，夹砂黄陶。残存较宽的一端。平面近长方形。背面饰斜向绳纹；内侧饰绳纹并抹平，纹饰不清晰，一端残存较窄的由内向外的切割痕。残长28.9、宽17.4、厚1.1~1.4厘米（图一八八，6）。

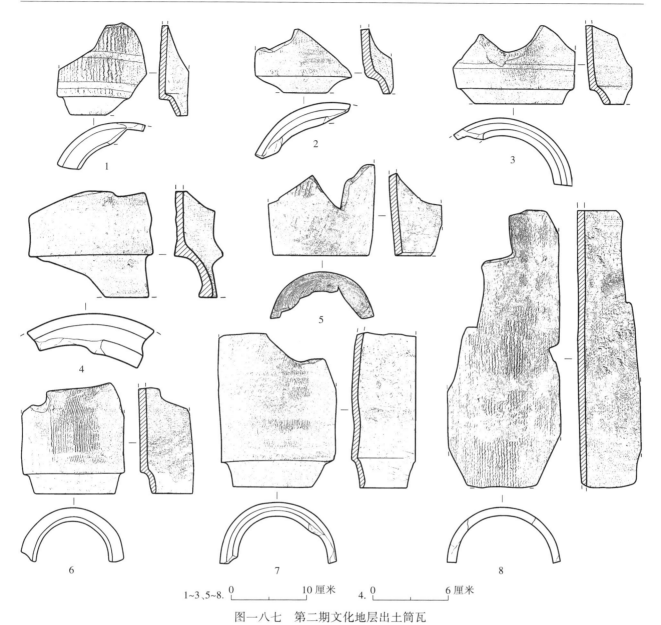

1~3、5~8. 0 ——————— 10厘米　　4. 0 ——————— 6厘米

图一八七　第二期文化地层出土筒瓦

1~8. ⅤT0402⑤：21、ⅤT0401⑤：21、ⅤT0402⑤：29、ⅤT0401⑤：20、ⅤT0401⑤：13、ⅤT0402⑤：4、ⅤT0301⑤：10、ⅣT0704⑤：8

标本ⅣT0402⑤：1，夹砂红褐陶。平面呈长条形。背面饰瓦棱纹和弦断竖向细绳纹；内侧为素面。残长19.9、宽12.1、厚1.0厘米（图一八八，2）。

标本ⅤT0301⑤：8，夹砂灰陶。残存较窄的一侧。平面呈长方形。背面饰斜向绳纹；内侧饰麻点纹并抹平，一端残存较窄的切割痕。残长35.0、宽19.6、厚1.1~1.5厘米（图一八八，5）。

标本ⅤT0301⑤：9，夹砂灰陶。残存较窄的一侧。平面呈不规则形。背面近窄端饰弦断竖向绳纹，中部饰斜向绳纹；内侧饰绳纹并抹平，一端残存较窄的切割痕。残长25.9、宽24.8、厚1.2~1.4厘米（图一八八，4）。

标本ⅤT0402⑤：16，夹砂黄褐陶。平面呈不规则形。背面饰稀疏绳纹，另有一模印花纹，纹样不可辨识；内侧为素面。残长8.6、宽12.0、厚1.1厘米（图一八八，3）。

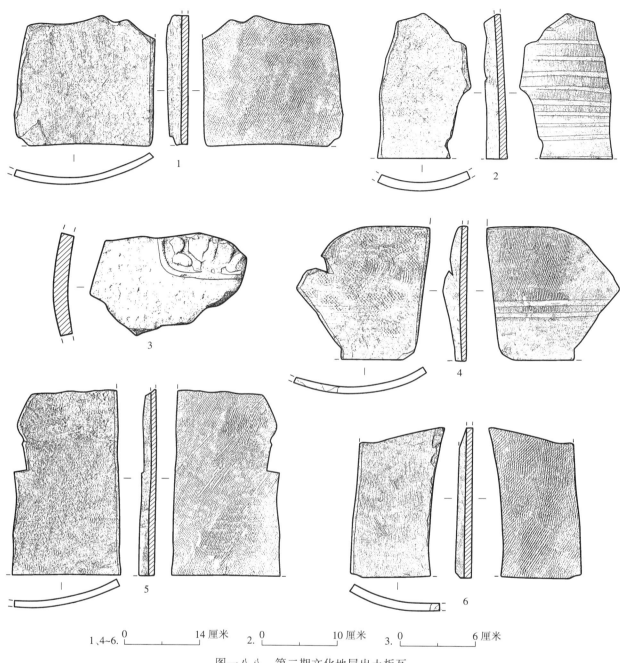

图一八八　第二期文化地层出土板瓦
1 ~ 6. ⅣT0102⑤:2、ⅣT0402⑤:1、ⅤT0402⑤:16、ⅤT0301⑤:9、ⅤT0301⑤:8、ⅣT0102⑤:5

1、4 ~ 6. 0 ——————— 14 厘米　　2. 0 ——————— 10 厘米　　3. 0 ——————— 6 厘米

　　标本ⅤT0402⑤:28，夹砂黄褐陶。平面近梯形。背面饰弦断斜向粗绳纹；内侧为素面。残长25.2、宽21.7、厚1.4 ~ 1.7厘米（图一八九，1）。

　　标本ⅤT0402⑤:30，夹砂灰褐陶。平面近长方形。背面饰弦断竖向粗绳纹；内侧一端可见切割痕。残长35.8、宽16.8、厚0.8 ~ 1.5厘米（图一八九，2）。

　　标本ⅤT0402⑤:38，夹砂黄褐陶。平面近长方形。背面饰弦断粗绳纹；内侧一端残存较窄的切割痕。残长33.0、宽17.7、厚0.7 ~ 1.2厘米（图一八九，3）。

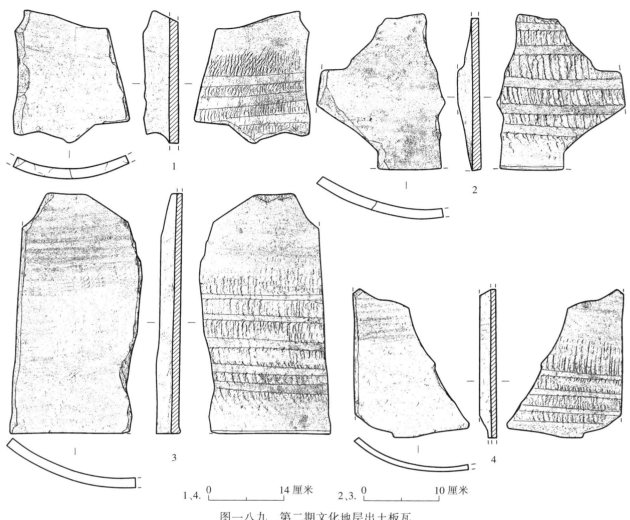

图一八九　第二期文化地层出土板瓦
1~4. ⅤT0402⑤：28、ⅤT0402⑤：30、ⅤT0402⑤：38、ⅤT0402⑤：40

　　标本ⅤT0402⑤：40，夹砂黄褐陶。平面呈不规则形。背面饰弦断竖向粗绳纹；内侧一端可见切割痕。残长28.9、宽21.1、厚0.7~1.0厘米（图一八九，4）。

　　瓦当　23件。

　　标本ⅣT0405⑤：3，夹砂灰陶。圆瓦当，后附筒瓦，残。当面仅存四分之一。饰一朵勾云纹，勾云纹外侧有双线界格和双线凸弦纹圈；筒瓦背部和内侧为素面。当面残宽9.1、高7.9、厚1.1~1.9厘米，筒瓦残长5.5、厚1.9厘米（图一九〇，4）。

　　标本ⅣT0501⑤：1，夹砂灰陶。圆瓦当，后附筒瓦，残。当面中心和边缘分别饰一组两道圆形凸棱，两组凸棱之间有双线界格将当面分为四格，界格内饰勾云纹；当背有切割痕。筒瓦背部和内侧均为素面，内侧有泥圈套接痕和由外向内的切割痕。当面径13.7、高13.8、厚1.0~2.1厘米，筒瓦残长11.4、径13.6、厚1.0~1.3厘米（图一九〇，2；彩版四二，1）。

　　标本ⅣT0502⑤：1，夹砂灰褐陶。圆瓦当，残存四分之一。当面饰一朵勾云纹，勾云纹外有凸起的界格。当面残宽8.1、高7.2、厚0.9~1.9厘米（图一九〇，1）。

　　标本ⅣT0504⑤：1，夹砂灰陶。半瓦当，后接筒瓦，残。当面正上方饰一朵完整的卷云纹，两

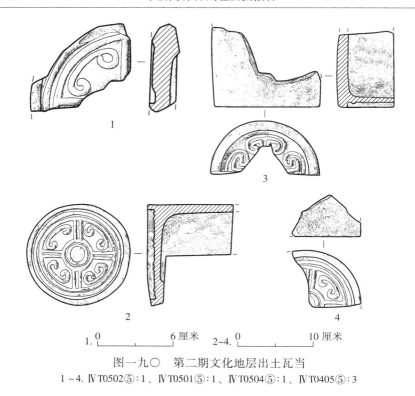

图一九〇　第二期文化地层出土瓦当
1～4. ⅣT0502⑤:1、ⅣT0501⑤:1、ⅣT0504⑤:1、ⅣT0405⑤:3

侧对称饰半朵卷云纹；当背有衔接筒瓦的切割痕。筒瓦背部和内侧均为素面。当面径14.5、高7.5、厚0.6～1.4厘米，筒瓦残长10.9、径14.4、厚1.5厘米（图一九〇，3；彩版四二，2）。

标本ⅣT0504⑤:2，夹砂灰陶。圆瓦当，残。当面中心和边缘分别残有一组两道半圆凸棱，两组凸棱之间饰有勾云纹，勾云纹之间有双线界格；当背有衔接筒瓦的切割痕。当面径14.5、残高7.9、厚0.8～2.5厘米（图一九一，5；彩版四二，3）。

标本ⅣT0604⑤:3，夹砂黄陶。后附筒瓦，残。当面仅存两朵勾云纹，勾云纹之间有双线界格，外侧有双线凸弦纹；筒瓦背部和内侧为素面，一侧残留由外向内的切割痕。当面残宽14.7、高7.4、厚0.8～1.6厘米，筒瓦残长7.5、径14.6、厚1.2厘米（图一九一，8）。

标本ⅣT0604⑤:4，夹砂灰陶。后附筒瓦，残。当面残存一朵残勾云纹，勾云纹外可见界格和两道凸弦纹。筒瓦背部局部饰斜向绳纹；内侧为素面，一侧残留由外向内的切割痕。当面残宽8.7、高9.2、厚1.0～2.0厘米，筒瓦残长14.8、厚2.0厘米（图一九一，10）。

标本ⅣT0704⑤:4，夹砂灰陶。圆瓦当，后附筒瓦，残。当面中心和边缘分别饰一组两道圆形凸棱，两组凸棱之间有双线界格将当面分为四格，界格内饰勾云纹；当背有切割痕。筒瓦背部和内侧均为素面，内侧两边残留有由外向内的切割痕。当面径14.0～14.7、高14.0、厚1.1～2.1厘米，筒瓦残长9.3、径14.8、厚1.2厘米（图一九一，9；彩版四二，5）。

标本ⅣT0704⑤:7，夹砂灰褐陶。后附筒瓦，残。当面仅存边缘凸棱和界格，推测饰界格间饰勾云纹。当面残宽8.5、高4、厚1.2～1.9厘米，筒瓦残长3.8、厚1.3厘米（图一九一，2）。

标本ⅤT0301⑤:3，夹砂灰陶。残。当面饰两朵残卷云纹。当面残宽7.4、高7.8、厚0.5～3.0厘米（图一九一，6）。

标本ⅤT0301⑤:11，夹砂灰褐陶。残。当面饰两朵残卷云纹。当面残宽7.5、高6、厚1.0～2.5

图一九一 第二期文化地层出土瓦当

1 ~ 10. Ⅴ T0301⑤:12、Ⅳ T0704⑤:7、Ⅴ T0301⑤:11、Ⅴ T0301⑤:14、Ⅳ T0504⑤:2、Ⅴ T0301⑤:3、Ⅴ T0301⑤:13、Ⅳ T0604⑤:3、Ⅳ T0704⑤:4、Ⅳ T0604⑤:4

厘米（图一九一，3）。

标本 Ⅴ T0301⑤:12，夹砂灰陶。残。当面饰一朵勾云纹，勾云纹外有凸起的界格。当面残宽7.5、高6.0、厚0.8 ~ 1.5厘米（图一九一，1）。

标本 Ⅴ T0301⑤:13，夹砂灰陶。后接筒瓦，残。当面仅存边缘凸棱；筒瓦背部饰斜向绳纹，内侧可见切割痕。当面残宽12、高4.6、厚0.8 ~ 1.4厘米，筒瓦残长7.5、厚1.1厘米（图一九一，7）。

标本ⅤT0301⑤：14，夹砂灰陶。后接筒瓦，残。当面仅存边缘凸棱；筒瓦背部饰斜向绳纹，内侧可见泥圈套接痕和切割痕。当面残宽11.6、高4、厚0.6厘米，筒瓦残长8.0、厚1.2厘米（图一九一，4）。

标本ⅤT0301⑤：15，夹砂灰陶。后接筒瓦，残。当面仅存边缘凸棱；筒瓦背部饰斜向绳纹，内侧可见泥圈套接痕。当面残宽8.7、高3.6、厚0.9厘米，筒瓦残长6.4、厚1.5厘米（图一九二，7）。

标本ⅤT0302⑤：4，夹砂灰褐陶。残。当面残存一朵勾云纹，勾云纹外有凸起的界格；当背可见切割痕。当面残宽7.6、高9.0、厚0.7～2.9厘米（图一九二，2）。

标本ⅤT0302⑤：5，夹砂灰陶。残。当面残存一朵卷云纹。残宽6.3、厚1.2～2.4厘米（图一九二，3）。

标本ⅤT0302⑤：24，夹砂黄褐陶。当面残存边缘界格和中心凸棱。残宽5、高4、厚1.2～2.4厘米（图一九二，1）。

标本ⅤT0302⑤：25，夹砂灰陶。残。当面饰两朵残勾云纹，勾云纹外有凸起的界格；当背可见切割痕。残宽5.4、高8.5、厚1.2～2.4厘米（图一九二，5）。

标本ⅤT0302⑤：26，夹砂灰陶。残。当面饰两朵残卷云纹，当背有连接筒瓦的切割痕。残宽8.2、高7.6、厚1.2～2.3厘米（图一九二，6）。

标本ⅤT0401⑤：18，夹砂灰陶。圆瓦当，后接筒瓦，残。当面中心为一圆形凸起，凸起周围有圆形凸棱，凸棱外对称饰四朵卷云纹；后接筒瓦的背部饰竖向绳纹并抹平，内侧可见泥圈套接痕迹。当面径14.0、高13.6、厚1.1～1.6厘米，筒瓦残长17.6、径14.1、厚1.1～1.6厘米（图一九二，8）。

标本ⅤT0402⑤：31，夹砂灰陶。残。当面残存勾云纹和凸起的界格。残宽6.9、高4.8、厚0.7～1.4厘米（图一九二，4）。

标本ⅤT0402⑤：33，夹砂灰陶。圆瓦当，后接筒瓦，残。当面中心和边缘分别残有一组两道半圆凸棱，两组凸棱之间有双线界格将当面分为二格，界格内饰勾云纹。筒瓦背部饰稀疏斜向绳纹；内侧为素面，可见切割痕。当面径14.1、残高7.2、厚1.0厘米，筒瓦残长7.9、径14.1、厚1.8厘米（图一九二，9；彩版四二，4）。

（二）陶器

17件。主要有钵、罐、鼎足、拍、纺轮等。

钵　1件。

标本ⅤT0402⑤：10，夹砂灰陶。方唇，敞口，下腹折收为平底。上腹部饰两周凸弦纹。口径13.8、底径7.0、高6、厚0.8厘米（图一九三，3；彩版四三，1）。

罐　5件。

标本ⅣT0604⑤：9，罐肩腹部残片。折肩。肩部以下饰细绳纹。残高13.2、厚0.9厘米（图一九三，1）。

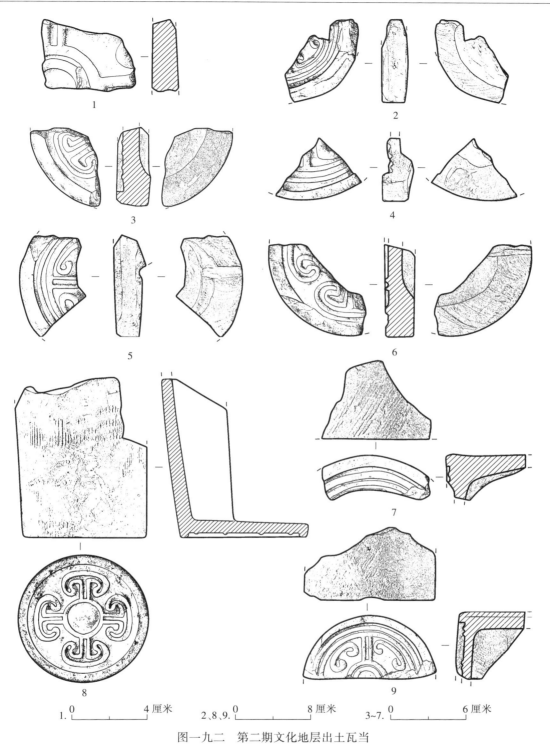

图一九二　第二期文化地层出土瓦当

1~9. ⅤT0302⑤:24、ⅤT0302⑤:4、ⅤT0302⑤:5、ⅣT0402⑤:31、ⅤT0302⑤:25、ⅤT0302⑤:26、ⅤT0301⑤:15、
ⅤT0401⑤:18、ⅣT0402⑤:33

标本ⅣT0102⑤:4，罐腹部残片。饰弦断绳纹。残高12.8、厚0.9厘米（图一九三，5）。

标本ⅤT0401⑤:2，夹砂红陶。圆唇，敛口，矮领，折肩，鼓腹，下腹弧收，平底。上腹部饰弦纹，下腹部及底部饰绳纹。口径9.6、底径11.2、高20.8、厚0.8厘米（图一九三，8；彩版四三，2）。

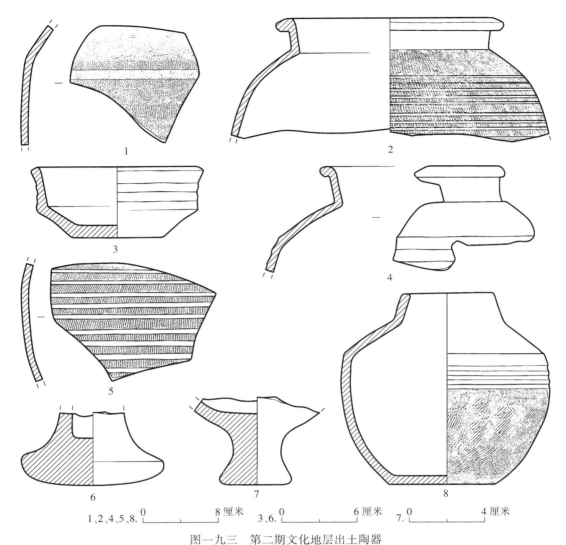

图一九三　第二期文化地层出土陶器

1、2、4、5、8. 罐（ⅣT0604⑤：9、ⅤT0401⑤：15、ⅤT0402⑤：24、ⅣT0102⑤：4、ⅤT0401⑤：2）　3. 钵（ⅤT0402
⑤：10）　6. 拍（ⅤT0402⑤：23）　7. 鼎足（ⅤT0301⑤：2）

　　标本ⅤT0401⑤：15，夹砂灰陶。腹部及底部残。圆唇，敞口，矮领，鼓肩。肩部饰弦断绳纹。口径24.0、残高13.4、厚0.6~0.9厘米（图一九三，2）。

　　标本ⅤT0402⑤：24，夹砂黑陶。腹及底部残。圆唇，侈口，窄沿，矮领，折肩。上腹部饰弦纹。口径21.8、残高11.2、厚0.6~1.0厘米（图一九三，4）。

　　鼎足　1件。

　　标本ⅤT0301⑤：2，夹砂黑陶。足跟部有削胎痕。残高4.8厘米（图一九三，7）。

　　拍　1件。

　　标本ⅤT0402⑤：23，夹砂灰陶。圆饼状，拍面呈圜底状，顶部有圆形插孔。拍面直径11.4、插孔直径3.3、残高5.8、厚0.9~3.9厘米（图一九三，6）。

　　纺轮　9件。

　　标本ⅡT0303④：4，夹砂红褐陶。呈橄榄状，中间有圆形穿孔。直径3.2、孔径0.6、厚2.5

厘米（图一九四，8；彩版四三，4）。

标本Ⅳ T0604⑤：2，夹砂灰褐陶。呈算珠状，中间有圆形穿孔。直径4.2、孔径1.0、厚1.9厘米（图一九四，5；彩版四三，5）。

标本Ⅴ T0301⑤：19，夹砂黄褐陶。呈算珠状，中间有圆形穿孔。直径3.6、孔径0.8、厚2.2厘米（图一九四，9；彩版四三，6）。

标本Ⅴ T0302⑤：14，夹砂红褐陶。呈圆饼状，中间有一圆形穿孔和一钻孔痕。直径4.7、孔径0.9、厚1.3厘米（图一九四，4；彩版四三，7）。

标本Ⅴ T0302⑤：15，夹砂黄陶。残呈半圆饼状。中间有圆形穿孔。上表面饰戳印纹。直径5.8、孔径1.0、厚0.9厘米（图一九四，1）。

标本Ⅴ T0302⑤：18，夹砂黑褐陶。呈圆饼状，中间有圆形穿孔。直径4.1、孔径0.4、厚1.3厘米（图一九四，2；彩版四三，8）。

标本Ⅴ T0402⑤：11，夹砂灰陶。由绳纹陶片打磨而成。呈圆饼状，背面有钻孔痕。直径8.5、厚1.4厘米（图一九四，7）。

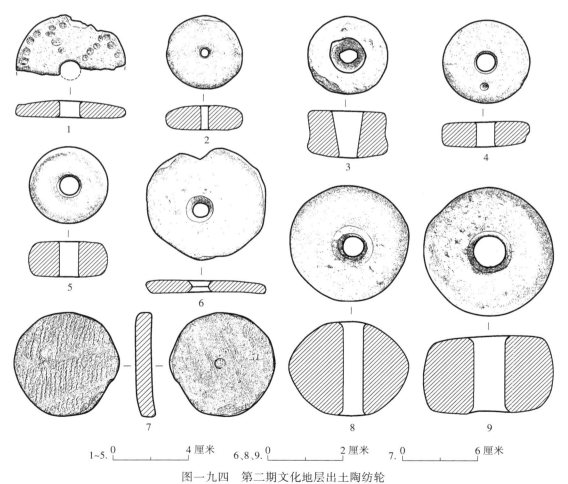

图一九四　第二期文化地层出土陶纺轮

1～9. Ⅴ T0302⑤：15、Ⅴ T0302⑤：18、Ⅴ T0402⑤：25、Ⅴ T0302⑤：14、Ⅳ T0604⑤：2、Ⅴ T0402⑤：26、Ⅴ T0402⑤：11、Ⅱ T0303④：4、Ⅴ T0301⑤：19

　　标本 V T0402⑤:25，夹砂灰陶。由竹节状豆柄磨制而成。呈台柱体状，中间有圆形穿孔。直径4.3、孔径1.6、厚2.5厘米（图一九四，3；彩版四三，3）。

　　标本 V T0402⑤:26，夹砂黄褐陶。呈圆饼状，中间有圆形穿孔。直径3.2、孔径0.7、厚0.3厘米（图一九四，6）。

（三）铜器

22件。均为镞。据镞身形态可分为锥形镞、无孔三翼镞、有孔三翼镞。

锥形镞　14件。镞身呈三棱锥状，剖面为三角形。

　　标本 II T0502④:9，镞身略粗短。有倒刺，基部呈圆柱状，尾部残留有铁铤锈痕。残长2.8、宽0.8厘米（图一九五，10；彩版四四，1）。

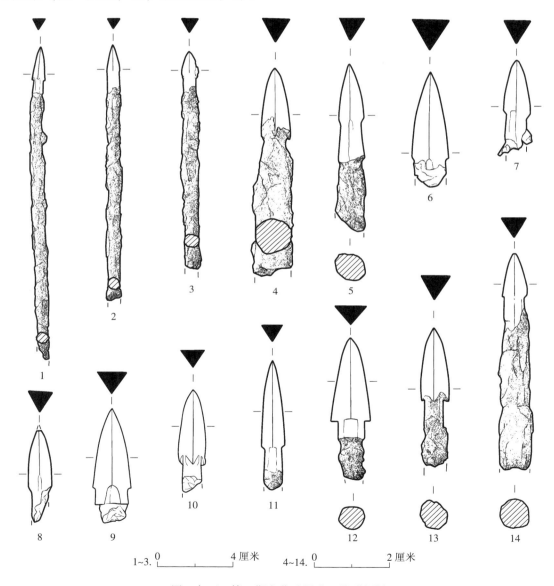

1~3. 0 ⊢———⊣ 4厘米　　4~14. 0 ⊢———⊣ 2厘米

图一九五　第二期文化地层出土锥形铜镞

1~14. V T0402⑤:12、V T0402⑤:14、V T0401⑤:14、V T0401⑤:9、V T0401⑤:3、V T0301⑤:5、V T0301⑤:6、
V T0302⑤:16、V T0302⑤:22、II T0502④:9、V T0402⑤:1、V T0402⑤:17、V T0401⑤:8、V T0402⑤:5

标本 V T0301⑤：5，镞身粗短。尾部残留有铁铤锈痕。残长 3.0、宽 1.0 厘米（图一九五，6；彩版四四，3）。

标本 V T0301⑤：6，镞身略粗短。尾部呈管銎状。残长 2.6、宽 0.7 厘米（图一九五，7；彩版四四，4）。

标本 V T0302⑤：16，镞身略粗短。尾部为管銎状，并有铁铤锈痕。残长 2.4、宽 0.6 厘米（图一九五，8）。

标本 V T0302⑤：22，镞身粗短。尾部残留有圆形铁铤。残长 3.1、宽 1.0、铤长 0.5、铤径 0.6 厘米（图一九五，9；彩版四四，5）。

标本 V T0401⑤：3，镞身略粗短。尾部残留有圆形铁铤。残长 4.5、宽 0.7、铤长 1.7、径 0.7 厘米（图一九五，5）。

标本 V T0401⑤：8，镞身略粗短。有倒刺，尾部残留有圆形铁铤。残长 3.8、宽 0.7、铤长 1.1、铤径 0.7 厘米（图一九五，13；彩版四四，2）。

标本 V T0401⑤：9，镞身略粗短。有倒刺，尾部残留有圆形铁铤。残长 5.7、宽 0.8、铤长 3.5、铤径 0.9 厘米（图一九五，4）。

标本 V T0401⑤：14，镞身粗短。尾部残留有圆形铁铤。残长 11.8、宽 0.8、铤长 9.6、径 0.8 厘米（图一九五，3）。

标本 V T0402⑤：1，镞身细长。尾部残留有铁铤锈痕。残长 3.5、宽 0.6 厘米（图一九五，11；彩版四四，6）。

标本 V T0402⑤：5，镞身略粗短。尾部残留有圆形铁铤。残长 5.9、宽 0.7、铤长 3.6、铤径 0.8 厘米（图一九五，14）。

标本 V T0402⑤：12，镞身细长。有倒刺，尾部残留有圆形铁铤。残长 17.3、宽 0.7、铤长 14.7、铤径 0.6 厘米（图一九五，1；彩版四四，8）。

标本 V T0402⑤：14，镞身细长。尾部残留有圆形铁铤。残长 13.9、宽 0.6、铤长 11.3、铤径 0.6 厘米（图一九五，2；彩版四四，9）。

标本 V T0402⑤：17，镞身粗短。尾部残留有圆形铁铤。残长 3.9、宽 1.0、铤长 1.1、铤径 0.7 厘米（图一九五，12；彩版四四，7）。

无孔三翼镞　6 件。镞身呈三翼状。

标本 Ⅱ T0302④：2，体细长。尖锋，斜刃，尾部为柱突状。残长 3.5、宽 0.6、柱突长 0.2、柱径 0.3 厘米（图一九六，3；彩版四五，1）。

标本 Ⅱ T0402④：1，体略粗短。尖锋，斜刃，尾部圆形插孔内可见铁铤。残长 3.8、宽 1.1 厘米（图一九六，6；彩版四五，2）。

标本 V T0301⑤：1，体细长。尖锋，斜刃，尾部为柱突状。残长 3.6、宽 0.6、柱突呈 0.3、柱径 0.4 厘米（图一九六，2；彩版四五，3）。

标本 V T0302⑤：2，体细长。尖锋，斜刃，尾部残。残长 3.3、宽 0.7 厘米（图一九六，1）。

标本 V T0401⑤：4，体略粗短。尖锋，斜刃，尾部残留有圆形铁铤。残长 5.3、宽 1.1、铤长 1.0、铤径 0.7 厘米（图一九六，4）。

标本 V T0402⑤：15，体略粗短。尖锋，斜刃，刃末端弧收至镞根部又起尖脊，尾部残留有铁铤锈痕。残长 4.2、宽 1.1 厘米（图一九六，5；彩版四五，4）。

有孔三翼镞　2 件。

标本 II T0302④：1，体略粗短，镞身为三翼状。锋残，斜刃，中部开有一孔，与尾部圆銎相通。残长 3.2、宽 1.1、插孔径 0.4 厘米（图一九六，7；彩版四五，5）。

标本 V T0402⑤：2，体粗短，镞身为三翼状。尖锋，斜刃，近底部开有三孔，三孔与尾部圆銎相通。残长 2.3、宽 1.0、銎径 0.7、銎深 1.2 厘米（图一九六，8；彩版四五，6）。

（四）铁器

16 件。有镞、斧、锸、铲、凿、甲片、钉、戈等。

镞　2 件。有锥形镞和铲形镞各 1 件。

标本 I T5⑤：3，体细长，镞身呈铲形，剖面呈圆角长方形，扁锋，平刃；铤与镞身分界不明显，铤剖面为长方形。残长 8.6、宽 1.8、厚 0.3 厘米（图一九七，3；彩版四五，7）。

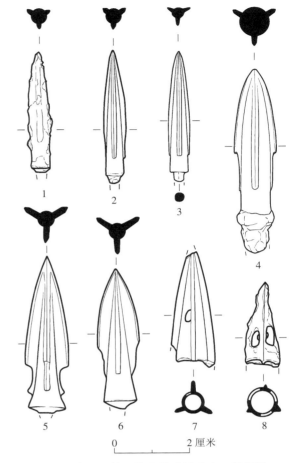

图一九六　第二期文化地层出土三翼铜镞
1~6. 无孔三翼镞（V T0302⑤：2、V T0301⑤：1、II T0302④：2、V T0401⑤：4、V T0402⑤：15、II T0402④：1）　7、8. 有孔三翼镞（II T0302④：1、V T0402⑤：2）

标本 V T0402⑤：13，镞身粗短呈三棱锥状。铤与镞身一体铸成，剖面呈圆形。残长 17.7、宽 0.7、铤长 16.4、铤径 0.6 厘米（图一九七，10；彩版四五，8）。

斧　7 件。平面近长方形。

标本 IV T0604⑤：5，銎部残。斜边，圆角，直刃。宽 5.8、残高 7.7、厚 1.1 厘米（图一九七，7；彩版四六，1）。

标本 V T0301⑤：7，銎口残。直边，圆角，正面两侧边起棱，直刃。宽 7.3、残高 9.0、厚 1.0 厘米（图一九七，9；彩版四六，2）。

标本 V T0302⑤：17，仅存刃部。直边，圆角，直刃。宽 7.0、残高 4.1、厚 1.0 厘米（图一九七，2）。

标本 V T0302⑤：27，仅存銎部。斜边。宽 6.1、残高 7.2、銎口长 4.6、銎口宽 1.7、厚 0.6 厘米（图一九七，4）。

标本 V T0401⑤：5，銎部残。直边，圆角，直刃。宽 7.0、残高 11.9、厚 1.3 厘米（图一九七，8；彩版四六，3）。

标本 V T0402⑤：3，銎部和刃部残。直边。宽 7.1、残高 6.0、厚 1.0 厘米（图一九七，5）。

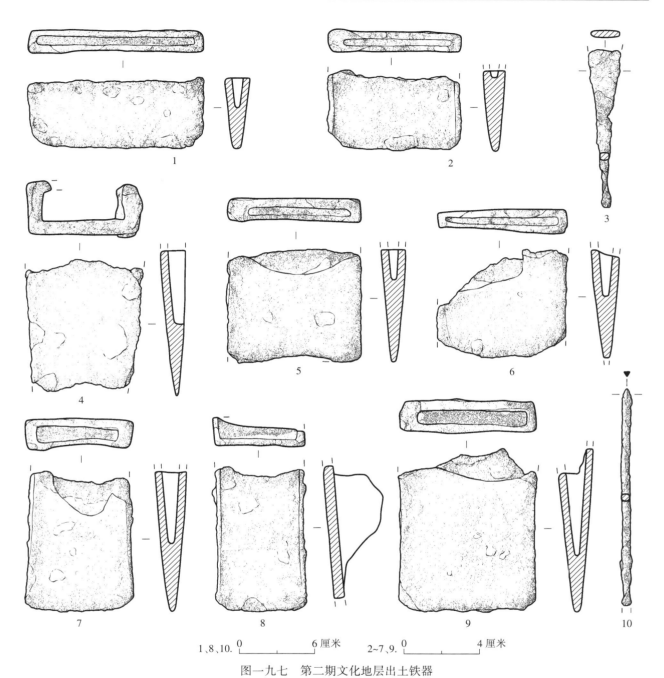

图一九七　第二期文化地层出土铁器

1. 锸（ⅤT0402⑤:8）　2、4~9. 斧（ⅤT0302⑤:17、ⅤT0302⑤:27、ⅤT0402⑤:3、ⅤT0402⑤:20、ⅣT0604⑤:5、ⅤT0401⑤:
5、ⅤT0301⑤:7）　3. 铲形镞（ⅠT5⑤:3）　10. 锥形镞（ⅤT0402⑤:13）

标本ⅤT0402⑤:20，銎口残，刃部不存。残呈不规则形。直边。宽6.8、残高5.9、厚1.1厘米（图一九七，6）。

锸　1件。

标本ⅤT0402⑤:8，平面呈横长方形。顶部有长方形銎口，直边，圆角，直刃。宽14.1、高5.5、壁厚0.7厘米，銎口长12.6、宽0.6、深2.4厘米（图一九七，1；彩版四五，9）。

铲　1件。

标本ⅣT0604⑤：1，刃部残。平面近梯形。两侧边斜直出脊，弧角，斜刃，中部有圆形穿孔。长14.7、宽10.4、孔径1.0、厚0.7厘米（图一九八，1；彩版四六，4）。

凿　1件。

标本ⅤT0402⑤：6，体细长呈长方体状。平顶，单面直刃。长5.2、宽0.8、厚0.6厘米（图一九八，6）。

甲片　1件。

标本ⅤT0302⑤：6，平面呈椭圆形。残存两个圆形穿孔。长径4.5、短径3.6、孔径0.2、厚0.4厘米（图一九八，4）。

钉　2件。

标本ⅣT0501⑤：4，钉身为长方体状，扭曲变形，无钉帽。长13.3、宽0.8、厚0.5厘米（图一九八，2）。

标本ⅤT0302⑤：12，钉帽为蘑菇状，钉身圆锥状，尖部残。残长1.8、体径0.5、帽径3.0厘米（图一九八，5）。

戈　1件。

标本ⅤT0401⑤：7，无阑直内戈。锋部和内部均残，弧背，背缘起棱。残长12.2、宽4.3、厚0.3~0.7厘米（图一九八，3）。

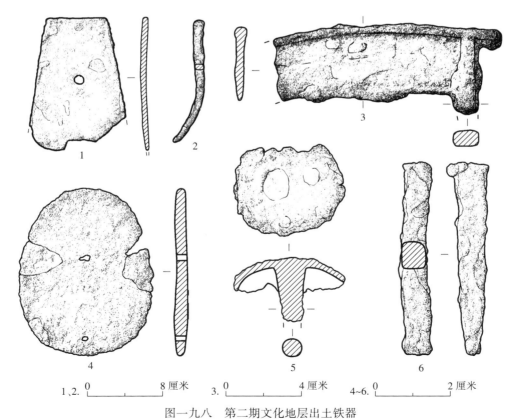

图一九八　第二期文化地层出土铁器

1. 铲（ⅣT0604⑤：1）　2、5. 钉（ⅣT0501⑤：4、ⅤT0302⑤：12）　3. 戈（ⅤT0401⑤：7）　4. 甲片（ⅤT0302⑤：6）　6. 凿（ⅤT0402⑤：6）

（五）骨器

1件。

标本Ⅴ T0401⑤:1，由动物肢骨磨制而成。呈圆柱状，两端残。残长3.2、径0.5厘米（图一九九，2）。

（六）石器

1件。为石刀。

标本Ⅱ T0303④:1，两端残。通体磨制。弧背，直刃，刀身残留两个圆形对钻孔。残长9.3、宽6.1、厚1厘米（图一九九，1）。

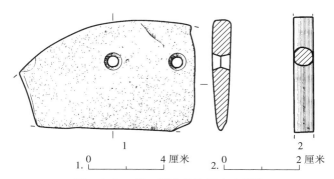

图一九九　第二期文化地层出土器物
1. 石刀（Ⅱ T0303④:1）　2. 磨制骨器（Ⅴ T0401⑤:1）

（七）钱币

7枚。有刀币、"一化"钱、"半两"钱。

刀币　1枚。

标本Ⅴ T0402⑤:19，仅存部分刀身。有郭隆起。正面篆书"明"字，背面钱文不可辨。残长4.0、刀身宽1.7、厚0.2厘米。重3.7克（图二○○，6）。

"一化"钱　2枚。均圆形，方孔，有郭，背平。正面篆书"一化"二字。

标本Ⅴ T0302⑤:1，直径2.0、穿孔宽0.6、厚0.1厘米。重1.08克（图二○○，1）。

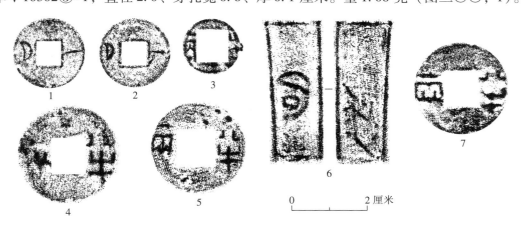

图二○○　第二期文化地层出土钱币
1、2. "一化"钱（Ⅴ T0302⑤:1、Ⅴ T0302⑤:20）拓片　3~5、7. "半两"钱（Ⅴ T0302⑤:28、
Ⅳ T0704⑤:1、Ⅴ T0402⑤:39、Ⅱ T0403④:1）拓片　6. 刀币（Ⅴ T0402⑤:19）拓片

标本ⅤT0302⑤:20，直径1.9、穿孔宽0.7、厚0.1厘米。重0.86克（图二〇〇，2）。

"半两"钱　4枚。均圆形，方孔，无郭，背平。正面篆书"半两"二字。

标本ⅡT0403④:1，直径2.5、穿孔宽0.9、厚0.1厘米。重2.59克（图二〇〇，7；彩版四六，5）。

标本ⅣT0704⑤:1，直径2.6、穿孔宽0.8、厚0.1厘米。重6.42克（图二〇〇，4；彩版四六，6）。

标本ⅤT0302⑤:28，边沿不规整。为榆荚半两。直径1.6、穿孔宽0.9、厚0.1厘米。重1.0克（图二〇〇，3；彩版四六，7）。

标本ⅤT0402⑤:39，直径2.5、穿孔宽1.0、厚0.1厘米。重3.2克（图二〇〇，5；彩版四六，8）。

第四节　第三期文化遗存

一、遗迹

（一）灰坑

第三期文化遗存有灰坑62座。

❙H7

位于ⅠT7中部，开口于③层下，打破④层。坑口平面呈圆形，斜壁，底部中间有一小凹窝。口径0.85、深0.38米（图二〇一；彩版四七，1）。坑内填土为黑褐土，土质松软，含少量红烧土粒。出土少量遗物。

出土遗物共3件。有建筑构件、铜器。

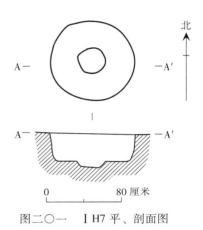

图二〇一　ⅠH7平、剖面图

1.建筑构件　2件。有筒瓦和板瓦。

筒瓦　1件。

标本ⅠH7:5，夹砂灰陶。半筒形，残。背面饰竖向绳纹并抹平；内侧可见泥圈套接痕和切割痕。残长29.8、径15.6、高6.6、厚0.6~1.3厘米（图二〇二，3）。

板瓦　1件。

标本ⅠH7:4，夹砂红陶。残存较宽的一端。平面呈长方形。背面饰绳纹；内侧饰麻点纹，两端均有切割痕。残长26.7、宽34.8、厚1.2厘米（图二〇二，1；彩版四七，2）。

2.铜器　1件。为锥形镞。

标本ⅠH7:2，镞身粗短呈三棱锥状，剖面呈三角形。尾部呈圆柱状。残长2.6、宽0.7厘米（图二〇二，2）。

❙H8

位于ⅠT7北部，开口于③层下，打破④层。已发掘部分坑口平面近圆形，斜壁，平底。口径0.53、深0.16米（图二〇三）。坑内填土为红褐色红烧土块，土质较硬。出土少量绳纹板瓦。

❙H9

位于ⅠT7西部，开口于③层下，打破④层。已发掘部分坑口平面近半圆形，斜壁，平底。口长2.3、宽0.72、深0.5米（图二〇四）。坑内填土为黑褐土，土质松软，含少量红烧土粒。出土

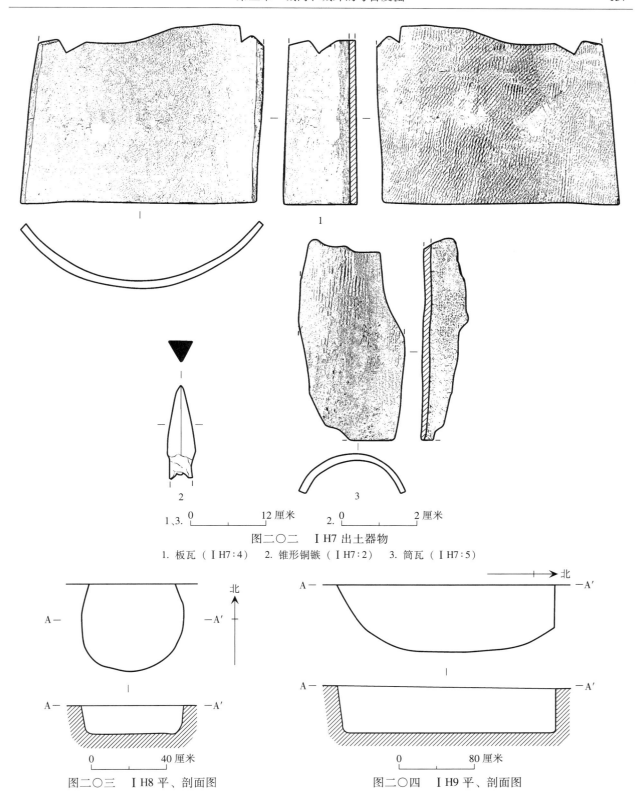

图二〇二 ⅠH7 出土器物

1. 板瓦（ⅠH7：4） 2. 锥形铜镞（ⅠH7：2） 3. 筒瓦（ⅠH7：5）

图二〇三 ⅠH8 平、剖面图　　　图二〇四 ⅠH9 平、剖面图

少量绳纹板瓦残片。

ⅠH10

位于ⅠT7 东部，向东延伸至探方外侧，开口于③层下，打破④层和ⅠH11。坑口平面近圆形，

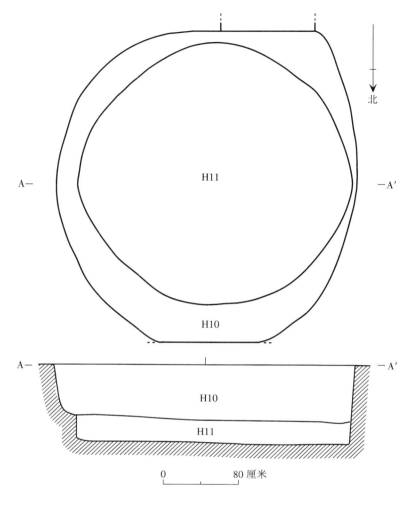

图二〇五　ⅠH10、ⅠH11 平、剖面图

斜壁，平底。口长径 3.4、短径 3.2、深 0.62 米（图二〇五）。坑内填土为黑褐土，土质松软，含少量红烧土粒。出土遗物较少。

ⅠH11

位于ⅠT7 东部，向东延伸到探方外，开口于ⅠH10 下，打破④层。坑口平面呈圆形，直壁，平底。口径 2.91、深 0.29 米（图二〇五）。坑内填土为黑褐土，土质松软，含少量红烧土粒。出土遗物较少。

ⅠH13

位于ⅠT7 东扩方东南角，开口于③层下，打破④层。已发掘部分坑口平面呈扇形，直壁，平底。口径 0.71、深 0.26 米（图二〇六）。坑内填土为黑褐土，土质松软，含少量红烧土粒。出土少量绳纹板瓦残片。

ⅡH7

位于ⅡT0203 南部，开口于③层下，打破④层。坑口平面呈圆形，直壁，平底。口径 1.36、深 0.6 米（图二〇七）。坑内填土为灰褐色砂土，土质疏松，含大量烧土和炭粒。出土少量绳纹瓦残块。

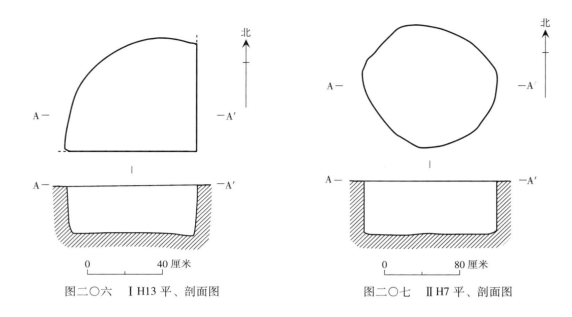

图二〇六　ⅠH13 平、剖面图　　　　　　图二〇七　ⅡH7 平、剖面图

ⅡH8

位于ⅡT0203 南部，开口于③层下，打破④层。坑口平面呈圆形，直壁，底不平。直径 0.74、深 0.27 米（图二〇八）。坑内填土为灰褐色砂土，土质疏松，含大量烧土和炭粒。出土少量绳纹瓦残块。

ⅡH10

位于ⅡT0104 东部，部分压在东隔梁下，开口于③层下，打破④层、ⅡG1 和生土。坑口平面近椭圆形，斜壁，平底。口长径 2.11、短径 1.33、深 0.89 米（图二〇九）。坑内填土为灰褐色砂土，土质疏松。出土少量绳纹瓦残块及夹砂陶片。

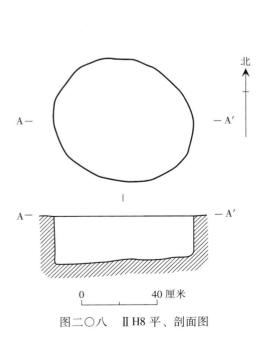

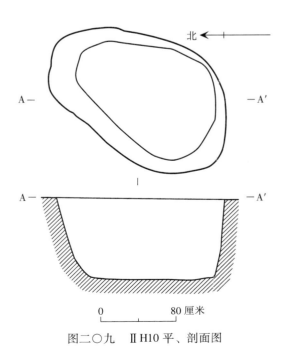

图二〇八　ⅡH8 平、剖面图　　　　　　图二〇九　ⅡH10 平、剖面图

ⅡH11

位于ⅡT0204西部，开口于③层下，打破④层和ⅡG3。坑口平面近椭圆形，弧壁，圜底。口长径0.66、短径0.47、深0.62米（图二一○）。坑内填土为黄褐色砂土，土质疏松，含有大量炭粒和红烧土颗粒。出土少量绳纹瓦残块。

ⅡH12

位于ⅡT0302东部，部分压在东隔梁下，开口于③层下，打破④层。已发掘部分坑口平面近圆角长方形，弧壁，平底。已清理部分口长1.21、宽1.04、深0.43米（图二一一）。坑内填土为灰褐色砂土，土质较硬。出土少量绳纹瓦残块和夹砂灰陶、红褐陶片。

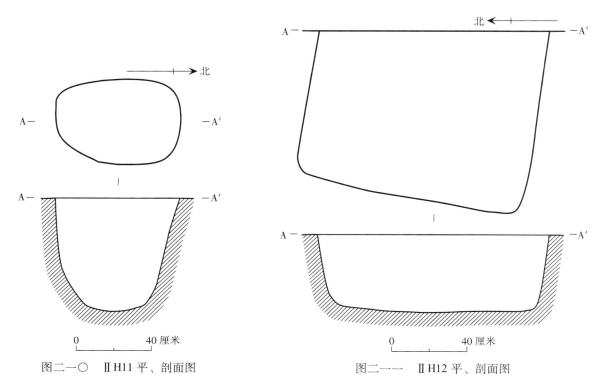

图二一○　　ⅡH11平、剖面图　　　　　　　图二一一　　ⅡH12平、剖面图

ⅡH13

位于ⅡT0302南部，部分压在ⅡT0301北隔梁下，开口于③层下，打破④层和ⅡH15。已发掘部分坑口平面呈半圆形，斜壁，平底。已清理部分口径1.01、深0.6米（图二一二）。坑内填土为灰褐色砂土，土质疏松，杂有大量烧灰。出土少量瓦残块。

ⅡH14

位于ⅡT0303西部，部分压在ⅡT0203东隔梁下，开口于③层下，打破ⅡH29、④、⑤层和生土。坑口平面呈圆形，斜壁，底不平。口径2.07、深1.94米（图二一三）。坑内填土为灰褐色砂土，土质疏松。出土少量绳纹瓦残块。

ⅡH15

位于ⅡT0302南部，开口于③层下，被ⅡH13打破，打破④层。坑口平面近椭圆形，弧壁，圜底。口长径1.33、短径0.79、深0.17米（图二一四）。坑内填土为灰褐色砂土，土质疏松。出土少量绳纹瓦残块和夹砂灰陶片。

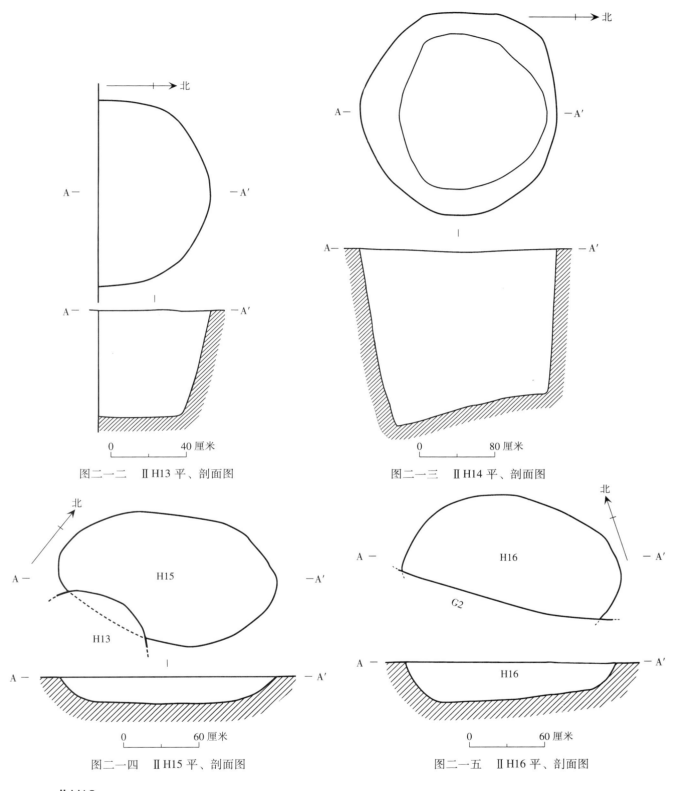

图二一二　Ⅱ H13 平、剖面图

图二一三　Ⅱ H14 平、剖面图

图二一四　Ⅱ H15 平、剖面图

图二一五　Ⅱ H16 平、剖面图

Ⅱ H16

　　位于Ⅱ T0204 东北角，部分压在东隔梁下，开口于③层下，被Ⅱ G2 打破，打破④层、Ⅱ H17。坑口平面呈半椭圆形，弧壁，圜底。口长径 1.31、短径 0.65、深 0.25 米（图二一五）。坑内填土为灰褐色砂土，土质疏松，含有大量炭粒和红烧土颗粒。出土少量绳纹瓦残块。

Ⅱ H17

位于Ⅱ T0304 西北角，部分延伸至Ⅱ T0204 东隔梁下，北侧延伸至Ⅱ T0304 北隔梁下，开口于③层下，被Ⅱ G2、Ⅱ H16 打破，打破④层和生土。已发掘部分坑口平面呈半椭圆形，直壁，底不平。已发掘部分长径 2.66、短径 1.70、深 0.24 米（图二一六）。坑内填土为灰褐色砂土，土质疏松。出土少量绳纹瓦残块。

Ⅱ H19

位于Ⅱ T0202 东北角，开口于③层下，打破④层、Ⅱ H25 和生土。已发掘部分坑口平面呈半椭圆形，斜壁，平底。已发掘部分口长径 1.95、短径 1.93、深 1.08 米（图二一七）。坑内填土为灰褐色砂土，土质疏松。出土少量绳纹瓦残块。

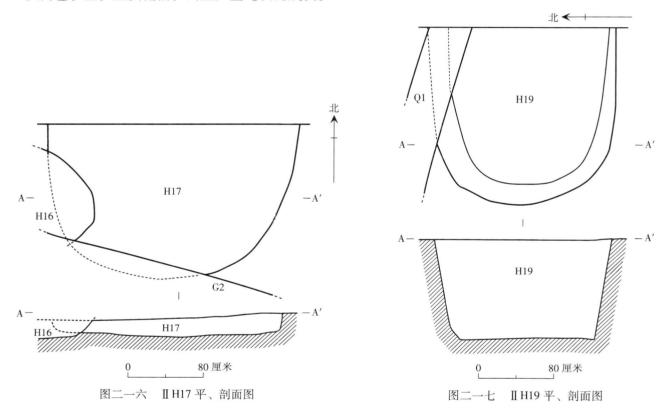

图二一六　Ⅱ H17 平、剖面图　　　　　图二一七　Ⅱ H19 平、剖面图

Ⅱ H20

位于Ⅱ T0202 北部，开口于③层下，打破④层和生土。坑口平面近圆形，直壁，平底。口径 0.48、深 0.2 米（图二一八）。坑内填土为黑褐色砂土，含有炭粒，土质疏松。出土少量绳纹瓦残块。

Ⅱ H21

位于Ⅱ T0202 北隔梁下，开口于③层下，打破④层。坑口平面呈圆形，直壁，平底。口径 0.54、深 0.2 米（图二一九）。坑内填土为黑褐色砂土，土质疏松。出土少量绳纹瓦残块。

Ⅱ H22

位于Ⅱ T0202 西北角，开口于③层下，打破④层、Ⅱ H23、Ⅱ H34 和生土。坑口平面呈椭圆形，斜壁，平底。口长径 1.4、短径 0.82、深 0.48 米（图二二〇）。坑内填土为黑褐色砂土，含有大量炭粒，土质疏松。出土少量绳纹瓦残块。

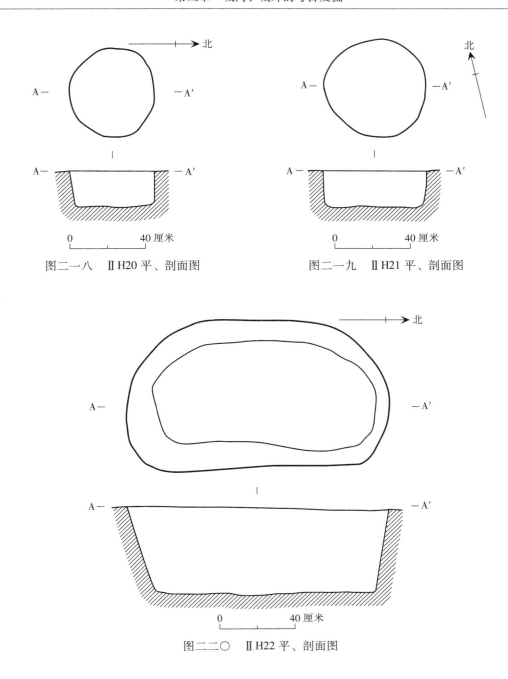

图二一八　ⅡH20 平、剖面图　　　图二一九　ⅡH21 平、剖面图

图二二〇　ⅡH22 平、剖面图

ⅡH23

位于ⅡT0202 西部，部分压在ⅡT0102 东隔梁下，开口于③层下，被ⅡH22 打破，打破④层和生土。已发掘部分坑口平面呈半椭圆形，弧壁，圜底。已发掘部分口长径 0.68、短径 0.62、深 0.22 米（图二二一）。坑内填土为灰褐色砂土，土质疏松。出土少量绳纹瓦残块。

ⅡH24

位于ⅡT0202 西南角，开口于③层下，打破④层和生土。已发掘部分坑口平面近圆角长方形，直壁，平底。已发掘部分长 1.39、宽 1.0、深 0.9 米（图二二二）。坑内填土为浅褐色砂土，土质疏松。出土少量绳纹瓦残块和夹砂灰陶、红褐陶片。

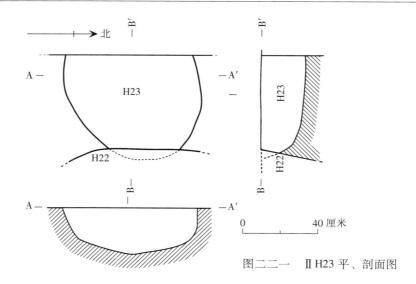

图二二一　ⅡH23 平、剖面图

ⅡH25

位于ⅡT0202 中部偏东，开口于③层下，被ⅡH19 打破，打破④层和生土。坑口平面呈椭圆形，直壁，底不平。口长径1.1、短径0.92、深0.4 米（图二二三）。坑内填土为灰褐色砂土，土质疏松。出土少量绳纹瓦残块和夹砂灰陶片。

ⅡH38

位于ⅡT0401 东北角，向东侧延伸至东隔梁下，开口于ⅡH37 下，打破④层和生土。坑口平面近椭圆形，直壁，底不平。口长径1.34、短径1.04、深0.24 米（图二二四）。坑内填土为黑色黏土，土质细密。出土少量绳纹瓦残块。

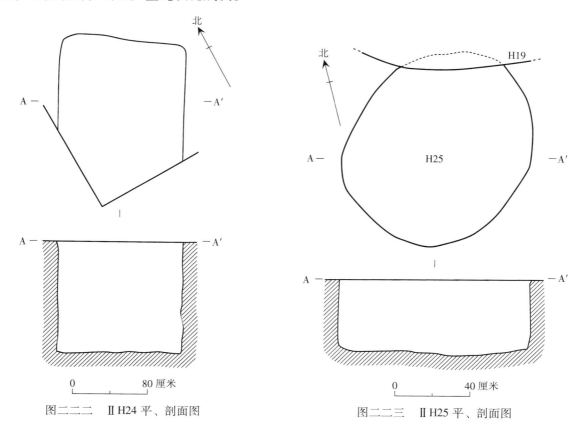

图二二二　ⅡH24 平、剖面图　　　　　　　图二二三　ⅡH25 平、剖面图

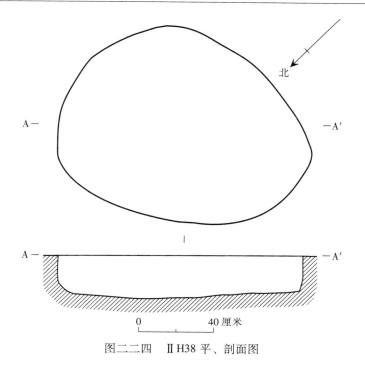

图二二四　ⅡH38 平、剖面图

Ⅱ H47

位于ⅡT0103 东部，部分压在东隔梁下，开口于③层下，打破ⅡH49 和④层。坑口平面近椭圆形，直壁，平底。口长径 1.28、短径 0.82、深 0.44 米（图二二五）。坑内填土为灰褐色砂土，土质疏松。出土少量绳纹瓦残块。

Ⅱ H49

位于ⅡT0103 东部，部分压在东隔梁和关键柱下，开口于③层下，被ⅡH47 打破，打破④层。已发掘部分坑口平面近圆形，直壁，平底。口径 1.8、深 0.56 米（图二二五）。坑内填土为灰褐色砂土，土质疏松。未出土遗物。

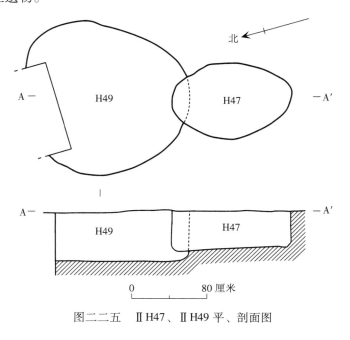

图二二五　ⅡH47、ⅡH49 平、剖面图

ⅣH9

位于ⅣT0401 东南角，开口于④层下，打破⑤层。已发掘部分坑口平面近半圆形，斜壁，底不平。已发掘部分口长径 1.9、短径 1.16、深 0.26 米（图二二六）。坑内填土为灰褐色砂土，土质疏松。出土遗物较少。

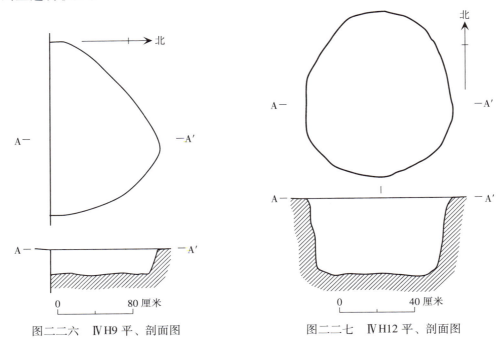

图二二六　ⅣH9 平、剖面图　　　　　　　图二二七　ⅣH12 平、剖面图

ⅣH12

位于ⅣT0604 中部，开口于③层下，打破④层。坑口平面近椭圆形，斜壁，底不平。口长径 0.9、短径 0.8、深 0.42 米（图二二七）。坑内填土为灰褐色砂土，土质疏松。出土少量绳纹板瓦残块及瓦当。

出土遗物共 2 件。有建筑构件、铁器。

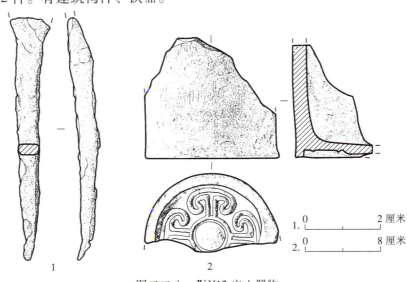

图二二八　ⅣH12 出土器物
1. 铁钉（ⅣH12:2）　2. 瓦当（ⅣH12:1）

1．建筑构件　1件。为瓦当。

标本ⅣH12：1，夹砂灰陶。圆瓦当，后附筒瓦，残。当面中心为圆形凸起，残存三朵卷云纹；后接筒瓦背部素面，内侧可见切割痕。当面径14.1、残高8.8、厚0.6～1.0厘米，筒瓦残长12.8、厚1.6厘米（图二二八，2；彩版四八，1）。

2．铁器　1件。为钉。

标本ⅣH12：2，钉身为长方体状。顶部呈扁平状，尖部弯曲。长6.5、宽0.6、厚0.5厘米（图二二八，1）。

ⅣH13

位于ⅣT0704中部，开口于④层下，打破⑤层和ⅣH24。坑口平面呈不规则形，弧壁，底不平。口长径1.88、短径1.21、深0.32米（图二二九）。坑内填土为灰褐色砂土，土质疏松。出土少量绳纹瓦残块及夹砂陶片。

ⅣH21

位于ⅣT0202西部，开口于④层下，打破⑤层、ⅣH22和生土。坑口平面近椭圆形，斜壁，平底。口长径1.0、短径0.78、深0.5米（图二三〇）。坑内填土为灰褐色砂土，土质疏松。出土少量绳纹瓦残块及夹砂陶片。

ⅣH22

位于ⅣT0202西南角，开口于④层下，被ⅣH21打破，打破⑤层和生土。坑口平面近长方形，斜壁，底不平。已发掘部分口长1.93、宽0.84、深0.42米（图二三一）。坑内填土为灰褐色砂

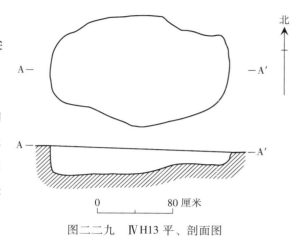

图二二九　ⅣH13平、剖面图

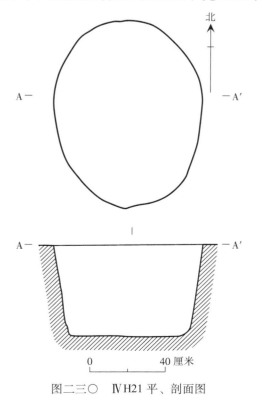

图二三〇　ⅣH21平、剖面图

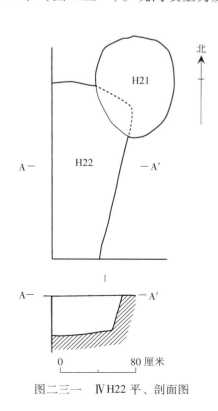

图二三一　ⅣH22平、剖面图

土，土质疏松。出土少量绳纹板瓦残块及夹砂陶片。

出土遗物共 1 件。为板瓦。

标本 Ⅳ H22：1，夹砂灰陶。残存一侧。平面近长方形。背面饰斜向绳纹；内侧饰绳纹并抹平，一端残存较窄的切割痕。残长 32.2、宽 15.6、厚 1.2 厘米（图二三二）。

Ⅴ H4

位于 Ⅴ T0102 中部，开口于④层下，打破 Ⅴ J1。坑口平面呈椭圆形，直壁，平底。口长径 1.25、短径 0.89、深 0.22 米（图二三三）。坑内填土为黑灰色砂土，土质疏松。出土遗物较少。

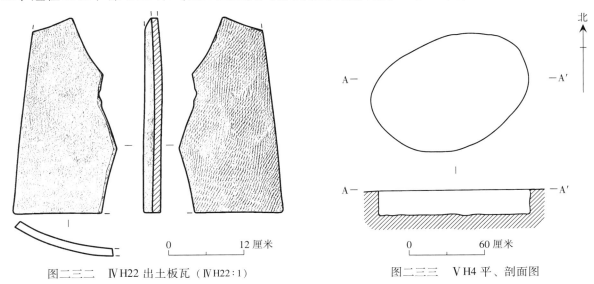

图二三二　Ⅳ H22 出土板瓦（Ⅳ H22：1）　　　　图二三三　Ⅴ H4 平、剖面图

出土遗物共 4 件。有建筑构件、铁器。

1. 建筑构件　1 件。为瓦当。

标本 Ⅴ H4：1，夹砂灰陶。圆瓦当，残。当面中心为一圆形凸起，外有一周凸棱，凸棱外残存卷云纹。当面残宽 6.2、高 7.5、厚 0.7～1.5 厘米（图二三四，4）。

2. 铁器　3 件。均为镞。据镞身形态可分为锥形镞、矛形镞。

锥形镞　2 件。

标本 Ⅴ H4：2，镞身粗短呈三棱锥状，剖面呈三角形。无倒刺，圆形铁铤。残长 6.9、宽 0.9、铤长 3.8、铤径 0.3 厘米（图二三四，2）。

标本 Ⅴ H4：3，镞身细长呈四棱锥状，剖面呈方形。铤残。残长 4.4、宽 0.6 厘米（图二三四，3）。

矛形镞　1 件。

标本 Ⅴ H4：4，镞身细长呈矛形。尖残，铤细长。残长 8.0、宽 0.8、厚 0.2、铤长 4.9、铤径 0.3 厘米（图二三四，1）。

Ⅴ H18

位于 Ⅴ T0202 中部，开口于④层下，打破⑤层和 Ⅴ J1、Ⅴ H27、Ⅴ G6。坑口平面近圆形，直壁，底不平。直径 2.6、深 0.23 米（图二三五）。坑内填土为黑灰色砂土，土质疏松。出土遗物较少。

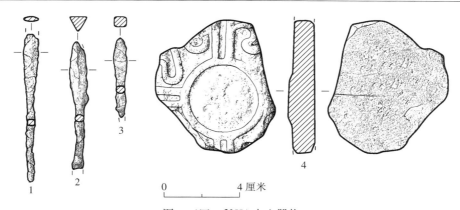

图二三四 ⅤH4 出土器物
1. 矛形铁镞（ⅤH4∶4） 2、3. 锥形铁镞（ⅤH4∶2、ⅤH4∶3） 4. 瓦当（ⅤH4∶1）

出土遗物共 2 件。有铜器、铁器。

1. 铜器 1 件。为锥形镞。

标本ⅤH18∶2，镞身粗短呈三棱锥状，剖面呈三角形。尾部残留有圆形铁铤。残长 3.0、宽 1.0、铤长 0.6、铤径 0.6 厘米（图二三六，2；彩版四九，1）。

2. 铁器 1 件。为锥形镞。

标本ⅤH18∶1，镞身细长呈四棱锥状，剖面呈方形。细长铤，剖面呈圆形。残长 6.1、宽 0.8、铤残长 2.2、铤径 0.4 厘米（图二三六，1；彩版四九，7）。

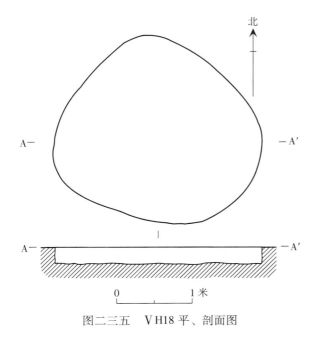

图二三五 ⅤH18 平、剖面图

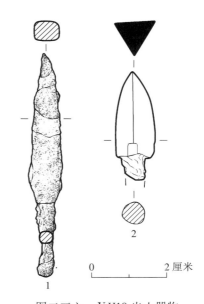

图二三六 ⅤH18 出土器物
1. 锥形铁镞（ⅤH18∶1） 2. 锥形铜镞（ⅤH18∶2）

ⅤH21

位于ⅤT0202 东北部，开口于④层下，打破⑤层和ⅤH40。坑口平面呈椭圆形，斜直壁，底不平。口长径 1.27、短径 1.04、深 0.22 米（图二三七）。坑内填土为黑灰色砂土，土质疏松。出土了少量绳纹瓦片和兽骨。

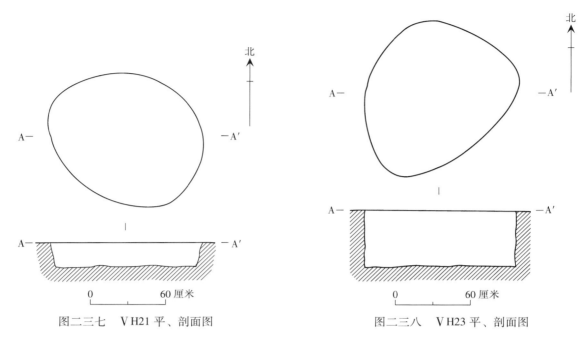

图二三七　ⅤH21 平、剖面图　　　　　　　　图二三八　ⅤH23 平、剖面图

ⅤH23

位于ⅤT0201 东北部，开口于④层下，打破⑤层。坑口平面近椭圆形，直壁，底不平。口长径 1.31、短径 1.07、深 0.47 米（图二三八）。坑内填土为棕黄色砂土，土质疏松。出土大量瓦片和少量兽骨。

出土遗物共 3 件。均为瓦当残片。

标本ⅤH23：1，夹砂灰陶。圆瓦当，残。当面中心和周边各有一组两周圆形凸棱，凸棱间有界格，界格内残存勾云纹；当背有切割痕。当面残宽 9.7、高 7.9、厚 0.8~1.8 厘米（图二三九，1；彩版四八，2）。

标本ⅤH23：2，夹砂灰陶。后附筒瓦，残。当面纹饰不存，只见有凸棱和界格；后附筒瓦背部素面，内侧素面。当面残宽 11、高 4.9、厚 1.1 厘米，筒瓦残长 4.4、厚 0.8~1.5 厘米（图二三九，2）。

标本ⅤH23：3，夹砂灰陶。当面仅存两周凸棱。当面残宽 8.2、高 3.8、厚 0.8~1.9 厘米（图

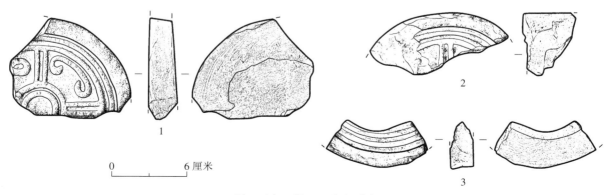

图二三九　ⅤH23 出土瓦当
1~3. ⅤH23：1、ⅤH23：2、ⅤH23：3

二三九，3）。

ⅤH24

位于ⅤT0201东北部，开口于④层下，打破⑤层和ⅤH26。坑口平面呈圆形，直壁，平底。直径1.32、深0.38米（图二四〇）。坑内填土为黑灰色砂土，土质疏松。出土遗物较少。

出土遗物1件。为瓦当。

标本ⅤH24：1，夹砂灰陶。后附筒瓦，残。当面残存边缘凸棱；筒瓦背部饰斜向绳纹，内侧可见泥圈套接痕和切割痕。当面残宽10.8、高7.8、厚0.6厘米，筒瓦残长10.7、厚1.4厘米（图二四一）。

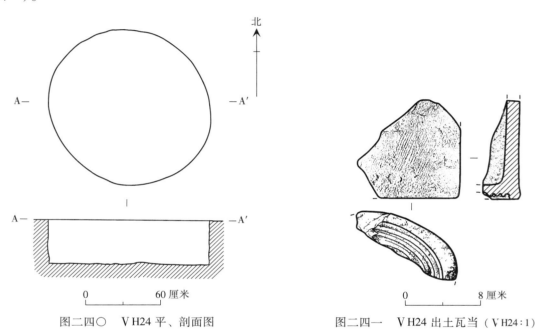

图二四〇　ⅤH24平、剖面图　　　　图二四一　ⅤH24出土瓦当（ⅤH24：1）

ⅤH26

位于ⅤT0201东北部，开口于④层下，被ⅤH24打破，打破⑤层。已发掘部分坑口平面呈椭圆形，弧壁，圜底。已发掘部分长径2.11、短径1.55、深0.47米（图二四二）。坑内填土为黑灰色砂土，土质疏松。出土少量瓦片和铁器。

出土遗物共2件。均为铁器。有镞和铲。

镞　1件。为锥形镞。

标本ⅤH26：1，镞身粗短呈四棱锥状，剖面呈方形。细长铤，剖面呈圆形。残长5.1、宽0.9、铤长1.4、铤径0.4厘米（图二四三，1）。

铲　1件。

标本ⅤH26：2，刃角残。平面呈梯形。直背，两侧边斜直出脊，直角，直刃。宽9.5、高10.6、厚0.5厘米（图二四三，2；彩版四八，5）。

ⅤH27

位于ⅤT0202中部，开口于④层下，被ⅤH18打破，打破⑤层和ⅤG6。坑口平面近圆形，直壁，平底。口径2.18、深0.4米（图二四四）。坑内填土为黑灰色砂土，土质疏松。出土遗物较少。

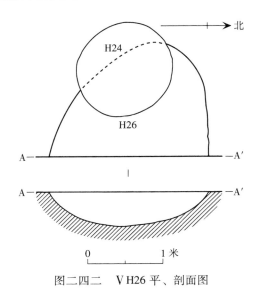

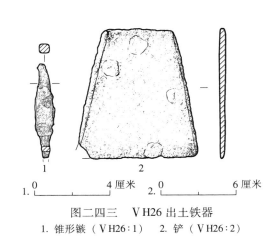

图二四二　ⅤH26 平、剖面图

图二四三　ⅤH26 出土铁器
1. 锥形镞（ⅤH26：1）　2. 铲（ⅤH26：2）

ⅤH35

位于ⅤT0201 中部，开口于④层下，被ⅤG5、ⅤH22 打破，打破⑤层。坑口平面呈圆角方形，弧壁，圜底。口长 2.79、宽 2.46、深 1.08 米（图二四五）。坑内填土为黑灰色砂土，土质疏松。出土了较多建筑构件和兽骨。

出土遗物共 5 件。有建筑构件、石器。

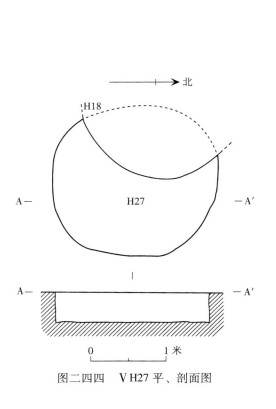

图二四四　ⅤH27 平、剖面图

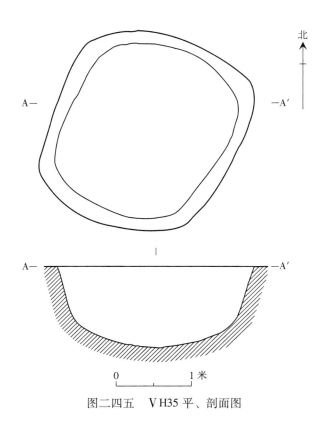

图二四五　ⅤH35 平、剖面图

1. 建筑构件　4件。均为瓦当。

标本ⅤH35：2，夹砂灰陶。后附筒瓦，残。当面残存勾云纹，勾云纹外侧有凸棱和界格；当背可见切割痕。筒瓦背部饰斜向绳纹，内侧素面。当面残宽9.9、高7.6、厚0.6厘米，筒瓦残长5.1、厚1.4～2.2厘米（图二四六，1）。

标本ⅤH35：3，夹砂灰陶。后附筒瓦，残。当面残存勾云纹外侧凸棱和界格。筒瓦背部素面，内侧可见手捏痕和切割痕。当面残宽8.6、高3.3、厚1.8厘米，筒瓦残长5.7、厚2.1厘米（图二四六，5）。

标本ⅤH35：4，夹砂灰陶。残。当面残存勾云纹，勾云纹外有凸起的凸棱和界格。当面残宽6.7、高8.3、厚2.0厘米（图二四六，2）。

标本ⅤH35：5，夹砂灰陶。后附筒瓦，残。当面残存勾云纹，勾云纹外侧有凸棱。筒瓦背部饰斜向绳纹，内侧可见泥圈套接痕和切割痕。当面残宽12、高4.4、厚0.7厘米，筒瓦残长11.2、厚1.0厘米（图二四六，4）。

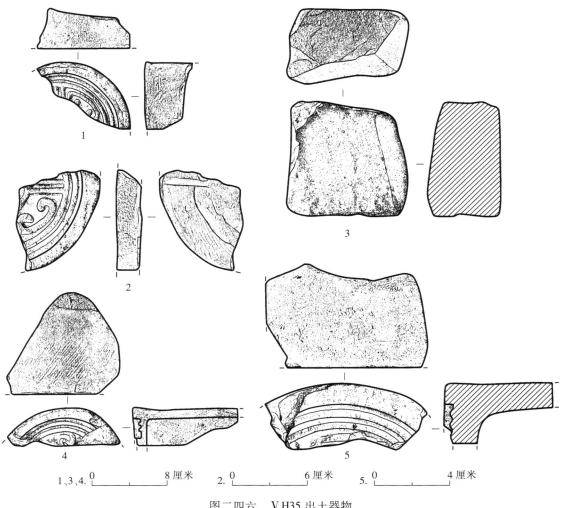

图二四六　ⅤH35 出土器物

1、2、4、5. 瓦当（ⅤH35：2、ⅤH35：4、ⅤH35：5、ⅤH35：3）　3. 砺石（ⅤH35：1）

2. 石器　1件。为砺石。

标本ⅤH35∶1，长方体状。正面和一侧面磨光。残长 12.8、宽 12.2、厚 7.7 厘米（图二四六，3）。

ⅤH37

位于ⅤT0202 西北部，开口于④层下，打破
⑤层。已发掘部分坑口平面呈半椭圆形，斜壁，
平底。已发掘部分口长径 2.57、短径 1.02、深
0.5 米（图二四七）。坑内填土为黑灰色砂土，土
质疏松。出土少量绳纹瓦残片和兽骨。

ⅤH40

位于ⅤT0202 北部，开口于④层下，被ⅤH21
打破，打破⑤层。坑口平面呈长条形，直壁，平
底。口长 1.82、宽 1.12、深 0.48 米（图二四
八）。坑内填土为黑灰色砂土，土质疏松。出土
少量绳纹瓦残片。

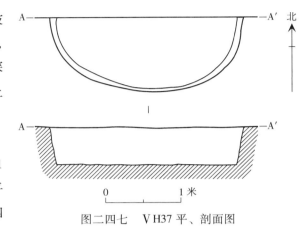

图二四七　ⅤH37 平、剖面图

出土遗物 1 件。为筒瓦。

标本ⅤH40∶1，夹砂灰陶。半筒形，有瓦舌，残。背面饰竖向绳纹并抹平；内侧可见划胎痕
和切割痕，近瓦舌一端有慢轮修整痕迹。残长 13.6、径 14.3、高 7.2、厚 0.5～1.1、舌长 1.7 厘
米（图二四九；彩版四八，4）。

ⅤH41

位于ⅤT0202 北部，开口于④层下，打破⑤层。坑口平面呈长条形，直壁，平底。口长 2.72、
宽 0.48、深 0.29 米（图二五〇）。坑内填土为黑灰色砂土，土质疏松。出土遗物较少。

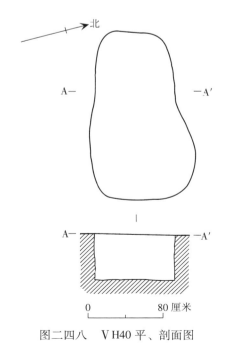

图二四八　ⅤH40 平、剖面图

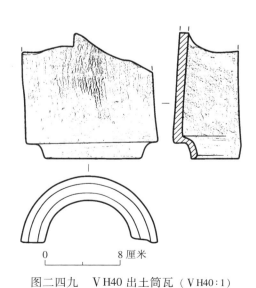

图二四九　ⅤH40 出土筒瓦（ⅤH40∶1）

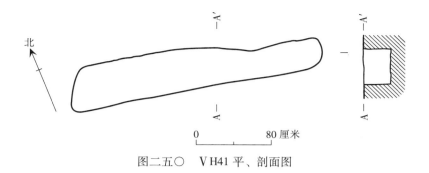

图二五○　ⅤH41 平、剖面图

出土遗物 1 件。为无孔三翼铜镞。

标本ⅤH41:1，体略粗短，镞身为三翼状。尖锋残，斜刃，尾部残有圆形铁铤。残长 4.1、宽1.1、铤长 0.4、铤径 0.5 厘米（图二五一；彩版四九，2）。

ⅤH65

位于ⅤT0402 中南部，开口于③层下，打破④层。坑口平面呈圆形，直壁，平底。口径 0.9、深 0.6 米（图二五二）。坑内填土为灰黑色砂土，土质疏松。出土遗物较少。

出土遗物 1 件。为锥形铜镞。

标本ⅤH65:1，镞身粗短呈三棱锥状，剖面呈三角形。尾部残留有圆形铁铤。残长 3.1、宽1.0、铤长 0.5、铤径 0.6 厘米（图二五三；彩版四九，3）。

ⅤH66

位于ⅤT0402 东南部，开口于③层下，打破④层。已发掘部分坑口平面呈半椭圆形，弧壁，圜底。已发掘部分口长径 0.79、短径 0.48、深 0.73 米（图二五四）。坑内填土为灰黑色砂土，土质疏松。出土遗物较少。

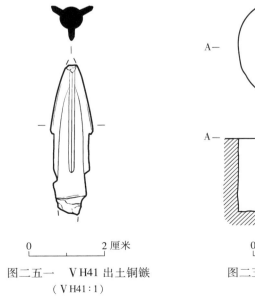

图二五一　ⅤH41 出土铜镞
（ⅤH41:1）

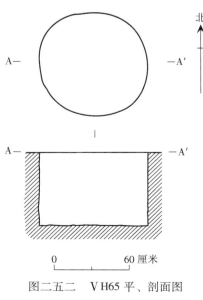

图二五二　ⅤH65 平、剖面图

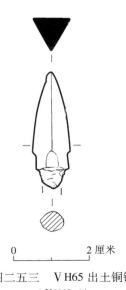

图二五三　ⅤH65 出土铜镞
（ⅤH65:1）

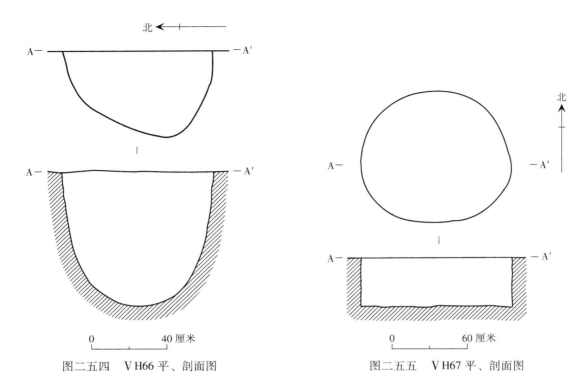

图二五四　ⅤH66 平、剖面图　　　　　　图二五五　ⅤH67 平、剖面图

ⅤH67

位于ⅤT0402 北部，开口于③层下，打破④层和ⅤH84。坑口平面呈圆形，直壁，平底。口径 1.19、深 0.4 米（图二五五）。坑内填土为棕黄色砂土，土质疏松。出土少量绳纹瓦残块、铁器和兽骨。

出土遗物 1 件。为铁斧。

标本ⅤH67：1，銎首残。平面近长方形。直边，弧角，直刃。宽 7.0、残高 7.7、厚 1.0 厘米（图二五六；彩版四八，6）。

ⅤH68

位于ⅤT0402 北部，开口于③层下，打破④层。坑口平面呈长条形，直壁，平底。口长径 1.83、短径 0.74、深 0.29 米（图二五七）。坑内填土为灰黑色砂土，土质疏松。出土遗物较少。

出土遗物 1 件。为陶纺轮。

标本ⅤH68：1，夹砂夹蚌红褐陶。由绳纹陶片磨制而成。呈圆饼状，中间有圆形穿孔。直径 3.0、孔径 0.7、厚 1.2 厘米（图二五八）。

ⅤH69

位于ⅤT0402 南部，开口于③层下，打破④、⑤层。已发掘部分坑口平面呈半圆形，弧壁，底不平。已发掘部分口径 2.93、深 0.8 米（图二五九）。坑内填土为灰黑色砂土，土质疏松。出土遗物较少。

出土遗物 1 件。为陶钵。

标本ⅤH69：1，夹砂灰陶。圆唇，敞口，折腹，底残。素面。口径 15.0、残高 6.9、厚 0.4 ~ 1.0 厘米（图二六〇）。

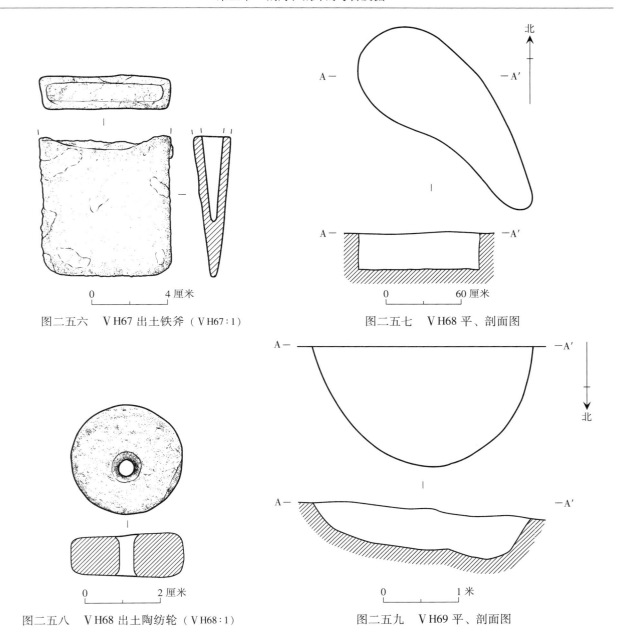

图二五六　ⅤH67 出土铁斧（ⅤH67∶1）

图二五七　ⅤH68 平、剖面图

图二五八　ⅤH68 出土陶纺轮（ⅤH68∶1）

图二五九　ⅤH69 平、剖面图

ⅤH72

位于ⅤT0302 西部，开口于④层下，打破⑤层和ⅤH81。已发掘部分坑口平面近圆角长方形，直壁，平底。已发掘部分口长 1.62、宽 1.38、深 0.16 米（图二六一）。坑内填土为灰黑色砂土，土质疏松。出土遗物较少。

ⅤH73

位于ⅤT0302 西南部，开口于④层下，被ⅤH71 打破，打破⑤层和ⅤH81。坑口平面呈圆角方形，直壁，平底。口长 3.36、宽 2.91、深 0.87 米（图二六二）。坑内填土为灰黑色砂土，土质疏松。出土少量绳纹瓦残块和铁器。

出土遗物共 3 件。均为铁器。有铲、钉、权。

铲　1 件。

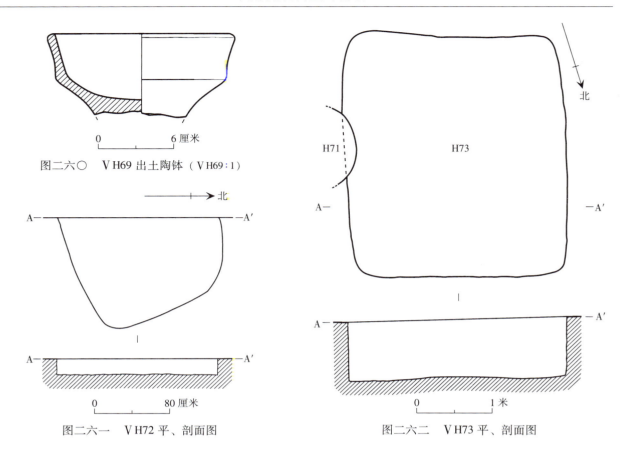

图二六〇　ⅤH69 出土陶钵（ⅤH69∶1）

图二六一　ⅤH72 平、剖面图

图二六二　ⅤH73 平、剖面图

标本ⅤH73∶2，仅存銎和铲上部，刃部残。平面呈梯形。方銎，溜肩。残宽 9.6、残高 11.7、厚 0.3～1.2 厘米，銎口长 4.0、宽 2.0、深 5.2 厘米（图二六三，3）。

钉　1件。

标本ⅤH73∶1，残呈弧边三角形。两外侧边斜直，内侧为弧边。残宽 10.2、厚 3.6 厘米（图二六三，1）。

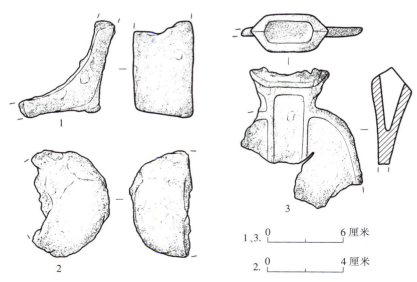

图二六三　ⅤH73 出土铁器
1. 钉（ⅤH73∶1）　2. 权（ⅤH73∶3）　3. 铲（ⅤH73∶2）

权　1件。

标本ⅤH73：3，残呈瓜瓣状。中间有穿孔痕。最大径5.9厘米。重181克（图二六三，2）。

ⅤH74

位于ⅤT0401西南部，开口于③层下，打破④层和ⅤH77，叠压ⅤH76。已发掘部分坑口平面近椭圆形，弧壁，圜底。已发掘部分口长径2.19、短径1.55、深0.37米（图二六四）。坑内填土为灰黑色砂土，土质疏松。出土遗物较少。

出土遗物1件。为锥形铁镞。

标本ⅤH74：1，体细长呈四棱锥状，剖面呈方形。细长铤，剖面呈圆形。残长5.0、宽0.6、铤长1.8、铤径0.5厘米（图二六五）。

ⅤH75

位于ⅤT0401东北部，开口于③层下，打破④层。已发掘部分坑口平面呈半椭圆形，弧壁，圜底。已发掘部分口长径1.57、短径1.55、深0.66米（图二六六）。坑内填土为灰黑色砂土，土质疏松。出土少量绳纹瓦残片。

出土遗物1件。为无孔三翼铜镞。

标本ⅤH75：1，体略粗短，镞身为三翼状。尖锋，斜刃，尾部为柱突状，残存铁铤痕。残长4.3、宽0.9、柱突长0.4、柱径0.6厘米（图二六七；彩版四九，4）。

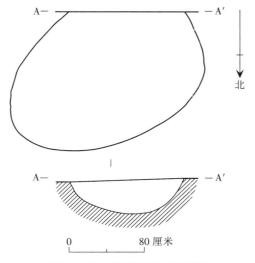

图二六四　ⅤH74平、剖面图

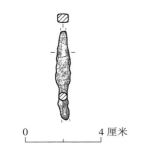

图二六五　ⅤH74出土铁镞（ⅤH74：1）

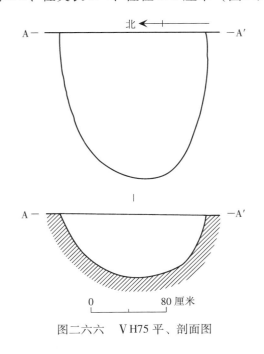

图二六六　ⅤH75平、剖面图

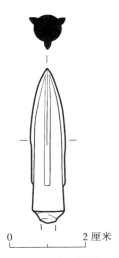

图二六七　ⅤH75出土铜镞（ⅤH75：1）

ⅤH77

位于ⅤT0401南部，开口于③层下，被ⅤH61和ⅤH74打破，打破④层。已发掘部分坑口平面近椭圆形，弧壁，平底。已发掘部分口长径2.32、短径2.1、深0.44米（图二六八）。坑内填土为灰黑色砂土，土质疏松。出土遗物较少。

出土遗物1件。为铁钉。

标本ⅤH77：1，圆形钉帽，钉身细长呈圆锥状。长9.8、宽0.6厘米（图二六九；彩版四九，8）。

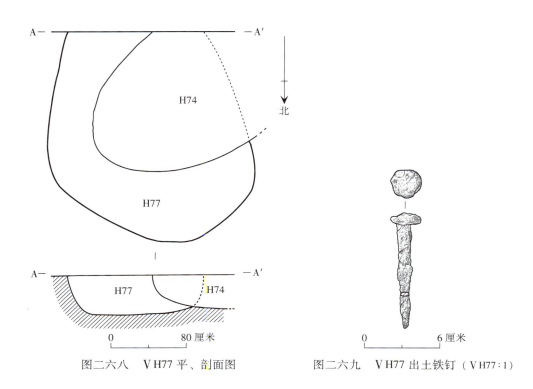

图二六八　ⅤH77平、剖面图　　　　图二六九　ⅤH77出土铁钉（ⅤH77：1）

ⅤH79

位于ⅤT0301西部，开口于④层下，打破⑤层。已发掘部分坑口平面呈半椭圆形，弧壁，圜底。已发掘部分口长径2.42、短径1.72、深0.83米（图二七〇）。坑内填土为灰黑色砂土，土质疏松。出土少量绳纹瓦残片和兽骨。

出土遗物1件。为筒瓦。

标本ⅤH79：1，夹砂灰陶。半筒形，有瓦舌，残。背面饰稀疏的斜向绳纹；内侧可见泥圈套接痕、手捏痕和切割痕，近瓦舌端有慢轮修整痕迹。残长15.9、径13.9、高7.8、厚0.5~1.1、舌长3.3厘米（图二七一）。

ⅤH81

位于ⅤT0302西部，开口于④层下，被ⅤH72和ⅤH73打破，打破⑤层和ⅤH92。已发掘部分坑口平面近圆角长方形，直壁，平底。已发掘部分口长2.68、宽1.7、深0.24米（图二七二）。坑内填土为灰黑色砂土，土质疏松。出土遗物较少。

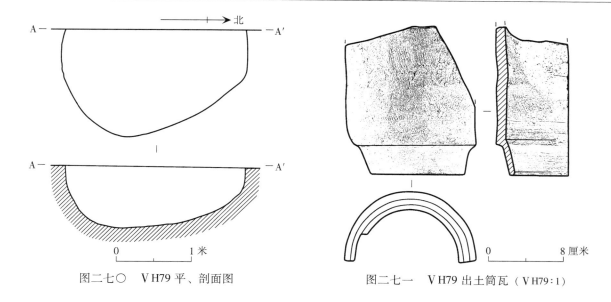

图二七〇　ⅤH79 平、剖面图

图二七一　ⅤH79 出土筒瓦（ⅤH79：1）

ⅤH94

位于ⅤT0301 东北部，开口于④层下，打破⑤层和ⅤH95、ⅤH101。坑口平面呈圆角长方形，斜直壁，平底。口长径 3.02、短径 1.4、深 0.58 米（图二七三）。坑内填土为灰黑色砂土，土质疏松。出土少量绳纹瓦残片。

出土遗物 1 件。为锥形铜镞。

标本ⅤH94：1，镞身粗短呈三棱锥状，剖面呈三角形。尾部残留有圆形铁铤。残长 3.3、宽 1.0、铤长 0.4、铤径 0.5 厘米（图二七四；彩版四九，5）。

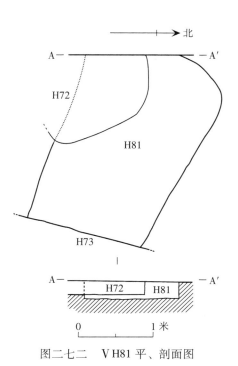

图二七二　ⅤH81 平、剖面图

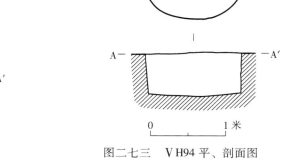

图二七三　ⅤH94 平、剖面图

ⅤH95

位于ⅤT0301 中部，开口于④层下，被ⅤH93 和ⅤH94 打破，打
破ⅤH101、ⅤH107。坑口平面近椭圆形，直壁，平底。口长径3.53、
短径2.18、深0.4 米（图二七五）。坑内填土为灰黑色砂土，土质疏
松。出土少量绳纹瓦残块和铁器。

出土遗物2 件。均为铁器。有镞和把手。

镞　1 件。为矛形镞。

标本ⅤH95：1，体扁薄。镞身呈矛形，剖面呈菱形。铤残，剖面
为椭圆形。残长4.6、宽1.8、厚0.5、铤长1.0、铤宽0.8 厘米（图
二七六，1）。

把手　1 件。

标本ⅤH95：2，整体呈弓形。两端连接有铆钉。长4.9、宽1.6 厘米（图二七六，2）。

图二七四　ⅤH94 出土铜镞
（ⅤH94：1）

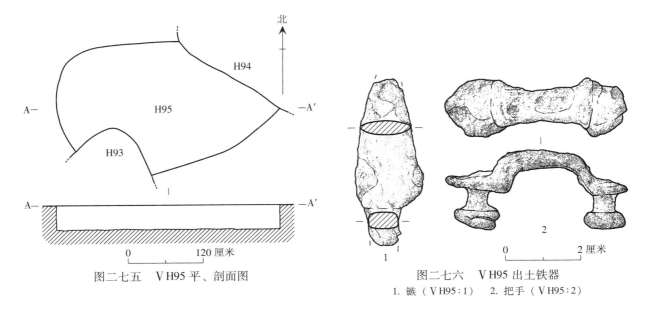

图二七五　ⅤH95 平、剖面图

图二七六　ⅤH95 出土铁器
1. 镞（ⅤH95：1）　2. 把手（ⅤH95：2）

ⅤH101

位于ⅤT0301 北部，开口于④层下，被ⅤH93、ⅤH94、ⅤH95 打破，打破⑤层和ⅤH107。坑
口平面呈圆角长方形，斜直壁，平底。口长4.26、宽2.05、深1.67 米（图二七七）。坑内填土为
灰黑色砂土，土质疏松。出土遗物较少。

ⅤH107

位于ⅤT0301 中部，开口于④层下，被ⅤH95、ⅤH101 打破，打破⑤层。坑口平面呈长条形，
直壁，平底。口长径1.58、短径1.07、深0.2 米（图二七八）。坑内填土为灰黑色砂土，土质疏
松。出土少量绳纹瓦残片。

ⅤH110

位于ⅤT0101 南扩方，开口于④层下，打破⑤层和ⅤJ1、ⅤH111、ⅤH119。已发掘部分坑
口平面近椭圆形，弧壁，平底。已发掘部分口长径2.31、短径1.89、深0.37 米（图二七九）。

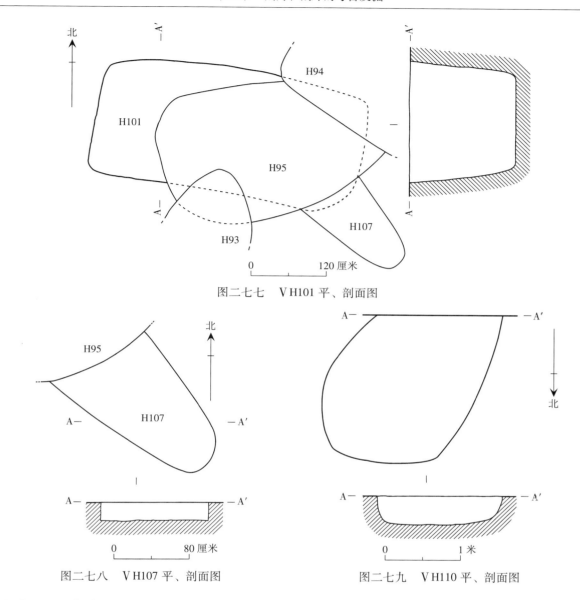

图二七七　ⅤH101 平、剖面图

图二七八　ⅤH107 平、剖面图

图二七九　ⅤH110 平、剖面图

坑内填土为黑灰色砂土，土质疏松。出土遗物较少。

出土遗物 1 件。为锥形铜镞。

标本ⅤH110∶1，镞身粗短呈三棱锥状，剖面呈三角形。尾部残留有圆形铁铤。残长 3.5、宽 0.7、铤长 1.3、铤径 0.8 厘米（图二八〇）。

ⅤH111

位于ⅤT0101 南扩方，开口于④层下，被ⅤH110 打破，打破ⅤJ1、ⅤH115、ⅤH119。坑口平面呈圆角长方形，斜直壁，平底。口长径 1.88、短径 0.87、深 0.32 米（图二八一）。坑内填土为黑灰色砂土，土质疏松。出土遗物较少。

ⅤH115

位于ⅤT0101 南扩方，开口于④层下，被ⅤH111 打破，打破ⅤJ1。坑口平面呈椭圆形，斜壁，底不平。口长 1.54、宽 0.85、深 0.32 米（图二八二）。坑内填土为黑灰色砂土，土质疏松。出土遗物较少。

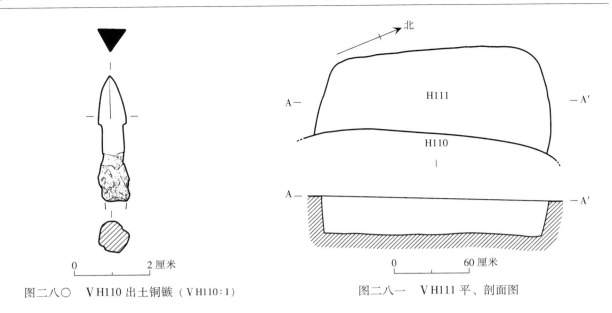

图二八〇　ⅤH110 出土铜镞（ⅤH110∶1）　　　　　图二八一　ⅤH111 平、剖面图

ⅤH119

位于ⅤT0101 南扩方，开口于④层下，打破ⅤJ1，被ⅤH110、ⅤH111 打破。已发掘部分坑口平面呈半圆形，弧壁，底不平。已发掘部分口长径 1.15、短径 0.5、深 0.45 米（图二八三）。坑内填土为黑灰色砂土，土质疏松。未出土遗物。

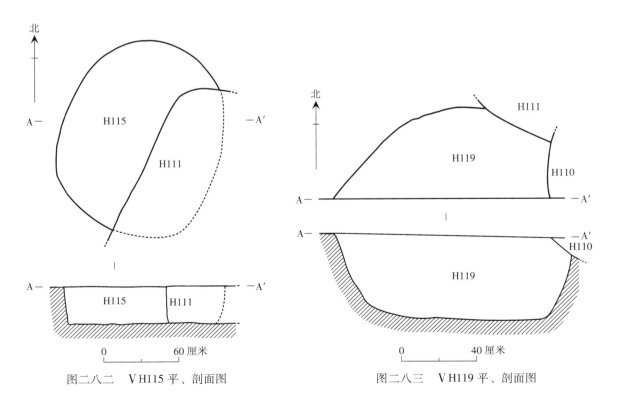

图二八二　ⅤH115 平、剖面图　　　　　　　　图二八三　ⅤH119 平、剖面图

（二）灰沟

第三期文化遗存有灰沟 2 条。

ⅤG6

位于ⅤT0202中东部，开口于④层下，被ⅤH18、ⅤH27打破。已发掘部分沟口平面呈长条形，弧壁，圜底。已发掘部分口长4.36、宽1.77、深0.3米（图二八四）。沟内填土为黑灰色砂土，土质疏松。出土了少量绳纹瓦残块。

出土遗物共3件。有建筑构件、陶器、铁器。

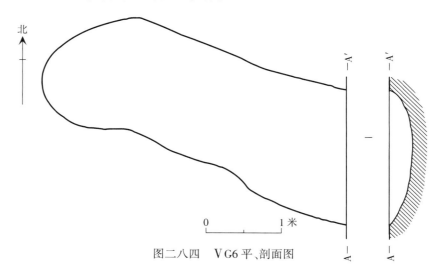

图二八四　ⅤG6平、剖面图

1. 建筑构件　1件。为瓦当。

标本ⅤG6:2，夹砂灰陶。后接筒瓦，残。当面中心残存一半圆形凸起，凸起周围有凸棱，凸棱正上方饰一朵完整的卷云纹，两侧对称残存半朵卷云纹；当背有衔接筒瓦的切割痕。筒瓦背部饰稀疏斜向绳纹，内侧为素面。当面径11.7、残高6.9、厚1.2~1.5厘米，筒瓦残长5.6、厚1.6厘米（图二八五，2；彩版四八，3）。

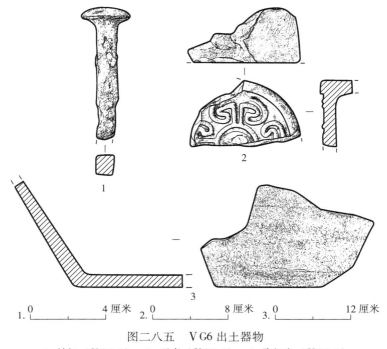

图二八五　ⅤG6出土器物

1. 铁钉（ⅤG6:3）　2. 瓦当（ⅤG6:2）　3. 陶缸底（ⅤG6:1）

2. 陶器　1件。为缸底。

标本ⅤG6:1，夹砂红褐陶。仅存下腹部和底部。下腹斜收，平底。素面。底径23.4、残高16.7、厚1.8～2.0厘米（图二八五，3）。

3. 铁器　1件。为钉。

标本ⅤG6:3，钉帽近圆形，钉身为长方体状，剖面呈方形，尖部残。残长7.2、宽1.0厘米（图二八五，1）。

ⅤG8

位于ⅤT0402东南部，延伸至ⅤT0401，开口于④层下，被ⅤH60打破，打破④层和ⅤH82、ⅤH90、ⅤH100。已发掘部分沟口平面呈长条形，斜壁，平底。已发掘部分口长12.5、宽0.7～1.65、深0.8米（图二八六）。坑内填土为深黑色砂土，土质疏松，含有少量炉渣。出土遗物较多。

出土遗物共7件。有建筑构件、陶器、铜器、铁器。

1. 建筑构件　1件。为板瓦。

标本ⅤG8:7，夹砂灰陶。平面呈不规则形。背面饰斜向绳纹，内侧素面。残长19.0、宽23.1、厚1.4～3.5厘米（图二八七，7）。

2. 陶器　2件。均为器底。

标本ⅤG8:6，夹砂灰陶。仅存下腹部和底部。斜直腹，平底。素面，器表残存2个焗孔。底径24.0、残高11.9、厚0.7～1.5厘米（图二八七，6）。

标本ⅤG8:4，夹砂黑陶。仅存下腹部和底部。下腹部斜收，平底。素面。底径10.0、残高4.8、厚0.6～1.0厘米（图二八七，5）。

3. 铜器　2件。有锥形镞和带钩。

锥形镞　1件。

标本ⅤG8:2，镞身粗短呈三棱锥状，剖面呈三角形。尾部残留有圆形铁铤。残长4.2、宽1.0、铤长1.3、铤径0.5厘米（图二八七，1；彩版四九，6）。

带钩　1件。

标本ⅤG8:3，体细长，无纽柱，钩尾作猛兽吡牙状，兽首中空与钩身相通。通长5.5厘米（图二八七，2；彩版四九，9）。

4. 铁器　2件。有钉和凿。

钉　1件。

标本ⅤG8:1，顶部为扁平状，钉身为长方体状，尖部残。残长6.9、宽0.9厘米（图二八七，3）。

凿　1件。

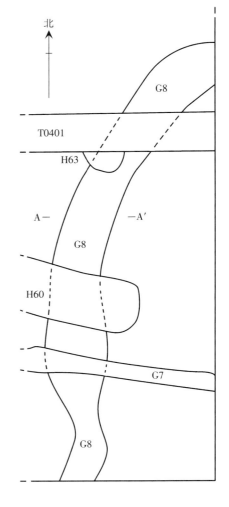

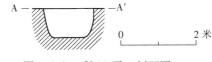

图二八六　ⅤG8平、剖面图

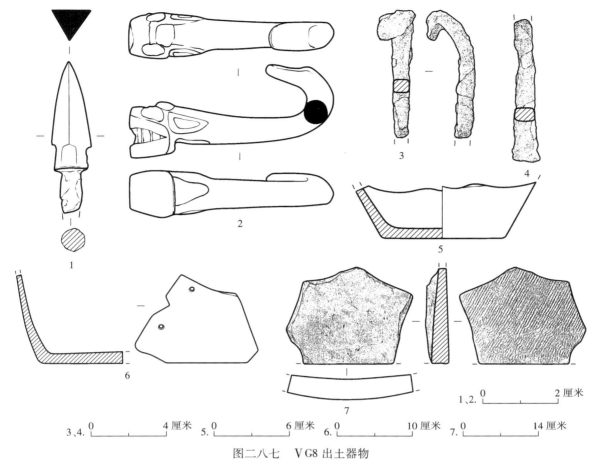

图二八七　ⅤG8 出土器物

1. 锥形铜镞（ⅤG8∶2）　2. 铜带钩（ⅤG8∶3）　3. 铁钉（ⅤG8∶1）　4. 铁凿（ⅤG8∶5）　5、6. 陶器底（ⅤG3∶4、ⅤG8∶6）
7. 板瓦（ⅤG8∶7）

标本ⅤG8∶5，顶部残。凿身呈长方体状，单面直刃。残长 7.8、宽 1.3、厚 0.9 厘米（图二八七，4）。

（三）房址

第三期文化遗存有房址 2 座。

ⅡF1

位于Ⅱ区南部，横跨ⅡT0101、ⅡT0201、ⅡT0301 三个探方，其坐落在④层上，被③层叠压，方向 197°。房址平面呈长方形，东西长 7.89、南北宽 3.63 米。由门道、灶、石台等三部分构成。门道位于房址南部略偏西，已发掘部分呈长方形，长 0.8、宽 1.04、深 0.06～0.13 米。灶位于房址西北角，由火膛、烟道、出烟口三部分组成。火膛平面近椭圆形，长径 0.6、短径 0.48 米，周围由不规则石块围砌，底部为红烧土烧结面。烟道平面呈长条形，由火膛北侧伸出，然后西折至出烟口，烟道内为红色或褐色烧结面；烟道长 2.97、宽 0.12～0.14、深 0.14～0.16 米。出烟口平面呈椭圆形，长径 0.58、短径 0.44、深 0.16 米，内为灰白色土，土质细腻，包含有炭粒及啮齿类动物的烧骨。石台位于房址东北角，平面呈长方形，由大小不一的石板平铺而成；石台长 2.26、宽 1.0、高 0.12 米。房址内南部活动面，踩踏痕迹明显；活动面中央有一圆形柱洞，柱洞直径 0.34、深 0.24 米（图二八八；彩版五○，1）。

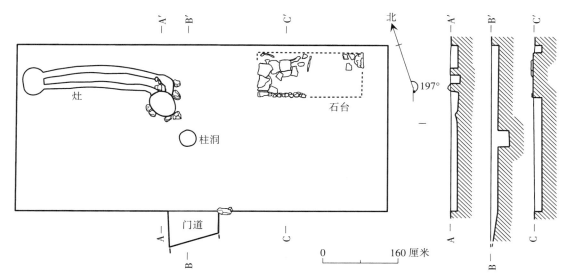

图二八八　Ⅱ F1 平、剖面图

　　Ⅱ F1 内发现大量夹砂灰陶片、红褐陶片和铜镞、铁镞、铁蒺藜等，未发现建筑构件。

　　出土遗物共 15 件。有陶器、铜器、铁器、钱币。

　　1. 陶器　5 件。有刻槽盆、器底、纺轮、拍。

　　刻槽盆　1 件。

　　标本Ⅱ F1∶15，夹砂灰陶。方唇，直口，弧腹，平底。素面，内壁有较浅的刻槽。口径 13.2、底径 7.0、高 7.1、厚 0.7 厘米（图二八九，15；彩版五〇，2）。

　　器底　1 件。

　　标本Ⅱ F1∶16，夹砂红褐陶。仅存下腹和底部。下腹斜收，平底。素面。残高 4.9、底径 6.0、厚 0.5 厘米（图二八九，12）。

　　纺轮　2 件。

　　标本Ⅱ F1∶10，夹砂红褐陶。呈算珠状，中间有圆形穿孔。直径 3.4、孔径 0.9、厚 1.4 厘米（图二八九，13；彩版五一，7）。

　　标本Ⅱ F1∶11，夹砂红陶。由绳纹瓦磨制而成。呈圆饼状，中间有圆形穿孔。直径 5.1、孔径 0.5、厚 1.1 厘米（图二八九，14）。

　　拍　1 件。

　　标本Ⅱ F1∶9，夹砂灰陶。圆饼状，拍面呈圜底状，顶部有圆形插孔。拍面直径 8.7、残高 4.8、厚 1.2～2.4、插孔直径 1.8 厘米（图二八九，11；彩版五〇，3）。

　　2. 铜器　2 件。均为镞。据镞身形态可分为锥形镞和有孔三翼镞。

　　锥形镞　1 件。

　　标本Ⅱ F1∶4，镞身粗短呈三棱锥状，剖面呈三角形。尾部有圆形插孔。残长 3.0、宽 0.9、孔径 0.4 厘米（图二八九，8；彩版五一，1）。

　　有孔三翼镞　1 件。

　　标本Ⅱ F1∶12，镞身细长呈三翼状。中部开有三孔与尾部相通，尾部为管銎状。长 3、宽 1.2、

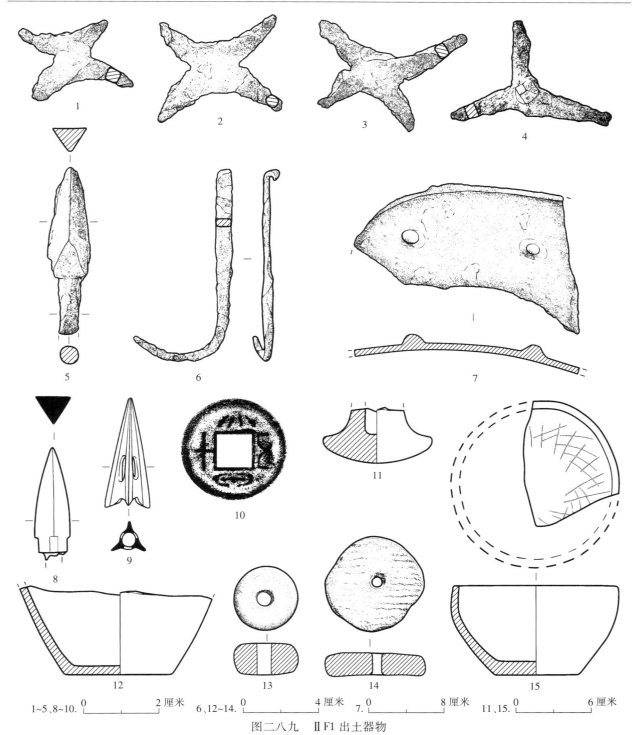

图二八九　ⅡF1 出土器物

1~4. 铁蒺藜（ⅡF1：13、ⅡF1：6、ⅡF1：1、ⅡF1：7）　5. 锥形铁镞（ⅡF1：5）　6. 铁钉（ⅡF1：2）　7. 铁犁（ⅡF1：14）　8. 锥形铜镞（ⅡF1：4）　9. 有孔三翼铜镞（ⅡF1：12）　10. "大泉五十"钱（ⅡF1：8）拓片　11. 陶拍（ⅡF1：9）　12. 陶器底（ⅡF1：16）　13、14. 陶纺轮（ⅡF1：10、ⅡF1：11）　15. 陶刻槽盆（ⅡF1：15）

孔径0.3厘米（图二八九，9；彩版五一，2）。

3. 铁器　7件。有镞、钉、蒺藜、犁。

镞　1件。

标本ⅡF1：5，镞身粗短呈三棱锥状，剖面呈三角形。铤残，剖面呈圆形。残长4.6、宽1.1、铤长 1.5、铤径 0.6 厘米（图二八九，5；彩版五一，3）。

钉　1 件。

标本ⅡF1:2，体细长，尖部扭曲呈圆弧状，剖面呈扁长方形。残长 10.5、宽 0.8、厚 0.2 厘米（图二八九，6）。

蒺藜　4 件。形制相近，均为四个锋身，锋身剖面呈长方形，尖锋锐利。

标本ⅡF1:1，长 4.3、高 2.8、厚 0.4 厘米（图二八九，3；彩版五一，4）。

标本ⅡF1:6，长 4.2、高 2.9、厚 0.4 厘米（图二八九，2；彩版五一，5）。

标本ⅡF1:7，长 4.3、高 2.8、厚 0.4 厘米（图二八九，4）。

标本ⅡF1:13，长 3.3、高 2.4、厚 0.4 厘米（图二八九，1；彩版五一，6）。

犁　1 件。

标本ⅡF1:14，平面残呈不规则形。体弯曲呈圆弧状，背面残存两个盲鼻。残长 24、宽 14.7、厚 0.5 厘米（图二八九，7）。

4. 钱币　1 枚。为"大泉五十"钱。

标本ⅡF1:8，圆形，方孔，有郭。正面篆书"大泉五十"四字。直径 2.8、穿孔宽 0.8、厚 0.3 厘米。重 5.78 克（图二八九，10；彩版五一，8）。

ⅡF2

位于Ⅱ区东北角，横跨ⅡT0403、ⅡT0404、ⅡT0503、ⅡT0504 四个探方，其坐落在④层上，被③层叠压，方向 102°。房址平面呈长方形，南北长 6.73、东西宽 5.38 米。由门道、灶、活动面等构成。门道位于房址东侧偏南，底部踩踏明显，已发掘部分呈长方形，长 2.08、宽 0.95、深 0.16 米。灶位于房址西南角，由火膛、烟道、出烟口三部分组成。火膛平面近椭圆形，由不规则石块围砌，底部为红色烧结面，长径 0.7、短径 0.54 米。烟道平面呈长条形，由火膛北侧伸出，然后向西折直至出烟口，烟道内侧为红色或褐色烧结面；烟道长 2.8～3.23、宽 0.1～0.18、深 0.14～0.16 米。出烟口平面呈不规则形，长径 0.54、短径 0.48、深 0.45 米，由数块石板立砌而成，内部填土为黄褐色，土质细腻，包含有炭粒。活动面位于房址内北侧，踩踏痕迹明显（图二九〇；彩版五二，1）。

ⅡF2 内发现夹砂灰陶片、红褐陶片和铜镞、铁镞等，未见建筑构件。

出土遗物共 9 件。有陶器、铜器、铁器、钱币。

1. 陶器　2 件。有杯、纺轮。

杯　1 件。

标本ⅡF2:9，夹砂灰褐陶。手制。圆唇，敞口，斜直腹，平底。素面。口径 6.0、底径 4.4、高 3.5、厚 0.8 厘米（图二九一，1；彩版五二，3）。

纺轮　1 件。

标本ⅡF2:8，夹砂红陶。呈圆饼状，中间有圆形穿孔。直径 3.6、孔径 0.9、厚 1.4 厘米（图二九一，8；彩版五二，4）。

2. 铜器　3 件。有镞、带钩。

镞　2 件。据镞身形态分为锥形镞和无孔三翼镞。

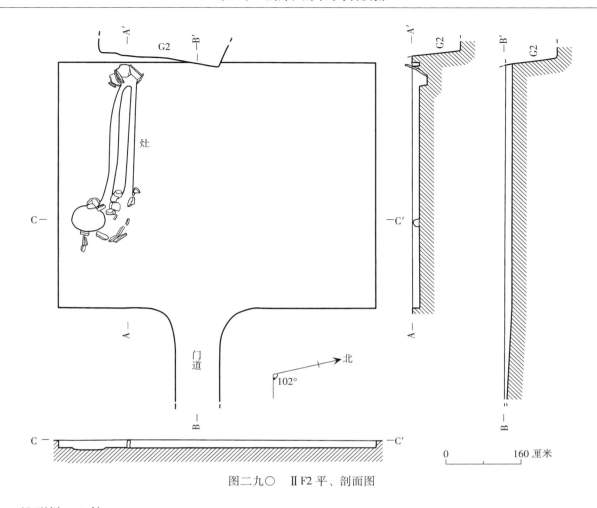

图二九〇　ⅡF2 平、剖面图

锥形镞　1 件。

标本ⅡF2：5，镞身细长呈三棱锥状，剖面呈三角形。尾部残。残长 3.4、宽 0.7 厘米（图二九一，5；彩版五二，6）。

无孔三翼镞　1 件。

标本ⅡF2：4，镞身略粗短呈三翼状。尖锋，斜刃，尾部残留有铁铤锈痕。残长 4.2、宽 1.1 厘米（图二九一，6；彩版五二，5）。

带钩　1 件。

标本ⅡF2：6，呈曲棒形，蘑菇状纽柱。残长 6.2、厚 0.5 厘米（图二九一，3；彩版五二，2）。

3. 铁器　3 件。有镞、甲片、斧。

镞　1 件。

标本ⅡF2：1，镞身细长呈刀形，剖面呈扁圆形。细长铤，剖面为圆形。残长 6.8、宽 0.9、铤长 4.4、铤径 0.3 厘米（图二九一，2）。

甲片　1 件。

标本ⅡF2：2，呈圆角长方形。表面有两个圆形穿孔。长 5.3、宽 3.5、孔径 0.25、厚 0.1 厘米（图二九一，7；彩版五二，7）。

斧　1 件。

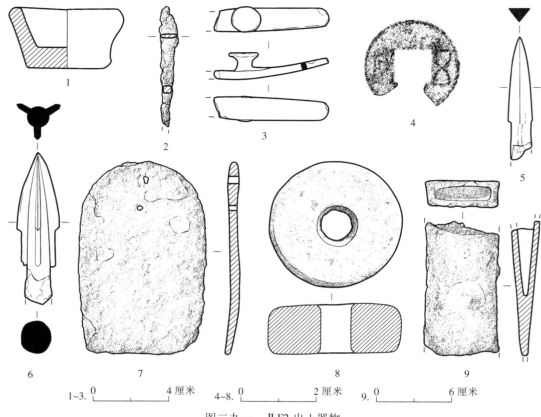

图二九一　Ⅱ F2 出土器物

1. 陶杯（Ⅱ F2：9）　2. 刀形铁镞（Ⅱ F2：1）　3. 铜带钩（Ⅱ F2：6）　4. "五铢"钱（Ⅱ F2：7）拓片　5. 锥形铜镞（Ⅱ F2：5）　6. 无孔三翼铜镞（Ⅱ F2：4）　7. 铁甲片（Ⅱ F2：2）　8. 陶纺轮（Ⅱ F2：8）　9. 铁斧（Ⅱ F2：3）

标本Ⅱ F2：3，銎和刃部均残。平面近长方形。方銎，直边。残长 11.0、宽 5.9、厚 1.2 厘米，銎长 4.4、宽 1.1 厘米（图二九一，9）。

4. 钱币　1 枚。为"五铢"钱。

标本Ⅱ F2：7，残。圆形，方孔，无郭，背平。正面隶书"五"字，应是"五铢"钱。直径 2.5、穿孔宽 0.9、厚 0.1 厘米。重 1.55 克（图二九一，4）。

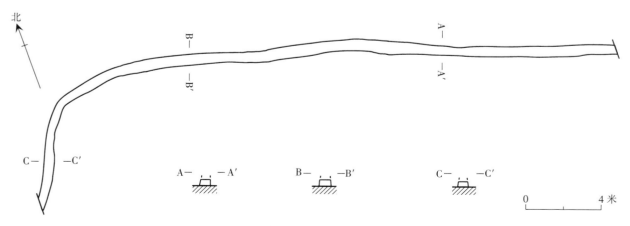

图二九二　Ⅱ Q1 平、剖面图

（四）墙体

第三期文化遗存有墙体 1 道。

ⅡQ1

位于Ⅱ区中部偏南，横跨ⅡT0102、ⅡT0202、ⅡT0302、ⅡT0401、ⅡT0402、ⅡT0501、ⅡT0502 七个探方，并延伸至发掘区外侧。ⅡQ1 坐落在④层上，被③层叠压。已发掘部分平面呈长条状，剖面呈梯形。由黄褐色砂土夯筑，墙体中夹杂有绳纹瓦残块。属于栏栅类遗存的基址。已发掘部分长 30.6、宽 0.38～0.56、残高 0.20～0.35 米（图二九二；彩版五三）。

二、地层出土遗物

第三期文化地层出土遗物共 111 件，有建筑构件、陶器、铜器、铁器、骨角蚌器、石器、钱币等。

（一）建筑构件

27 件。有筒瓦、板瓦、瓦当、绳纹砖。

筒瓦　11 件。

标本ⅠT7③：1，夹砂红褐陶。半筒形，残。背面饰斜向绳纹并抹平；内侧可见泥圈套接痕和切割痕，近舌端有慢轮修整痕迹。长 38.2、径 14.3、高 7.2、厚约 0.8～1.1、瓦舌长 2.0 厘米（图二九三，7；彩版五四，1）。

标本ⅡT0101③：7，夹砂红陶。半筒形，残。背面饰斜向绳纹并抹平；内侧亦饰绳纹，另可见泥圈套接痕、手抹痕和切割痕。残长 34.2、径 15.7、高 8.1、厚 0.8～1.3 厘米（图二九三，5；彩版五四，2）。

标本ⅣT0401④：5，夹砂灰陶。半筒形，有瓦舌，残。背面饰竖向绳纹并抹平；内侧可见由外向内的切割痕。长 19.6、径 14.2、高 7.5、厚 0.6～1.3、舌长 1.8 厘米（图二九三，4）。

标本ⅣT0401④：6，夹砂黄褐陶。半筒形，残。背面饰稀疏的斜向绳纹，内侧可见泥圈套接痕、手捏痕和由外向内的切割痕。残长 35、径 15.1、高 7.7、厚 0.7～1.1 厘米（图二九三，6；彩版五四，3）。

标本ⅣT0501④：6，夹砂灰陶。半筒形，有瓦舌、残。背面饰斜向绳纹并抹平；内侧可见泥圈套接痕，一端残存由外向内的切割痕。残长 18.8、厚 0.6～1.2、舌长 2.5 厘米（图二九三，2）。

标本ⅣT0501④：7，夹砂灰陶。半筒形，有瓦舌，残。背面饰弦断竖向绳纹并抹平；内侧可见稀疏绳纹，一端残存由外向内的切割痕。残长 15.0、厚 0.6～0.8、舌长 1.5 厘米（图二九三，1）。

标本ⅣT0502④：7，夹砂灰褐陶。半筒形，残。背面饰竖向绳纹并抹平；内侧可见泥圈套接痕、手捏痕和由外向内的切割痕。残长 22.9、径 13.5、高 7.5、厚 1.0 厘米（图二九三，3）。

标本ⅣT0704④：2，夹砂灰陶。半筒形，有瓦舌。背面饰稀疏的竖向绳纹；内侧可见泥圈套接痕、手捏痕和由外向内的切割痕，近瓦舌端有慢轮修整痕迹。长 42.9、径 14.8、高 7.8、厚 0.6～1.4、舌长 2.9 厘米（图二九四，3；彩版五四，4）。

标本ⅣT0704④：3，夹砂灰陶。半筒形，有瓦舌，残。背面饰竖向绳纹并抹平；内侧可见由外向内的切割痕。残长 17.3、径 14.6、高 8.2、厚 0.7～1.1、舌长 2.0 厘米（图二九四，2）。

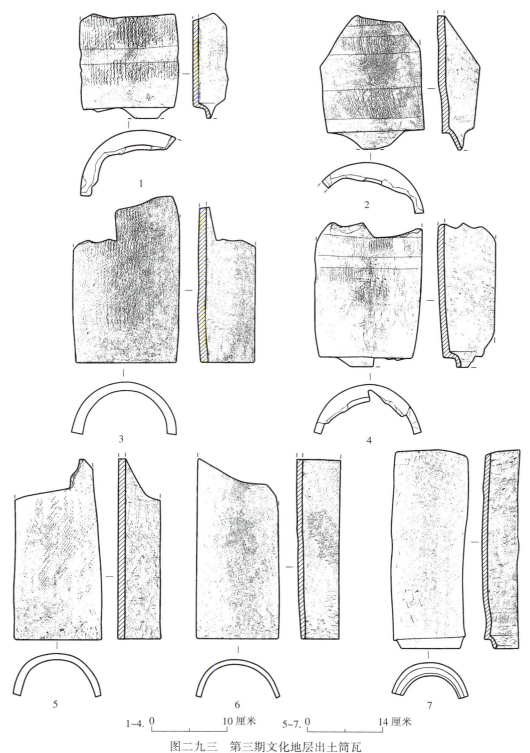

图二九三　第三期文化地层出土筒瓦
1~7. Ⅳ T0501④:7、Ⅳ T0501④:6、Ⅳ T0502④:7、Ⅳ T0401④:5、Ⅱ T0101③:7、Ⅳ T0401④:6、Ⅰ T7③:1

　　标本 ⅤT0102⑤:1，夹砂黄陶。半筒形，残。背面饰稀疏的竖向绳纹，内侧可见泥圈套接痕、手捏痕和由外向内的切割痕。残长24.4、径15.8、高6.8、厚1.5厘米（图二九四，4）。

　　标本 ⅤT0102⑤:2，夹砂灰陶。半筒形，有瓦舌，残。背面饰弦断斜向绳纹；内侧可见泥圈套接痕、手抹痕和切割痕，近瓦舌端有慢轮修整痕迹。残长17.0、径14.6、高7.2、厚0.4~1.2、

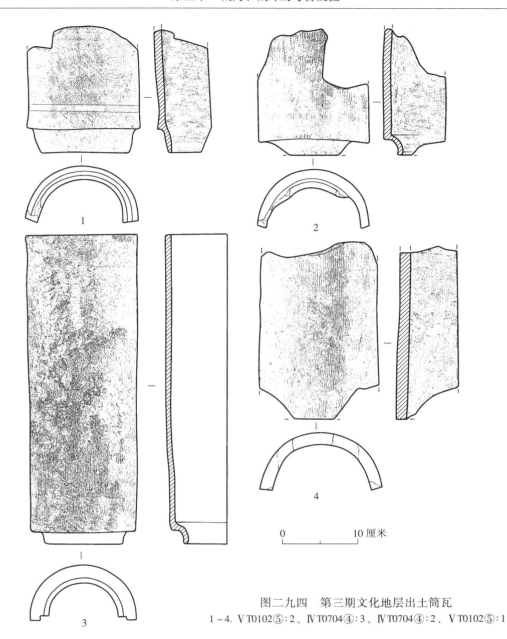

图二九四　第三期文化地层出土筒瓦
1~4. ⅤT0102⑤:2、ⅣT0704④:3、ⅣT0704④:2、ⅤT0102⑤:1

舌长 3.3 厘米（图二九四，1；彩版五四，5）。

板瓦　5 件。

标本ⅣT0202④:5，夹砂黄褐陶。残存较宽的一端。平面呈不规则形。背面饰交错绳纹和弦断竖向绳纹；内侧饰绳纹并抹平，一端残存较窄的切割痕。残长 44.2、宽 30.6、厚 0.7~1.3 厘米（图二九五，4）。

标本ⅣT0402④:2，夹砂红褐陶。残存较窄的一端。平面呈不规则形。背面饰斜向绳纹；内侧为素面，一端残存较窄的由内向外的切割痕。残长 33.2、宽 24.3、厚 1.2 厘米（图二九五，1）。

标本ⅣT0505④:5，夹砂黄褐陶。残呈长方形。背面一端饰斜向绳纹，一端饰弦断竖向绳纹；内侧局部饰麻点纹，一端残存较窄的由内向外的切割痕。残长 36.4、宽 18.9、厚 0.9~1.2 厘米（图二九五，2）。

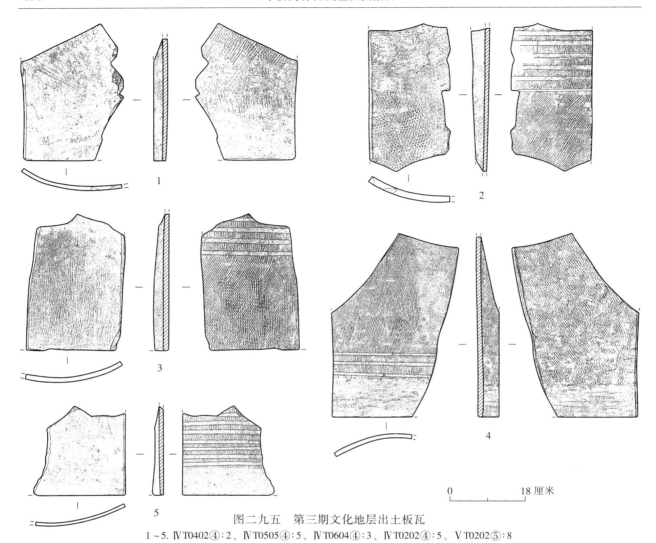

图二九五　第三期文化地层出土板瓦
1～5. ⅣT0402④：2、ⅣT0505④：5、ⅣT0604④：3、ⅣT0202④：5、ⅤT0202⑤：8

标本ⅣT0604④：3，夹砂黄陶。残存较窄的一端。平面近长方形。背面饰交错绳纹和弦断竖向绳纹；内侧饰绳纹并抹平，一端残存较窄的由内向外的切割痕。残长33.9、宽23.4、厚0.9～1.4厘米（图二九五，3）。

标本ⅤT0202⑤：8，夹砂黄褐陶。残存较宽的一端。平面呈不规则形。背面饰弦断竖向绳纹；内侧素面，一端残存较窄的切割痕。残长21.6、宽21.4、厚0.8～1.2厘米（图二九五，5）。

瓦当　11件。

标本ⅡT0404③：2，夹砂灰陶。残。当面残有凸棱、界格和勾云纹。当面残宽6.9、残高5.0、厚1.2～1.5厘米（图二九六，2）。

标本ⅣT0401④：1，夹砂灰陶。圆瓦当，后附筒瓦，残。当面中心残，边缘存四朵卷云纹。筒瓦背部饰弦断绳纹；内侧可见泥圈套接痕和由外向内的切割痕。当面径15.3、高15.5、厚1.4～2.0厘米，筒瓦残长26.7、径15.1、厚1.7～2.1厘米（图二九六，11；彩版五四，6）。

标本ⅣT0502④：2，夹砂灰陶。残。当面残存一朵勾云纹，勾云纹外有凸棱。当面残宽5.0、残高6.1、厚0.7～1.6厘米（图二九六，4）。

标本ⅣT0502④：3，夹砂灰陶。残。当面残存一朵勾云纹，勾云纹外有凸棱和界格。当面残宽

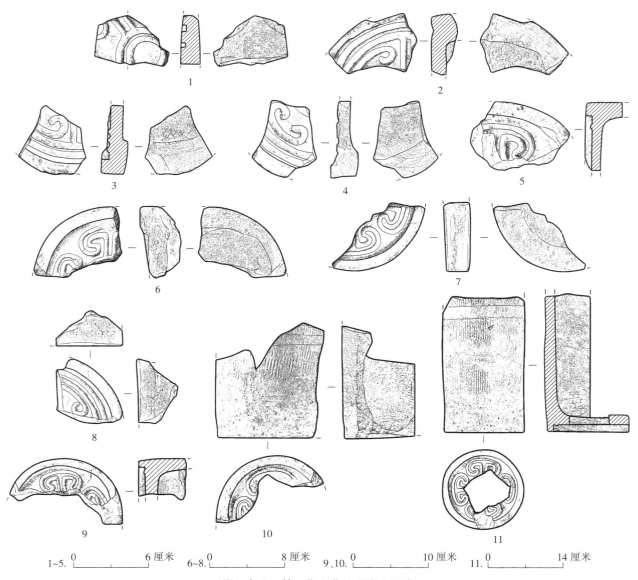

图二九六　第三期文化地层出土瓦当

1～11. ⅣT0704④：5、ⅡT0404③：2、ⅣT0502④：3、ⅣT0502④：2、ⅣT0502④：8、ⅤT0101⑤：7、ⅣT0502④：4、ⅣT0504④：1、ⅣT0502④：5、ⅣT0604④：4、ⅣT0401④：1

5.4、残高5.7、厚0.8～1.5厘米（图二九六，3）。

标本ⅣT0502④：4，夹砂灰陶。残。当面残存两朵卷云纹。当面残宽8.0、残高7.1、厚2.4～2.8厘米（图二九六，7）。

标本ⅣT0502④：5，夹砂灰陶，局部有烟炱。后接筒瓦，残。当面残存两朵卷云纹。筒瓦背部和内侧均为素面。当面残宽15、残高9、厚1.2厘米，筒瓦残长6.3、厚1.3厘米（图二九六，9）。

标本ⅣT0502④：8，夹砂灰陶。后附筒瓦，残。当面残存一朵卷云纹。筒瓦背部和内侧均为素面。当面残宽8.0、残高5.7、厚0.8厘米，筒瓦残长3.0、厚1.2厘米（图二九六，5）。

标本ⅣT0504④：1，夹砂灰陶。后附筒瓦，残。当面残存一朵残勾云纹，勾云纹外有两周凸弦纹。筒瓦背部和内侧均为素面。当面残宽6.9、残高7.2、厚1.0厘米，残长4.9、厚1.2～2.0厘米（图二九六，8）。

标本ⅣT0604④：4，夹砂灰陶。后附筒瓦，残。当面残饰二朵卷云纹。筒瓦背部饰弦断绳纹；内侧可见泥圈套接痕和由外向内的切割痕。当面残宽14.0、残高7.7、厚1.2厘米，筒瓦残长16、厚1.3～1.8厘米（图二九六，10）。

标本ⅣT0704④：5，夹砂灰陶。残。仅存当面中心的双圈凸棱和界格。当面残宽6、厚1.5厘米（图二九六，1）。

标本ⅤT0101⑤：7，夹砂灰陶。后接筒瓦部分残。当面残存卷云纹；筒瓦背部和内侧均素面。当面残宽9.6、高8、厚1.1厘米，筒瓦残长3.2、厚1.3～2.2厘米（图二九六，6）。

（二）陶器

25件。有豆、碗、罐、盆、纺轮、圆陶片。

豆　3件。

标本ⅣT0301④：2，夹砂灰陶。仅存部分豆柄和豆盘。豆盘底部刻划有"⊕"形符号。残高7.2、厚1.2～3.0厘米（图二九七，4）。

标本ⅣT0305④：1，夹砂灰陶。仅存喇叭口状豆柄和部分豆盘。豆盘底部刻画有"Ｘ"形符

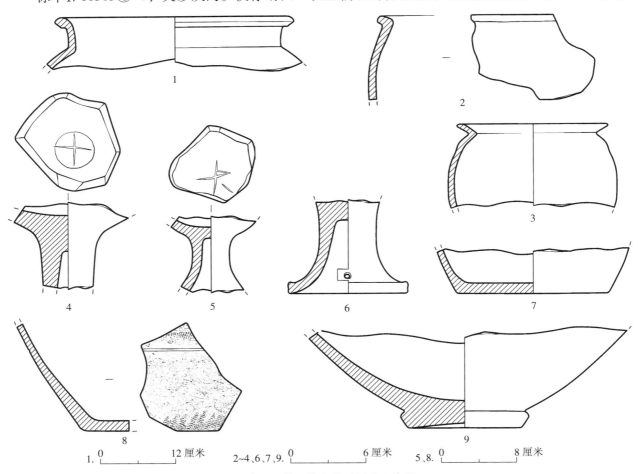

图二九七　第三期文化地层出土陶器

1～3、7. 罐（ⅤT0302④：26、ⅤT0402④：17、ⅤT0402④：11、ⅤT0302④：27）　4～6. 豆（ⅣT0301④：2、ⅣT0305④：1、ⅤT0202⑤：4）　8. 盆（ⅣT0103④：3）　9. 碗（ⅤT0302④：25）

号。残高8.5、厚0.9厘米（图二九七，5）。

标本ⅤT0202⑤：4，夹砂灰陶。仅存豆柄和豆座。豆座呈喇叭口状，底部边缘有一穿孔。底径9.8、残高7.8、厚0.8～1.5厘米（图二九七，6）。

碗　1件。

标本ⅤT0302④：25，夹砂灰陶。仅存腹部和器底。下腹斜收，台状底，底部微凹。底径9.0、残高8.3、厚0.6～1.8厘米（图二九七，9）。

罐　4件。

标本ⅤT0302④：26，夹砂灰陶。罐口部，领部以下残。圆唇，侈口，矮领。口径37.8、残高9.0、厚1.1厘米（图二九七，1）。

标本ⅤT0402④：11，夹砂黑褐陶。下腹和底部残。尖唇，敞口，斜沿，弧鼓腹。素面。口径11.9、残高6.9、厚0.5～0.7厘米（图二九七，3）。

标本ⅤT0402④：17，夹砂黑褐陶。下腹至底部残。圆唇，侈口，弧腹微鼓。素面。口径15.8、残高7.4、厚0.5～0.8厘米（图二九七，2）。

标本ⅤT0302④：27，夹砂黄褐陶。仅存底部。平底。素面。底径12.0、残高3.6、厚0.5～0.8厘米（图二九七，7）。

盆　1件。

标本ⅣT0103④：3，夹砂灰陶。盆腹底残片。斜腹。近口部和腹部饰绳纹。残高11.6、厚0.9～1.4厘米（图二九七，8）。

纺轮　6件。

标本ⅡT0102③：2，夹砂红褐陶。呈台体状，中间有圆形穿孔。顶径4.1、底径5.1、孔径0.8、厚1.3厘米（图二九八，4；彩版五五，1）。

标本ⅤT0202⑤：2，夹砂灰陶。残呈半圆饼状，残有半个圆形穿孔。直径4.6、孔径1.1、厚1.3厘米（图二九八，2）。

标本ⅤT0302④：13，夹砂红褐陶。由绳纹陶板瓦磨制而成。残呈半圆饼状，残有半个圆形穿孔。孔径1.1、厚1.3厘米（图二九八，3）。

标本ⅤT0302④：16，夹砂黄褐陶。呈圆饼状，中间有圆形穿孔。直径6.4、孔径1.0、厚1.2厘米（图二九八，5；彩版五五，2）。

标本ⅤT0302④：23，夹砂黄褐陶。残呈算珠状。中间有圆形穿孔。直径3.2、孔径0.4、厚2.5厘米（图二九八，1）。

标本ⅤT0402④：5，夹砂红褐陶。由绳纹陶片磨制而成。残呈圆饼状，中间有圆形穿孔。直径6.1、孔径0.3、厚1.0厘米（图二九八，6）。

圆陶片　10件。近圆形，不规整。

标本ⅣT0101④：1，夹砂灰陶。由绳纹瓦片打制而成。直径6.3、厚1.1厘米（图二九八，11）。

标本ⅣT0103④：1，夹砂灰陶。由绳纹瓦片打制而成。直径6.4、厚1.5厘米（图二九八，15）。

标本ⅣT0103④：2，夹砂灰陶。由绳纹瓦片打制而成。直径6.1、厚1.5厘米（图二九八，9）。

标本ⅣT0301④：1，夹砂灰陶。由绳纹瓦片磨制而成。直径4.3、厚1.3厘米（图二九八，8）。

标本ⅣT0405④：1，夹砂灰陶。由绳纹瓦片磨制而成。直径5.4、厚1.2厘米（图二九八，7）。

标本ⅣT0405④：2，夹砂灰陶。由绳纹瓦片打制而成。直径5.1、厚1.2厘米（图二九八，16）。

标本ⅣT0604④：2，夹砂红褐陶。由瓦片打制而成。直径3.2、厚1.2厘米（图二九八，13）。

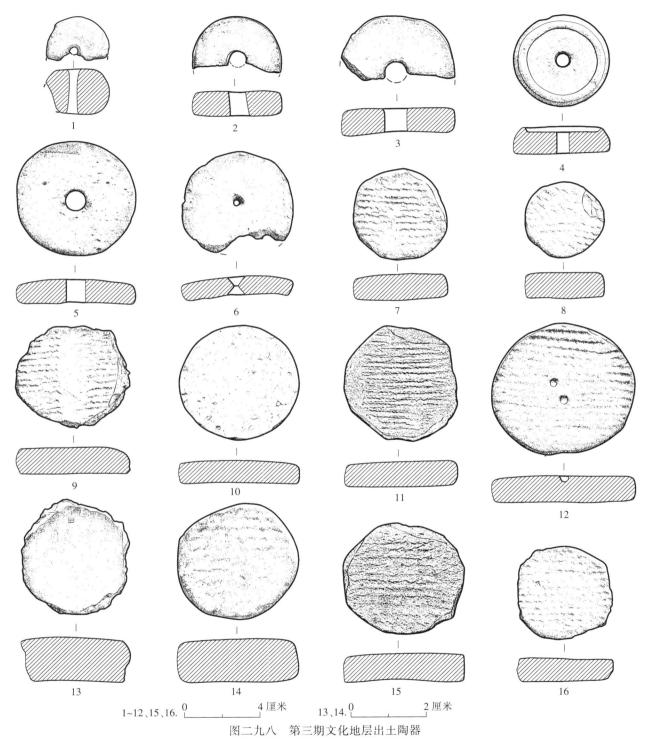

1~12、15、16. 0 ———— 4厘米　　13、14. 0 —— 2厘米

图二九八　第三期文化地层出土陶器

1~6. 纺轮（ⅤT0302④：23、ⅤT0202⑤：2、ⅤT0302④：13、ⅡT0102③：2、ⅤT0302④：16、ⅤT0402④：5）　7~16. 圆陶片（ⅣT0405④：1、ⅣT0301④：1、ⅣT0103④：2、ⅤT0302④：14、ⅣT0101④：1、ⅤT0402④：10、ⅣT0604④：2、ⅤT0202⑤：1、ⅣT0103④：1、ⅣT0405④：2）

标本Ⅴ T0202⑤：1，夹砂灰褐陶。由绳纹瓦片磨制而成。直径3.2、厚1.1厘米（图二九八，14）。

标本Ⅴ T0302④：14，夹砂白陶。由瓦片磨制而成。直径6.3、厚1.2厘米（图二九八，10）。

标本Ⅴ T0402④：10，夹砂灰陶。由绳纹瓦片磨制而成。两面各有两个钻孔痕，未钻透。直径7.7、厚1.3厘米（图二九八，12）。

（三）铜器

39件。有镞、铜饰件。

镞　38件。据镞身形态可分为锥形镞、无孔三翼镞、有孔三翼镞、双翼镞。

（1）锥形镞　26件。镞身呈三棱锥状，剖面呈三角形。

标本Ⅱ T0103③：1，镞身粗短。有倒刺，尾部有圆形铁铤。残长21.7、宽0.8、铤长19.9、铤径0.6厘米（图二九九，26；彩版五五，5）。

标本Ⅱ T0502③：2，镞身细长。尾部有铁铤残痕。残长3.1、宽0.6、孔径0.4厘米（图二九九，14；彩版五五，3）。

标本Ⅳ T0604④：1，镞身粗短。尾部残留有圆形铁铤。残长3.3、宽0.9、铤长0.7、铤径0.6厘米（图二九九，8）。

标本Ⅳ T0704④：4，镞身粗短。尾部残留有圆形铁铤。残长3.7、宽0.9、铤长1.5、铤径0.6厘米（图二九九，23）。

标本Ⅴ T0101⑤：3，镞身细长。尾部残留有圆形铁铤。残长4.3、宽0.7、铤长1.6、铤径0.7厘米（图二九九，10）。

标本Ⅴ T0101⑤：4，镞身粗短。尾部为柱突状，有铁铤锈痕。残长3.4、宽1.0、柱突长0.7、柱径0.5厘米（图二九九，20）。

标本Ⅴ T0101⑤：5，镞身粗短。尾部残留有圆形铁铤。残长3.0、宽0.7、铤长0.7、铤径0.6厘米（图二九九，12）。

标本Ⅴ T0101⑤：6，镞身略粗短。有倒刺，尾部残留有铁铤锈痕。残长2.9、宽0.7厘米（图二九九，17）。

标本Ⅴ T0201⑤：3，镞身粗短。尾部有柱突，并残留有铁铤锈痕。残长3.0、宽0.9、柱突长0.3、柱径0.5厘米（图二九九，2；彩版五五，4）。

标本Ⅴ T0302④：3，镞身略粗短。有倒刺，尾部残留铁铤痕。残长3.0、宽0.7、孔径0.5厘米（图二九九，5）。

标本Ⅴ T0302④：6，镞身粗短。尾部残，有铁铤锈痕。残长2.7、宽0.8厘米（图二九九，6）。

标本Ⅴ T0302④：9，镞身细长。尾部有铁铤锈痕。残长3.2、宽0.6厘米（图二九九，16；彩版五五，6）。

标本Ⅴ T0302④：19，镞身粗短。尾部有铁铤锈痕。残长2.7、宽0.9厘米（图二九九，1）。

标本Ⅴ T0401④：2，镞身粗短。尖部残，尾部残留有铁铤锈痕。残长2.8、宽0.9厘米（图二九九，3；彩版五五，7）。

标本Ⅴ T0401④：4，镞身粗短。尖部残，尾部残留有铁铤锈痕。残长2.6、宽1.1厘米（图二

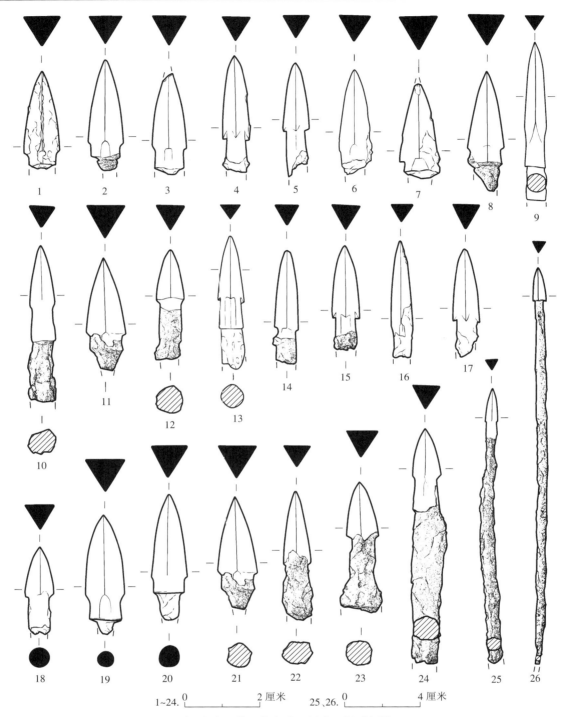

图二九九　第三期文化地层出土锥形铜镞

1~26. Ⅴ T0302④:19、Ⅴ T0201⑤:3、Ⅴ T0401④:2、Ⅴ T0401④:6、Ⅴ T0302④:3、Ⅴ T0302④:6、Ⅴ T0401④:4、
Ⅳ T0604④:1、Ⅴ T0401④:8、Ⅴ T0101⑤:3、Ⅴ T0401④:15、Ⅴ T0101⑤:5、Ⅴ T0401④:14、Ⅱ T0502③:2、Ⅴ T0401④:7、
Ⅴ T0302④:9、Ⅴ T0101⑤:6、Ⅴ T0402④:7、Ⅴ T0402④:1、Ⅴ T0101⑤:4、Ⅴ T0401④:16、Ⅴ T0401④:13、Ⅳ T0704④:4、
Ⅴ T0401④:5、Ⅴ T0402④:8、Ⅱ T0103③:1

九九，7）。

　　标本Ⅴ T0401④:5，镞身粗短。尾部残留有圆形铁铤。残长6.4、宽0.8、铤长4.0、铤径0.7
厘米（图二九九，24）。

标本ⅤT0401④：6，镞身细长。有倒刺，尾部残留有铁铤锈痕。残长3.2、宽0.8厘米（图二九九，4；彩版五五，8）。

标本ⅤT0401④：7，镞身略粗短。有倒刺，尾部残留有铁铤锈痕。残长2.8、宽0.7厘米（图二九九，15；彩版五六，1）。

标本ⅤT0401④：8，镞身细长。尾部残留有圆形铁铤。残长4.4、宽0.6、铤长0.9、铤径0.5厘米（图二九九，9；彩版五六，2）。

标本ⅤT0401④：13，镞身略粗短。尾部残留有铁铤。残长3.5、宽0.7、铤长1.1、铤径0.6厘米（图二九九，22）。

标本ⅤT0401④：14，镞身略粗短。有倒刺，尾部残留有圆形铁铤。残长3.6、宽0.7、铤长1.1、铤径0.6厘米（图二九九，13；彩版五六，3）。

标本ⅤT0401④：15，镞身粗短。尾部为柱突状，残留有铁铤锈痕。残长3.1、宽1.0、柱突长0.5、柱径0.6厘米（图二九九，11；彩版五六，4）。

标本ⅤT0401④：16，镞身粗短。尾部为柱突状，残留有铁铤锈痕。残长3.1、宽1.0、柱突长0.6、柱径0.6厘米（图二九九，21）。

标本ⅤT0402④：1，镞身粗短。尾部有柱突，并残留有铁铤锈痕。残长3.2、宽1.0、柱突长0.4、柱径0.4厘米（图二九九，19；彩版五六，5）。

标本ⅤT0402④：7，镞身粗短。尾部有装铁铤的插孔，残留有铁铤锈痕。残长2.4、宽0.7、孔外径0.5厘米（图二九九，18）。

标本ⅤT0402④：8，镞身细长。有倒刺，尾部残留有圆形铁铤。残长15.1、宽0.7、铤长12.2、铤径0.6厘米（图二九九，25）。

（2）无孔三翼镞　8件。镞身呈三翼状。尖锋，斜刃。

标本ⅡT0102③：1，体略粗短。尾部为柱突状。残长4.3、宽1.1、柱突长0.5、柱径0.5厘米（图三〇〇，9）。

标本ⅣT0501④：5，体略粗短。尾部残留有圆形铁铤。残长5.5、宽1.1、铤长1.2、铤径0.6厘米（图三〇〇，7；彩版五六，6）。

标本ⅣT0502④：6，体略粗短。尾部残留有圆形铁铤。残长5.5、宽1.3、铤长1.2、铤径0.8厘米（图三〇〇，8；彩版五六，7）。

标本ⅤT0202⑤：3，体略粗短。尾部有铁铤锈痕。残长4.0、宽1.0厘米（图三〇〇，6；彩版五六，8）。

标本ⅤT0302④：2，体细长。尾部残存铁铤锈痕。残长3.3、宽0.7厘米（图三〇〇，12；彩版五六，9）。

标本ⅤT0401④：3，体细长。尾部残。残长3.6、宽1.1厘米（图三〇〇，5）。

标本ⅤT0402④：6，体粗短。尾部残留有铁铤。残长3.1、宽1.0、铤长0.4、铤径0.6厘米（图三〇〇，10；彩版五七，1）。

标本ⅤT0402④：15，体略粗短。尾部装铜铤。残长7.7、宽1.1、铤长3.0、铤径0.5厘米（图三〇〇，11；彩版五七，2）。

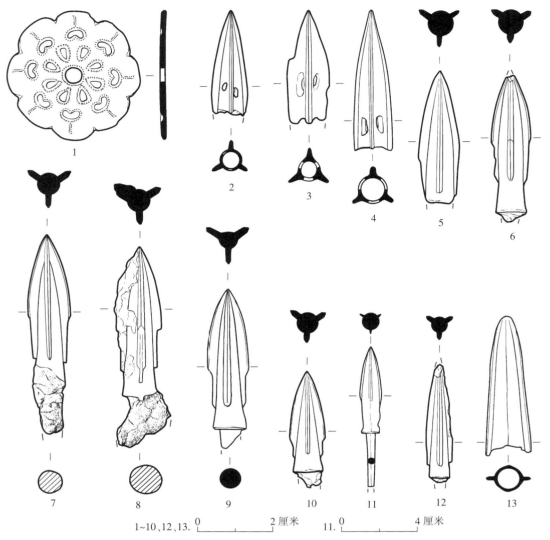

1~10、12、13. 0 ____ 2厘米   11. 0 ____ 4厘米

图三〇〇　第三期文化地层出土铜器

1. 饰件（ⅡT0401③:4）　2~4. 有孔三翼镞（ⅡT0302③:2、ⅣT0206④:1、ⅤT0401④:11）　5~12. 无孔三翼镞
（ⅤT0401④:3、ⅤT0202⑤:3、ⅣT0501④:5、ⅣT0502④:6、ⅡT0102③:1、ⅤT0402④:6、ⅤT0402④:15、ⅤT0302④:2）
13. 双翼有銎镞（ⅤT0401④:12）

（3）有孔三翼镞　3件。镞身为三翼状。尖锋，斜刃，近底部开有三孔，三孔与尾部装铤的插孔相通。

标本ⅡT0302③:2，体粗短。残长2.8、宽1.0、插孔径0.6厘米（图三〇〇，2；彩版五七，3）。

标本ⅣT0206④:1，体粗短。残长3.3、宽1.2、插孔径0.5厘米（图三〇〇，3）。

标本ⅤT0401④:11，体细长，镞身为三翼状。尖锋，斜刃，近底部开有三孔，三孔与尾部装铤的圆銎相通。通长3.9、宽1.0、插孔径0.7厘米（图三〇〇，4；彩版五七，4）。

（4）双翼镞　1件。

标本ⅤT0401④:12，镞身细长呈剑形，镞身为双翼状。圆锋，斜刃，尾部有圆銎。长3.8、宽1.2、銎径0.7、銎深2.6厘米（图三〇〇，13；彩版五七，5）。

饰件　1件。

标本ⅡT0401③:4，整体呈花瓣状。中心有圆形穿孔，穿孔外有八个水滴形錾刻花纹，水滴形花纹外有八个心形图案，外缘呈连弧状。围绕圆形穿孔、水滴形图案和心形图案饰有连珠纹，心形图案和连弧状边缘间亦有连珠纹带相连。直径 3.4、孔径 0.4、厚 0.1 厘米（图三〇〇，1；彩版五七，6）。

（四）铁器

12 件。主要有镞、斧、钉、铲。

镞　4 件。据镞身形态可分为三棱锥形镞、四棱锥形镞、矛形镞。

（1）三棱锥形镞　1 件。

标本 V T0301④：4，镞身细长呈三棱锥状，剖面呈三角形。尖部残，无倒刺，铤残。残长 4.7、宽 0.9、铤长 1.5、铤径 0.3 厘米（图三〇一，4；彩版五七，7）。

（2）四棱锥形镞　2 件。体细长，镞身呈四棱锥状，剖面呈方形。细长铤，剖面呈圆形。

标本 V T0301④：11，尖部残。通长 8.6、宽 0.6、铤长 5.4、铤径 0.4 厘米（图三〇一，3；彩版五七，8）。

标本 V T0302④：4，残。通长 5.7、宽 0.7、铤长 2.7、铤径 0.4 厘米（图三〇一，6）。

（3）矛形镞　1 件。

标本 V T0301④：2，体细长，镞身呈矛形，剖面呈菱形。铤残，剖面为圆形。残长 5.5、宽 0.9、厚 0.6、铤长 2.2、径 0.3 厘米（图三〇一，5；彩版五七，9）。

斧　4 件。

标本 Ⅱ T0101③：6，銎口残。平面呈长方形。直边，直刃。宽 6.3、残高 8.5、厚 1.4 厘米（图三〇一，7；彩版五八，1）。

标本 V T0302④：11，銎部残。平面呈长方形。直边，直角，直刃。宽 6.9、残高 4.8、厚 1.0 厘米（图三〇一，9）。

标本 V T0401④：1，平面呈长方形。长方形銎口，直边，圆角，弧刃。近銎口处饰两周凸弦纹。宽 7.3、高 12.5、厚 0.9 厘米，銎口长 6.0、宽 3.0、深 9.3 厘米（图三〇一，10；彩版五八，2）。

标本 V T0402④：2，銎口残。平面呈长方形。直边，圆角，直刃。宽 6.9、残高 6.9、厚 0.8 厘米（图三〇一，8）。

钉　2 件。

标本 V T0301④：5，体略粗短。钉帽为方形，钉身为长方体状，尖部残。残长 6.4、宽 0.7 厘米，钉帽边长 1.8 厘米（图三〇一，2；彩版五八，3）。

标本 V T0302④：10，体细长。钉帽呈扁平状，向一侧倾斜，钉身为长方体锥状，尖部残。长 8.2、宽 0.7、厚 0.5 厘米（图三〇一，1；彩版五八，4）。

铲　2 件。

标本 V T0301④：3，仅存銎口和肩部。銎口呈六边形，正面饰两道弦纹。铲面残，有脊。残宽 6.4、高 7.5、厚 0.8 厘米，銎口长 4.1、宽 2.2、深 5.9 厘米（图三〇一，11）。

标本 V T0302④：12，刃部残。平面呈梯形。銎口呈六边形，正面饰两道弦纹。溜肩。铲身边缘起棱，铲面饰一对单线卷云纹。宽 11.8、残高 9.4、厚 0.6 厘米，銎口长 4.5、宽 2.2、深 6.3 厘米（图三〇一，12）。

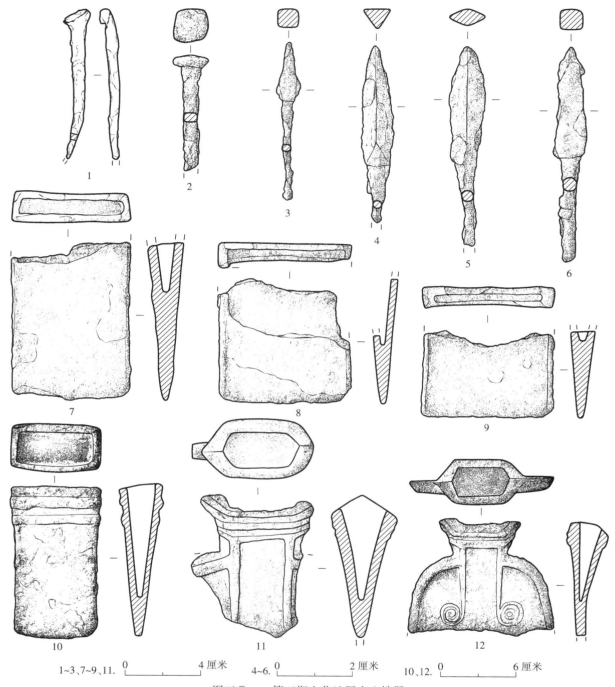

1~3、7~9、11. 0 — 4厘米　　4~6. 0 — 2厘米　　10、12. 0 — 6厘米

图三〇一　第三期文化地层出土铁器

1、2. 钉（ⅤT0302④：10、ⅤT0301④：5）　　3、6. 四棱锥形镞（ⅤT0301④：11、ⅤT0302④：4）　　4. 三棱锥形镞（ⅤT0301④：4）
5. 矛形镞（ⅤT0301④：2）　　7~10. 斧（ⅡT0101③：6、ⅤT0402④：2、ⅤT0302④：11、ⅤT0401④：1）　　11、12. 铲（ⅤT0301④：
3、ⅤT0302④：12）

（五）骨蚌器

2件。有骨镞和圆蚌片。

骨镞　1件。

标本ⅤT0201⑤：6，仅存镞尖部。呈圆锥状。残长1.9、径0.7厘米（图三〇二，5）。

圆蚌片　1件。

标本ⅣT0501④：1，由蚌壳打制而成。近圆形，不规整。直径5.0、厚1.1厘米（图三〇二，2）。

（六）石器

4件。有石刻、石饼、玛瑙珠。

石刻　1件。

标本ⅤT0301④：13，由砂岩雕刻而成。背部磨平，所属石刻类型不可辨。残长17.6、宽11.2、厚8.4厘米（图三〇二，4）。

石饼　2件。

标本ⅣT0401④：3，石块打制而成。近圆形，不规整。直径8.4、厚2.4厘米（图三〇二，3）。

标本ⅤT0101⑤：2，石块磨制而成。剖面呈圆丘状，不规整。直径7.4、厚3.2厘米（图三〇二，6）。

玛瑙珠　1件。

标本ⅤT0302④：24，磨制而成。呈圆形，不规整，中间有圆形穿孔。直径1.1、孔径0.2厘米（图三〇二，1；彩版五八，5）。

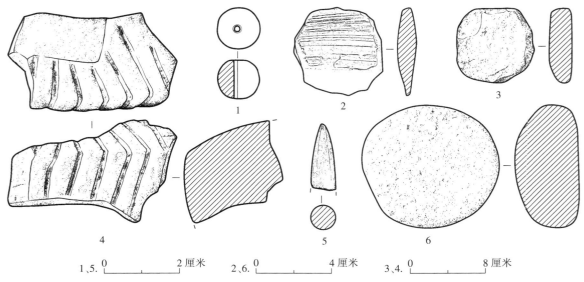

图三〇二　第三期文化地层出土器物

1. 玛瑙珠（ⅤT0302④：24）　2. 圆蚌片（ⅣT0501④：1）　3、6. 石饼（ⅣT0401④：3、ⅤT0101⑤：2）　4. 石刻（ⅤT0301④：13）　5. 骨镞（ⅤT0201⑤：6）

（七）钱币

2件。均为"五铢"钱。

标本ⅤT0401④：17，圆形，方孔，有郭。正面篆书"五铢"二字。直径2.2、穿孔宽0.9、厚0.1厘米。重1.68克（图三〇三，1；彩版五八，6）。

标本ⅤT0402④：18，圆形，方孔，无郭，背

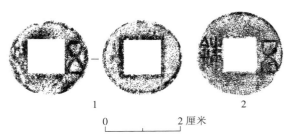

图三〇三　第三期文化地层出土钱币

1、2. "五铢"钱（ⅤT0401④：17、ⅤT0402④：18）拓片

平。正面篆书"五铢"二字，字迹较模糊。直径 2.3、穿孔宽 0.9、厚 0.1 厘米。重 1.51 克（图三〇三，2；彩版五八，7）。

第五节　第四期文化遗存

一、遗迹

（一）灰坑

第四期文化遗存有灰坑 25 座。

ⅤH5

位于ⅤT0202 西南部，开口于④层下，打破ⅤJ1 填土。坑口平面近圆形，直壁，平底。口径 0.54、深 0.38 米（图三〇四）。坑内填土为黑灰色砂土，土质疏松。出土遗物较少。

ⅤH10

位于ⅤT0101 中部，开口于③层下，打破④层和ⅤH16、ⅤH33。坑口平面呈长方形，直壁，平底。口长 1.65、宽 0.95、深 0.15 米（图三〇五）。坑内填土为黑灰色砂土，土质疏松。出土遗物较少。

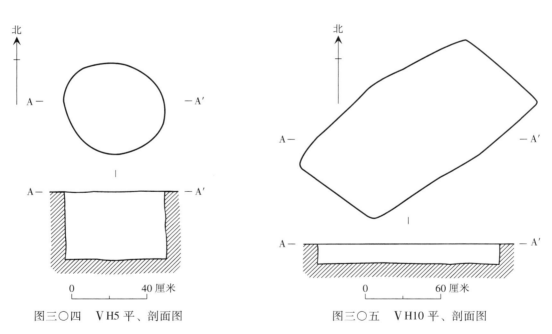

图三〇四　ⅤH5 平、剖面图　　　　　　图三〇五　ⅤH10 平、剖面图

ⅤH13

位于ⅤT0101 西南部，开口于③层下，被ⅤH3、ⅤH8、ⅤH12 打破，打破④层。坑口平面近椭圆形，直壁，底不平。口长径 1.76、短径 1.53、深 0.57 米（图三〇六）。坑内填土为黑灰色砂土，土质疏松。出土遗物较少。

ⅤH15

位于ⅤT0102 西部，开口于③层下，被ⅤH14 打破，打破④层和ⅤH20。坑口平面近椭圆形，斜直壁，平底。口长 2.37、深 0.56 米（图三〇七）。坑内填土为黑灰色砂土，土质疏松。出土遗物较少。

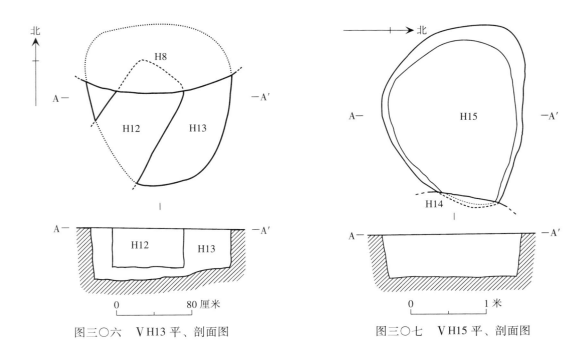

图三〇六　Ⅴ H13 平、剖面图　　　　　图三〇七　Ⅴ H15 平、剖面图

Ⅴ H16

位于 Ⅴ T0101 中部，开口于③层下，被 Ⅴ G3、Ⅴ H10 打破，打破④层。坑口平面呈不规则形，弧壁，圜底。口长径 1.44、深 0.48 米（图三〇八）。坑内填土为黑灰色砂土，土质疏松。出土遗物较少。

Ⅴ H17

位于 Ⅴ T0101 东北部，开口于③层下，被 Ⅴ H11 打破，打破④层、Ⅴ J1 和生土。坑口平面呈椭圆形，弧壁，圜底。口长径 6.34、短径 4.82、深 2.0 米（图三〇九；彩版五九，1）。坑内填土为黑灰色砂土，土质疏松。出土了兽骨和少量夹砂黄陶片。

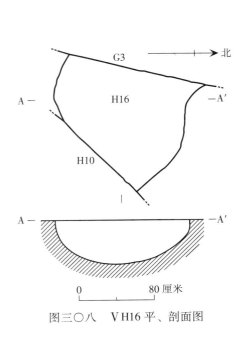

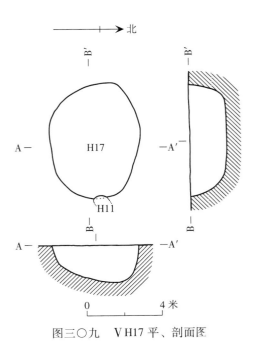

图三〇八　Ⅴ H16 平、剖面图　　　　　图三〇九　Ⅴ H17 平、剖面图

出土遗物 1 件。为陶壶口沿。

标本 Ⅴ H17：1，夹砂黄陶。肩部以下残。圆唇，侈口，短颈，溜肩。肩部模印两周席纹带。口径 15.4、残高 12.9、厚 0.6 厘米（图三一〇）。

Ⅴ H19

位于 Ⅴ T0102 西南部，开口于④层下，打破⑤层和 Ⅴ H29。已发掘部分坑口平面呈半圆形，直壁，底不平。已发掘部分口径 2.5、深 0.4 米（图三一一）。坑内填土为黑灰色砂土，土质疏松。出土遗物较少。

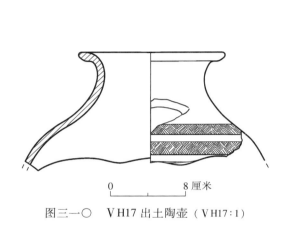

图三一〇　Ⅴ H17 出土陶壶（Ⅴ H17：1）

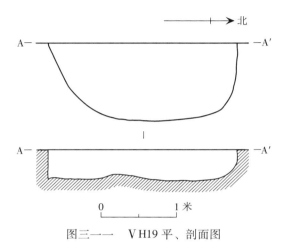

图三一一　Ⅴ H19 平、剖面图

Ⅴ H20

位于 Ⅴ T0102 中部，开口于④层下，被 Ⅴ H14、Ⅴ H15 打破，打破⑤层。坑口平面呈圆角方形，斜壁，底不平。口长 2.36、宽 1.92、深 0.5 米（图三一二；彩版五九，2）。坑内填土为黑灰色砂土，土质疏松。出土遗物较少。

Ⅴ H28

位于 Ⅴ T0102 东南部，开口于④层下，打破 Ⅴ J1。坑口平面呈长条形，直壁，圜底。口长径 4.5、短径 1.9、深 0.43 米（图三一三）。坑内填土为黑灰色砂土，土质疏松。出土了少量夹砂陶片和兽骨。

出土遗物共 2 件。有陶罐、铁镞。

陶罐　1 件。

标本 Ⅴ H28：2，夹砂黑褐陶。下腹部及底部残。圆唇，侈口，短束颈，垂腹。颈部饰一周短竖线纹。口径 18.0、残高 8.5、厚 0.5~1.0 厘米（图三一四，2）。

铁镞　1 件。为四棱锥形镞。

标本 Ⅴ H28：1，体细长，镞身呈四棱锥状，剖面呈方形。细长铤，剖面呈圆形。残长 6.0、宽 0.7、铤长 2.2、铤径 0.4 厘米（图三一四，1）。

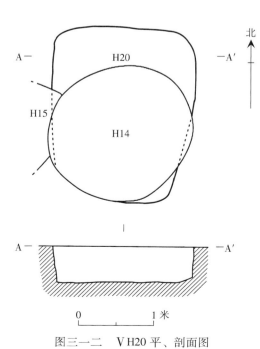

图三一二　Ⅴ H20 平、剖面图

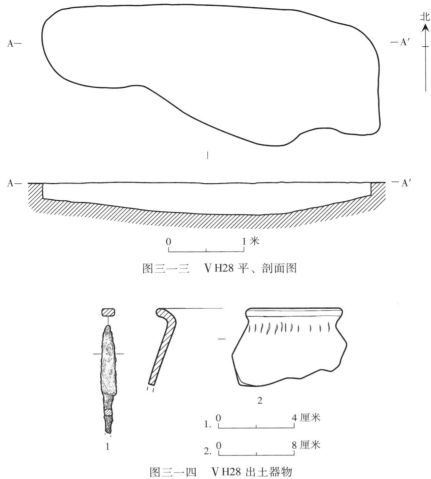

图三一三　ⅤH28 平、剖面图

1. 四棱锥形铁镞（ⅤH28∶1）　2. 陶罐口沿（ⅤH28∶2）

图三一四　ⅤH28 出土器物

ⅤH29

位于ⅤT0102 西南部，开口于④层下，被ⅤH19 打破，打破⑤层和ⅤH30、ⅤJ1。坑口平面呈长条形，斜壁，平底。口长径 3.97、短径 0.75、深 0.45 米（图三一五）。坑内填土为黑灰色砂土，土质疏松。出土少量陶片和兽骨。

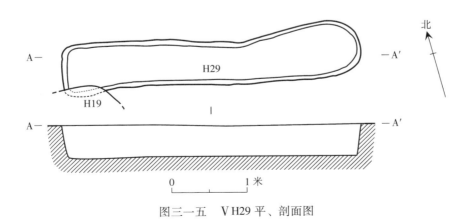

图三一五　ⅤH29 平、剖面图

出土遗物共 2 件。均为陶器。有罐和圆陶片。

罐　1 件。

标本 V H29：1，夹砂黑褐陶。下腹部及底部残。圆唇，侈口，弧腹。近口沿处饰一周短竖线纹。口径 26.0、残高 9.8、厚 0.5～1.0 厘米（图三一六，1）。

圆陶片　1 件。

标本 V H29：2，夹砂灰陶。由绳纹陶片磨制而成。呈圆饼状。直径 4.0、厚 1.3 厘米（图三一六，2）。

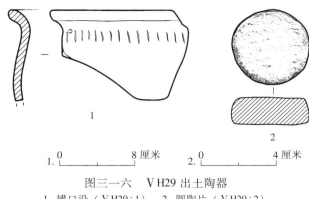

图三一六　V H29 出土陶器
1. 罐口沿（V H29：1）　2. 圆陶片（V H29：2）

V H30

位于 V T0102 西南部，开口于④层下，被 V G3、V H29 打破，打破⑤层和 V J1。坑口平面呈不规则形，斜直壁，平底。口长径 1.79、深 0.44 米（图三一七）。坑内填土为黑灰色砂土，土质疏松。出土遗物较少。

V H31

位于 V T0101 中北部，开口于④层下，打破⑤层和 V J1。坑口平面呈椭圆形，袋形坑，弧壁，圜底。口长径 1.52、短径 1.25、深 0.67 米（图三一八）。坑内填土为黑灰色砂土，土质疏松。出土遗物较少。

出土遗物 1 件。为陶纺轮。

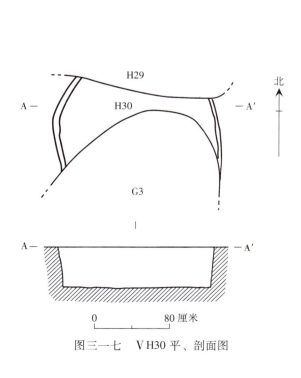

图三一七　V H30 平、剖面图

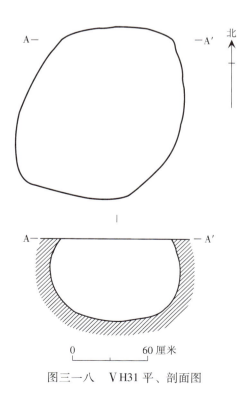

图三一八　V H31 平、剖面图

标本 V H31:1，夹砂灰陶。呈圆饼状，两面边缘起棱，中间有圆形穿孔。直径 4.9、孔径 1.1、厚 1.3 厘米（图三一九；彩版六〇，1）。

V H32

位于 V T0101 中北部，开口于④层下，打破⑤层。坑口平面呈椭圆形，斜直壁，底不平。口长径 0.82、短径 0.67、深 0.2 米（图三二〇）。坑内填土为黑灰色砂土，土质疏松。出土遗物较少。

V H33

位于 V T0101 中北部，开口于④层下，被 V H10 打破，打破⑤层。坑口平面近椭圆形，斜直壁，平底。口长径 0.87、短径 0.75、深 0.6 米（图三二一）。坑内填土为黑灰色砂土，土质疏松。出土遗物较少。

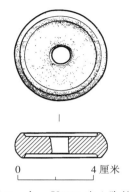

图三一九　V H31 出土陶纺轮
（ V H31:1）

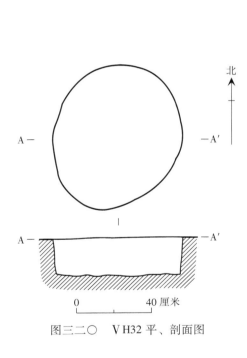

图三二〇　V H32 平、剖面图

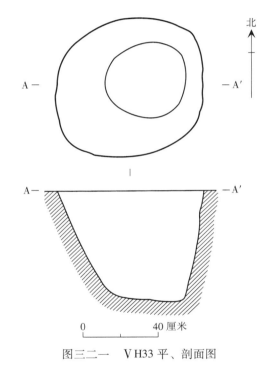

图三二一　V H33 平、剖面图

V H34

位于 V T0101 中北部，开口于④层下，打破 V J1。坑口平面呈椭圆形，弧壁，圜底。口长径 1.22、短径 0.88、深 0.4 米（图三二二）。坑内填土为黑灰色砂土，土质疏松。出土遗物较少。

出土遗物 1 件。为铜帽。

标本 V H34:1，体粗短，呈棱柱状，中空。长 1.6、外径 1.4、孔径 0.8 厘米（图三二三）。

V H38

位于 V T0101 南扩方，开口于③层下，打破 V J1。坑口平面呈圆形，直壁，平底。口径 1.56、深 0.36 米（图三二四）。坑内填土为黑灰色砂土，土质疏松。无遗物出土。

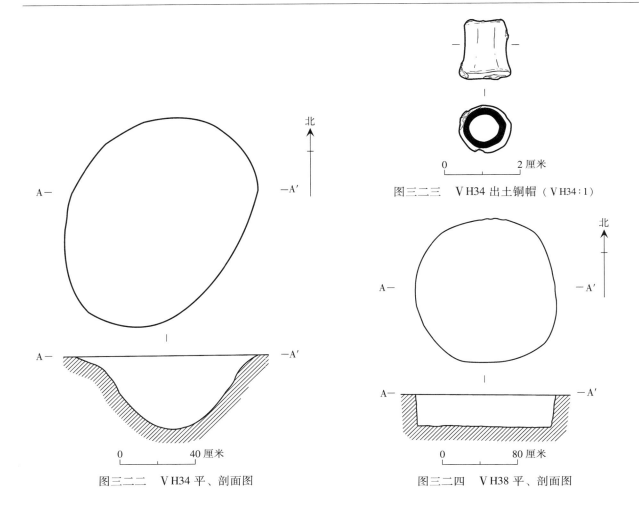

图三二三　ⅤH34 出土铜帽（ⅤH34∶1）

图三二二　ⅤH34 平、剖面图

图三二四　ⅤH38 平、剖面图

ⅤH39

位于ⅤT0202 东部，开口于④层下，打破⑤层。已发掘部分坑口平面呈半圆形，弧壁，圜底。已清理部分口长 1.7、深 0.3 米（图三二五）。坑内填土为黑灰色砂土，土质疏松。出土遗物较少。

ⅤH70

位于ⅤT0302 西南部，开口于④层下，打破⑤层和ⅤH96。已发掘部分坑口平面呈弧三角形，弧壁，平底。已发掘部分口长 1.15、宽 0.8、深 0.1 米（图三二六）。坑内填土为灰黑色砂土，土质疏松。出土遗物较少。

出土遗物 1 件。为陶罐。

标本ⅤH70∶1，夹砂黑褐陶。下腹部及底部残。圆唇，侈口，短束颈，腹微鼓。颈部饰一周短竖线纹。口径 18.0、残高 12.4、厚 0.2～0.6 厘米（图三二七）。

ⅤH93

位于ⅤT0301 中部，开口于④层下，打破⑤层和ⅤH95、ⅤH98、ⅤH99、ⅤH101。坑口平面近椭圆形，直壁，平底。口长径 2.02、短径 1.53、深 0.28 米（图三二八）。坑内填土为灰黑色砂土，土质疏松。无遗物出土。

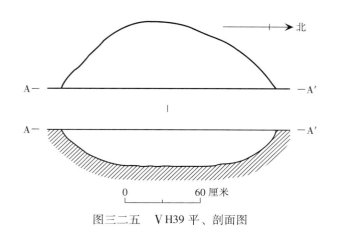

图三二五　Ⅴ H39 平、剖面图

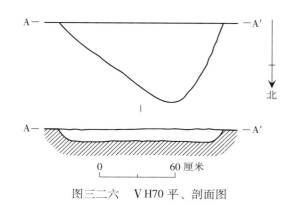

图三二六　Ⅴ H70 平、剖面图

Ⅴ H98

位于Ⅴ T0301 中部，开口于④层下，被Ⅴ H93 打破。坑口平面近椭圆形，直壁，平底。口长径 1.19、短径0.86、深0.2米（图三二九）。坑内填土为灰黑色砂土，土质疏松。出土遗物较少。

Ⅴ H99

位于Ⅴ T0301 中部，开口于④层下，被Ⅴ H93 打破。坑口平面近椭圆形，直壁，平底。口长径 0.78、短径0.7、深0.15米（图三三〇）。坑内填土为灰黑色砂土，土质疏松。出土遗物较少。

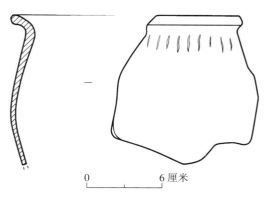

图三二七　Ⅴ H70 出土陶罐（Ⅴ H70：1）

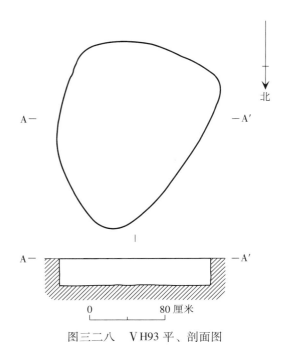

图三二八　Ⅴ H93 平、剖面图

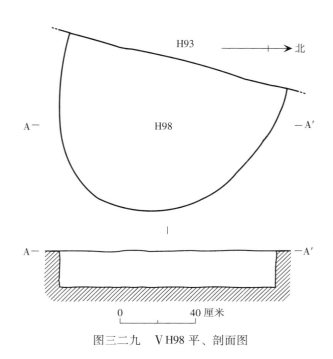

图三二九　Ⅴ H98 平、剖面图

ⅤH114

位于ⅤT0102东部，开口于④层下，打破⑤层和ⅤJ1。坑口平面呈椭圆形，弧壁，底不平。口长径1.94、短径1.37、深0.38米（图三三一）。坑内填土为黑灰色砂土，土质疏松。无遗物出土。

ⅤH117

位于ⅤT0101南扩方，开口于④层下，打破ⅤJ1。坑口平面呈圆角长方形，弧壁，圜底。口长3.1、宽1.63、深0.73米（图三三二）。坑内填土为黑灰色砂土，土质疏松。未出土遗物。

ⅤH120

位于ⅤT0101南扩方，开口于④层下，打破ⅤJ1。坑口平面呈椭圆形，斜直壁，底不平。口长径0.9、短径0.67、深0.1米（图三三三）。坑内填土为黑灰色砂土，土质疏松。未出土遗物。

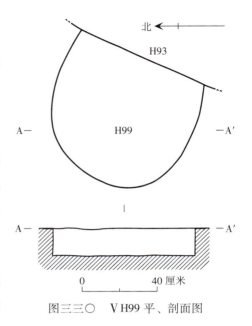

图三三〇　ⅤH99平、剖面图

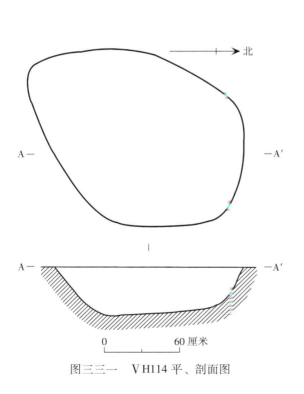

图三三一　ⅤH114平、剖面图

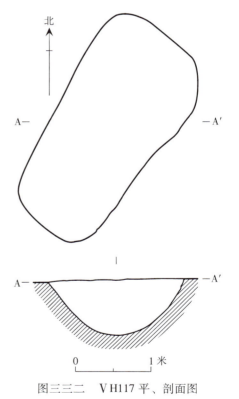

图三三二　ⅤH117平、剖面图

ⅤH122

位于ⅤT0201南扩方，开口于④层下，被ⅤH121打破，打破ⅤJ1。已发掘部分坑口平面呈弧三角形，弧壁，圜底。已发掘部分口长径1.09、短径0.34、深0.3米（图三三四）。坑内填土为黑灰色砂土，土质疏松。未出土遗物。

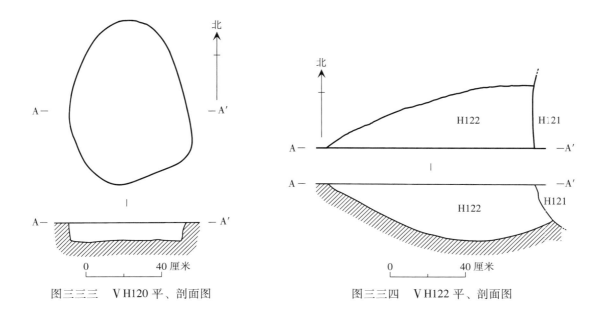

图三三三 ⅤH120 平、剖面图　　　　图三三四 ⅤH122 平、剖面图

（二）灰沟

第四期文化遗存有灰沟 2 条。

ⅤG2

位于ⅤT0101 东南部，开口于④层下，打破⑤层和ⅤJ1。沟口平面呈长条形，斜壁，平底。上口长 6.9、宽 1.06、底长 6.7、宽 0.88、深 0.36～0.40 米（图三三五）。坑内填土为黑灰色砂土，土质疏松。出土遗物较少。

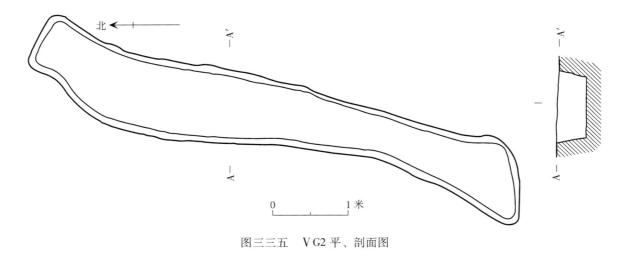

图三三五 ⅤG2 平、剖面图

ⅤG4

位于ⅤT0101 西南部，开口于④层下，被ⅤG3 打破，打破ⅤJ1。沟口平面呈长条形，直壁，平底。沟口长 3.8、宽 0.44～0.92、深 0.22 米（图三三六）。坑内填土为黑灰土，土质疏松。出土遗物较少。

二、地层出土遗物

第四期文化地层出土遗物共 44 件。有陶器、铁器、骨角器。

（一）陶器

33 件。主要有壶、罐、盆、杯、器腹、器底、器耳、纺轮、圆陶片等。

壶　6 件。

标本 Ⅴ T0101④：5，夹砂黑陶。壶口沿。圆唇，侈口，短颈，颈部以下残。颈部饰一周刻划纹。口径 12.2、残高 8.7、厚 0.5～1.0 厘米（图三三七，6）。

标本 Ⅴ T0101④：6，夹砂灰陶。壶口沿。方唇，侈口，短颈，颈部以下残。颈部饰一周刻划纹。口径 14.0、残高 7.5、厚 0.6～0.9 厘米（图三三七，7）。

标本 Ⅴ T0202④：12，夹砂灰陶。仅存下腹和底部。下腹斜收，平底。腹部饰菱格暗纹。残高 10.6、厚 0.6 厘米（图三三七，8；彩版六〇，2）。

标本 Ⅴ T0202④：10，夹砂灰陶。圆唇，侈口，长颈，溜肩，上腹微鼓，下腹弧收，平底。展沿内侧有模印符号，颈部饰竖向暗纹带，肩部及腹部模印重菱格纹，器表残留十个焗孔。口径 15.5、底径 12.4、高 36.9、厚 1.0～1.5 厘米（图三三七，10；彩版六〇，3）。

标本 Ⅴ T0402③：26，夹砂黄褐陶。壶口沿。圆唇，侈口，短束颈，颈部以下残。颈部饰一周刻划纹。口径 12.0、残高 6.3、厚 0.8 厘米（图三三七，4）。

标本 Ⅴ T0402③：27，夹砂灰陶。仅存颈部和肩部。短颈，溜肩。肩部饰一周弦纹，弦纹下为模印席纹。残高 12.8、厚 0.7～0.9 厘米（图三三七，9）。

罐　4 件。

标本 Ⅴ T0102③：7，夹砂灰褐陶。罐口沿。圆唇，敞口，短颈。颈部饰一周刻划纹。残高 4.0、厚 0.5 厘米（图三三七，5）。

标本 Ⅴ T0102④：18，夹砂灰褐陶。罐口沿。圆唇，侈口。器表饰刻划纹。残高 5.8、厚 0.8 厘米（图三三七，2）。

标本 Ⅴ T0202④：8，夹砂灰褐陶。罐口沿。圆唇，敞口，短颈。颈部饰一周刻划纹。残高 6.0、厚 0.9 厘米（图三三七，1）。

标本 Ⅴ T0202④：13，夹砂黑褐陶。罐口沿。圆唇，侈口，短颈。颈部饰两周凹弦纹，弦纹之间有交错的斜向刻划纹。残高 5.2、厚 0.5～0.9 厘米（图三三七，3）。

盆　1 件。

标本 Ⅴ T0102④：21，夹砂灰陶。盆口沿。方唇，敞口，展沿，沿面有凹槽，腹弧收，底部残。

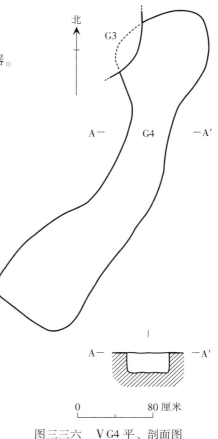

图三三六　Ⅴ G4 平、剖面图

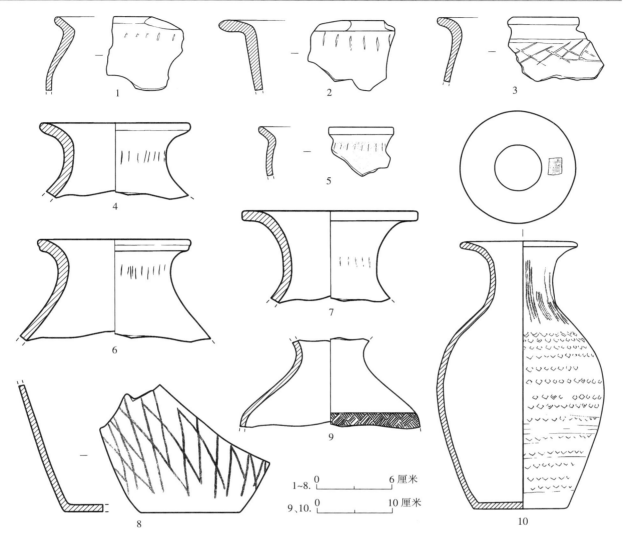

图三三七 第四期文化地层出土陶器

1~3、5. 罐（ⅤT0202④：8、ⅤT0102④：18、ⅤT0202④：13、ⅤT0102③：7） 4、6~10. 壶（ⅤT0402③：26、ⅤT0101④：5、ⅤT0101④：6、ⅤT0202④：12、ⅤT0402③：27、ⅤT0202④：10）

残高11.6、厚0.8厘米（图三三八，1）。

杯 1件。

标本ⅤT0101④：3，夹砂灰陶。仅存下腹部和底部。平底。素面，近底部有削胎痕。底径6.2、残高3.7、厚0.6~1.3厘米（图三三八，2）。

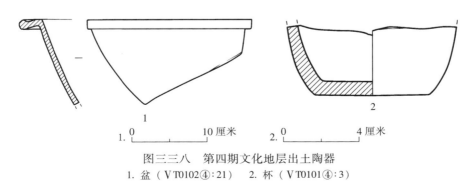

图三三八 第四期文化地层出土陶器

1. 盆（ⅤT0102④：21） 2. 杯（ⅤT0101④：3）

器腹残片　10 件。

标本ⅤT0101④：8，夹砂灰陶。器表饰模印重圈纹。残高 10.2、厚 1.0 厘米（图三三九，11）。

标本ⅤT0101④：9，夹砂灰陶。器表饰弦纹和压印几何纹。残高 7.6、厚 0.8～1.0 厘米（图三三九，4）。

标本ⅤT0101④：10，夹砂灰陶。器表饰弦纹和压印几何纹。残高 6.9、厚 0.5 厘米（图三三九，6）。

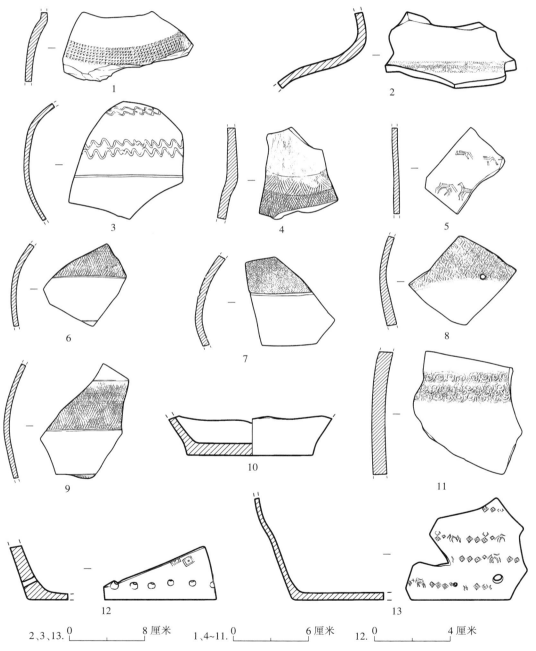

图三三九　第四期文化地层出土陶器

1～9、11. 器腹残片（ⅤT0202④：17、ⅤT0201④：18、ⅤT0101④：4、ⅤT0101④：9、ⅤT0202④：16、ⅤT0101④：10、ⅤT0201④：6、ⅤT0202④：14、ⅤT0102④：15、ⅤT0101④：8）　10、12、13. 器底残片（ⅤT0202④：18、ⅤT0102④：19、ⅤT0102④：16）

标本ⅤT0101④：4，夹砂黑陶。器表饰四周水波纹。残高12.9、厚0.5~0.7厘米（图三三九，3）。

标本ⅤT0102④：15，夹砂灰陶。器表饰两周弦纹，弦纹带之间压印几何纹。残高9.5、厚0.5厘米（图三三九，9）。

标本ⅤT0201④：6，夹砂灰陶。器表饰压印几何纹。残高7.4、厚0.5厘米（图三三九，7）。

标本ⅤT0201④：18，夹砂灰陶。器表饰箆齿组成的弦纹和圆圈纹。残高8.4、厚1.0厘米（图三三九，2）。

标本ⅤT0202④：14，夹砂灰陶。器表模印重菱纹，另有一焗孔。残高7.4、厚0.5~0.8厘米（图三三九，8）。

标本ⅤT0202④：16，夹砂灰陶。器表饰两周模印马纹。残高7.2、厚0.4厘米（图三三九，5）。

标本ⅤT0202④：17，夹砂灰陶。器表模印小方格纹。残高5.7、厚0.6厘米（图三三九，1）。

器底残片　3件。

标本ⅤT0102④：16，夹砂黑褐陶。仅存下腹部和底部。下腹斜收，平底。器表饰重菱纹和马纹。底径10.6、残高11.2、厚0.4~0.7厘米（图三三九，13；彩版六〇，4）。

标本ⅤT0102④：19，夹砂灰陶。仅存下腹部和底部。近底部残存六个圆形穿孔。器表饰重菱纹。残高2.8、厚0.4~1.0厘米（图三三九，12）。

标本ⅤT0202④：18，夹砂灰陶。平底。素面。底径9.9、残高3.4、厚0.6~0.9厘米（图三三九，10）。

器耳　2件。

标本ⅤT0102④：4，夹砂灰陶。腹部残片。残存一瘤状耳，耳上有穿孔，耳一侧饰模印方格纹。残高3.5、厚0.6~0.8厘米（图三四〇，5）。

标本ⅤT0102④：20，夹砂黑褐陶。桥形耳。残高5.6、厚0.4~0.8厘米（图三四〇，4）。

纺轮　3件。由绳纹板瓦打磨而成。呈圆饼状，中间有圆形穿孔。

标本ⅤT0102④：3，夹砂灰陶。残。直径7.1、孔径0.6、厚1.5厘米（图三四〇，3）。

标本ⅤT0102④：8，夹砂黄褐陶。直径5.5、孔径1.0、厚1.5厘米（图三四〇，1）。

标本ⅤT0202④：9，夹砂红褐陶。背面有一钻孔痕。直径6.7、孔径0.4、厚1.5厘米（图三四〇，2）。

圆陶片　3件。

标本ⅤT0101④：1，夹砂灰陶。由绳纹陶片磨制而成。直径3.3、厚0.9厘米（图三四〇，7）。

标本ⅤT0102④：13，夹砂灰褐陶。两面有对钻痕，未钻透。直径3.0、厚1.3厘米（图三四〇，8）。

标本ⅤT0201④：3，夹砂灰陶。由绳纹陶片磨制而成。直径4.0、厚1.2厘米（图三四〇，6）。

（二）铁器

8件。主要有镞、镰、钉、锥、銎管。

镞　3件。据镞身形态可分为三棱锥形镞、四棱锥形镞和铲形镞。

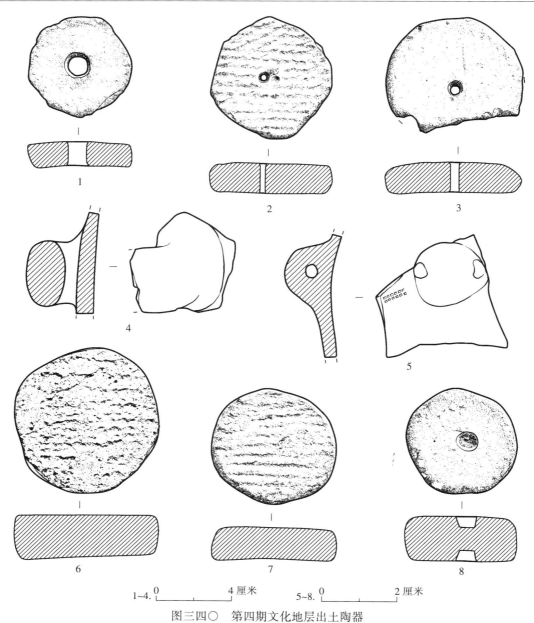

图三四〇　第四期文化地层出土陶器
1～3. 纺轮（ⅤT0102④:8、ⅤT0202④:9、ⅤT0102④:3）　4、5. 器耳（ⅤT0102④:20、ⅤT0102④:4）
6～8. 圆陶片（ⅤT0201④:3、ⅤT0101④:1、ⅤT0102④:13）

（1）三棱锥形镞　1件。

标本ⅤT0202④:1，镞身细长呈三棱锥状，剖面呈三角形。细长铤，剖面呈圆形。通长5.8、宽0.8、铤长2.4、铤径0.3厘米（图三四一，7）。

（2）四棱锥形镞　1件。

标本ⅤT0101④:2，镞身细长呈四棱锥状，剖面呈长方形。细长铤，剖面呈圆形。残长5.0、宽0.7、铤长1.5、铤径0.3厘米（图三四一，6）。

（3）铲形镞　1件。

标本ⅤT0102④:9，镞身细长呈铲形，剖面呈长方形。扁锋略残，铤与镞身分界不明显。残长5.4、宽0.8、厚0.3厘米（图三四一，5）。

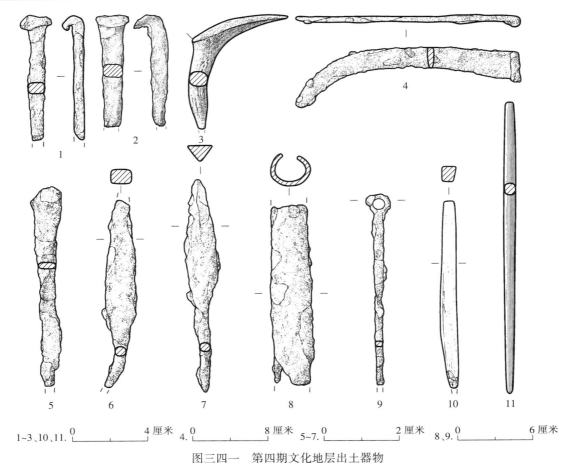

图三四一　第四期文化地层出土器物

1、2. 铁钉（ⅤT0102④:14、ⅤT0201④:12）　3. 角锥（ⅤT0102④:7）　4. 铁镰（ⅤT0102④:2）　5. 铲形铁镞
（ⅤT0102④:9）　6. 四棱锥形铁镞（ⅤT0101④:2）　7. 三棱锥形铁镞（ⅤT0202④:1）　8. 铁銎管（ⅤT0201④:4）
9. 铁锥（ⅤT0102④:11）　10. 骨锥（ⅤT0102④:6）　11. 骨笄（ⅤT0102④:5）

镰　1件。

标本ⅤT0102④:2，平面近长条状。弧背弧刃，尾端装柄处微卷，头部圆钝。长23.9、宽2.9、厚0.5厘米（图三四一，4；彩版六〇，5）。

钉　2件。钉帽呈扁平状，向一侧倾斜。钉身为长方体状，尖部残。

标本ⅤT0102④:14，残长6.9、宽0.8、厚0.5厘米（图三四一，1）。

标本ⅤT0201④:12，残长6.2、宽1.0、厚0.8厘米（图三四一，2）。

锥　1件。

标本ⅤT0102④:11，体细长，呈四棱锥状。顶部为环首，尖部残。残长15.6、宽0.6、厚0.8厘米（图三四一，9；彩版六〇，6）。

銎管　1件。

标本ⅤT0201④:4，呈卷筒状。残长14.7、径3.3、厚0.2厘米（图三四一，8）。

（三）骨角器

3件。主要有骨笄、骨锥、角锥。

骨笄　1件。

标本ⅤT0102④:5，体细长呈圆柱体状。远端粗，近端略细。周身磨制光滑。长15.7、径0.6厘米（图三四一，11）。

骨锥　1件。

标本ⅤT0102④:6，呈长方体状。尖部残。残长10.3、宽0.8厘米（图三四一，10）。

角锥　1件。

标本ⅤT0102④:7，由动物角磨制而成。体细长呈半弧状。残长6.5、径1.1厘米（图三四一，3）。

第六节　第五期文化遗存

一、遗迹

（一）灰坑

第五期文化遗存有灰坑54个。

ⅡH18

位于ⅡT0303北部，开口于②层下，打破③层和ⅡG2。坑口平面呈圆形，直壁，平底。口径0.74、深0.22米（图三四二）。坑内填土为黄褐色细砂土，土质疏松。出土少量布纹瓦残块。

ⅡH36

位于ⅡT0501南扩方偏东，开口于②层下，打破③层。已发掘部分坑口平面近椭圆形，直壁，底不平。已发掘部分口长径1.05、短径0.92、深0.2米（图三四三）。坑内填土为黑褐色砂土，土质疏松。出土少量布纹瓦残块。

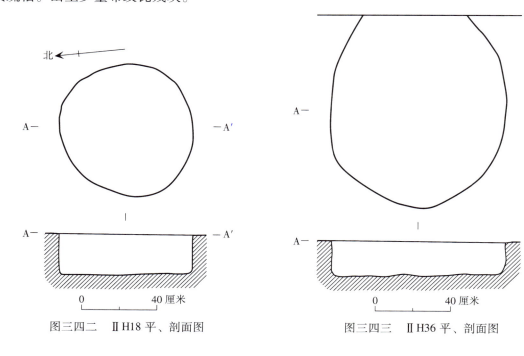

图三四二　ⅡH18平、剖面图　　　　图三四三　ⅡH36平、剖面图

Ⅱ H37

位于Ⅱ T0401 东北角，向东侧延伸至东隔梁和Ⅱ T0501 探方内，开口于②层下，打破③、④层，叠压Ⅱ H38。坑口平面近圆形，直壁，底不平。直径 2.37、深 0.74 米（图三四四）。坑内填土为灰褐色砂土，土质疏松细腻。出土少量布纹瓦残块。

Ⅳ H1

位于Ⅳ T0302 南部，开口于①层下，打破南城墙西侧马面。坑口平面近圆角长方形，斜壁，底不平。口长 0.95、宽 0.89、深 0.15 米（图三四五）。坑内填土为灰褐色砂土，土质疏松。出土一定数量的布纹瓦残块。

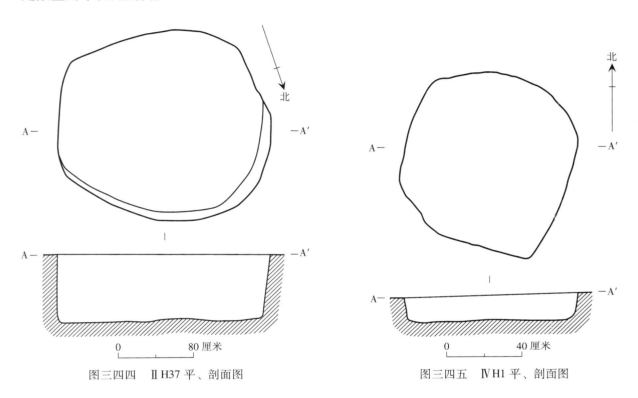

图三四四　Ⅱ H37 平、剖面图　　　　　　　图三四五　Ⅳ H1 平、剖面图

Ⅳ H2

位于Ⅳ T0301 关键柱下，开口于①层下，打破南城墙西侧马面。坑口平面近圆角长方形，斜壁，底不平。口长 0.93、宽 0.82、深 0.15 米（图三四六）。坑内填土为灰褐色砂土，土质疏松。出土遗物较少。

Ⅳ H3

位于Ⅳ T0401 西北角，开口于①层下，打破南城墙西侧马面。坑口平面呈椭圆形，直壁，底不平。口长径 1.11、短径 0.9、深 0.21 米（图三四七）。坑内填土为灰褐色砂土，土质疏松。出土遗物较少。

Ⅳ H4

位于Ⅳ T0404 东北角，开口于①层下，打破②、③层。已发掘部分坑口平面呈半椭圆形，弧壁，平底。已发掘部分口长径 1.81、短径 1.22、深 0.54 米（图三四八）。坑内填土为黄

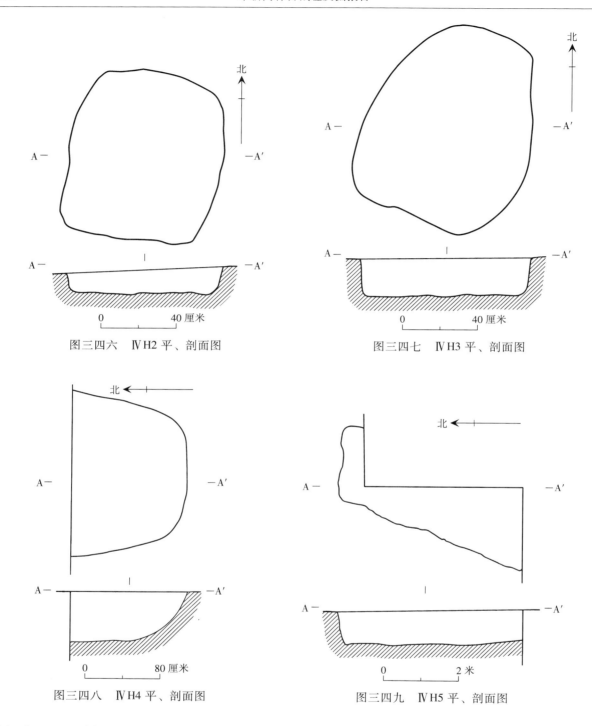

图三四六　ⅣH2 平、剖面图

图三四七　ⅣH3 平、剖面图

图三四八　ⅣH4 平、剖面图

图三四九　ⅣH5 平、剖面图

褐色砂土，土质较硬，夹杂有大量的碎石块。出土遗物较少。

ⅣH5

位于ⅣT0603 南侧，开口于①层下，打破南城墙东段。已发掘部分坑口平面呈长方形，斜壁，底不平。已发掘部分口长 5.28、宽 2.10、深 0.92 米（图三四九）。坑内填土为黄褐色砂土，土质松软。出土一定数量布纹瓦残块。

ⅣH6

位于ⅣT0503 东部，局部延伸至ⅣT0603 西部，开口于①层下，打破②层。坑口平面呈圆角长方形，斜壁，底不平。口长 1.01、宽 0.8、深 0.13 米（图三五〇）。坑内填土为灰褐色砂土，土质松软。出土遗物较少。

ⅣH7

位于ⅣT0405 东南部，开口于①层下，打破②、③层。已发掘部分坑口平面近椭圆形，弧壁，圜底。已发掘部分口长径 1.19、短径 1.08、深 0.37 米（图三五一）。坑内填土为灰褐色砂土，土质松软，含有大量的炭粒。出土遗物较少。

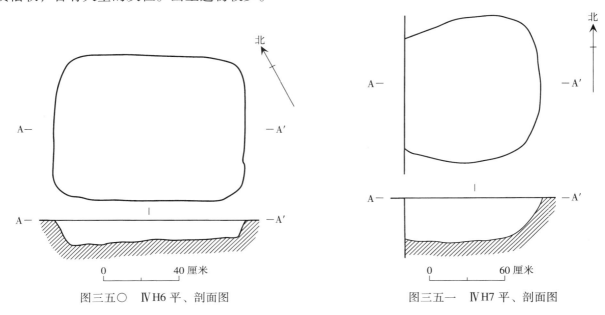

图三五〇 ⅣH6 平、剖面图　　　　图三五一 ⅣH7 平、剖面图

ⅣH8

位于ⅣT0502 东部，开口于①层下，打破②层和南门门道顶部红烧土堆积。坑口平面呈椭圆形，斜壁，圜底。口长径 3.18、短径 1.82、深 0.26 米（图三五二）。坑内填土为灰褐色砂土，土质疏松。含有少量布纹瓦残块。

ⅣH10

位于ⅣT0503 东南部，开口于①层下，打破②层和南门门道顶部红烧土堆积。坑口平面近长方形，弧壁，平底。口长 2.0、宽 1.32、深 0.42 米（图三五三）。坑内填土为灰褐色砂土，土质松软。出土遗物较少。

ⅣH11

位于ⅣT0302 西南部，开口于①层下，打破南城墙西侧马面。坑口平面呈圆角长方形，直壁，底不平。口长 1.09、宽 0.94、深 0.3 米（图三五四）。坑内填土为灰褐色砂土，土质疏松。出土遗物较少。

ⅣH15

位于ⅣT0102 东北部，开口于②层下，打破③层和ⅣM1。坑口平面近圆形，斜壁，平底。口径 1.51、深 0.44 米（图三五五）。坑内填土为灰褐色砂土，土质疏松。出土少量布纹瓦残块及夹砂陶片。

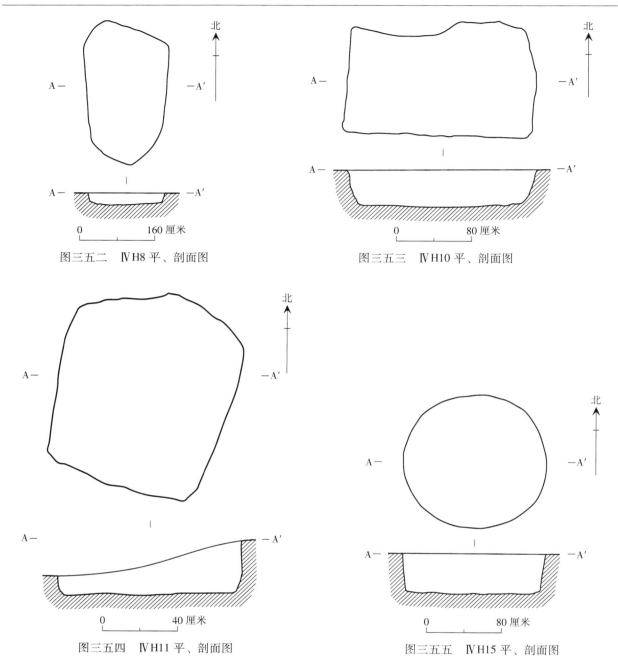

图三五二　ⅣH8 平、剖面图

图三五三　ⅣH10 平、剖面图

图三五四　ⅣH11 平、剖面图

图三五五　ⅣH15 平、剖面图

ⅣH16

位于ⅣT0305 东北角，开口于③层下，打破④、⑤层。已发掘部分坑口平面近半圆形，直壁，圜底。已发掘部分口长径 1.62、短径 0.98、深 1.2 米（图三五六；彩版六一，1）。坑内填土为灰褐色砂土，土质疏松，含有大量炭粒和红烧土颗粒。出土大量布纹瓦残块、夹砂陶片和兽骨。

出土遗物共 13 件。有建筑构件、陶器、青瓷片、铜器、铁器。

1. 建筑构件　2 件。均为板瓦。

标本ⅣH16：13，夹砂黄陶。残呈三角形。背面为素面，刻"赵文×"三字；内侧饰布纹，残存较窄的切割痕。残长 18.9、宽 11.8、厚 1.9 厘米（图三五七，12；彩版六二，1）。

标本ⅣH16：10，夹砂黄陶。残存较宽的一端。背面近宽端边缘有手捏痕；内侧饰布纹，一端残存较窄的切割痕。残长 19.0、宽 23.9、高 5.9、厚 2.4 厘米（图三五七，13）。

2. 陶器 1 件。为罐口沿。

标本ⅣH16：12，夹砂灰陶。方唇，侈口，矮颈，溜肩，肩部以下残。素面。口径 15.9、残高 6.8、厚 0.8 厘米（图三五七，10）。

3. 瓷片 1 件。

标本ⅣH16：11，器腹残片。外壁先施一层白色化妆土，后施青釉，有流釉痕，内壁直接施青釉。残宽 2.8、高 3.5、厚 0.5 厘米（图三五七，11）。

4. 铜器 1 件。为环。

标本ⅣH16：2，呈圆角长方形，剖面呈卵形。长 1.8、宽 1.4、厚 0.3 厘米（图三五七，9）。

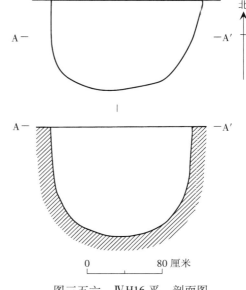

图三五六 ⅣH16 平、剖面图

5. 铁器 8 件。均为四棱锥形镞。镞身呈四棱锥状，剖面呈方形。

标本ⅣH16：1，体粗短。铤残。残长 3.0、宽 1.0 厘米（图三五七，4）。

标本ⅣH16：3，体细长。细长铤，剖面呈圆形。残长 7.2、宽 0.7、铤长 3.8、铤径 0.5 厘米（图三五七，5；彩版六二，3）。

标本ⅣH16：4，体粗短。铤残。残长 3.5、宽 0.8 厘米（图三五七，3）。

标本ⅣH16：5，体细长。细长铤，剖面呈圆形，铤外有包木痕。残长 7.4、宽 0.8、铤长 3.6、铤径 0.4 厘米（图三五七，6；彩版六二，4）。

标本ⅣH16：6，体细长。细长铤，剖面呈圆形。残长 5.8、宽 0.7、铤长 2.7、铤径 0.4 厘米（图三五七，8）。

标本ⅣH16：7，体细长。细长铤，剖面呈圆形，铤外有包木痕。残长 10.8、宽 1.0、铤长 6.8、铤径 0.4 厘米（图三五七，7；彩版六二，5）。

标本ⅣH16：8，体细长。细长铤，剖面呈圆形。残长 6.2、宽 0.5、铤长 2.3、铤径 0.4 厘米（图三五七，1）。

标本ⅣH16：9，体细长。细长铤，剖面呈圆形，铤外有包木痕。残长 5.3、宽 0.7、铤长 1.8、铤径 0.4 厘米（图三五七，2）。

ⅣH17

位于ⅣT0202 西北部，开口于②层下，打破③层。已发掘部分坑口平面呈圆角长方形，直壁，平底。已发掘部分口长 1.2、宽 0.8、深 0.72 米（图三五八）。坑内填土为灰褐色砂土，土质疏松。出土遗物较少。

ⅣH18

位于ⅣT0101 东南部，开口于③层下，打破④层。坑口平面近椭圆形，斜壁，底不平。口长径 1.62、短径 1.3、深 0.37 米（图三五九；彩版六一，2）。坑内填土为灰褐色砂土，土质疏松。出土少量布纹瓦残块。

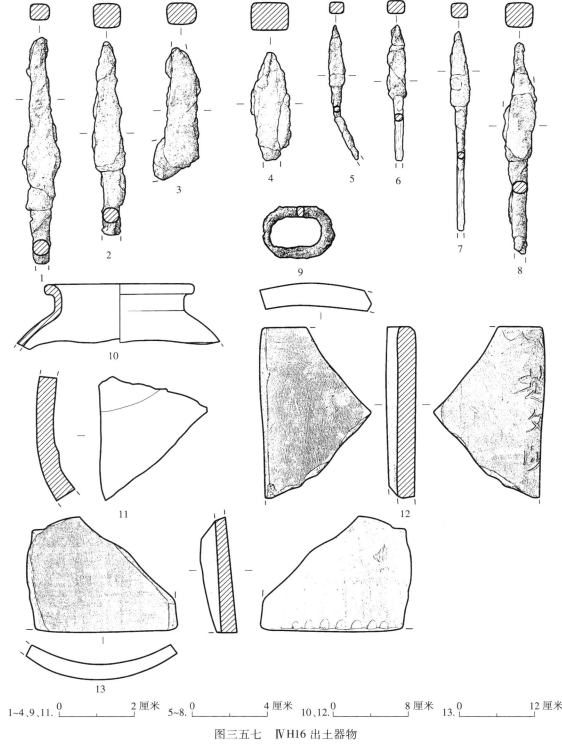

图三五七　ⅣH16 出土器物

1～8. 四棱锥形铁镞（ⅣH16：8、ⅣH16：9、ⅣH16：4、ⅣH16：1、ⅣH16：3、ⅣH16：5、ⅣH16：7、ⅣH16：6）　9. 铜环
（ⅣH16：2）　10. 陶罐口沿（ⅣH16：12）　11. 瓷片（ⅣH16：11）　12、13. 板瓦（ⅣH16：13、ⅣH16：10）

ⅣH20

位于ⅣT0101 东部，开口于③层下，打破④层。已发掘部分坑口平面呈半圆形，弧壁，平底。已发掘部分口长径 1.41、短径 0.68、深 0.24 米（图三六〇）。坑内填土为褐色砂土，土质疏松。

出土少量布纹瓦残块及夹砂陶片。

出土遗物 1 件。为陶钵。

标本ⅣH20：1，夹砂灰褐陶。圆唇，直口，弧腹，底部残。口径 12.0、高 4.7、厚 0.8 厘米（图三六一）。

ⅤH1

位于ⅤT0202 西部，开口于②层下，打破③层。坑口平面近圆形，直壁，底不平。口径 1.0、深 0.2 米（图三六二）。坑内填土为黑灰色砂土，土质疏松。出土少量布纹瓦残块。

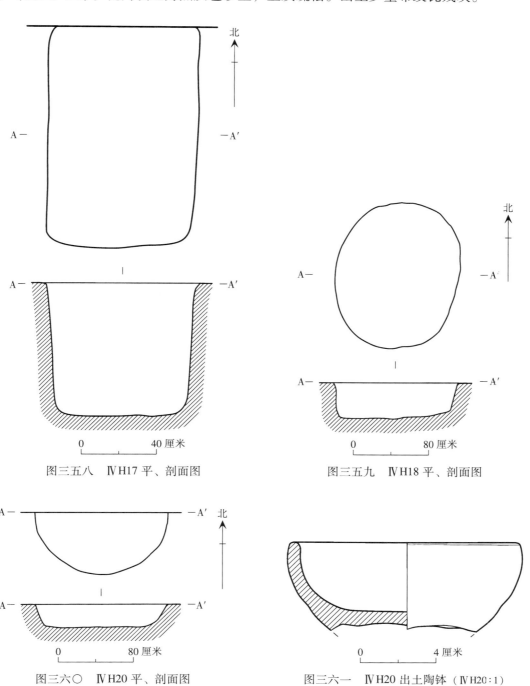

图三五八　ⅣH17 平、剖面图

图三五九　ⅣH18 平、剖面图

图三六〇　ⅣH20 平、剖面图

图三六一　ⅣH20 出土陶钵（ⅣH20：1）

Ⅴ H2

位于ⅤT0201东部，开口于②层下，打破③层。坑口平面近圆形，袋形坑，斜直壁，底不平。口径0.9、深0.6米（图三六三）。坑内填土为灰褐色砂土，土质疏松。出土少量布纹瓦残块和兽骨。

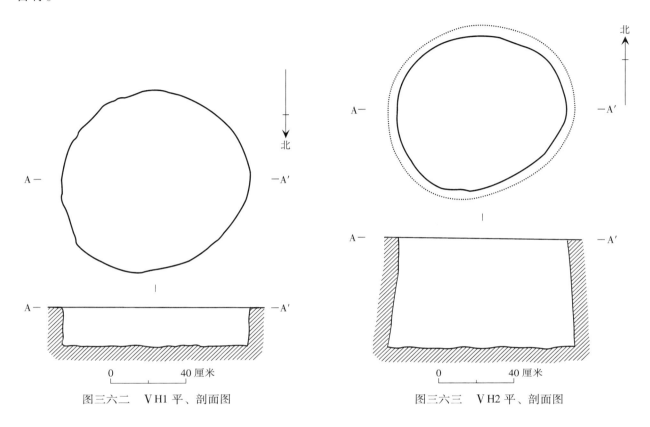

图三六二　　Ⅴ H1 平、剖面图　　　　　　　　　图三六三　　Ⅴ H2 平、剖面图

Ⅴ H3

位于ⅤT0101西南部，开口于②层下，打破Ⅴ H12和Ⅴ H13。坑口平面近椭圆形，斜直壁，平底。口长径1.64、短径1.33、深0.25米（图三六四）。坑内填土为黑灰色砂土，土质疏松。出土遗物较少。

出土遗物1件。为锥形铁镞。

标本Ⅴ H3∶1，镞身粗短呈三棱锥状，剖面呈三角形。尾部残。残长3.3、宽0.6厘米（图三六五）。

Ⅴ H6

位于ⅤT0202东部，开口于②层下，打破③层。坑口平面近圆形，直壁，平底。口径0.9、深0.28米（图三六六）。坑内填土为黑灰色砂土，土质疏松。出土遗物较少。

Ⅴ H7

位于ⅤT0202中南部，开口于③层下，打破④层和Ⅴ H9、Ⅴ H11。坑口平面呈椭圆形，直壁，平底。口长径1.38、短径1.2、深0.28米（图三六七）。坑内填土为黑灰色砂土，土质疏松。出土遗物较少。

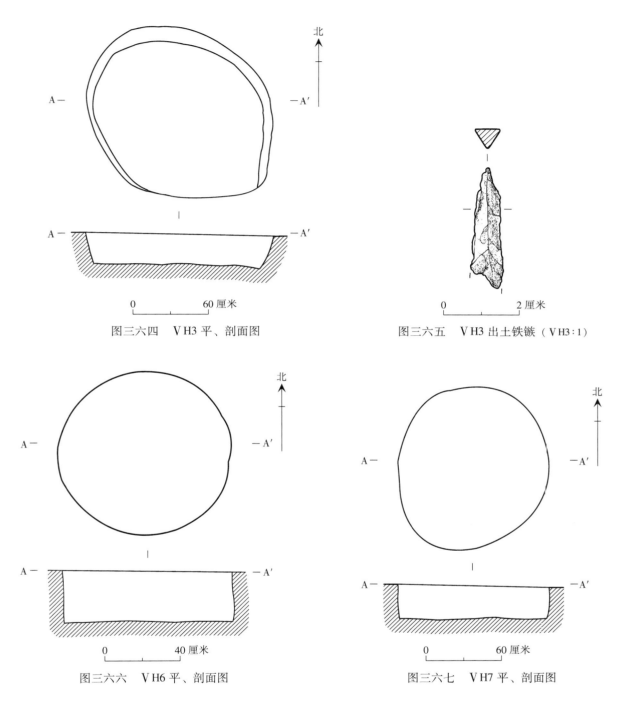

图三六四　ⅤH3 平、剖面图

图三六五　ⅤH3 出土铁镞（ⅤH3∶1）

图三六六　ⅤH6 平、剖面图

图三六七　ⅤH7 平、剖面图

ⅤH8

位于ⅤT0101 西南部，开口于③层下，打破④层和ⅤH12、ⅤH13。坑口平面近弧三角形，直壁，平底。口长径 1.95、短径 1.88、深 0.24 米（图三六八）。坑内填土为黑灰色砂土，土质疏松。出土少量兽骨。

ⅤH9

位于ⅤT0202 中南部，开口于③层下，被ⅤH7 打破，打破④层和ⅤH11。坑口平面近椭圆形，直壁，底不平。口长径 1.15、短径 0.94、深 0.35 米（图三六九）。坑内填土为黑灰色砂土，土质疏松。出土少量布纹瓦残片。

ⅤH11

位于ⅤT0202中南部，开口于③层下，被ⅤH7、ⅤH9打破，打破④层和ⅤH17。坑口平面呈长条形，直壁，底不平。口长3.36、宽1.32、深1.18米（图三七○）。坑内填土为黑灰色砂土，土质疏松。出土遗物较多。

出土遗物2件。均为铁镞。镞身细长呈三棱锥状，剖面呈三角形。

标本ⅤH11∶1，铁铤残。残长4.4、宽0.7厘米（图三七一，2）。

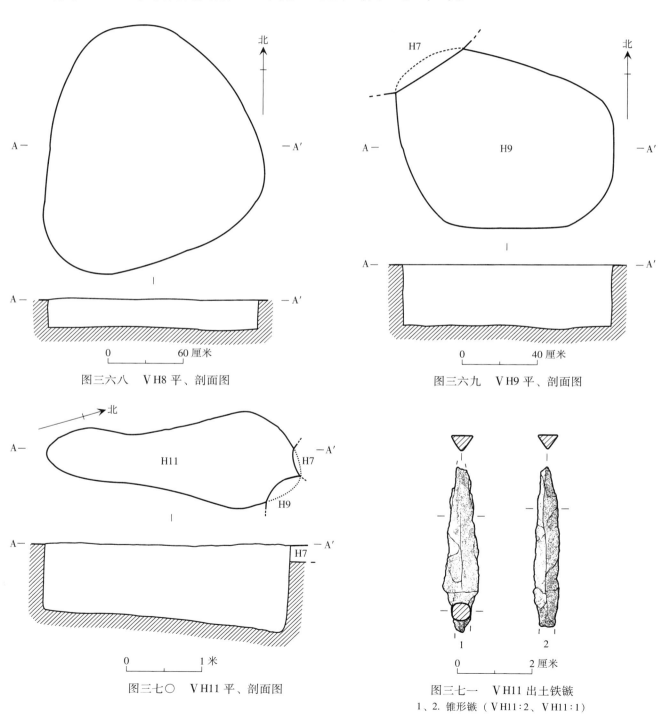

图三六八　ⅤH8平、剖面图

图三六九　ⅤH9平、剖面图

图三七○　ⅤH11平、剖面图

图三七一　ⅤH11出土铁镞
1、2. 锥形镞（ⅤH11∶2、ⅤH11∶1）

标本ⅤH11：2，尾部残留有圆形铁铤。残长 4.5、宽 0.8、铤长 1.1、铤径 0.5 厘米（图三七一，1）。

ⅤH12

位于ⅤT0101 西南部，开口于③层下，被ⅤH3、ⅤH8 打破，打破ⅤH13 和④层。坑口平面呈圆角长方形，直壁，平底。口长 1.98、宽 0.9、深 0.42 米（图三七二）。坑内填土为黑灰色砂土，土质疏松。出土遗物较少。

出土遗物 1 件。为铁镞。

标本ⅤH12：1，残。镞身细长呈四棱锥状，剖面呈长方形。铤残，剖面呈圆形。残长 3.7、宽 0.8、铤长 0.5、铤径 0.3 厘米（图三七三）。

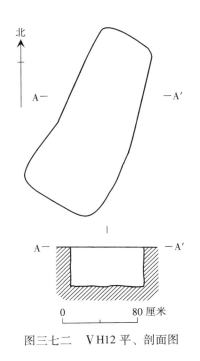

图三七二　ⅤH12 平、剖面图

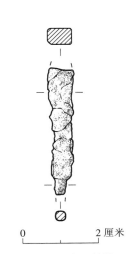

图三七三　ⅤH12 出土铁镞（ⅤH12：1）

ⅤH14

位于ⅤT0102 中部，开口于③层下，打破④层和ⅤH15、ⅤH20。坑口平面近圆形，直壁，底不平。口径 1.9、深 0.96 米（图三七四）。坑内填土为黑灰色砂土，土质疏松。出土遗物较少。

ⅤH22

位于ⅤT0201 中南部，开口于②层下，被ⅤG1 打破，打破③层和ⅤH35。已发掘部分坑口平面近椭圆形，斜壁，平底。已发掘部分口长径 4.16、短径 3.34、深 0.58 米（图三七五）。坑内填土为黑灰色砂土，土质疏松。出土遗物较少。

出土遗物共 3 件。有建筑构件、铁器。

1. 建筑构件　1 件。为瓦当。

标本ⅤH22：3，夹砂灰陶。当面仅存连珠纹，背面为素面。当面残高 11.4、厚 1.2～2.8 厘米（图三七六，3；彩版六二，9）。

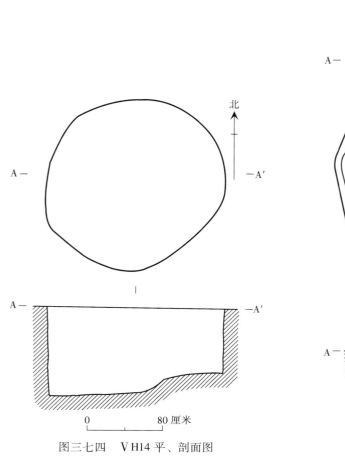

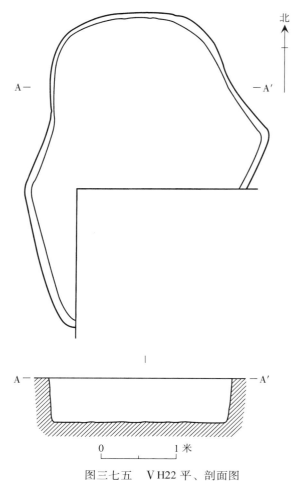

图三七四　ⅤH14 平、剖面图

图三七五　ⅤH22 平、剖面图

2. 铁器　2件。有镞和镰。

镞　1件。为四棱锥形镞。

标本ⅤH22∶2，体细长呈四棱锥状，剖面呈方形。铤残。残长3.7、宽0.6厘米（图三七六，2）。

镰　1件。

标本ⅤH22∶1，首尾均残。平面近长条状，弧背弧刃。残长10.1、宽4.4、厚0.7厘米（图三七六，1）。

ⅤH25

位于ⅤT0201 东南部，开口于③层下，被ⅤG1 打破，打破④层和ⅤG5。已发掘部分坑口平面近椭圆形，直壁，平底。已发掘部分口长径3.5、短径3.45、深0.38米（图

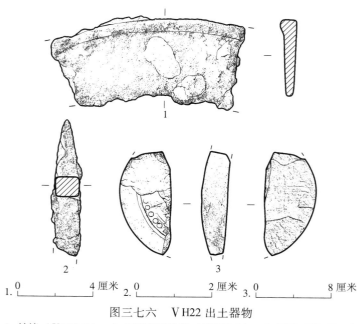

图三七六　ⅤH22 出土器物

1. 铁镰（ⅤH22∶1）　2. 四棱锥形铁镞（ⅤH22∶2）　3. 瓦当（ⅤH22∶3）

三七七）。坑内填土为黑灰色砂土，土质疏松。出土大量瓦片和少量兽骨。

　　出土遗物 1 件。为板瓦。

　　标本ⅤH25：1，夹砂灰陶。残存较宽的一端。平面呈长方形。背面为素面；瓦头背缘和内缘均有指压纹；内侧饰布纹，两端残存较窄的切割痕。残长 26.4、宽 22.2、厚 2.0 厘米（图三七八）。

ⅤH42

　　位于ⅤT0302 西北部，开口于②层下，打破③层。坑口平面呈椭圆形，直壁，平底。口长径 0.82、短径 0.68、深 0.2 米（图三七九）。坑内填土为棕黄色砂土，土质疏松。无遗物出土。

ⅤH43

　　位于ⅤT0302 西部，开口于②层下，打破③层。坑口平面近圆形，直壁，底不平。口径 1.38、深 0.54 米（图三八〇）。坑内填土为棕黄色砂土，土质疏松。无遗物出土。

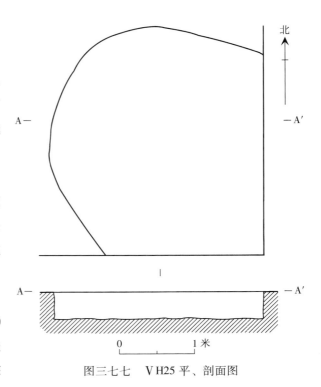

图三七七　ⅤH25 平、剖面图

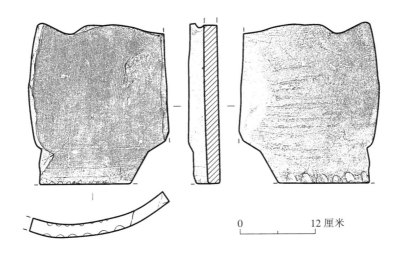

图三七八　ⅤH25 出土板瓦（ⅤH25：1）

ⅤH44

　　位于ⅤT0302 西部，开口于②层下，打破③层和ⅤH51。坑口平面近圆形，直壁，平底。口径 1.04、深 0.35 米（图三八一）。坑内填土为棕黄色砂土，土质疏松。无遗物出土。

ⅤH45

　　位于ⅤT0302 西部，开口于②层下，打破③层。坑口平面近圆形，直壁，平底。口径 1.18、深 0.37 米（图三八二）。坑内填土为棕黄色砂土，土质疏松。无遗物出土。

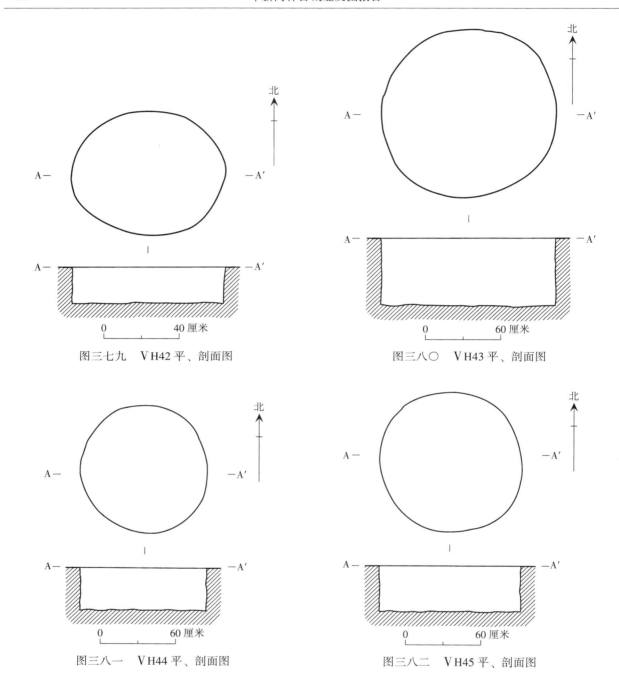

图三七九　ⅤH42 平、剖面图　　　　　　　　图三八〇　ⅤH43 平、剖面图

图三八一　ⅤH44 平、剖面图　　　　　　　　图三八二　ⅤH45 平、剖面图

ⅤH46

位于ⅤT0302 中部，开口于②层下，打破③层。坑口平面近圆形，直壁，平底。口径 0.94、深 0.22 米（图三八三）。坑内填土为棕黄色砂土，土质疏松。无遗物出土。

ⅤH47

位于ⅤT0302 东北部，开口于②层下，打破③层。坑口平面近圆形，直壁，平底。口径 1.03、深 0.46 米（图三八四）。坑内填土为棕黄色砂土，土质疏松。出土遗物较少。

ⅤH48

位于ⅤT0302 中部，开口于②层下，打破③层。坑口平面近圆形，直壁，底不平。口径 1.03、

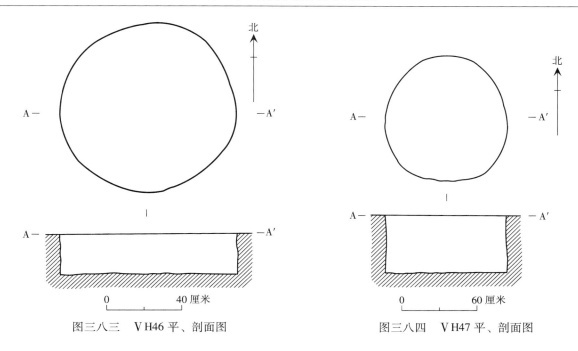

图三八三 ⅤH46 平、剖面图   图三八四 ⅤH47 平、剖面图

深 0.23 米（图三八五）。坑内填土为棕黄色砂土，土质疏松。无遗物出土。

ⅤH49

位于ⅤT0302 南部，开口于②层下，打破③层。坑口平面近圆形，直壁，平底。口径 0.97、深 0.36 米（图三八六）。坑内填土为棕黄色砂土，土质疏松。无遗物出土。

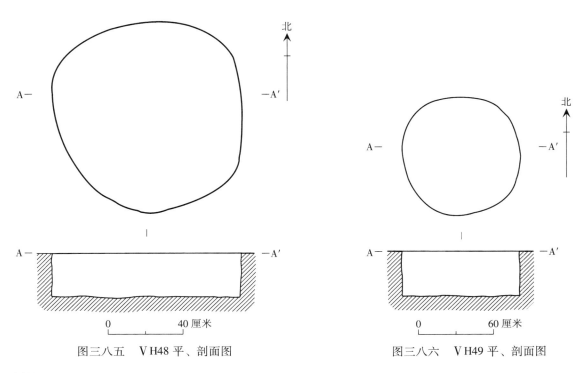

图三八五 ⅤH48 平、剖面图   图三八六 ⅤH49 平、剖面图

ⅤH50

位于ⅤT0302 东部，开口于②层下，打破③层。坑口平面近圆形，直壁，平底。口径 1.02、深 0.4 米（图三八七）。坑内填土为棕黄色砂土，土质疏松。无遗物出土。

Ⅴ H51

位于ⅤT0302中部，开口于②层下，被ⅤH44打破，打破③层。坑口平面呈椭圆形，直壁，平底。口长径1.14、短径1.01、深0.4米（图三八八）。坑内填土为棕黄色砂土，土质疏松。无遗物出土。

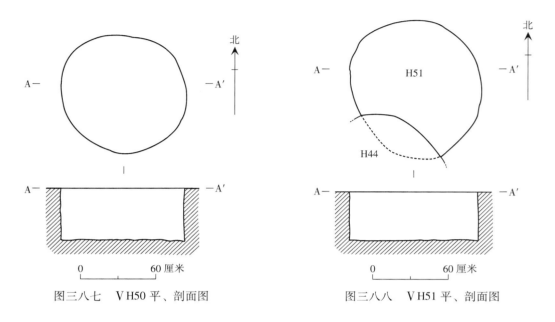

图三八七　ⅤH50平、剖面图　　　　　　　图三八八　ⅤH51平、剖面图

Ⅴ H52

位于ⅤT0301东南部，开口于②层下，打破③层和ⅤH80。已发掘部分坑口平面呈半圆形，弧壁，圜底。已发掘部分口径3.2、深0.86米（图三八九）。坑内填土为灰黑色砂土，土质疏松。出土遗物较少。

Ⅴ H53

位于ⅤT0302东北部，开口于③层下，打破④层。已发掘部分坑口平面呈半圆形，斜壁，平底。已发掘部分口径0.88、深0.58米（图三九○）。坑内填土为棕黄色砂土，土质疏松。无遗物出土。

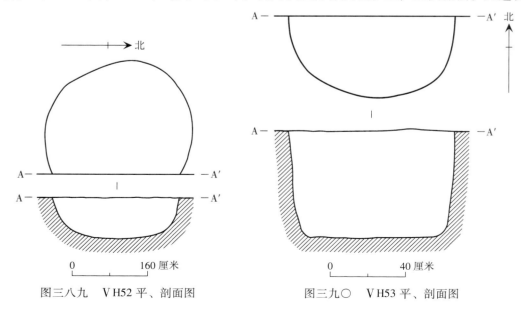

图三八九　ⅤH52平、剖面图　　　　　　　图三九○　ⅤH53平、剖面图

Ⅴ H54

位于Ⅴ T0302 北部，开口于③层下，打破④层。已发掘部分坑口平面呈半圆形，袋形坑，斜壁，平底。已发掘部分口径 1.29、深 0.85 米（图三九一）。坑内填土为棕黄色砂土，土质疏松。无遗物出土。

Ⅴ H56

位于Ⅴ T0402 中西部，开口于②层下，打破③层。坑口平面呈椭圆形，直壁，平底。口长径 1.19、短径 0.98、深 0.8 米（图三九二）。坑内填土为灰黑色砂土，土质疏松。出土少量兽骨和瓦片。

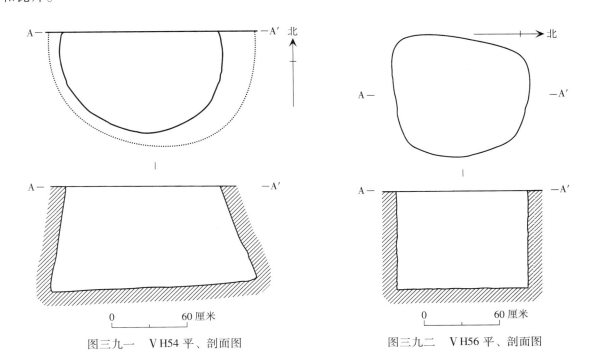

图三九一　Ⅴ H54 平、剖面图　　　　　　图三九二　Ⅴ H56 平、剖面图

Ⅴ H57

位于Ⅴ T0402 中西部，开口于②层下，打破③层。坑口平面呈椭圆形，直壁，平底。口径 1.17、深 0.32 米（图三九三）。坑内填土为灰黑色砂土，土质疏松。出土少量布纹碎瓦块。

Ⅴ H58

位于Ⅴ T0402 中东部，开口于②层下，打破③层。坑口平面呈长方形，直壁，平底。口长 0.92、宽 0.75、深 0.45 米（图三九四）。坑内填土为灰黑色砂土，土质疏松。出土遗物较少。

Ⅴ H59

位于Ⅴ T0402 中东部，开口于②层下，打破③层。坑口平面呈圆形，直壁，平底。口径 1.1、深 0.8 米（图三九五）。坑内填土为灰黑色砂土，土质疏松。出土遗物较少。

出土遗物共 2 件。有陶纺轮和料珠。

纺轮　1 件。

标本Ⅴ H59：1，夹砂红褐陶。呈圆饼状，中间有圆形穿孔。直径 3.9、孔径 1.0、厚 1.8 厘米（图三九六，1；彩版六二，8）。

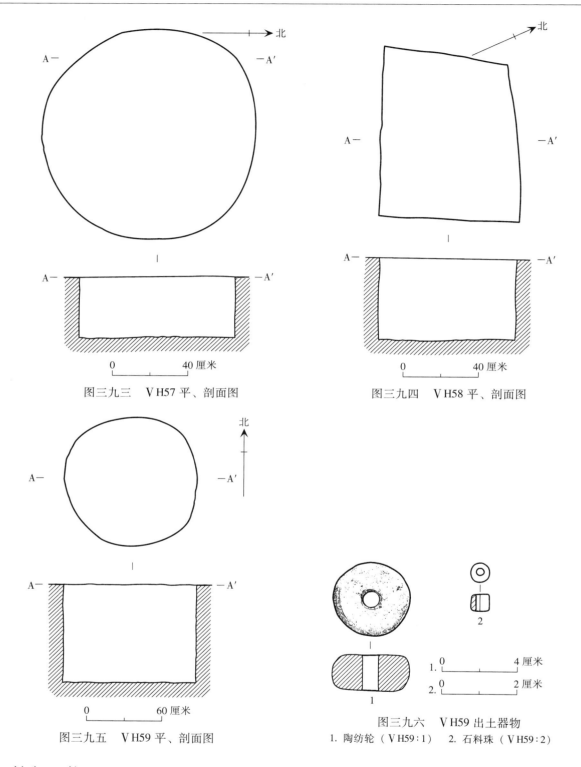

图三九三　ⅤH57 平、剖面图

图三九四　ⅤH58 平、剖面图

图三九五　ⅤH59 平、剖面图

图三九六　ⅤH59 出土器物
1. 陶纺轮（ⅤH59∶1）　2. 石料珠（ⅤH59∶2）

料珠　1件。

标本ⅤH59∶2，由料石磨制而成。呈圆柱状，不规整，中间有圆形穿孔。直径0.5、高0.5、孔径0.2厘米（图三九六，2）。

ⅤH60

位于ⅤT0401中部，开口于②层下，打破③、④层和ⅤH82、ⅤH100、ⅤG8。坑口平面呈圆角长方形，直壁，平底。口长 2.12、宽 0.73、深 0.5 米（图三九七）。坑内填土为灰黑色砂土，内含少量炉渣，土质疏松。出土遗物较多。

出土遗物共 4 件。有建筑构件、铜器、铁器、骨器。

1. 建筑构件　1 件。为板瓦。

标本ⅤH60∶3，夹砂灰陶。烧制变形，平面呈不规则形。背面有刻字，可辨有 "□池县防人，状自书……士□……"；内侧饰布纹，一端残存较窄的切割痕。残长 17.8、宽 15.7、厚 1.6 厘米（图三九八，4；彩版六二，2）。

2. 铜器　1 件。为钗。

标本ⅤH60∶1，尖部残。由铜条弯曲而成，呈 "U" 形。体细长，截面呈圆形。残长 6.5、径 0.2 厘米（图三九八，1；彩版六二，6）。

3. 铁器　1 件。为环。

标本ⅤH60∶6，近圆形。截面为圆形。外径 4.6、内径 3.2、圆径 0.6 厘米（图三九八，3）。

4. 骨器　1 件。为匕。

标本ⅤH60∶4，由动物肢骨磨制而成。呈扁长条状。柄末端残。周身磨制光滑。残长 15.0、宽 1.3、厚 0.2 厘米（图三九八，2；彩版六二，7）。

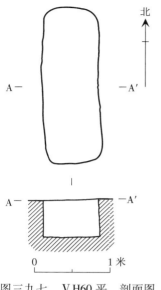

图三九七　ⅤH60 平、剖面图

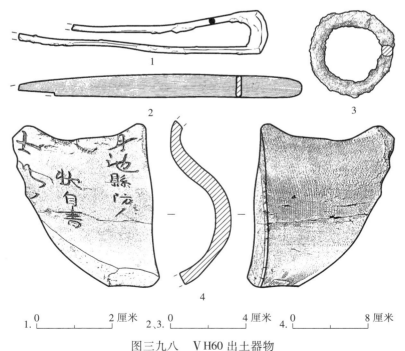

图三九八　ⅤH60 出土器物

1. 铜钗（ⅤH60∶1）　2. 骨匕（ⅤH60∶4）　3. 铁环（ⅤH60∶6）　4. 板瓦（ⅤH60∶3）

ⅤH61

位于ⅤT0401 西南部，开口于②层下，打破③、④层和ⅤH77。坑口平面近圆形，直壁，平底。口径 1.48、深 0.43 米（图三九九）。坑内填土为灰黑色砂土，土质疏松。出土遗物较少。

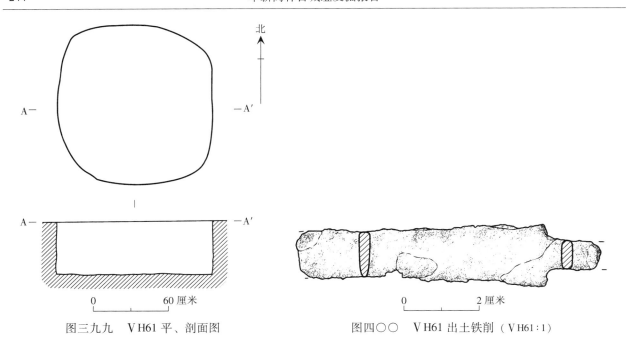

图三九九　ⅤH61 平、剖面图　　　　　　　图四〇〇　ⅤH61 出土铁削（ⅤH61：1）

出土遗物 1 件。为铁削。

标本ⅤH61：1，呈长条状。尖部、柄部残，直背直刃。残长 8.1、宽 1.7、厚 0.3 厘米（图四〇〇）。

ⅤH62

位于ⅤT0401 西部，开口于②层下，打破③、④层。已发掘部分坑口平面呈半圆形，坑壁不规整，平底。已发掘部分口长径 1.82、短径 1.2、深 0.66 米（图四〇一）。坑内填土为灰黑色砂土，土质疏松。出土遗物较少。

ⅤH63

位于ⅤT0401 北部，开口于②层下，打破③层。已发掘部分坑口平面呈半圆形，直壁，平底。已发掘部分口长径 1.04、短径 0.53、深 0.38 米（图四〇二）。坑内填土为灰黑色砂土，土质疏

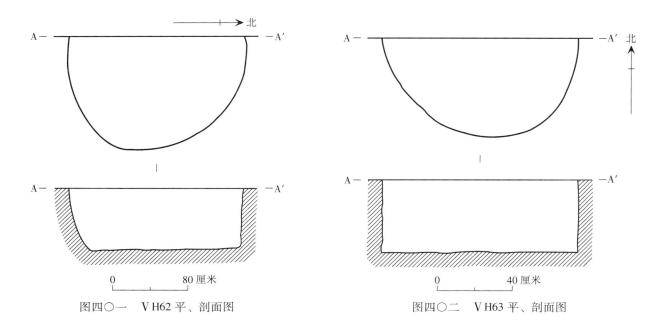

图四〇一　ⅤH62 平、剖面图　　　　　　　图四〇二　ⅤH63 平、剖面图

松。出土遗物较少。

出土遗物 1 件。为铁镞。

标本ⅤH63：1，镞身细长呈四棱锥状，剖面呈长方形。细长铤，剖面呈圆形。残长 3.3、宽 0.4、铤长 0.9、铤径 0.3 厘米（图四〇三）。

ⅤH64

位于ⅤT0402 东南部，开口于③层下，打破④层。坑口平面呈圆形，直壁，平底。口径 1.16、深 0.58 米（图四〇四）。坑内填土为灰黑色砂土，土质疏松。出土少量布纹瓦残块。

出土遗物 1 件。为布纹板瓦。

标本ⅤH64：1，夹砂灰褐陶。烧制扭曲变形，近长方形。背面为素面；内侧饰布纹，两端残存较窄的切割痕。残长 22.8、宽 25.7、厚 1.8～2.4 厘米（图四〇五）。

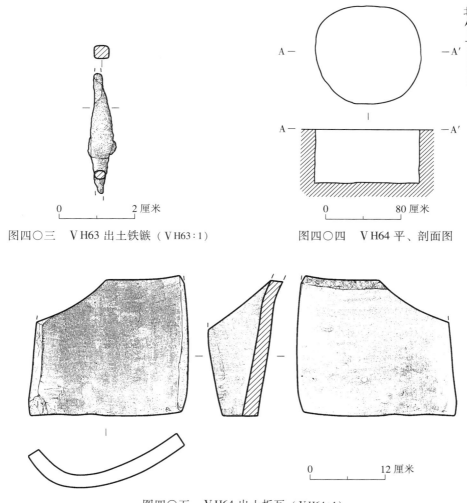

图四〇三　ⅤH63 出土铁镞（ⅤH63：1）

图四〇四　ⅤH64 平、剖面图

图四〇五　ⅤH64 出土板瓦（ⅤH64：1）

ⅤH106

位于ⅤT0401 西部，开口于③层下，打破④层和ⅤH97。已发掘部分坑口平面呈半圆形，弧壁，圜底。已发掘部分口长径 1.0、短径 0.5、深 0.46 米（图四〇六）。坑内填土为灰黑色砂土，土质疏松。未出土遗物。

ⅤH121

位于ⅤT0201南扩方，开口于③层下，打破④层和ⅤJ1、ⅤH122。已发掘部分坑口平面呈半椭圆形，弧壁，圜底。已发掘部分口长径1.46、短径1.34、深0.32米（图四○七）。坑内填土为黑灰色砂土，土质疏松。未出土遗物。

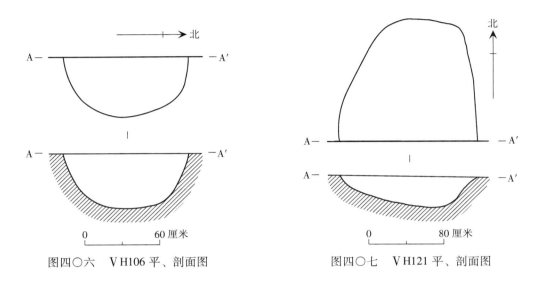

图四○六　ⅤH106平、剖面图　　　　图四○七　ⅤH121平、剖面图

（二）灰沟

第五期文化遗存有灰沟8条。

ⅡG2

位于Ⅱ区北部，东西横跨ⅡT0204、ⅡT0304、ⅡT0303、ⅡT0403、ⅡT0404五个探方，开口于②层下，被ⅡH18打破，打破③、④层和ⅡH16、ⅡH17、ⅡG3、ⅡF2及生土。坑口平面近长方形，斜壁，平底。上口长11.2、宽3.3、底长10.7、宽2.65、深0.85米（图四○八；彩版六三）。坑内填土上层为黄褐色砂土，土质疏松，出土大量布纹瓦和少量绳纹瓦碎块；下层为灰褐色黏土，砂土质，包含遗物较少。

出土遗物共3件。有建筑构件、钱币。

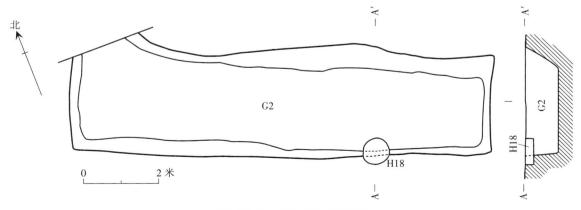

图四○八　ⅡG2平、剖面图

1. 建筑构件　2件。均为瓦当。夹砂红陶。当面正中为莲蓬状凸起，莲蓬外侧装饰水滴状莲瓣，莲瓣外侧有两周凸弦纹，凸弦纹间饰连珠纹；背面为素面。

标本ⅡG2∶1，背面可见切割痕。当面直径13.4、残高11.4、厚2.2～3.0厘米（图四〇九，3；彩版六四，1）。

标本ⅡG2∶2，仅存三分之一当面。当面直径13.0、厚2.2～2.6厘米（图四〇九，1；彩版六四，2）。

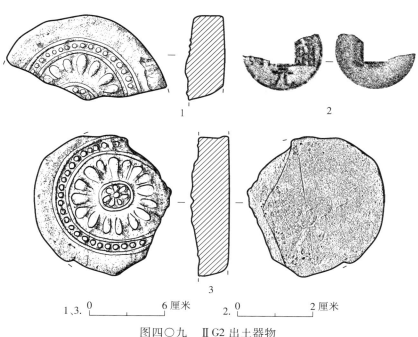

图四〇九　ⅡG2出土器物
1、3. 瓦当（ⅡG2∶2、ⅡG2∶1）　2. "开元通宝"钱（ⅡG2∶3）拓片

2. 钱币　1枚。为"开元通宝"钱。

标本ⅡG2∶3，残呈半圆形。方孔，有郭，正面存"元""通"二字。直径2.1、穿孔宽0.6、厚0.1厘米。重1.03克（图四〇九，2）。

ⅣG1

位于ⅣT0205中部，向东、西两侧延伸至ⅣT0305、ⅣT0105、ⅣT0106探方内，开口于②层下，打破③、④层和ⅣG4。已发掘部分坑口平面近长条形，弧壁，底部不平。已发掘部分长12.68、宽0.89～2.9、深1.13米（图四一〇）。坑内填土为灰褐色砂土，土质疏松。出土大量布纹瓦残块、夹砂灰陶片、少量绳纹瓦片，以及铁镞、动物骨骼等。

出土遗物共21件。有陶器、铜器、铁器、骨器、石器、钱币。

1. 陶器　4件。有豆、拍、圆陶片。

豆　1件。

标本ⅣG1∶9，夹砂灰陶。仅存喇叭口状豆柄。残高8.3、厚0.5厘米（图四一一，3）。

拍　1件。

标本ⅣG1∶17，夹砂红褐陶。残呈饼状。背部中央有中空的柱状纽，拍面均匀分布由背部向拍面戳刺的小孔。直径10.1、通高4.3、孔径0.6厘米（图四一一，4；彩版六四，3）。

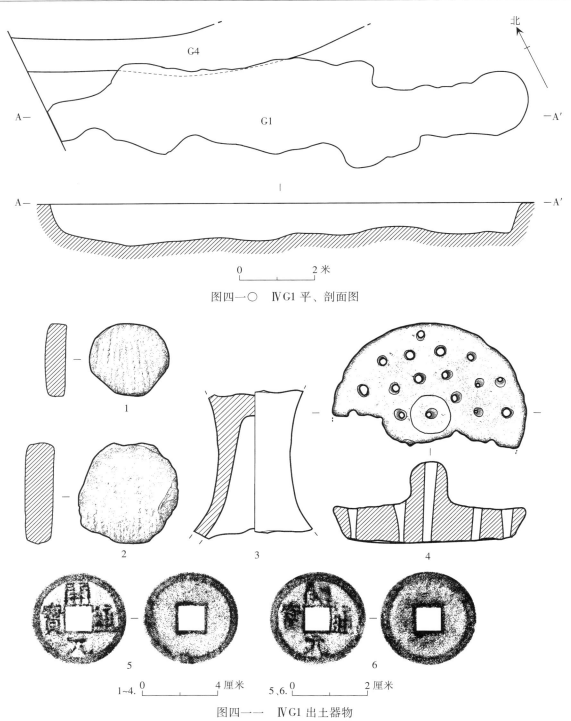

图四一〇　ⅣG1 平、剖面图

图四一一　ⅣG1 出土器物

1、2. 圆陶片（ⅣG1∶22、ⅣG1∶23）　3. 陶豆柄（ⅣG1∶9）　4. 陶拍（ⅣG1∶17）　5、6. "开元通宝"钱
（ⅣG1∶14、ⅣG1∶21）拓片

圆陶片　2件。均夹砂灰陶。近圆形，不规整。

标本ⅣG1∶22，由绳纹陶片磨制而成。直径4.2、厚0.9厘米（图四一一，1）。

标本ⅣG1∶23，由绳纹瓦片打制而成。直径5.9、厚1.4厘米（图四一一，2）。

2. 铜器　1件。为带饰。

标本ⅣG1∶3，残呈长方形。一侧开有长方形穿孔，背部残存三个铆钉。长3.1、宽2.7、厚

0.1 厘米，穿孔长 1.9、宽 0.7 厘米（图四一二，1）。

3. 铁器　14 件。有镞、镰、钉、铧、铲。

镞　10 件。均为四棱锥形镞，镞身呈四棱锥状，剖面呈方形。细长铤，剖面呈圆形。

标本ⅣG1:2，体粗短。尖残。残长 5.6、宽 0.8、铤长 2.3、铤径 0.3 厘米（图四一二，11）。

标本ⅣG1:5，体粗短。尖残。残长 3.7、宽 0.9、铤长 0.6、铤径 0.4 厘米（图四一二，9）。

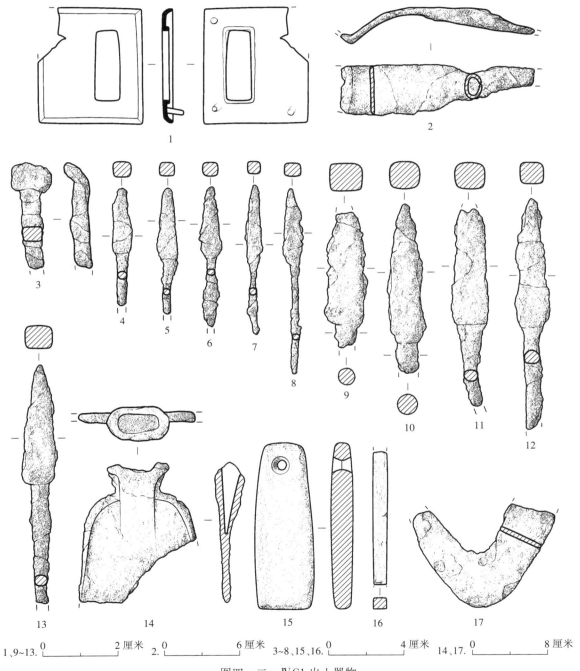

图四一二　ⅣG1 出土器物

1. 铜带饰（ⅣG1:3）　2. 铁镰（ⅣG1:4）　3. 铁钉（ⅣG1:6）　4~13. 四棱锥形铁镞（ⅣG1:11、ⅣG1:12、ⅣG1:10、ⅣG1:19、ⅣG1:7、ⅣG1:5、ⅣG1:16、ⅣG1:2、ⅣG1:20、ⅣG1:8）　14. 铁铲（ⅣG1:13）　15. 砺石（ⅣG1:18）　16. 骨器（ⅣG1:15）　17. 铁铧（ⅣG1:1）

标本ⅣG1∶7，体细长。通长10.2、宽0.9、链长6.0、链径0.3厘米（图四一二，8；彩版六五，1）。

标本ⅣG1∶8，体细长。残长6.5、宽0.7、链长3.3、链径0.4厘米（图四一二，13；彩版六五，2）。

标本ⅣG1∶10，体细长。残长7.8、宽0.8、链长4.0、链径0.5厘米（图四一二，6）。

标本ⅣG1∶11，体粗短。残长6.5、宽0.9、链长2.9、链径0.5厘米（图四一二，4）。

标本ⅣG1∶12，体粗短。残长6.9、宽0.9、链长3.1、链径0.5厘米（图四一二，5）。

标本ⅣG1∶16，体粗短。残长4.8、宽0.8、链长0.8、链径0.5厘米（图四一二，10）。

标本ⅣG1∶19，体细长。通长8.4、宽0.7、链长4.6、链径0.5厘米（图四一二，7）。

标本ⅣG1∶20，体细长。残长6.4、宽0.6、链长2.8、链径0.4厘米（图四一二，12；彩版六五，3）。

镰　1件。

标本ⅣG1∶4，平面呈长条状。直背直刃，尾端装柄处微卷，头部扭曲为卷筒状。残长15.6、宽3.9、厚0.2厘米（图四一二，2）。

钉　1件。

标本ⅣG1∶6，圆形钉帽扭曲错位。钉身为长方体状，尖部残。残高6.0、宽1.0厘米（图四一二，3）。

铧　1件。

标本ⅣG1∶1，平面呈弧三角形。两端残，圆尖。残高11.7、宽15.1、厚0.5厘米（图四一二，17；彩版六四，5）。

铲　1件。

标本ⅣG1∶13，刃部残。平面呈梯形。长方形銎口，溜肩，直刃。宽12.3、高15.2、厚0.4~0.7厘米。銎口长4.4、宽2.0厘米（图四一二，14；彩版六四，6）。

4. 骨器　1件。

标本ⅣG1∶15，由动物支骨磨制而成。呈长方体状。两端均残。残长7.3、宽0.7厘米（图四一二，16）。

5. 石器　1件。为砺石。

标本ⅣG1∶18，青色页岩打磨而成。平面近长方形。上窄下宽，顶部有对钻的圆形穿孔。长9.1、宽3.2、厚1.2、孔径0.8厘米（图四一二，15；彩版六四，4）。

6. 钱币　2枚。均为"开元通宝"钱。圆形，方孔，有郭。正面隶书"开元通宝"四字。

标本ⅣG1∶14，直径2.5、穿孔宽0.7、厚0.2厘米。重4.13克（图四一一，5）。

标本ⅣG1∶21，直径2.4、穿孔宽0.6、厚0.2厘米。重3.47克（图四一一，6）。

ⅣG2

位于ⅣT0201中部，东西横贯整个探方，开口于③层下，打破④层。已发掘部分坑口平面呈长条形，直壁，平底。已发掘部分长4.54、宽0.56、深0.53米（图四一三）。坑内填土为灰褐色砂土，土质疏松。出土遗物较少。

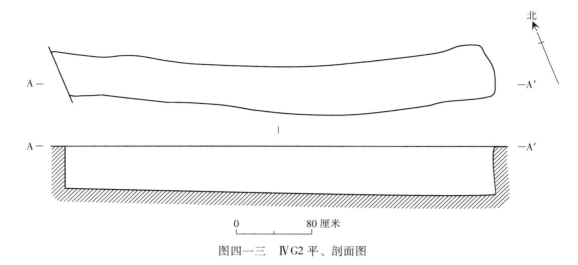

图四一三　ⅣG2 平、剖面图

出土遗物 1 件。为陶盆。

标本ⅣG2∶1，夹砂灰陶。方唇，侈口，展沿，沿面有凹槽，斜腹，底残。素面。口径 53.8、高 21.7、厚 0.8～1.5 厘米（图四一四）。

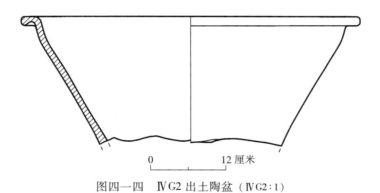

图四一四　ⅣG2 出土陶盆（ⅣG2∶1）

ⅣG4

位于ⅣT0106、T0205、T0206、T0305 内，开口于③层下，被ⅣG1 打破，打破④层。已发掘部分坑口平面呈长条形，弧壁，底不平。已发掘部分长 11.6、宽 0.85～2.64、深 1.08 米（图四一五）。坑内填土为灰褐色砂土，土质疏松。出土遗物较多。

出土遗物 15 件。有铁器、骨器和钱币。

1. 铁器　2 件。均为四棱锥形镞。镞身略粗短，呈四棱锥状，剖面呈方形。细长铤，铤剖面呈圆形。

标本ⅣG4∶1，残长 8.8、宽 0.8、铤长 5.3、铤径 0.4 厘米（图四一六，1；彩版六五，4）。

标本ⅣG4∶2，通长 9.4、宽 0.8、铤长 6.0、铤径 0.4 厘米（图四一六，2；彩版六五，5）。

2. 骨器　1 件。为匕。

标本ⅣG4∶3，由动物肢骨削磨而成。体粗短呈扁长条状。长 8.3、宽 2.0、厚 0.8 厘米（图四一六，3）。

3. 钱币　12 枚。编号ⅣG4∶4-1～4-12，均为“开元通宝”钱。圆形，方孔，有郭。正面隶

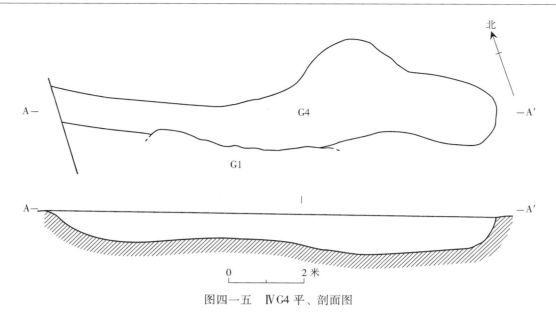

图四一五　ⅣG4 平、剖面图

书"开元通宝"四字。

ⅣG4：4-1，直径 2.4、穿孔宽 0.6、厚 0.2 厘米。重 4.44 克（图四一七，1；彩版六五，7、8）。

ⅣG4：4-2，直径 2.4、穿孔宽 0.6、厚 0.2 厘米。重 2.62 克（图四一七，2；彩版六五，7、8）。

ⅣG4：4-3，直径 2.5、穿孔宽 0.7、厚 0.2 厘米。重 3.81 克（图四一七，3；彩版六五，7、8）。

ⅣG4：4-4，直径 2.5、穿孔宽 0.6、厚 0.2 厘米。重 3.38 克（图四一七，4；彩版六五，7、8）。

ⅣG4：4-5，直径 2.5、穿孔宽 0.7、厚 0.2 厘米。重 3.58 克（图四一七，5；彩版六五，7、8）。

ⅣG4：4-6，直径 2.5、穿孔宽 0.7、厚 0.2 厘米。重 2.89 克（图四一七，6；彩版六五，7、8）。

ⅣG4：4-7，直径 2.5、穿孔宽 0.7、厚 0.2 厘米。重 3.89 克（图四一七，7）。

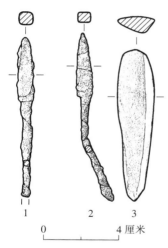

图四一六　ⅣG4 出土器物
1、2. 四棱锥形铁镞（ⅣG4：1、ⅣG4：2）　3. 骨匕（ⅣG4：3）

ⅣG4：4-8，直径 2.4、穿孔宽 0.7、厚 0.2 厘米。重 3.56 克（图四一七，8）。

ⅣG4：4-9，直径 2.5、穿孔宽 0.7、厚 0.2 厘米。重 4.52 克（图四一七，9）。

ⅣG4：4-10，直径 2.5、穿孔宽 0.7、厚 0.2 厘米。重 4.24 克（图四一七，10）。

ⅣG4：4-11，直径 2.4、穿孔宽 0.6、厚 0.2 厘米。重 2.58 克（图四一七，11）。

ⅣG4：4-12，直径 2.4、穿孔宽 0.6、厚 0.2 厘米。重 3.30 克（图四一七，12）。

ⅤG1

位于ⅤT0201 东南，向东延伸至和ⅤT0301 内，开口于②层下，打破③层和ⅤH22、ⅤH25、ⅤG5。沟口平面近曲尺形，斜直壁，平底。已发掘部分口长 7.71、宽 0.56～1.08、深 0.45～0.52

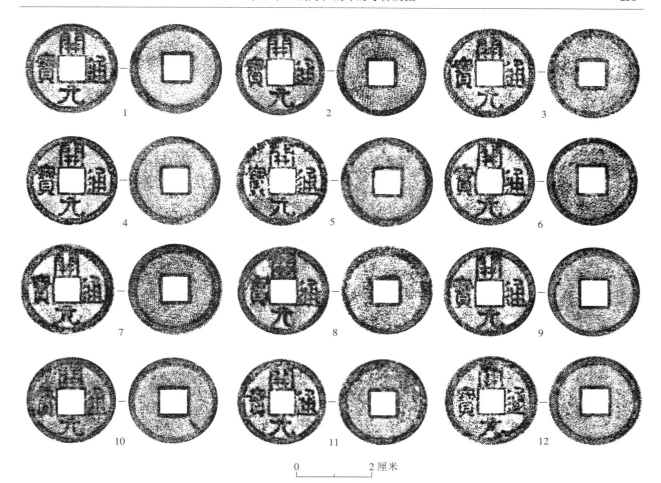

0 ____ 2厘米

图四一七 ⅣG4 出土 "开元通宝" 钱

1~12. "开元通宝" 钱（ⅣG4：4-1、ⅣG4：4-2、ⅣG4：4-3、ⅣG4：4-4、ⅣG4：4-5、ⅣG4：4-6、ⅣG4：4-7、ⅣG4：4-8、ⅣG4：4-9、G4：4-10、ⅣG4：4-11、ⅣG4：4-12）拓片

米（图四一八）。坑内填土为黑灰色砂土，土质疏松。出土少量遗物。

出土遗物 5 件。有铜器和铁器。

1. 铜器 1 件。为铊尾。

标本 ⅤG1：4，平面呈圆角长方形。长 2.3、宽 2.1、厚 0.2 厘米（图四一九，1）。

2. 铁器 4 件。有镞、钉、斧。

镞 2 件。为四棱锥形镞。镞身呈四棱锥状，剖面呈方形。

标本 ⅤG1：1，体粗短。细长铤，剖面呈圆形。残长 12.6、宽 0.9、铤长 8.8、铤径 0.5 厘米（图四一九，4；彩版六五，6）。

标本 ⅤG1：3，体粗短。铤残，剖面呈方形。残长 4.3、宽 0.8、铤长 0.8、铤宽 0.3 厘米（图四一九，3）。

钉 1 件。

标本 ⅤG1：5，无钉帽，钉身为长方体状，剖面为长方形，尖部侧弯。残长 7.1、宽 0.8 厘米（图四一九，5）。

斧 1 件。

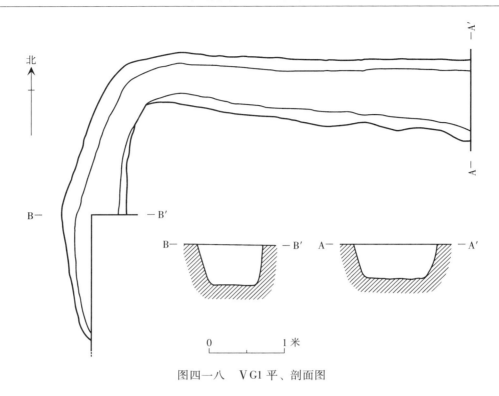

图四一八　Ⅴ G1 平、剖面图

标本 Ⅴ G1：2，銎部残。平面近长方形。方銎，直边，圆角，直刃。宽 7.0、残高 7.1、厚 1.3 厘米，銎口长 6.0、宽 1.1 厘米（图四一九，2）。

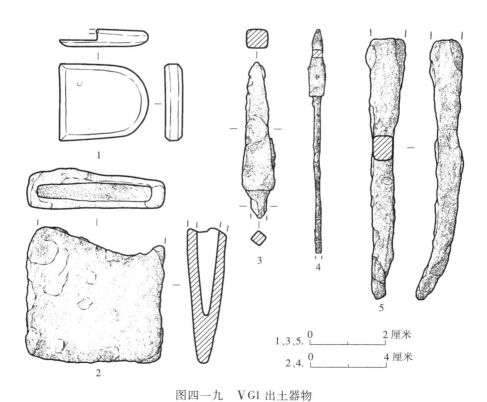

图四一九　Ⅴ G1 出土器物
1. 铜铊尾（Ⅴ G1：4）　2. 铁斧（Ⅴ G1：2）　3、4. 四棱锥形铁镞（Ⅴ G1：3、Ⅴ G1：1）　5. 铁钉（Ⅴ G1：5）

Ⅴ G3

位于Ⅴ T0101、T0102西部，开口于③层下，打破④层和Ⅴ H16、Ⅴ H30、Ⅴ H35、Ⅴ G4。已发掘部分沟口平面呈长条形，斜壁，底部不平。已发掘部分口长 8.9、宽 1.17～2.0、深 1.04 米（图四二〇）。坑内填土为黑灰色砂土，土质疏松。出土遗物较少。

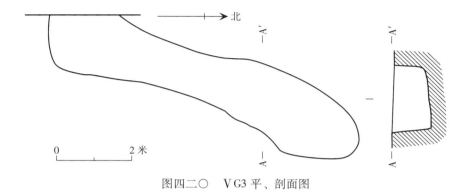

图四二〇　Ⅴ G3 平、剖面图

出土遗物 1 件。为"开元通宝"钱。

标本Ⅴ G3：1，圆形，方孔，有郭。正面隶书"开元通宝"四字。直径 2.4、穿孔宽 0.7、厚 0.1 厘米。重 2.7 克（图四二一）。

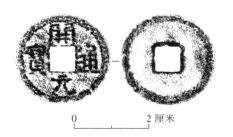

图四二一　Ⅴ G3 出土"开元通宝"钱（Ⅴ G3：1）拓片

Ⅴ G5

位于Ⅴ T0201 东南部，开口于③层下，被Ⅴ H25、Ⅴ G1 打破，打破④层和Ⅴ H35。已发掘部分沟口平面呈长条形，直壁，平底。已发掘部分长 3.36、宽 0.78、深 0.40 米（图四二二）。坑内填土为黑灰色砂土，土质疏松。出土遗物较少。

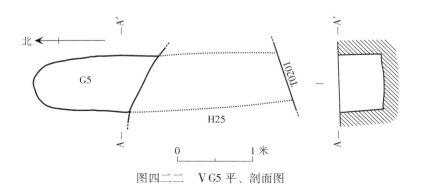

图四二二　Ⅴ G5 平、剖面图

Ⅴ G7

位于Ⅴ T0402 西部，延伸至Ⅴ T0401，开口于①层下，打破②、③层。已发掘部分沟口平面呈曲尺形，斜直壁，平底。已发掘部分口长 23.33、宽 0.38～0.7、深 0.2～0.3 米（图四二三）。坑内填土为黑灰色砂土，土质疏松。出土遗物较少。

（三）其他遗迹

第五期文化遗存另有墓葬、陪葬坑和石圈遗迹各 1 座。

Ⅳ M1

位于Ⅳ T0102 东部，坐落于③层层面上，被Ⅳ H15 打破。单人葬，仰身直肢，枕骨呈凹陷状，两侧颞

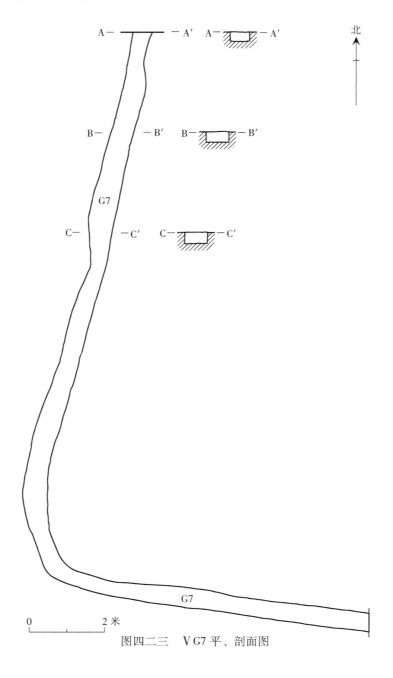

图四二三　Ⅴ G7 平、剖面图

骨错位向前突出，左臂从肱骨以下全部缺失，右臂从尺骨以下缺失（图四二四；彩版六六，2）。无葬具。

ⅣPZ1

位于ⅣT0101西北部，开口于②层下，打破③层。坑口平面近椭圆形，直壁，平底。口长径2.15、短径1.51、深0.35米（图四二五；彩版六六，3）。坑内埋葬一具完整马骨，马四肢与身体捆绑蜷缩在一起，马头回望朝向ⅣM1方向，距ⅣM1约4米。坑内还出土少量绳纹和布纹瓦残片。

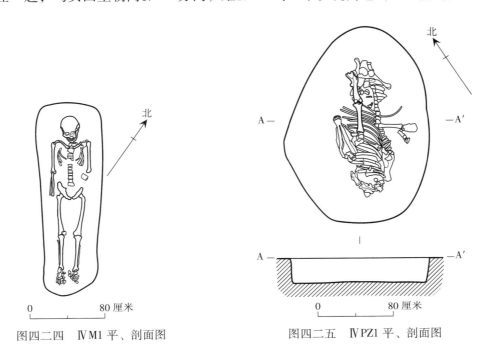

图四二四　ⅣM1 平、剖面图　　　　图四二五　ⅣPZ1 平、剖面图

ⅡSQ1

位于Ⅱ区东南部，分布于ⅡT0401、ⅡT0402、ⅡT0501、ⅡT0502四个探方。坐落在③层上，被②层叠压。石圈平面近圆形，中心石块较少，石块间杂有大量的布纹瓦碎块。石圈外径约6.26、内径约2.37、残高约0.3米（图四二六；彩版六六，1）。ⅡSQ1与中心的ⅡH37应有对应关系，可能为一处祭祀遗迹。

二、地层出土遗物

第五期文化地层出土遗物共165件。有建筑构件、陶器、铜器、铁器、骨角器、石器、钱币。

（一）建筑构件

13件。有筒瓦、板瓦、瓦当、砖。

筒瓦　3件。均为半筒形，有瓦舌，残。背面为素面；内侧饰布纹。

标本ⅣT0101③：2，夹砂灰陶。有切割痕。残长21.7、径15.5、高7.2、厚2.0～3.4、舌长1.2厘米（图四二七，2）。

标本ⅣT0401②：2，夹砂红陶。内侧有切割痕。残长20.6、厚1.0～1.5、舌长1.6厘米（图四二七，3）。

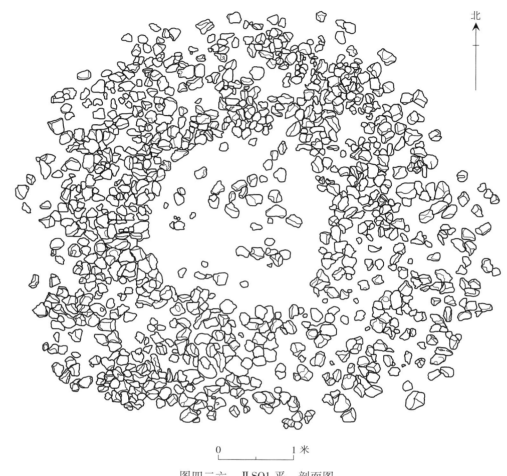

北

0　　　　　　1 米

图四二六　ⅡSQ1 平、剖面图

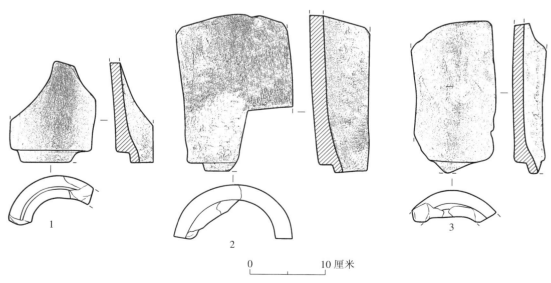

1　　　　　　　2　　　　　　　3

0　　　　　10 厘米

图四二七　第五期文化地层出土筒瓦
1~3. ⅤT0401②:17、ⅣT0101③:2、ⅣT0401②:2

标本ⅤT0401②：17，夹砂红陶。残长13.8、厚1.2～2.9、舌长1.7厘米（图四二七，1）。

板瓦　7件。

标本ⅣT0305③：6，夹砂灰陶。平面呈长方形。背面为素面，内侧饰布纹并有长方形戳印痕。残长7.2、宽8.6、厚1.4～1.6厘米（图四二八，3）。

标本ⅣT0502②：1，夹砂黄陶。残存较宽的一端。平面呈不规则形。背面为素面；内侧饰布纹，两端残存较窄的切割痕。残长35.3、宽29.2、高7.7、厚1.3～2.0厘米（图四二八，5）。

标本ⅤT0101②：14，夹砂灰陶。平面呈长方形。背面有文字，不可辨识；内侧饰布纹。残长6.9、宽2.8、厚1.8～2.0厘米（图四二八，1）。

标本ⅤT0302②：3，夹砂灰陶。残存较宽的一侧。平面呈长方形。背面为素面；内侧饰布纹，两端有较窄的切割痕。残长29.2、宽32.1、高8.8、厚1.8～2.0厘米（图四二八，6）。

标本ⅤT0302③：28，夹砂灰陶。残存较宽的一端。平面近长方形。背面为素面，边缘有指

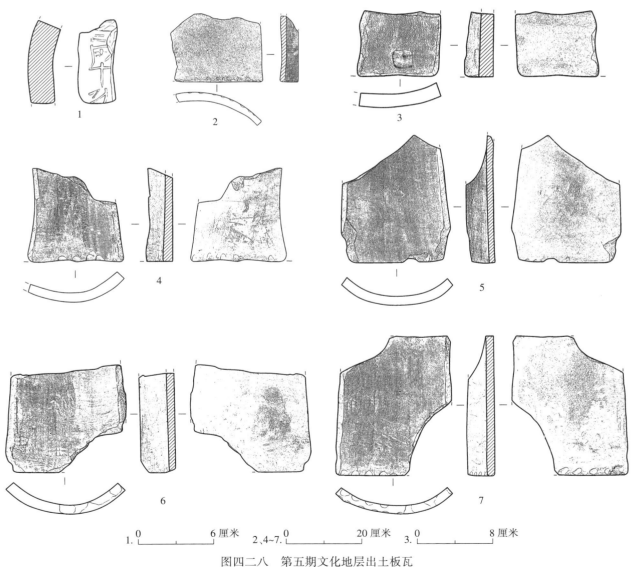

1. $\underset{0}{\llcorner}$ _____ $\underset{6厘米}{\lrcorner}$　2,4～7. $\underset{0}{\llcorner}$ _____ $\underset{20厘米}{\lrcorner}$　3. $\underset{0}{\llcorner}$ _____ $\underset{8厘米}{\lrcorner}$

图四二八　第五期文化地层出土板瓦

1～7. ⅤT0101②：14、ⅤT0302③：28、ⅣT0305③：6、ⅤT0302②：5、ⅣT0502②：1、ⅤT0302②：3、ⅤT0302③：29

压纹；内侧饰布纹，一端残存较窄的切割痕。残长18.6、宽24.0、厚1.5厘米（图四二八，2）。

标本ⅤT0302③:29，夹砂灰陶。平面残呈不规则形。背面为素面，边缘有指压纹；内侧饰布纹，两端残存较窄的切割痕。残长38.2、宽30.3、高7.5、厚1.2～2.0厘米（图四二八，7）。

标本ⅤT0302②:5，夹砂灰陶。平面残呈不规则形。背面为素面，边缘有指压纹；内侧饰布纹，两端残存较窄的切割痕。残长25.8、宽25.3、厚1.2～2.4厘米（图四二八，4）。

瓦当　1件。

标本ⅣT0206③:1，夹砂红陶。当面残存莲花纹和连珠纹，背面为素面。残宽8.2、厚2.6厘米（图四二九，3）。

砖　2件。

标本ⅣT0401②:1，夹砂灰陶。弯曲变形，平面残呈长方形。素面。残长22.2、宽13.0、厚5.3厘米（图四二九，1）。

标本ⅤT0401②:16，夹砂黄褐陶。平面残呈长方形。素面。残长9.3、宽12.9、厚6.7厘米（图四二九，2）。

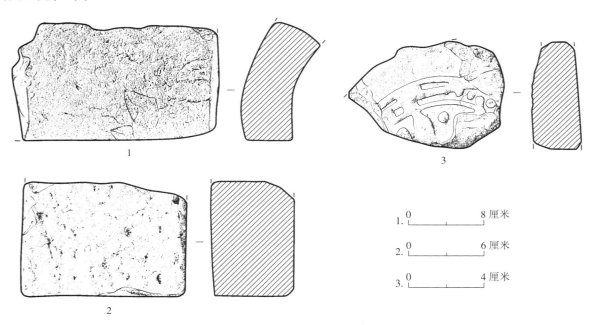

图四二九　第五期文化地层出土建筑构件
1、2. 素面砖（ⅣT0401②:1、ⅤT0401②:16）　3. 瓦当（ⅣT0206③:1）

（二）陶　器

20件。主要有豆、罐、器底、纺轮。

豆　2件。均为夹砂灰陶。仅存豆柄和部分豆盘，柄中空。素面。

标本ⅤT0301③:7，残高12.3、厚0.9～1.2厘米（图四三〇，3）。

标本ⅤT0401③:19，残高8.5、厚0.6～1.2厘米（图四三〇，4）。

罐　3件。

标本 V T0302③：5，夹砂灰陶。肩部以下残。方唇，侈口，短颈，斜肩。素面。口径31.8、残高9.9、厚0.8～1.2厘米（图四三〇，1）。

标本 V T0302③：6，夹砂灰陶。颈部以下残。尖唇，侈口，沿面有凹槽，短颈。素面。口径44.0、残高15.0、厚0.9～1.3厘米（图四三〇，5）。

标本 V T0302③：9，夹砂灰陶。肩部以下残。方唇，侈口，窄沿，短颈，鼓肩。唇面饰两道弦纹，肩部饰两周连弧纹带。口径31.8、残高17.7、厚0.6～1.1厘米（图四三〇，2）。

器底　3件。均为夹砂灰陶。素面。

标本 Ⅳ T0202③：2，平底。底径27.6、残高7.2、厚1.0～2.2厘米（图四三〇，7）。

标本 Ⅳ T0401②：3，平底内凹。底径17.6、残高7.2、厚0.6～1.2厘米（图四三〇，8）。

标本 V T0302③：7，平底内凹。底径27.6、残高10.8、厚0.7～1.2厘米（图四三〇，6）。

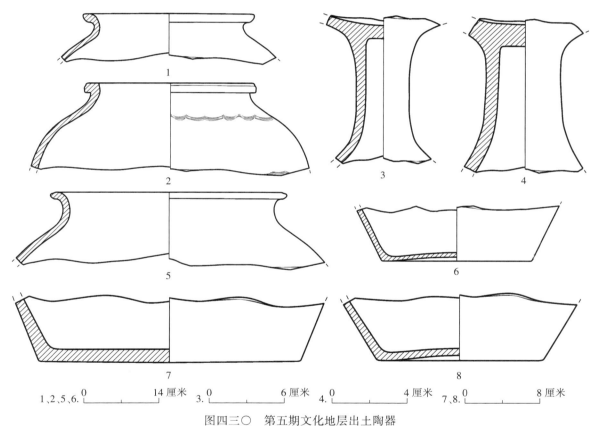

图四三〇　第五期文化地层出土陶器

1、2、5. 罐口沿（ⅤT0302③：5、ⅤT0302③：9、ⅤT0302③：6）　3、4. 豆（ⅤT0301③：7、ⅣT0401③：19）　6～8. 器底（ⅤT0302③：7、ⅣT0202③：2、ⅣT0401②：3）

纺轮　10件。

标本 Ⅰ T4②：2，夹砂灰陶。由瓦片磨制而成。平面呈圆饼状，中间有圆形穿孔。直径6.7、孔径0.5、厚1.2厘米（图四三一，4；彩版六七，1）。

标本 Ⅰ T16③：1，夹砂红褐陶。由陶豆豆柄磨制而成。呈圆饼状，中间有圆形穿孔。直径4.3、孔径1.2、厚2.4厘米（图四三一，2；彩版六七，2）。

标本 Ⅳ T0402③：1，夹砂红褐陶。呈圆饼状，中间有圆形穿孔。直径4.5、孔径1.2、厚1.7

厘米（图四三一，7；彩版六七，3）。

标本ⅤT0101②：2，夹砂灰陶。由布纹板瓦磨制而成。呈圆饼状，中间有圆形穿孔。直径8.4、孔径1.0、厚2.2厘米（图四三一，1；彩版六七，4）。

标本ⅤT0401②：14，夹砂黄褐陶。由陶片磨制而成。残呈半圆饼状，中间有圆形穿孔。直径4.8、孔径0.6、厚0.9厘米（图四三一，6）。

标本ⅤT0401②：15，夹砂灰陶。呈圆丘状。底平，顶部隆起。饰数道弦纹，中间有圆形穿孔。直径6.0、孔径1.3、厚1.8厘米（图四三一，8；彩版六七，5）。

标本ⅤT0402②：29，夹砂红褐陶。呈圆饼状，中间有圆形穿孔。直径3.8、孔径0.7、厚1.4厘米（图四三一，10）。

标本ⅤT0102③：1，夹砂灰陶。残呈半圆饼状，中间有圆形穿孔。直径7.2、厚2.7厘米（图四三一，5）。

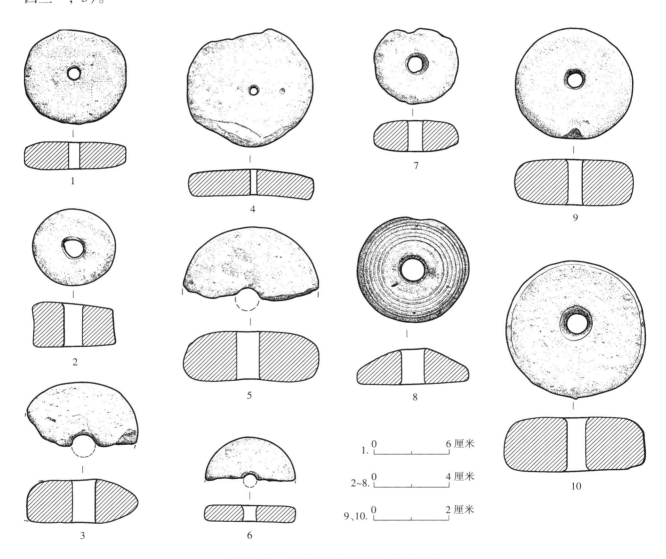

图四三一　第五期文化地层出土陶纺轮

1～10. ⅤT0101②：2、ⅠT16③：1、ⅤT0102③：6、ⅠT4②：2、ⅤT0102③：1、ⅤT0401②：14、ⅣT0402③：1、ⅤT0401②：15、ⅤT0201③：1、ⅤT0402②：29

标本ⅤT0102③：6，夹砂灰陶。残呈半圆饼状。中间有圆形穿孔。厚2.4厘米（图四三一，3）。

标本ⅤT0201③：1，夹砂黄褐陶。呈圆饼状，中间有圆形穿孔。直径3.2、孔径0.4、厚1.2厘米（图四三一，9；彩版六七，6）。

（三）铜器

16件。有铊尾、带铐、带钩、带扣、顶针、钗、剑格、铆钉、环、饰片。

铊尾　1件。

标本ⅤT0101②：3，残呈不规则形，仅存一端。长2.4、残宽1.9、厚0.2厘米（图四三二，11）。

带铐　5件。

标本ⅤT0401③：4，残存一面。平面呈半椭圆形。中部有长方形穿孔，背部有三个柱状铆钉。长2.3、宽1.6、厚0.2厘米（图四三二，6）。

标本ⅤT0401③：10，残存一面。平面呈圭形。中部有长方形穿孔，背部有三个柱状铆钉。长2.3、宽1.7、厚0.2厘米（图四三二，8）。

标本ⅤT0102②：2，残存一面。平面呈圆角长方形。中部有长方形穿孔，背部有四个柱状铆钉。长2.6、宽1.2、厚0.2厘米（图四三二，5）。

标本ⅤT0401②：6，由两块半椭圆形铜片铆接而成。中部有椭圆形穿孔，两铜片间由四个柱状铆钉固定。长2.6、宽1.8、厚0.3厘米（图四三二，7）。

标本ⅤT0201③：14，残存一面。平面呈圭形。中部有长方形穿孔，边缘有三个铆钉孔。长2.6、宽1.9、厚0.1厘米（图四三二，4）。

带钩　1件。

标本ⅤT0201②：2，仅存钩尾部分，不见纽柱，剖面呈菱形。残长3.7、宽1.3、厚0.7厘米（图四三二，1）。

带扣　2件。

标本ⅤT0101③：7，平面呈"U"形，前圆后方。开口一侧残有穿横轴的铁锈痕，横轴、扣舌不存。剖面呈圆形。长4.9、宽2.8、厚0.5厘米（图四三二，15；彩版六七，7）。

标本ⅤT0201③：12，扣环平面呈椭圆形，前圆后方。开口一侧有横轴，横轴装有可活动扣舌。扣环剖面为卵形，扣舌剖面为半圆形。长2.1、宽3.6、厚0.2～0.4厘米（图四三二，10；彩版六七，8）。

顶针　1件。

标本ⅤT0201②：10，体卷曲呈圆筒状。有豁口，体表分布有规律的小圆坑，边缘起棱。外径1.5、高0.8、厚0.1厘米（图四三二，3）。

钗　1件。

标本ⅤT0401②：11，仅存单支钗针。针细长，截面呈卵形。残长4.4、径0.2厘米（图四三二，2）。

剑格　1件。

标本ⅤT0402②：5，平面近菱形。宽5.2、厚0.7厘米（图四三二，16）。

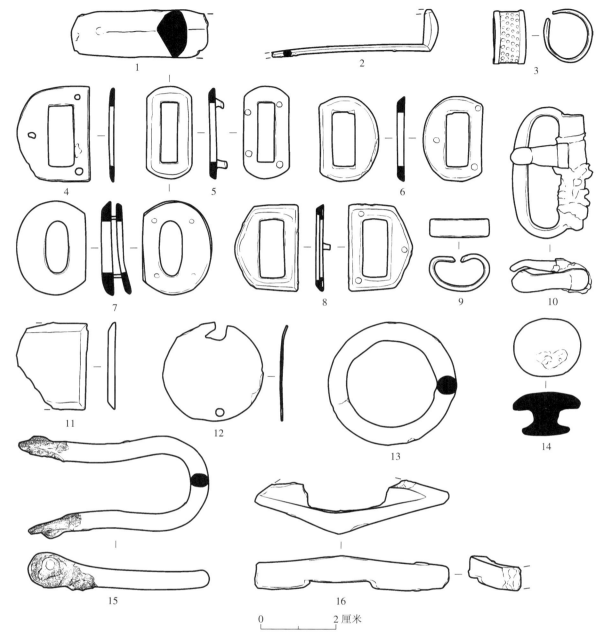

图四三二　第五期文化地层出土铜器

1. 带钩（ⅤT0201②：2）　　2. 钗（ⅤT0401②：11）　　3. 顶针（ⅤT0201②：10）　　4～8. 带铐（ⅤT0201③：14、ⅤT0102②：2、ⅤT0401③：4、ⅤT0401②：6、ⅤT0401③：10）　　9、13. 环（ⅤT0201②：9、ⅣT0305①：1）　　10、15. 带扣（ⅤT0201③：12、ⅤT0101③：7）　　11. 铊尾（ⅤT0101②：3）　　12. 饰片（ⅤT0301③：2）　　14. 铆钉（ⅤT0101③：17）　　16. 剑格（ⅤT0402②：5）

铆钉　1件。

标本ⅤT0101③：17，两端钉帽均为椭圆形，上大下小，钉身为圆柱体状。长1.1、顶径1.8、底径1.4厘米（图四三二，14）。

环　2件。

标本ⅣT0305①：1，圆环状。形态规整，截面亦为圆形。外径3.4、内径2.4、厚0.5厘米（图四三二，13；彩版六七，9）。

标本ⅤT0201②：9，平面呈扁圆形，有豁口。长径1.7、短径1.0、厚0.1厘米（图四三二，9）。

饰片 1件。

标本ⅤT0301③：2，平面呈圆形。两侧边缘对称开有圆形穿孔。表面有贴金。直径2.6、孔径0.2、厚0.1厘米（图四三二，12）。

（四）铁器

98件。有镞、削、刀、甲片、斧、钉、镰、锯、凿、环、剑格、锥、镩、楔、釭、带扣、钥匙、坩埚。

镞 47件。据镞身形态可分为三棱锥形镞、四棱锥形镞、菱形镞、矛形镞、铲形镞、三翼镞、扁平镞。

（1）三棱锥形镞 10件。镞身呈三棱锥状，剖面呈三角形。

标本ⅤT0102②：10，镞身细长。铤残，剖面呈圆形。残长5.4、宽0.8、铤长1.1、铤径0.3厘米（图四三三，6；彩版六八，1）。

标本ⅤT0201②：5，镞身细长。尖部残，铤残。残长4.3、宽0.8厘米（图四三三，3）。

标本ⅤT0201②：7，镞身细长。尖部残，铤残，剖面呈圆形。残长5.4、宽0.7、铤长2.3、铤径0.3厘米（图四三三，12）。

标本ⅤT0301②：5，镞身细长。铤残，剖面呈圆形。残长7.0、宽0.9、铤长2.8、铤径0.5厘米（图四三三，8；彩版六八，2）。

标本ⅤT0101③：3，镞身细长。铤残，剖面呈圆形。残长8.3、宽1.0、铤长4.7、铤径0.4厘米（图四三三，2；彩版六八，3）。

标本ⅤT0101③：5，镞身粗短。尖部残，铤残。残长3.6、宽0.7厘米（图四三三，1）。

标本ⅤT0102③：16，镞身细长。铤残，剖面呈圆形。残长5.8、宽0.9、铤长1.7、铤径0.5厘米（图四三三，7）。

标本ⅤT0102③：21，镞身细长。铤残，剖面呈圆形。残长5.0、宽0.7、铤长1.2、铤径0.3厘米（图四三三，5）。

标本ⅤT0201③：19，镞身细长。铤残，剖面呈圆形。残长4.7、宽0.7、铤长1.2、铤径0.4厘米（图四三三，4）。

标本ⅤT0401③：16，镞身粗短。铤与镞身一体铸成，剖面呈圆形。通长17.4、宽0.7、铤长16.1、铤径0.6厘米（图四三三，9）。

（2）四棱锥形镞 20件。镞身呈四棱锥状，剖面大多呈方形。

标本ⅠT2②：1，体细长。铤弯曲变形，剖面呈圆形。通长8.5、宽0.6、铤长4.8、铤径0.3厘米（图四三三，17）。

标本ⅣT0102③：1，体粗短。铤残，剖面呈圆形。残长6.3、宽0.9、铤长2.8、铤径0.7厘米（图四三三，13）。

标本ⅣT0305③：1，残。体粗短。铤残，剖面呈圆形。残长6.6、宽0.8、铤长3.1、铤径0.5厘米（图四三三，10；彩版六八，4）。

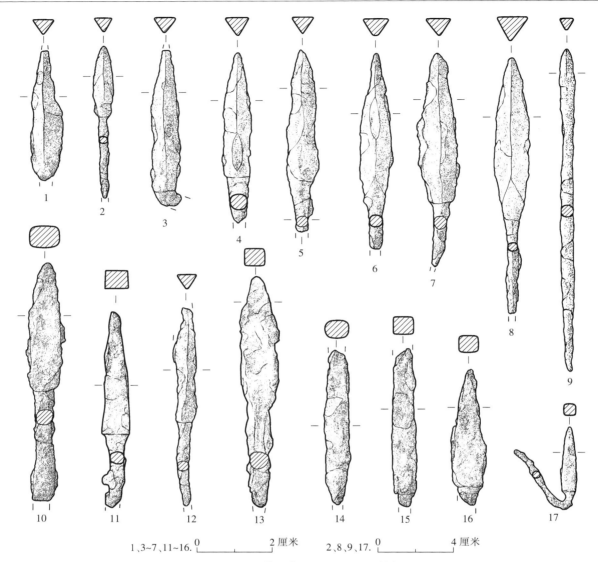

1、3~7、11~16. ┠─────────┨ 2 厘米　　　2、8、9、17. ┠─────────┨ 4 厘米

图四三三　第五期文化地层出土铁镞

1~9、12. 三棱锥形镞（ⅤT0101③：5、ⅤT0101③：3、ⅤT0201②：5、ⅤT0201③：19、ⅤT0102③：21、ⅤT0102②：10、ⅤT0102③：16、ⅤT0301②：5、ⅤT0401③：16、ⅤT0201②：7）　10、11、13~17. 四棱锥形镞（ⅣT0305③：1、ⅤT0101②：13、ⅣT0102③：1、ⅤT0101②：1、ⅤT0101②：8、ⅤT0101②：6、ⅠT2②：1）

标本ⅤT0101②：1，体细长。尖部残，铤残。残长4.2、宽0.7厘米（图四三三，14）。

标本ⅤT0101②：6，体粗短。铤残。残长3.8、宽0.8厘米（图四三三，16）。

标本ⅤT0101②：8，体细长。尖部残，铤残。残长4.4、宽0.6厘米（图四三三，15）。

标本ⅤT0101②：13，体细长。铤残，剖面呈圆形。残长5.5、宽0.7、铤长2.1、铤径0.4厘米（图四三三，11）。

标本ⅤT0201②：4，体粗短。铤残，剖面呈圆形。残长4.0、宽0.8、铤长0.7、铤径0.3厘米（图四三四，13）。

标本ⅤT0201②：8，体粗短。尖部残，铤残。残长3.7、宽0.5厘米（图四三四，9）。

标本ⅤT0402②：27，体细长。铤残，剖面呈圆形。残长3.5、宽0.6、铤长1.0、铤径0.3厘米（图四三四，1）。

标本 V T0301①：1，体细长。铤残，剖面呈方形。残长 4.6、宽 0.6、铤长 0.9、铤径 0.4 厘米（图四三四，3）。

标本 V T0101③：1，体粗短。尖部残，细长铤，剖面呈方形。残长 3.9、宽 0.8、铤长 1.6、铤径 0.5 厘米（图四三四，2）。

标本 V T0101③：19，体略粗短。铤残，剖面呈方形。残长 4.3、宽 0.8、铤长 0.7、铤径 0.4 厘米（图四三四，12；彩版六八，5）。

标本 V T0101③：20，体粗短。细长铤，剖面呈方形。残长 4.5、宽 0.8、铤长 1.7、铤径 0.5 厘米（图四三四，8；彩版六八，6）。

标本 V T0102③：9，体细长。细长铤，剖面呈方形。残长 5.4、宽 0.7、铤长 1.9、铤径 0.5 厘米（图四三四，4；彩版六八，7）。

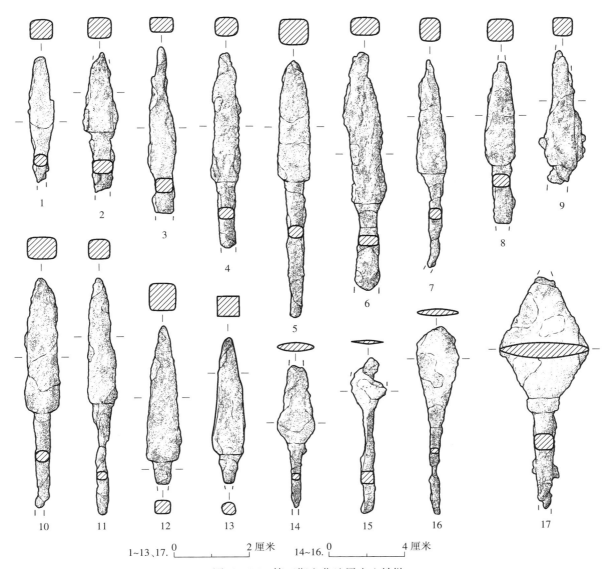

图四三四　第五期文化地层出土铁镞

1 ~ 13. 四棱锥形镞（Ⅴ T0402②：27、Ⅴ T0101③：1、Ⅴ T0301①：1、Ⅴ T0102③：9、Ⅴ T0201③：18、Ⅴ T0201③：17、Ⅴ T0201③：11、Ⅴ T0101③：20、Ⅴ T0201②：8、Ⅴ T0301③：1、Ⅴ T0202③：4、Ⅴ T0101③：19、Ⅴ T0201②：4）　　14 ~ 17. 菱形镞（Ⅱ T0104②：2、Ⅰ T13③：1、Ⅰ T4②：1、Ⅴ T0201③：20）

标本ⅤT0201③：11，体细长。铤残，剖面呈方形。残长5.7、宽0.8、铤长2.5、铤径0.4厘米（图四三四，7）。

标本ⅤT0201③：17，体细长。铤残，剖面呈长方形。残长6.6、宽0.9、铤长2.3、铤径0.5厘米（图四三四，6）。

标本ⅤT0201③：18，体略粗短。细长铤，剖面呈圆形。通长7.1、宽0.8、铤长3.8、铤径0.5厘米（图四三四，5；彩版六八，8）。

标本ⅤT0202③：4，体细长。细长铤，剖面呈方形。通长6.4、宽0.7、铤长3.0、铤径0.3厘米（图四三四，11）。

标本ⅤT0301③：1，体略粗短。铤残，剖面呈圆形。残长6.2、宽0.9、铤长2.7、铤径0.4厘米（图四三四，10；彩版六八，9）。

（3）菱形镞　4件。镞身呈菱形，剖面呈卵形。

标本ⅠT4②：1，体扁薄。铤细长，与镞身分界不明显，剖面为长方形。长10.1、宽2.3、厚0.3厘米（图四三四，16；彩版六九，1）。

标本ⅠT13③：1，体扁薄。铤细长，剖面为方形。残长8.4、宽1.9、厚0.2、铤长5.6、铤宽0.6厘米（图四三四，15）。

标本ⅡT0104②：2，体扁薄。铤细长，剖面为方形。残长7.7、宽2.0、厚0.4、铤长3.4、铤宽0.3厘米（图四三四，14）。

标本ⅤT0201③：20，体扁薄。铤残，剖面呈方形。残长6.3、宽2.4、铤长2.7、铤宽0.5厘米（图四三四，17；彩版六九，2）。

（4）矛形镞　5件。镞身呈矛形，剖面呈菱形。

标本ⅠT9②：2，体细长。铤细长，剖面为圆形。长11.3、宽1.5、厚0.6、铤长7.6、铤径0.3厘米（图四三五，11；彩版六九，3）。

标本ⅠT12②：1，体细长。铤残，剖面为圆形。残长11.6、宽1.5、厚0.6、铤长7.9、铤径0.5厘米（图四三五，12；彩版六九，4）。

标本ⅡT0504②：2，体细长。铤残，剖面为圆形。残长7.8、宽1.2、厚0.5、铤长1.6、铤宽0.3厘米（图四三五，10；彩版六九，5）。

标本ⅣT0604②：2，体粗短。铤残，剖面为方形。残长6.6、宽1.0、厚0.8、铤长3.8、铤宽0.4厘米（图四三五，13）。

标本ⅣT0604②：3，体略粗短。铤残，剖面为方形。残长5.3、宽1.0、厚0.6厘米，铤长2.4、铤宽0.5厘米（图四三五，9；彩版六九，6）。

（5）铲形镞　4件。镞身呈铲形。

标本ⅡT0501②：1，体细长。镞身剖面呈长方形；扁锋，平刃；铤细长，剖面为圆形。通长8.9、宽1.1、厚0.6、铤长4.4、铤径0.4厘米（图四三五，3；彩版六九，7）。

标本ⅣT0305①：2，体粗短。镞身剖面呈长方形；扁锋，平刃；铤粗短，剖面亦为长方形。通长7.4、宽1.6、厚0.3、铤长3.4、铤宽0.7厘米（图四三五，1；彩版七〇，1）。

标本ⅣT0604②：1，体细长。镞身剖面呈卵形；扁锋，平刃；铤残，与镞身分界不明显，剖面为长方形。残长5.6、宽0.9、厚0.5厘米（图四三五，4；彩版七〇，2）。

标本ⅤT0401③：1，体细长。镞身剖面呈卵形；铤细长，剖面呈圆形。通长4.6、宽2.0、厚0.3、铤长1.8、宽0.5厘米（图四三五，2；彩版七〇，3）。

（6）三翼镞　2件。镞身为三翼状；尖锋，斜刃。

标本ⅤT0102③：17，体粗短。尖锋残。尾部圆形铁铤残。残长4.9、宽1.1、铤长1.2、铤径0.4厘米（图四三五，8）。

标本ⅤT0201②：3，体粗短。镞翼宽大，镞身柱脊较纤细；尾部圆形铁铤残。残长6.3、宽1.5、铤长2.7、铤径0.3厘米（图四三五，7）。

（7）扁平镞　2件。体细长。镞身扁平，扁锋。铤与镞身分界不明显，剖面为方形。

标本ⅤT0101③：2，直刃。长10.4、宽2.3、厚0.2厘米（图四三五，5；彩版六九，8）。

标本ⅤT0402③：20，弧刃。残长9.0、宽2.2、厚0.3（图四三五，6；彩版六九，9）。

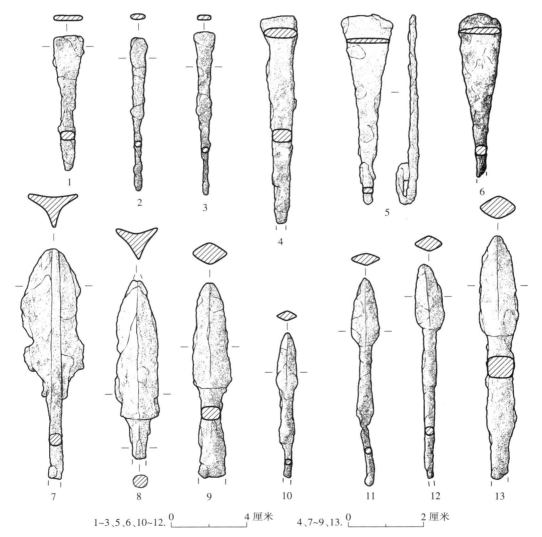

图四三五　第五期文化地层出土铁镞

1～4. 铲形镞（ⅣT0305①：2、ⅤT0401③：1、ⅡT0501②：1、ⅣT0604②：1）　　5、6. 扁平镞（ⅤT0101③：2、ⅤT0402③：20）　7、8. 三翼镞（ⅤT0201②：3、ⅤT0102③：17）　9～13. 矛形镞（ⅣT0604②：3、ⅡT0504②：2、ⅠT9②：2、ⅠT12②：1、ⅣT0604②：2）

削 5件。均呈长条状。

标本ⅡT0404②：2，柄部残。弧背弧刃。残长8.4、宽1.4、厚0.2厘米（图四三六，5；彩版七一，1）。

标本ⅣT0101③：3，尖部、柄部残。直背直刃，柄与背不齐平。残长13.9、宽2.1、厚0.5厘米（图四三六，4；彩版七一，2）。

标本ⅤT0101②：10，柄部残。直背直刃。残长10.3、宽1.2、厚0.5厘米（图四三六，3；彩版七一，3）。

标本ⅤT0402②：7，尖部、柄部残。直背直刃。残长4.8、宽1.2、厚0.3厘米（图四三六，1）。

标本ⅤT0401③：14，柄部残。直背直刃，柄与背不齐平。残长7.4、宽1.1、厚0.4厘米（图四三六，2；彩版七一，4）。

刀 1件。

标本ⅤT0301②：7，体粗短。尖部、柄部残。弧背，弧刃。残长11.1、宽3.8、厚0.2厘米（图四三六，6）。

甲片 3件。

标本ⅣT0102③：2，平面呈圆角长方形。表面有三组六个圆形穿孔。长4.4、宽3.5、孔径0.25、厚0.1厘米（图四三六，9；彩版七二，1）。

标本ⅤT0302②：1，平面残呈圆角长方形。残长9.9、宽2.5、厚0.3厘米（图四三六，7）。

标本ⅤT0402②：1，呈圆角长方形。表面有四个圆形穿孔。长8.0、宽3.8、孔径0.3、厚0.2

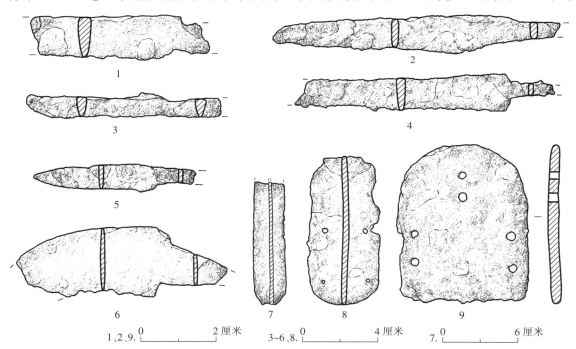

图四三六　第五期文化地层出土铁器

1～5. 削（ⅤT0402②：7、ⅤT0401③：14、ⅤT0101②：10、ⅣT0101③：3、ⅡT0404②：2）　6. 刀（ⅤT0301②：7）

7～9. 甲片（ⅤT0302②：1、ⅤT0402②：1、ⅣT0102③：2）

厘米（图四三六，8）。

斧　7件。

标本ⅣT0305②：1，銎口残。平面近长方形。直边，弧角，直刃。宽 7.5、残高 12.2、厚 2.5 厘米（图四三七，6；彩版七一，5）。

标本ⅣT0305③：3，銎口残。平面近长方形。直边，直角、直刃。宽 7.0、残高 7.4、厚 1.3 厘米（图四三七，4）。

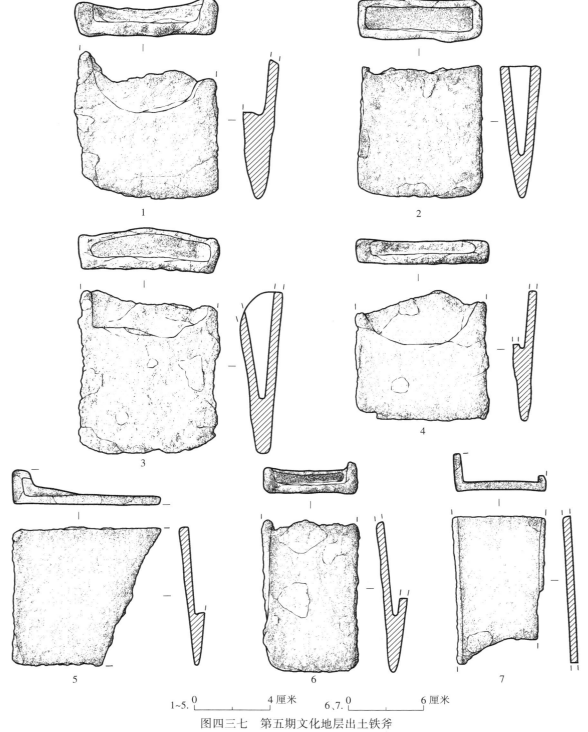

1~5. 0 ├──────┤ 4厘米　6、7. 0 ├──────┤ 6厘米

图四三七　第五期文化地层出土铁斧

1~7. ⅣT0404①：1、ⅤT0301②：1、ⅣT0402③：2、ⅣT0305③：3、ⅤT0402③：4、ⅣT0305②：1、ⅤT0401②：9

标本ⅣT0402③：2，銎口残。平面近长方形。直边，圆角，弧刃。宽7.1、残高9.1、厚1.8厘米（图四三七，3）。

标本ⅣT0404①：1，銎口残。平面近长方形。直边，圆角，弧刃。宽7.4、残高8.2、厚1.6厘米（图四三七，1）。

标本ⅤT0301②：1，平面近长方形。銎口呈长方形，直边，圆角，弧刃。宽6.8、高7.3、厚1.1厘米，銎口长5.7、宽1.4、深4.8厘米（图四三七，2；彩版七一，6）。

标本ⅤT0401②：9，残存銎部。平面近长方形。斜边。宽7.4、残高12.2、厚0.6厘米（图四三七，7）。

标本ⅤT0402③：4，銎和刃部均残。平面呈梯形。直边，直角，直刃。宽7.9、残高7.5、厚0.7厘米（图四三七，5）。

钉　14件。钉身均为四棱锥状。

标本ⅣT0704①：1，钉帽残。钉身弯曲变形。残长7.9、宽0.7、厚0.5厘米（图四三八，6）。

标本ⅣT0704③：1，钉帽和尖部残。残长6.1、宽0.5、厚0.2厘米（图四三八，8）。

标本ⅤT0101②：12，钉帽作扁平状。长4.4、宽0.3、厚0.2厘米（图四三八，9）。

标本ⅤT0401②：1，钉帽作扁平状。长9.2、宽0.8、厚0.6厘米（图四三八，3；彩版七〇，4）。

标本ⅤT0401②：4，顶部残。残长10.7、宽0.8、厚0.7厘米（图四三八，1）。

标本ⅤT0301①：2，钉帽呈扁平状。长6.1、宽0.5、厚0.4厘米（图四三八，14；彩版七〇，5）。

标本ⅤT0402①：1，钉帽为蘑菇状，尖部残。残长7.3、宽0.7、厚0.4、帽径3.6厘米（图四三八，4；彩版七〇，6）。

标本ⅤT0102③：5，钉帽作扁平状，尖部残。残长5.2、宽0.8、厚0.8厘米（图四三八，11）。

标本ⅤT0201③：10，钉帽为圆形，尖部残。残长6.7、宽0.8、厚0.5、帽径2.3厘米（图四三八，2；彩版七〇，7）。

标本ⅤT0301③：3，顶部为扁平状，尖部残。残长5.7、宽0.5、厚0.5厘米（图四三八，10）。

标本ⅤT0301③：4，顶部和尖部残。残长9.7、宽1.0、厚0.7厘米（图四三八，7）。

标本ⅤT0401③：12，钉帽呈扁平状，尖部残。残长7.0、宽1.2、厚0.7厘米（图四三八，5；彩版七〇，8）。

标本ⅤT0401③：15，钉帽为平顶。长4.4、宽0.7、厚0.5厘米（图四三八，13；彩版七〇，9）。

标本ⅤT0402②：28，钉帽为扁平状，尖部残。残长4.4、宽0.5、厚0.4厘米（图四三八，12）。

镰　4件。平面近长条状。

标本ⅤT0102③：23，仅存尾部。弧背弧刃，尾端微卷。残长8.5、宽3.9、厚0.3厘米（图四三九，9）。

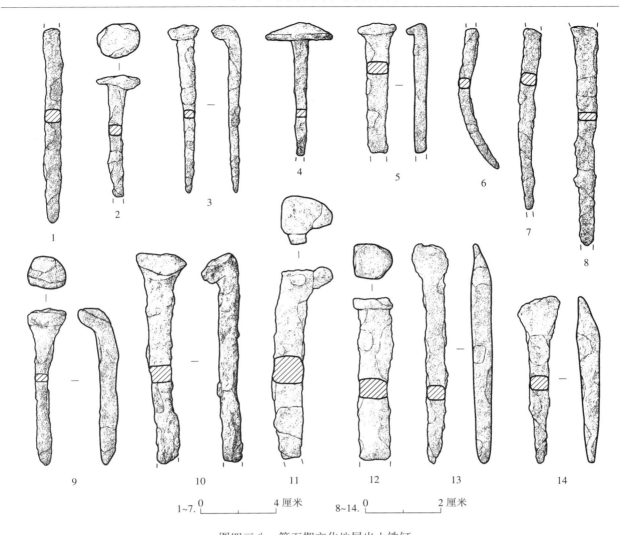

图四三八 第五期文化地层出土铁钉

1～14. ⅤT0401②：4、ⅤT0201③：10、ⅤT0401②：1、ⅤT0402①：1、ⅤT0401③：12、ⅣT0704①：1、ⅤT0301③：4、
ⅣT0704③：1、ⅤT0101②：12、ⅤT0301③：3、ⅤT0102③：5、ⅤT0402②：28、ⅤT0401③：15、ⅤT0301①：2

标本ⅤT0401③：2，首尾均残。弧背弧刃。残长9.2、宽4.0、厚0.3厘米（图四三九，5）。

标本ⅤT0401③：3，首尾均残。弧背弧刃。残长7.2、宽3.9、厚0.3厘米（图四三九，4）。

标本ⅤT0401③：13，尾部残。直背弧刃。残长10.5、宽2.4、厚0.2厘米（图四三九，6）。

锯 2件。呈长条状。首尾均残，直背，锯齿保存较差。

标本ⅤT0402③：14，残长9.2、宽2.0、厚0.2厘米（图四三九，7）。

标本ⅤT0102③：19，残长4.6、宽1.9、厚0.2厘米（图四三九，8）。

凿 1件。

标本ⅤT0101②：5，体粗短。呈长方体状，双面直刃。长8.7、宽1.6、厚0.9厘米（图四三九，11；彩版七二，2）。

环 3件。

标本ⅤT0102③：13，圆环状，有缺口。剖面为圆形。外径1.9、厚0.4厘米（图四三九，1）。

标本ⅤT0402②：9，圆环状。剖面为圆形。外径4.6、厚0.7厘米（图四三九，3；彩版七二，3）。

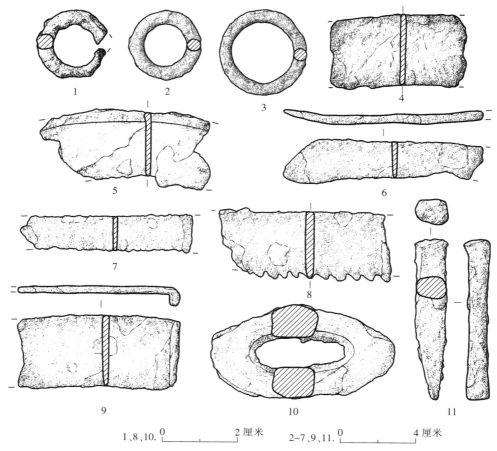

1、8、10. $\underset{0}{\vert\underline{\qquad}\vert}$2厘米   2~7、9、11. $\underset{0}{\vert\underline{\qquad\qquad}\vert}$4厘米

图四三九   第五期文化地层出土铁器

1~3. 环（ⅤT0102③:13、ⅤT0402③:17、ⅤT0402②:9）   4~6、9. 镰（ⅤT0401③:3、ⅤT0401③:2、ⅤT0401③:13、
ⅤT0102③:23）   7、8. 锯（ⅤT0402③:14、ⅤT0102③:19）   10. 剑格（ⅤT0101③:21）   11. 凿（ⅤT0101②:5）

标本ⅤT0402③:17，圆环状。剖面为圆形。外径3.8、厚0.7厘米（图四三九，2）。

剑格   1件。

标本ⅤT0101③:21，平面近菱形。宽4.8、厚1.1厘米（图四三九，10）。

锥   3件。

标本ⅣT0202③:1，体粗短，呈圆锥状。顶部为环首，尖部残。残长9.3、径0.9厘米（图四四○，8）。

标本ⅤT0302③:1，体细长，呈圆锥状。顶部为环首，尖部残。残长4.6、径0.3厘米（图四四○，7）。

标本ⅤT0402③:22，体细长，呈四棱锥状。顶部为环首，尖部残。残长16.0、宽0.6厘米（图四四○，9；彩版七二，5）。

镩   1件。

标本ⅤT0402③:21，体粗短，呈四棱锥状。顶部为长方形銎，中空，尖部残。残长14.6、宽2.8、銎口长1.5、宽1.0、深3.9厘米（图四四○，10；彩版七二，8）。

楔   1件。

标本ⅤT0101③:16，体扁薄，平面呈梯形。平顶，斜边，圆角，单面弧刃。宽2.2、高3.3、厚 0.6 厘米（图四四〇，5；彩版七二，6）。

钉　1 件。

标本 V T0101②：4，残呈半弧形。外壁残有一子榫。残宽 6.2、高 4.8、厚 1.0 厘米（图四四〇，6）。

带扣　1 件。

标本 V T0402③：19，平面呈"U"形。前圆后方，开口一侧穿横轴，扣舌不存，剖面呈圆形。长 3.9、宽 2.2、厚 0.4 厘米（图四四〇，1；彩版七二，4）。

钥匙　2 件。

标本 V T0401②：10，体细长，尾部残。残长 8.6、宽 0.5、厚 0.4 厘米（图四四〇，3）。

标本 V T0401③：17，体细长，尾部弯曲呈环首状。长 8.1、宽 0.6、厚 0.4 厘米（图四四〇，2）。

坩埚　1 件。

标本 V T0301②：4，仅存上腹部。尖唇，敞口，沿面内斜，斜直腹，底部残。外壁残存三道竖向铁茎。口径 10.0、残高 4.7、厚 0.9 厘米（图四四〇，4）。

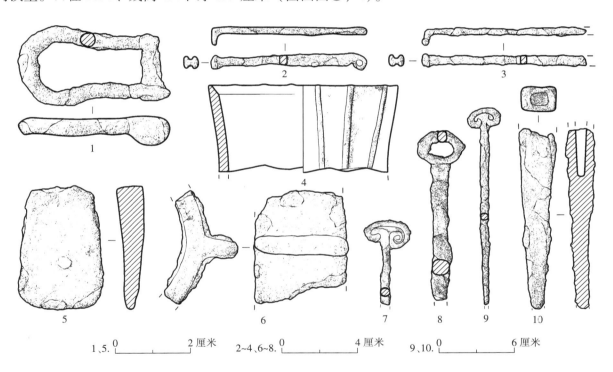

图四四〇　第五期文化地层出土铁器

1. 带扣（V T0402③：19）　2、3. 钥匙（V T0401③：17、V T0401②：10）　4. 坩埚（V T0301②：4）　5. 楔（V T0101③：16）
6. 钉（V T0101②：4）　7～9. 锥（V T0302③：1、Ⅳ T0202③：1、V T0402③：22）　10. 镝（V T0402③：21）

（五）骨角器

2 件。有骨镞、角器。

骨镞　1 件。

标本 Ⅳ T0405③：1，体细长。镞身呈圆锥状，剖面呈菱形；尾部有装铤的圆銎。长 4.7、宽 1.2、銎径 0.4、銎深 1.1 厘米（图四四一，4；彩版七二，7）。

角器　1件。

标本ⅤT0102③：3，呈台柱体状，剖面呈椭圆形。底径3.4×2.2、顶径1.9×1.5、高9.4厘米（图四四一，5）。

（六）石器

3件。均为砺石。

标本ⅤT0101②：11，残呈长条形，两面均有磨痕。残长7.7、宽3.6、厚3.5厘米（图四四一，1）。

标本ⅤT0402②：30，残呈长方体状，一面有磨痕。残长8.4、宽5.8、厚3.1厘米（图四四一，3）。

标本ⅤT0201③：2，残呈长条形，两面均有磨痕。残长7.7、宽3.0、厚1.7厘米（图四四一，2）。

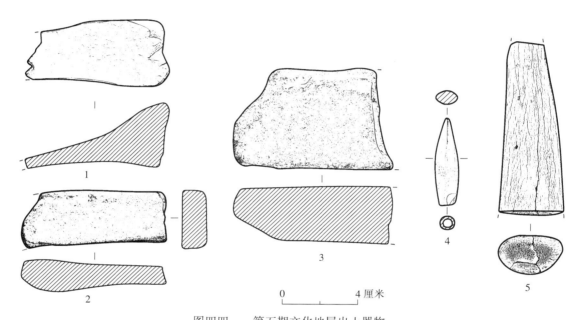

图四四一　第五期文化地层出土器物
1～3. 砺石（ⅤT0101②：11、ⅤT0201③：2、ⅤT0402②：30）　4. 骨镞（ⅣT0405③：1）　5. 角器（ⅤT0102③：3）

（七）钱币

13件。均为“开元通宝”钱。完整者均为圆形，方孔，有郭。正面隶书“开元通宝”四字。

标本ⅠT2②：2，直径1.8、穿孔宽0.6、厚0.1厘米。重1.26克（图四四二，1）。

标本ⅡT0504②：1，略残。直径2.4、穿孔宽0.6、厚0.1厘米。重2.48克（图四四二，2）。

标本ⅤT0101③：6，直径2.5、穿孔宽0.7、厚0.2厘米。重4.13克（图四四二，6）。

标本ⅤT0101③：22，背面有钱范错位痕，俗称“移范钱”。直径2.5、穿孔宽0.7、厚0.2厘米。重3.48克（图四四二，7）。

标本ⅤT0101③：26，直径2.5、穿孔宽0.7、厚0.2厘米。重4.47克（图四四二，8）。

标本ⅤT0102③：12，直径2.3、穿孔宽0.6、厚0.1厘米。重2.37克（图四四二，9）。

标本ⅤT0102③：18，残呈半圆形，方孔，有郭，正面隶书“开”“宝”二字。厚0.2厘米。重1.31克（图四四二，10）。

标本ⅤT0102③：20，残呈半圆形，方孔，有郭。正面存“元”“宝”二字。直径2.4、穿孔宽

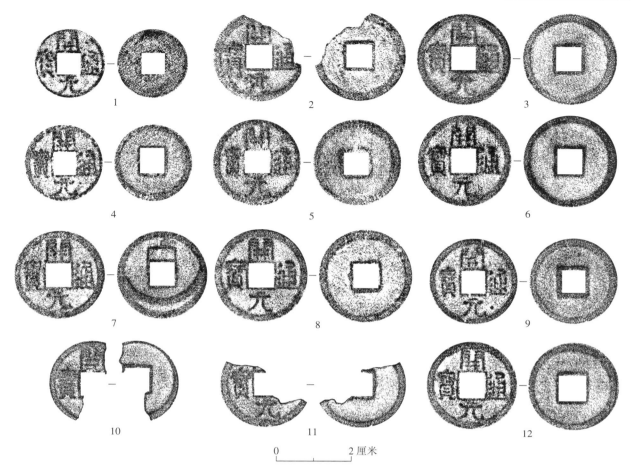

图四四二 第五期文化地层出土"开元通宝"钱

1~12. "开元通宝"钱（ⅠT2②:2、ⅡT0504②:1、ⅤT0201③:15、ⅤT0302③:4、ⅤT0402③:15、ⅤT0101③:6、ⅤT0101③:22、ⅤT0101③:26、ⅤT0102③:12、ⅤT0102③:18、ⅤT0102③:20、ⅤT0201③:9）拓片

0.6、厚0.2厘米。重1.28克（图四四二，11）。

　　标本ⅤT0201③:9，直径2.4、穿孔宽0.7、厚0.1厘米。重2.49克（图四四二，12）。

　　标本ⅤT0201③:15，直径2.5、穿孔宽0.6、厚0.2厘米。重4.2克（图四四二，3）。

　　标本ⅤT0302③:4，直径2.1、穿孔宽0.6、厚0.2厘米。重1.66克（图四四二，4）。

　　标本ⅤT0402③:15，直径2.3、穿孔宽0.7、厚0.1厘米。重2.03克（图四四二，5）。

第七节　采集遗物

一、采集的第一期文化遗物

第一期文化采集遗物共4件，有建筑构件、陶器、钱币等。

1. 建筑构件　2件。有筒瓦和瓦当。

筒瓦　1件。

标本Ⅴ采:14，夹砂红陶。半筒形，有瓦舌，残。背面和内侧均为素面，近瓦舌端有慢轮修整

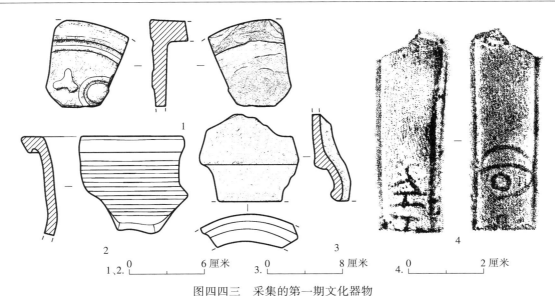

图四四三　采集的第一期文化器物

1. 瓦当（Ⅳ采：3）　2. 陶釜口沿（Ⅳ采：5）　3. 筒瓦（Ⅴ采：14）　4. 刀币（Ⅴ采：6）拓片

痕迹。残长 9.6、厚 0.8、舌长 4.0 厘米（图四四三，3）。

　　瓦当　1 件。

　　标本Ⅳ采：3，夹砂灰陶。后接筒瓦，残。当面饰兽面纹，仅存鼻部和左侧眉毛、眼睛。筒瓦背部素面。当面残宽 6.3、高 7.2、厚 0.7～1.1 厘米，筒瓦残长 3.4、厚 1.6 厘米（图四四三，1）。

　　2. 陶器　1 件。为釜口沿。

　　标本Ⅳ采：5，夹砂灰陶。方唇，敞口，窄沿，高领。领部饰弦纹。残高 7.9、厚 0.7～0.9 厘米（图四四三，2）。

　　3. 钱币　1 枚。为刀币。

　　标本Ⅴ采：6，仅存部分刀身。有郭隆起。正面篆书"明"，背面钱文不可辨。残长 5.6、刀身宽 2.0、厚 0.2 厘米。重 6.04 克（图四四三，4）。

二、采集的第三期文化遗物

　　第三期文化采集遗物共 26 件，有建筑构件、铜器、铁器、骨器。

　　1. 建筑构件　5 件。有板瓦和瓦当。

　　板瓦　1 件。

　　标本Ⅰ采：1，夹砂灰陶。残存较宽的一端。平面呈不规则形。背面饰交错绳纹和弦断竖向绳纹；内侧素面，一端残存较窄的切割痕。残长 27.4、宽 24.5、厚 0.9～1.4 厘米（图四四四，5）。

　　瓦当　4 件。

　　标本Ⅳ采：4，夹砂灰陶。后接筒瓦，残。当面残存两朵卷云纹。筒瓦背部素面；内侧可见泥条套接痕和切割痕。当面残宽 7.2、高 8.5、厚 0.8～1.1 厘米，筒瓦残长 8.5、厚 1.2～1.5 厘米（图四四四，1）。

　　标本Ⅴ采：8，夹砂灰陶。圆瓦当，残。当面饰两朵卷云纹。当面残宽 10.7、高 5.6、厚 0.7～2.1 厘米（图四四四，3）。

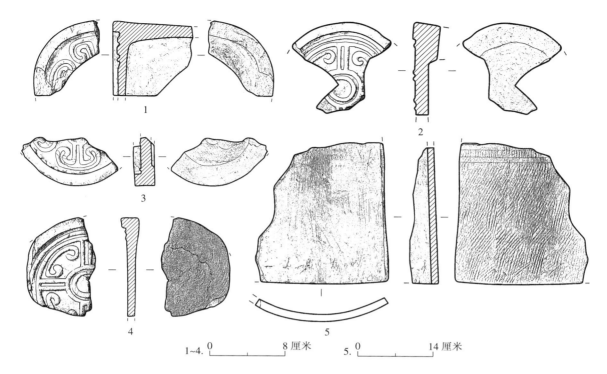

图四四四　采集的第三期文化建筑构件
1 ~ 4. 瓦当（Ⅳ采：4、Ⅴ采：10、Ⅴ采：8、Ⅴ采：21）　5. 板瓦（Ⅰ采：1）

标本Ⅴ采：10，夹砂黄褐陶。圆瓦当，残。当面饰两朵勾云纹，勾云纹外侧有界格和凸棱；当背有切割痕。当面残宽10.5、高10.0、厚1.5 ~ 2.8厘米（图四四四，2）。

标本Ⅴ采：21，夹砂灰陶。圆瓦当，残。当面饰两朵勾云纹，勾云纹外侧有界格和凸棱；当背有切割痕。当面残宽7.4、残高10.6、厚0.7 ~ 2.0厘米（图四四四，4）。

2. 铜器　15件。均为镞。分为锥形镞、无孔三翼镞和有孔三翼镞。

锥形镞　8件。体粗短。镞身呈三棱锥状，剖面为三角形。

标本Ⅱ采：1，尾部残留有铁铤锈痕。残长2.7、宽1.0厘米（图四四五，3）。

标本Ⅴ采：4，尾部残留有铁铤。残长2.9、宽0.9、铤长0.6、铤径0.7厘米（图四四五，6）。

标本Ⅴ采：5，尾部残留有铁铤。残长2.9、宽0.9、铤长0.4、铤径0.5厘米（图四四五，2）。

标本Ⅴ采：12，尾部残留有铁铤。残长2.3、宽0.7厘米（图四四五，7）。

标本Ⅴ采：15，尾部残留有铁铤。残长2.4、宽0.8、铤长0.7、铤径0.5厘米（图四四五，1）。

标本Ⅴ采：17，尾部残留有铁铤锈痕。残长3.0、宽0.9厘米（图四四五，5）。

标本Ⅴ采：26，尾部残留有圆形铁铤。残长4.3、宽0.9、铤长1.7、铤径0.6厘米（图四四五，8）。

标本Ⅴ采：28，尾部残留有铁铤锈痕。残长3.2、宽1.0厘米（图四四五，4）。

无孔三翼镞　3件。体细长。镞身呈三翼状。尖锋，斜刃，尾部为柱突状。

标本Ⅳ采：2，残长3.9、宽0.6、柱突长0.4、柱径0.3厘米（图四四五，14）。

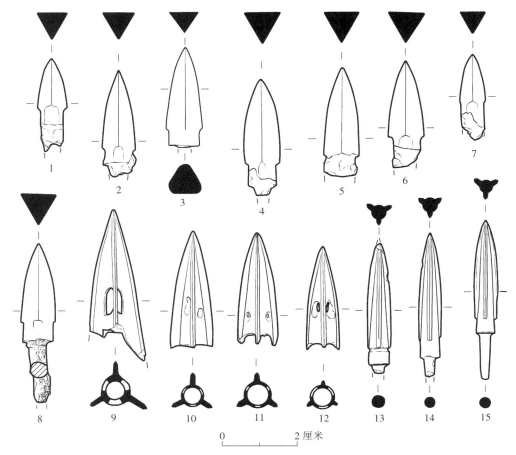

图四四五　采集的第三期文化铜镞

1~8. 锥形镞（Ⅴ采:15、Ⅴ采:5、Ⅱ采:1、Ⅴ采:28、Ⅴ采:17、Ⅴ采:4、Ⅴ采:12、Ⅴ采:26）　9~12. 有孔
三翼镞（Ⅴ采:16、Ⅱ采:6、Ⅴ采:7、Ⅳ采:1）　13~15. 无孔三翼镞（Ⅴ采:20、Ⅳ采:2、Ⅴ采:19）

标本Ⅴ采:19，通长4.4、宽0.6、柱突长1.2、柱径0.3厘米（图四四五，15）。

标本Ⅴ采:20，锋残。残长3.6、宽1.0、柱突长0.2、柱径0.3厘米（图四四五，13）。

有孔三翼镞　4件。镞身为三翼状。尖锋，斜刃；中部开有三孔，与尾部装铤的圆銎相通。

标本Ⅱ采:6，体粗短。长3.2、宽1.1、銎径0.7、銎深1.3厘米（图四四五，10）。

标本Ⅳ采:1，体粗短。长2.9、宽0.8、銎径0.8、銎深1.6厘米（图四四五，12）。

标本Ⅴ采:7，体粗短。长3.1、宽1.0、銎径0.6、銎深1.2厘米（图四四五，11）。

标本Ⅴ采:16，体细长。尾部残。残长4.3、宽1.4、銎径0.5、銎深1.3厘米（图四四五，9）。

3. 铁器　5件。有斧、犁、锄、铚刀。

斧　1件。

标本Ⅴ采:27，平面近长方形。长方形銎口；束腰，圆角，弧刃；体中部有一圆形穿孔。宽
5.1、高12.8、厚1.6厘米，銎口长3.9、宽1.4、深6.4（图四四六，4）。

犁　2件。平面呈弧边三角形。

标本Ⅴ采:18，残宽11.7、高9.9、厚0.8厘米（图四四六，3）。

标本Ⅴ采:22，残宽8.4、高6.2、厚0.8厘米（图四四六，2）。

锄　1件。

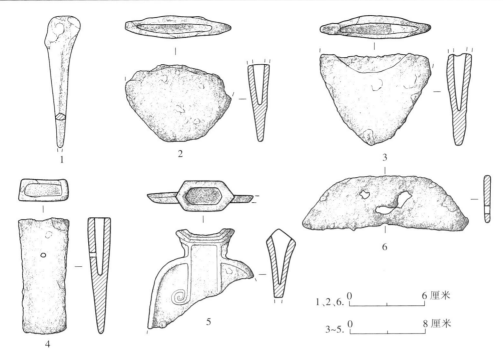

图四四六 采集的第三期文化器物

1. 骨锥（Ⅱ采:4） 2、3. 铁犁（Ⅴ采:22、Ⅴ采:18） 4. 铁斧（Ⅴ采:27） 5. 铁锄（Ⅴ采:24） 6. 铁铚刀（Ⅴ采:23）

标本Ⅴ采:24，刃部残。平面近梯形。銎口呈六边形，正面饰两道弦纹。溜肩。铲身边缘起棱，铲面残存一单线卷云纹。宽11.2、残高10.6厘米，銎口长4.0、宽1.9、深6.0厘米（图四四六，5）。

铚刀 1件。

标本Ⅴ采:23，呈半月形。弧背，直刃，刃中部磨损内凹。近背部开有两个圆形穿孔。长13.1、宽4.2、厚0.4厘米（图四四六，6）。

4. 骨器 1件。为锥。

标本Ⅱ采:4，由动物肢骨磨制而成。尖部残。残长10.8厘米（图四四六，1）。

三、采集的第五期文化遗物

第五期文化采集遗物共4件。有建筑构件、铁器、钱币等。

1. 建筑构件 1件。为板瓦。

标本Ⅱ采:2，夹砂灰褐陶。布纹板瓦残块。背面有刻字"十五"（"于五"）；内侧为布纹。长6.6、宽6.1、厚3.3厘米（图四四七，2）。

2. 铁器 1件。为锥形镞。

标本Ⅴ采:3，体细长。镞身呈三棱锥状，剖面呈三角形。尾部装有圆形铁铤。残长

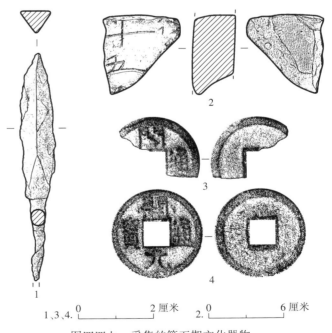

图四四七 采集的第五期文化器物

1. 锥形铁镞（Ⅴ采:3） 2. 板瓦（Ⅱ采:2）
3、4. "开元通宝"铜钱（Ⅱ采:7、Ⅴ采:2）拓片

6.2、宽0.9、链长2.2、链径0.4厘米（图四四七，1）。

    3. 钱币 2枚。均为"开元通宝"钱。

    标本Ⅱ采:7，残呈半圆形，方孔，有郭。正面隶书"开""通"二字。直径2.4、穿孔宽0.6、厚0.1厘米。重1.56克（图四四七，3）。

    标本Ⅴ采:2，圆形，方孔，有郭。正面隶书"开元通宝"四字。直径2.4、穿孔宽0.7、厚0.1厘米。重3.32克（图四四七，4）。

第四章　结语

高林台城址所处的辽西北地区，属于典型的农牧交错地带。长期以来，草原游牧民族和中原农耕民族在此频繁交往。本次发掘也表明，先后有几支来自中原和草原的人群在此居住生活。

第一节　城址各期文化的特征与年代

高林台城址是辽西地区早期长城（燕秦汉长城）沿线第一座经过大规模考古发掘的城址。此次发掘找到了城址从战国晚期延续使用至汉代的证据，同时还发现了早期鲜卑和唐代人群在此活动的遗存。根据地层堆积和出土遗物类型学分析，我们将这些遗存分为五期文化。

一、第一期文化的特征与年代

第一期文化广泛分布于城内外各个发掘区，是城址始建和使用的第一个时期。

第一期文化遗迹主要包括城墙、马面第一期夯土、南门门址，灰坑 16 座，灰沟 2 条，水井 1 座。城墙和马面所见的第一期夯土为黄褐色砂土，土质纯净，包含物较少，夯层较薄。灰坑均开口于最早的文化层下，且打破生土；有的灰坑（如ⅤH104）本就是早期地表的一条自然冲沟，系人为填埋后形成。城内所见水井（ⅤSJ1）因塌方原因未清理到底，但从其直接打破生土台分析，水井应开凿于第一期文化时期，并沿用至第二、三期文化时期。第一期文化时期未发现建筑址和居址，应与被晚期遗迹叠压或破坏有关。

第一期文化所见遗物主要有建筑构件、陶器、铜器、铁器和钱币等。

建筑构件可见筒瓦、板瓦、瓦当。筒瓦可分为三种：第一种规格较大，如ⅡG4：13、ⅤT0401⑥：13，瓦舌较短，背部饰有弦断绳纹，绳纹较浅；第二种规格较小，如ⅠT11⑦层套瓦组合（见彩版二七，1），瓦舌较短，背部施纹路较深的细绳纹，其与凌源安杖子城址战国时期 F3 出土筒瓦[①]相似；第三种规格介于前两者之间，以ⅤH78：2、ⅤH123：3 为代表，数量较少，瓦舌较长，背部饰以瓦棱纹或弦断细绳纹，绳纹较浅。板瓦按背部纹饰可分为两类：第一类背部饰粗绳纹或弦断粗绳纹，瓦体较薄，烧制火候较高，多为夹砂黑褐陶，以ⅤT0402⑥：8 为代表；第二类背部饰弦断细绳纹和斜向细绳纹为组合的纹饰，瓦体较厚，烧制火候较低，多为夹砂红褐陶；二者数

---

① 辽宁省文物考古研究所：《辽宁凌源安杖子古城址发掘报告》，《考古学报》1996 年第 2 期。

量相当。第一期文化出土瓦当均为半瓦当，当面纹样较丰富，有兽面纹、几何乳丁纹、饕餮纹和素面四种；其中兽面纹瓦当数量最多，几何乳丁纹和素面次之，饕餮纹最少。兽面纹瓦当和几何乳丁纹瓦当的纹样目前未在其他地方见到，从纹样源流分析，与易县燕下都①常见的人面纹瓦当和山字纹瓦当有相似之处，可能是这两种瓦当纹样在辽西地区的变体；饕餮纹、素面瓦当与燕下都常见同类瓦当相同。

　　陶器方面，常见有钵、釜、豆、罐、盆、量等日用陶器，尤以钵、釜、豆等炊煮器和盛食器数量最多；发现的鼎足，可能为仿铜陶礼器残件，但数量极少。钵、釜、豆、盆等器形与河北易县郎井村西北 10 号作坊遗址②、河北易县燕下都第 22 号遗址③、辽宁铁岭邱台遗址④、吉林梨树二龙湖城址⑤出土同类器相似。以上遗址遗存的年代据周海峰博士《燕文化研究》⑥ 一文的结论，可到战国中期至晚期。

　　铜器以镞数量最多，还有少量笄和剑格。镞可分为三棱锥形镞、无孔三翼镞、有孔三翼镞、矛形镞等，各类镞的数量按以上顺序渐次减少，尾部一般都残存有铁铤。

　　铁器以生产和生活工具为主，有斧、镰、铚刀、钉等，另有少量镞。不见铲、锸、犁等翻土农具。

　　钱币中数量最多的为刀币，其次为"一化"钱和布币，"明化"钱最少。大多数刀币保存较差，从形制看均为燕国明刀币。燕明刀是春秋晚期至战国晚期燕国铸造和发行量最大的货币，在战国时期燕文化遗址中常见。"一化"钱大多数形制完好，但钱文均较模糊，少数标本含铅量较大；"一化"钱多出土于河北北部、辽宁、内蒙古、吉林等地，有人认为其铸行时间应在公元前226 年以后（燕王喜和太子丹逃亡辽东时）⑦。布币和"明化"钱均不是燕国主要的货币形制：布币是战国中期以后燕国为了方便与三晋两周地区各诸侯国经贸往来所铸；"明化"钱作为最早由燕国铸行的圆形方孔钱，应是在战国中期以后受秦国圆形方孔钱的影响下产生的。

　　以上通过对第一期文化遗存的概述，结合与同时期其他地区遗存的比较，我们认为高林台城址第一期文化的年代应为战国晚期，绝对年代上限为燕昭王后期（公元前 284 年）燕破齐、秦开却胡⑧以后，下限为公元前 222 年秦将王贲俘获燕王喜⑨，燕国灭亡。

　　第一期文化时期，从城址规模和城内出土的大量建筑构件看，燕国除了修筑城池守卫燕北长城外，还在此地设有官署一类的管理机构；城内出土较多的炊煮、饮食陶器，说明有大量的人员在此生活；出土的铜镞，侧面证明了城址作为长城沿线堡城的守卫功能；铁质生产、生活工具的存在，说明城内人员在非战争时还从事一定生产活动。城址内出土的种类齐全的燕国货币，表明

---

①　河北省文物研究所：《燕下都》，文物出版社，1996 年。

②　河北省文物研究所：《燕下都》，文物出版社，1996 年，第 204～435 页。

③　河北省文物工作队：《燕下都第 22 号遗址发掘报告》，《考古》1965 年第 1 期。河北省文物研究所：《燕下都》，文物出版社，1996 年，第 191～192 页。

④　铁岭市文物管理办公室：《辽宁铁岭市邱台遗址试掘简报》，《考古》1996 年第 2 期。

⑤　四平地区博物馆、吉林大学历史系考古专业：《吉林省梨树县二龙湖古城址调查报告》，《考古》1988 年第 6 期。

⑥　周海峰：《燕文化研究——以遗址、墓葬为中心的考古学考察》，吉林大学博士学位论文，2011 年。

⑦　高英民、王雪农：《古代货币》，文物出版社，2008 年，第 48 页。

⑧　《史记·匈奴列传》："其后燕有贤将秦开，为质于胡，胡甚信之。归而袭破走东胡，东胡却千余里。"中华书局，1959 年，第2885～2886 页。

⑨　司马光：《资治通鉴》卷七，中华书局，1976 年。

该地区虽然远在边陲，但在行政政令和经济交往上与燕国核心区保持着高度统一，社会较为繁荣。

二、第二期文化的特征与年代

第二期文化是城址使用的第二个时期，遗存遍布城内外各个发掘区。

第二期文化遗迹包括城墙、马面第二期夯土，建筑址1处，灰坑58座，灰沟2条。城墙和马面的第二期夯土为浅褐色砂土，夯土中包含有少量的绳纹瓦残块，夯层较厚且不紧密；第二期夯土加筑在第一期夯土的两侧和顶部，增加了墙体的宽度和高度。ⅤJ1是目前城内揭露的唯一一处建筑址，其由南、北两组建筑构成，北侧建筑较大，南侧较小，均坐西向东；建筑址的结构为四周修筑夯土墙基，建筑内设置柱础石，在夯土墙基和柱础上应为木结构建筑，顶部铺瓦；建筑外围未发现散水。灰坑和灰沟的数量较第一期文化有所增多，与第一期文化相比，灰坑的形制更规整，多为圆形或椭圆形、直壁、平底的坑，坑内都出土一定数量的遗物；不见第一期文化时期的自然冲沟堆积。

第二期文化遗物类别与第一期文化变化不大，有建筑构件、陶器、铜器、铁器、钱币等。

建筑构件的形制和纹饰在第二期文化时有了较大的变化。筒瓦在规格上趋于统一，绝大多数与第一期文化第二种规格的筒瓦形制相近，背部饰弦断绳纹（ⅤJ1：37）、绳纹并抹平（ⅣT0704⑤：8）或素面（ⅤJ1：23），纹路较浅。板瓦的形制和纹饰与第一期文化相同，但背部饰粗绳纹的板瓦所占比例减少。第二期文化的瓦当纹样均为云纹，据云纹形态分为卷云和勾云两大类；据当面形状可分为半瓦当和圆瓦当，半瓦当当面均饰卷云纹，圆瓦当当面卷云纹和勾云纹兼有。从瓦当出土地点和数量看，卷云纹半瓦当均出土于南门门址，数量不多；卷云纹圆瓦当在南门门道和其他地层中均有发现，数量较多；勾云纹圆瓦当在ⅤJ1集中出土，数量最多。以上信息说明，不同形制的瓦当可能用于装饰不同的建筑，且相互间有早晚和并行关系。卷云纹半瓦当在辽宁新宾永陵南城址第二期文化①中有相似的标本，不同的是高林台城址出土瓦当的卷云纹间没有双线界格且纹饰卷曲更甚。卷云纹圆瓦当与辽宁凌源安杖子城址出土者（T7②：21）② 相似，不同之处也是高林台出土者当面无双线界格。勾云纹圆瓦当与内蒙古卓资县城卜子古城出土者（T1115H3：16）③高度相似，只是当心多一圈凸棱，而与中原地区西汉中晚期以后流行的勾云纹瓦当相比当心则缺少复杂的装饰。永陵南城址第二期文化年代为西汉中期以前；安杖子城址发掘报告将卷云纹圆瓦当归于西汉遗存；城卜子古城年代较早，发掘者定为战国晚期。据此，将高林台城址云纹瓦当的年代推定在西汉时期，其中卷云纹半瓦当使用周期较短、年代较早，约在西汉早期；卷云纹圆瓦当和勾云纹圆瓦当的使用时间应从西汉早期一直延续到西汉中期以后。

陶器仍以日用陶器为主，器类有钵、豆、罐、纺轮等。陶钵形制变化不大；陶豆出现了豆柄为实心或矮圈足的个体；陶罐腹部以下及底部均饰细绳纹，形制上与姜屯汉墓出土者（M90：2）④

① 辽宁省文物考古研究所：《永陵南城址发掘报告》，文物出版社，2017年，第52、65页。
② 辽宁省文物考古研究所：《辽宁凌源安杖子古城址发掘报告》，《考古学报》1996年第2期，第229页。
③ 内蒙古师范大学历史文化学院考古文博系、内蒙古自治区文物考古研究所：《卓资县城卜子古城遗址2010年发掘简报》，《草原文物》2011年第1期，第28页。
④ 辽宁省文物考古研究所：《姜屯汉墓》，文物出版社，2013年，第257页。

相同。

第二期文化的铜器，铜镞占绝大多数，与第一期文化相比，出现了体细长的无孔三翼铜镞（如ⅤJ1∶38、ⅤT0301⑤∶1），其他三棱锥形镞、三翼镞依然大量存在。

铁器依然以生产和生活工具为主，有斧、铲、锸、钉、凿、镰等。这一时期铁制农具的种类和数量均有所增加。

钱币有刀币、"一化"钱、"半两"钱，其中"一化"钱和"半两"钱数量较多。刀币和"一化"钱是燕国晚期流通量最大的货币，这两种钱币在东北地区西汉早期遗址中常见。第二期文化所见"半两"钱完整者共四枚：其中ⅡT0403④∶1、ⅣT0704⑤∶1，根据其尺寸、重量和钱文，应为汉文帝前元十五年（公元前165年）始铸的四铢半两，最晚可至武帝元狩四年（公元前119年）；ⅤT0302⑤∶28钱径较小，质量较轻，边沿极不规整，应是汉初所铸"榆荚钱"；ⅤT0402⑤∶39与秦代半两在尺寸、重量和钱文书写上更为接近，应是汉初沿用的秦代半两。

综合对第二期文化出土瓦当、陶器、钱币等遗物的年代分析，我们将第二期遗存年代定为西汉早期，其上限可早到秦汉之际（公元前202年），下限至汉武帝元狩四年（公元前119年）。BETA实验室对南门门址排叉柱提取的五份木炭样品进行测年①，最晚的可到公元前199年，说明南门门道最后一次修筑当在西汉初期。

从第二期文化发现的遗迹和遗物看，西汉早期政权沿袭了战国和秦王朝以来中原政权在高林台城址的管辖。城内有明确的官署管理机构。城墙本体的加筑，大量铜镞的出土，表明城址依然作为长城沿线的重要堡城承担着防卫功能。铁质农具种类和数量的增加，说明这一时期农业生产更为普及和精细。发现的种类单一、数量有限的钱币与汉初孱弱的经济不无关系。

三、第三期文化的特征与年代

第三期文化是城址使用的最后一个阶段，遗存在城内外各个发掘区都有发现。

第三期文化的遗迹主要包括城墙、马面第三期夯土，灰坑62座，灰沟2条，房址2座，墙体1道。城墙和马面第三期夯土系在第一、二期夯土的两侧加筑形成，夯土为花色黏土，夯层较厚，质地坚硬。这一时期在城内没有发掘到大型夯土建筑址，属于第三期文化的地层和遗迹已经叠压或打破第二期建筑址ⅤJ1，说明ⅤJ1没有沿用到此阶段。值得注意的是，在城内东南角考古勘探发现两组夯土基址即夯8、夯9（见图七），同时这一区域考古发掘还发现有第三期文化的房址。因此第三期文化时期城内中心可能由城内西北部转移到东南部。房址仅存基础部分，平面呈长方形，四周无夯土墙基，房内设有圆形灶址和长条形烟道，有的还设置石板拼砌的长方形小台；房址周围未发现瓦件，推测顶部不施瓦。ⅡQ1可能是房址外围围墙的基础，其上可能有篱栅类设施。第三期文化灰坑发现数量最多，形制各异，圆形、椭圆形、长方形、长条形均有，坑内出土遗物均较少。

第三期文化遗物在种类上与第二期文化相同，主要还是建筑构件、陶器、铜器、铁器、钱币等。

---

① BETA实验室对五份木炭样品的测年结果分别为：（95.4%）371BC～199BC、（74.9%）556BC～402BC、（69.3%）590BC～405BC、（61.5%）592BC～408BC、（92.4%）768BC～476BC，年代介于春秋晚期至西汉早期。

建筑构件中，第三期文化的筒瓦背部均饰绳纹并抹平处理，不见弦断绳纹，有的筒瓦烧制火候较低；板瓦背部不见第一期和第二期文化的粗绳纹，均为细绳纹；瓦当只见卷云纹圆瓦当和勾云纹圆瓦当两类，不见半瓦当。

陶器方面，第三期文化有较多的素面器，不见腹底皆饰绳纹的罐或肩部饰弦断绳纹的瓮等，有的只在近底部和底部饰绳纹（ⅤH71∶6）。

铜器以各种形态的铜镞为主，形制无变化。

铁器除了生产、生活工具外，还发现了铁质兵器。出现较多的三棱、四棱铁镞和铁蒺藜，有的三棱铁镞（ⅡF1∶5）还保留着三棱铜镞的形制，反映了镞由铜制向铁制转变的过程。

钱币发现有"五铢"钱和"大泉五十"钱两种。"五铢"钱共3枚，钱体均较轻薄，应是汉武帝元狩五年（公元前118年）至元鼎四年（公元前113年）间铸造的郡国五铢；"大泉五十"钱为两汉之际王莽新朝所铸。

结合遗迹的层位关系、遗物形制、出土钱币年代，我们认为第三期文化遗存年代为西汉中期至两汉之际。绝对年代上限为汉武帝元狩五年（公元前118年），下限为王莽新朝灭亡的公元23年。

第三期文化时期高林台城址仍承担着本地区长城沿线一定的守备和行政职能。此时城内发现深耕农具——铁犁，表明农业生产较第二期文化更为先进。另外本期没有发现当心装饰复杂的云纹瓦当、文字瓦当以及上林三官五铢等西汉中晚期典型遗物，可能与汉武帝元狩四年（公元前119年）霍去病深入漠北打击匈奴左贤王部[1]有关。此次事件后，西汉王朝在辽西地区的边界向西北有所推进，目前在内蒙古敖汉、奈曼、库伦等地发现了西汉长城[2]，可能就是汉庭破匈奴左贤王部后所筑。若此，则高林台城址距西汉中晚期长城线就相对较远，在守备和行政职能上有所削弱，部分西汉中晚期典型器在本期少见也在情理之中。

四、第四期文化的特征与年代

第四期文化发现于城内西北部Ⅴ区发掘区西侧，靠近城址西城墙北段，其他发掘区未见此期遗存。

第四期文化遗迹均为灰坑和灰沟，其中灰坑25座，灰沟2条，均分布在第二期建筑址ⅤJ1周边，多数直接打破ⅤJ1。灰坑形状多为椭圆形，长方形坑较少；坑壁多为直壁或弧壁；坑底较浅；坑内出土遗物较少，多杂有第二、三期文化绳纹瓦残块。

第四期文化遗物以陶器和铁器为主。

陶器器类可见有罐、壶、盆等；陶质多为夹砂陶；陶色有灰色、灰褐色、黄褐色等；器表纹样较多，有刻划短竖线纹、菱格暗纹、竖向暗纹带、压印重菱格纹、压印重圈纹、压印几何纹、压印箅尺重圈纹、压印方格纹、压印马纹、草叶纹等。此类装饰风格的器物在内蒙古科右中旗北

---

①　《史记·匈奴列传》："汉骠骑将军之出代二千余里，与左贤王接战，汉兵得胡首虏凡七万余级，左贤王将皆遁走，骠骑封于狼居胥山，禅姑衍，临翰海而还。"中华书局，1959年，第2911页。

②　内蒙古自治区文化厅、内蒙古自治区文物考古研究所：《内蒙古自治区长城资源调查报告（东南部战国秦汉长城卷）》，文物出版社，2014年。

玛尼吐墓地①、科左中旗六家子鲜卑墓群②、科左后旗舍根墓地③、扎鲁特旗达米花遗址④均有发现，应是早期鲜卑遗存。上述几处鲜卑遗存，年代最早的为北玛尼吐墓地，可到东汉早期，另三处遗存略晚，当在东汉中晚期。辽西地区以往所见的早期鲜卑遗存多见于大凌河中下游地区，且年代上略晚，可到东晋时期。高林台城址早期鲜卑遗存与内蒙古所见同类遗存更为接近，其纹饰较后者更为丰富、规整，年代应略晚，当在东汉晚期。

铁器绝大多数为小型的镞和钉，不见农耕铁器。

根据第四期文化陶器与周边地区已发现早期鲜卑遗存的比较，我们将其年代定为东汉晚期。

第三期文化后高林台城址南门失于火灾，其城防体系不复存在，属于第四期文化的早期鲜卑人群当是在战国至汉代城址废墟上居住的一群人。汉武帝元狩四年（公元前119年），匈奴左贤王败走后，汉庭将乌桓部众迁徙到辽西长城沿线，为汉侦查匈奴动静⑤。此后经历了东汉初期的动乱后，更多的乌桓人和与乌桓同种的鲜卑人进入辽西地区，至东汉安帝时设立辽东属国⑥管理内附的乌桓族众。高林台城址处于辽西西北边塞地区，其所在的细河流域连接了鲜卑族的原居地（科尔沁沙地）和西汉辽西郡的富庶之地（大凌河中下游地区），可能正是鲜卑迁居辽西的重要线路节点。

五、第五期文化的特征与年代

第五期文化在城内外均有发现，尤其在城内的Ⅳ、Ⅴ发掘区分布最为密集。

第五期文化遗迹有灰坑54座，灰沟8条，石圈1处，墓葬和殉马陪葬坑各1座。灰坑以圆形、直壁或斜壁、平底坑为主，出土遗物多为铁镞和布纹板瓦残块。发现的石圈、墓葬和殉马陪葬坑三类遗迹虽然均是个例，但极具游牧民族风格。石圈由碎石堆放而成，中心石块较少，且有圆形灰坑（ⅡH37），可能是某种宗教或祭祀仪式所用。墓葬中所见人骨手臂部分缺失，颅面部和枕部有不正常凹陷，可见死者在生前经历了严重伤害。用整匹马捆扎作为殉葬，在战国以后的墓葬中较罕见。近年在青海都兰热水吐蕃时期的吐谷浑墓葬⑦中发现有用整匹马殉葬的情况，吐谷浑为鲜卑西迁的一支；与吐谷浑同时期、在辽西地区活跃的是契丹族，有研究认为契丹族是宇文鲜卑的后裔⑧。二者同为东胡鲜卑族系，均继承了东胡族系的殉牲习俗。

第五期文化遗物主要有建筑构件、陶器、铁器、铜器和钱币。

建筑构件有大量布纹瓦残块，另有少量布纹筒瓦和莲花纹瓦当。莲花纹瓦当与陕西西安唐大

① 钱玉成、孟建仁：《科右中旗北玛尼吐鲜卑墓群》，《内蒙古文物考古文集》第一辑，中国大百科全书出版社，1994年，第397~406页。
② 张柏忠：《内蒙古科左中旗六家子鲜卑墓群》，《考古》1989年第5期。
③ 张柏忠：《哲理木盟发现的鲜卑遗存》，《文物》1981年第2期。
④ 内蒙古文物考古研究所、扎鲁特旗文物管理所：《扎鲁特旗达米花鲜卑遗址调查报告》，《内蒙古文物考古》2009年第1期。
⑤ 陈寿：《后汉书》卷九十《乌桓鲜卑列传》："及武帝遣骠骑将军霍去病击破匈奴左地，因徙乌桓于上谷、渔阳、右北平、辽西、辽东五郡塞外，为汉侦察匈奴动静。"中华书局，1965年，第2981页。
⑥ 陈寿：《后汉书》志二十三《郡国五》，中华书局，1965年，第3529、3530、3533页。
⑦ 中国社会科学院考古研究所、青海省文物考古研究所：《青海都兰县热水墓群2008血渭一号墓》，《考古》2021年第8期。
⑧ 杨军：《契丹始祖传说与契丹族源》，《首都师范大学学报（社会科学版）》2014年第6期。

明宫含元殿遗址①、新疆吐鲁番唐交河故城②出土者相近，反映了唐王朝疆域内中央与边疆高度的统一性。

陶器均为夹砂灰陶，器类有罐、豆、拍、纺轮等。

铁器的种类和数量较之前几个时期均有了较大的增长，器类有镞、钉、甲片、削、斧、锯、镰、凿、锥、带扣等。其中铁镞数量最多且形式多样，铁制农具较少。

铜器主要为铜铊尾、带扣带銙等，之前常见的铜镞此时已不见。

钱币均为"开元通宝"钱，从形制、重量和钱文看，均为唐前期的武德开元。

据上，我们将第五期文化的年代定为唐代早期。

高林台城址第五期文化虽有与唐王朝京畿及其他地区形制相同的建筑构件，但从发现的石圈、殉马、铜铊尾等遗存看，游牧文化色彩浓重，因此，第五期文化的人群应与南北朝时期就游牧于辽西的契丹族有关。唐代初年，契丹游离于唐王朝和突厥汗国之间，后逐渐倒向唐王朝。唐太宗贞观二年（公元628年），正式归附唐朝，归营州（今辽宁朝阳）都督府管辖③。出土的布纹瓦、莲花纹瓦当等说明唐王朝在此设立有管理机构，其他游牧文化风格的遗存则代表实际居住在此的多是当地游牧民族。另外，唐代早期中央政府曾多次对辽东用兵，其中最重要的行军路线就是经营州向东北绕过医巫闾山抵达辽东重镇辽阳。高林台城址地处医巫闾山北麓，正是营州通往辽东的必经之地。

第二节　城址的形制及其始建、使用和废弃年代

一、城址的形制

高林台城址选址极为考究，城北约700米为八家子山和高林台北山，东南10千米为医巫闾山西北麓，城址北扼八家子山和高林台北山之间的山谷，南控细河两岸的平原地区。

城址由夯土修筑而成，平面近方形，南、北城墙原长约173米，东、西城墙原长约169米，城址周长约684米。城址边长合汉尺70余丈，与常见的汉代边塞障城相当，远达不到郡县治所百丈以上规模。

城址仅设一门，位于南城墙中段偏西，门道为单孔过洞式，顶部有门楼式的建筑。南门外东、西两侧各置一长条形马面，南城墙外约14米开凿有护城河，二者加强了南门和南城墙的防御。

城内西北和东南均发现有夯土基址：西北的夯土基址为由两组夯土墙基构成的坐西朝东建筑，建筑内有柱础石，顶部施瓦，年代为西汉早期；东南的夯土基址为勘探所知，周围还发现有第三期文化房址，是西汉中期以后城内中心所在。

① 中国社会科学院考古研究所西安唐城工作队：《唐大明宫含元殿遗址1995—1996年发掘报告》，《考古学报》1997年第3期。
② 联合国教科文组织驻中国代表团、新疆文物事业管理局、新疆文物考古研究所：《交河故城——1993、1994年度考古发掘报告》，东方出版社，1998年。
③ 宋祁、欧阳修、范镇等：《新唐书》卷四十三下《地理志七下·羁縻州》，中华书局，1975年。

二、城址的始建、使用和废弃年代

在讨论城址始建、使用和废弃年代前，首先要对城墙、马面、护城河、门道的发掘收获予以分析。

从西城墙解剖情况看：ⅢTG2 南壁剖面显示，城墙夯筑前对原地表进行过简单平整，城墙夯土下叠压的ⅢH1 内出土夹云母陶片，属战国燕文化遗存。根据夯土的土色、致密度、夯层的厚度和叠压关系，将城墙夯土分为三期：第一期夯土居中，为黄褐色土，夯层较薄；第二期夯土加筑在第一期夯土的两侧和顶部，主要对墙体进行了加宽、加高，为浅褐色土，夯层略厚；第三期夯土在前两期夯土两侧的局部进行修补，为花色土，夯层最厚。叠压城墙的城内堆积，最早的为第三期文化地层，其余均为唐代文化层（见图八）。

Ⅳ区南城墙西段和马面的发掘显示，城墙夯土分为三种，其土色、致密度、包含物等与ⅢTG2 第三期夯土相对应（见图五）。

城址南侧的护城河（ⅠG1）开口于Ⅰ区④层下，打破战国地层（见图二三），坑内遗物属西汉中期至两汉之际的第三期文化，其开凿时间应与城墙始筑时间相同，从战国晚期沿用至两汉之际。护城河仅在南城墙外侧发现，其他三侧经勘探未发现。

南门门址的发掘情况表明，其经历了两次大规模的营建。

第一次营建，门道略宽于现存门道。南城墙西段夯土中包裹的柱洞和柱洞中未腐烂的木材是第一次营建门道时西侧排叉柱所在，早期排叉柱因被保护在城墙夯土中，门址失火时未被火烧炭化。门道中部纵穿的排水沟是南门预留的排水设施。门道及周围地层中出土的兽面纹半瓦当、几何乳丁纹半瓦当应是此次营建时所用，年代为战国晚期。

第二次营建，将门道两侧早期柱洞和排叉柱进行了清除，个别柱洞得以保留并包夯在南城墙西段夯土中。新的排叉柱一半包裹在夯土中，一半裸露在外。门道内出土的大量卷云纹半瓦当、圆瓦当是第二次营建时所用。其中半瓦当较早，应在西汉早期；圆瓦当延续时间较长，可到西汉中晚期。

门址第二次营建时间应在西汉早期，并沿用至两汉之际。在此期间，门道中部的排水沟被废弃并回填，门址其他部位没有进一步维修的迹象，可能仅对门道顶部瓦件做过更新。从门道活动面顶部有大量红烧土、过火的瓦件、未燃尽的排叉柱和门槛等迹象判断，门址最后毁于火灾。

通过以上对西城墙、南城墙西段、南城墙马面、城南护城河和南门门道发掘情况的解析，结合城内外遗存的分期，我们认为：

高林台城址始筑于战国晚期，城墙墙体系夯筑而成，墙基有找平和开槽现象，城南护城河与城墙同时开凿，门址设在南城墙中段，门道中部设有排水沟。城内外发现的第一期文化遗存属于这一时期。

西汉早期，城址继续使用，并加高、加宽城墙，重新营建了城址南门，城内修筑以夯土墙为基础的高等级建筑址。与城址第二期文化遗存时代相当。

西汉中晚期，城址继续沿用，但仅对城墙两侧局部进行了修补，南门门道保持原有形制，仅对门道顶部瓦件进行了更替，城内活动中心移至东南部。与城址第三期文化遗存时代相当。

从第三期文化时期城址修葺规模的减小以及第三期文化遗存的面貌分析，高林台城址的重要性在第三期文化时有所下降，最迟在两汉之际城址被废弃。之后有早期鲜卑和依附于唐王朝的游牧民族（契丹族）在此居留，但此时城址的城防体系已不复存在。

第三节　余论

1. 高林台城址是迄今为止辽西地区燕秦汉长城沿线第一座经过正式考古发掘的边堡城，也是辽西地区自 20 世纪 90 年代以来战国秦汉考古的又一重大发现。此次发掘对辽西地区战国秦汉考古和燕秦汉长城研究具有重要价值。高林台城址内发现的从战国晚期延续至两汉之际的考古遗存，反映了中原王朝从战国时期开始了对辽西地区的有效管辖，中原地区的建筑、制瓦、冶金、农业等先进技术持续传入辽西地区，加快了辽西地区经济和社会的发展。

2. 高林台城址内发现的早期鲜卑遗存与周边地区所见墓葬类遗存有很大的不同。遗存出土地点连接了科尔沁沙地和大凌河中下游地区，其为早期鲜卑人群从大兴安岭南麓大鲜卑山向辽西地区迁徙路线的认定提供了一种可能。

3. 高林台城址唐代遗存的发现将此类遗存的分布范围由辽宁朝阳地区向北推进了 100 多千米。发现的唐代建筑构件与唐王朝京畿地区和其他边塞地区高度相似，反映了唐王朝文化上的高度统一，也表明唐王朝对此地的有效管辖。出土的具有游牧民族文化特征的腰带饰品、石圈、殉马陪葬坑等遗存，揭示了生活于此的人群主要是草原游牧民族，这种现象是唐代羁縻制度的真实反映。羁縻制度巩固了中央王朝对边疆的统治，保证了边疆地区的安宁和稳定，为增进边疆地区和中原地区的经济、文化联系提供了制度保障。

总之，高林台城址是辽西地区西北部一处重要的历史时期聚落址。从战国晚期以来，中原农耕民族和草原游牧民族在此地繁衍生息，大家你来我往，各领风骚，促进了各民族之间的交流融合，提升了辽西地区的经济和文化发展水平。在此基础上，辽西地区一跃成为中古时期东北地区的政治、经济和文化中心，为统一多民族国家的形成提供了助力。

附表一

高林台城址灰坑登记表

编号	位置	开口层位	形状	尺寸	出土遗物	年代	分期
I H1	I T4 中部	⑤层下	近圆形	口径1.32、深0.34米	陶钵、纺轮、圆陶片、铁斧、镰、环、削	西汉早期	第二期
I H2	I T5 东南角	④层下	半圆形	口径1.39、深0.34米		西汉早期	第二期
I H3	I T4 东南角	④层下	半圆形	口径2.14、深0.57米		西汉早期	第二期
I H4	I T2 西南角	④层下	长方形	口长2.76、宽1.36、深0.6米		西汉早期	第二期
I H5	I T2 东北角	④层下	半圆形	口径1.81、深0.42米	少量绳纹碎瓦块	西汉早期	第二期
I H6	I T6 西北部	⑤层下	近圆形	口径1.12、深0.87米	陶纺轮、铜镞、铁镞	西汉早期	第二期
I H7	I T7 中部	③层下	圆形	口径0.85、深0.38米	绳纹筒瓦、绳纹板瓦、铜镞	西汉中期至两汉之际	第二期
I H8	I T7 北部	③层下	近圆形	口径0.53、深0.16米	少量绳纹板瓦	西汉中期至两汉之际	第二期
I H9	I T7 西部	③层下	半圆形	口长2.3、宽0.72、深0.5米	少量绳纹板瓦残片	西汉中期至两汉之际	第二期
I H10	I T7 东部，向东延伸至探方外侧	I H10下	近圆形	口长径3.4、短径3.2、深0.62米		西汉中期至两汉之际	第二期
I H11	I T7 东部	I G1⑤层下	圆形	口径2.91、深0.29米		西汉中期至两汉之际	第二期
I H12	I T11 北部	③层下	近圆形	口径2.29、深0.42米		西汉早期	第二期
I H13	I T7 东扩方东南角	③层下	扇形	口径0.71、深0.26米	少量绳纹板瓦残片	西汉中期至两汉之际	第二期
II H1	II T0101 西部	③层下	近圆形	口径0.81、深0.14米	少量绳纹瓦残块	西汉早期	第二期
II H2	II T0101 西南部，部分在发掘区外	③层下	弧形	已发掘部分口长2.04、宽0.76、深0.48米		西汉早期	第二期
II H3	II T0101 西部	③层下	近长方形	口长2.16、宽1.31、深0.22米	少量绳纹瓦块	西汉早期	第二期
II H4	II T0101 西北角	③层下	近椭圆形	口长径1.64、短径1.38、深0.48米		西汉早期	第二期

续附表一

编号	位置	开口层位	形状	尺寸	出土遗物	年代	分期
ⅡH5	ⅡT0102 南部，部分压在ⅡT0101 北隔梁下	③层下	近椭圆形	口长径 1.27、短径 0.85、深 0.16 米	少量绳纹瓦残块	西汉早期	第二期
ⅡH6	ⅡT0102 中部	③层下	近圆形	口径 0.96、深 0.27 米	少量绳纹瓦残块，夹砂陶片	西汉早期	第二期
ⅡH7	ⅡT0203 南部	③层下	圆形	口径 1.36、深 0.6 米	少量绳纹瓦残块	西汉中期至两汉之际	第三期
ⅡH8	ⅡT0203 南部	③层下	圆形	直径 0.74、深 0.27 米	少量绳纹瓦残块	西汉中期至两汉之际	第三期
ⅡH9	ⅡT0104 中部	③层下	近方形	口长 1.26、宽 1.11、深 0.17 米	少量绳纹瓦残块，夹砂陶片	西汉早期	第二期
ⅡH10	ⅡT0104 东部，部分压在东隔梁下	③层下	近椭圆形	口长径 2.11、短径 1.33、深 0.89 米	少量绳纹瓦残块，夹砂陶片	西汉中期至两汉之际	第三期
ⅡH11	ⅡT0204 西部	③层下	近椭圆形	口长径 0.66、短径 0.47、深 0.62 米	少量绳纹瓦残块	西汉中期至两汉之际	第三期
ⅡH12	ⅡT0302 东部，部分压在东隔梁下	③层下	圆角长方形	已发掘部分口长 1.21、宽 1.04、深 0.43 米	少量绳纹瓦残块，夹砂灰陶、红褐陶片	西汉中期至两汉之际	第三期
ⅡH13	ⅡT0302 南部，部分压在ⅡT0301 北隔梁下	③层下	半圆形	口径 1.01、深 0.6 米	少量绳纹瓦残块	西汉中期至两汉之际	第三期
ⅡH14	ⅡT0303 西部，部分压在ⅡT0203 东隔梁下	③层下	圆形	口径 2.07、深 1.94 米	少量绳纹瓦残块	西汉中期至两汉之际	第三期
ⅡH15	ⅡT0302 南部	③层下	近椭圆形	口长径 1.33、短径 0.79、深 0.17 米	少量绳纹瓦残块，夹砂灰陶片	西汉中期至两汉之际	第三期
ⅡH16	ⅡT0204 东北角，部分压在东隔梁下	③层下	半椭圆形	口长径 1.31、短径 0.65、深 0.25 米	少量绳纹瓦残块	西汉中期至两汉之际	第三期
ⅡH17	ⅡT0304 西北角，部分延伸至ⅡT0204 东隔梁下，北侧延伸至ⅡT0304 北隔梁下	③层下	半椭圆形	已发掘部分长径 2.66、短径 1.70、深 0.24 米	少量绳纹瓦残块	西汉中期至两汉之际	第三期

续附表一

编号	位置	开口层位	形状	尺寸	出土遗物	年代	分期
ⅡH18	ⅡT0303 北部	②层下	圆形	口径0.74、深0.22米	少量布纹瓦残块	唐代早期	第五期
ⅡH19	ⅡT0202 东北角	③层下	半椭圆形	已发掘部分口长径1.95、短径1.93、深1.08米	少量绳纹瓦残块	西汉中期至两汉之际	第三期
ⅡH20	ⅡT0202 北部	③层下	近圆形	口径0.48、深0.2米	少量绳纹瓦残块	西汉中期至两汉之际	第三期
ⅡH21	ⅡT0202 北隔梁下	③层下	圆形	口径0.54、深0.2米	少量绳纹瓦残块	西汉中期至两汉之际	第三期
ⅡH22	ⅡT0202 西北角	③层下	椭圆形	口长径1.4、短径0.82、深0.48米	少量绳纹瓦残块	西汉中期至两汉之际	第三期
ⅡH23	ⅡT0202 西部，部分压在ⅡT0102 东隔梁下	③层下	半椭圆形	已发掘部分口长径0.68、短径0.62、深0.22米	少量绳纹瓦残块	西汉中期至两汉之际	第三期
ⅡH24	ⅡT0202 西南角	③层下	圆角长方形	已发掘部分长1.39、宽1.0、深0.9米	少量绳纹瓦残块，夹砂灰陶、红褐陶片	西汉中期至两汉之际	第三期
ⅡH25	ⅡT0202 中部偏东	③层下	椭圆形	口长径1.1、短径0.92、深0.4米	少量绳纹瓦残块，夹砂灰陶片	西汉中期至两汉之际	第三期
ⅡH26	ⅡT0302 东部	⑤层下	近椭圆形	口长径1.72、短径1.42、深0.41米		战国晚期	第一期
ⅡH27	ⅡT0302 东部	⑤层下	圆形	口径1.38、深0.14米	少量绳纹瓦残块	战国晚期	第一期
ⅡH28	ⅡT0302 西南角	⑤层下	近半圆形	已发掘部分长1.48、短径0.66、深0.39米	少量绳纹瓦残块	战国晚期	第一期
ⅡH29	ⅡT0303 西南角，部分压在ⅡT0203 东隔梁、ⅡT0302 北隔梁下	④层下	圆形	口径1.97、底径1.76、深1.16米		西汉早期	第二期
ⅡH30	ⅡT0303 东南部，部分压在ⅡT0302 北隔梁下	⑤层下	半圆形	已发掘部分长径1.24、短径0.92、深0.36米	少量绳纹瓦残块	战国晚期	第一期

续附表一

编号	位置	开口层位	形状	尺寸	出土遗物	年代	分期
ⅡH31	ⅡT0404 南部，部分压在ⅡT0403 北隔梁下	ⅡF2 活动面下	近方形	口长 1.04，宽 0.94，深 0.85 米	瓦当	西汉早期	第二期
ⅡH32	ⅡT0402 中部	④层下	近长方形	口长 3.02，宽 1.81，深 0.43 米	陶罐，骨镞	西汉早期	第二期
ⅡH33	ⅡT0504 西部	ⅡF2 活动面下	圆形	口径 0.98，深 0.56 米		西汉早期	第二期
ⅡH34	ⅡT0202 西北角	④层下	椭圆形	口长径 1.03，短径 0.74，深 0.75 米	少量绳纹瓦残块	西汉早期	第二期
ⅡH35	ⅡT0404 东北部	ⅡF2 活动面下	近长方形	口长 1.2，宽 1.02，深 0.68 米	少量绳纹瓦残块，夹砂灰陶片	西汉早期	第二期
ⅡH36	ⅡT0501 南扩方偏东	②层下	近椭圆形	已发掘部分口长径 1.05，短径 0.92，深 0.2 米	少量绳纹瓦残块	唐代早期	第五期
ⅡH37	ⅡT0401 东北角，向东侧延伸至东隔梁和ⅡT0501 内	②层下	近圆形	直径 2.37，深 0.74 米	少量布纹瓦残块	唐代早期	第五期
ⅡH38	ⅡT0401 东北角，向东侧延伸至东隔梁下	ⅡH37 下	近椭圆形	口长径 1.34，短径 1.04，深 0.24 米	少量绳纹瓦残块	西汉中期至两汉之际	第三期
ⅡH39	ⅡT0404 东北部	ⅡF2 活动面下	近圆角长方形	口长 1.32，宽 0.99，深 0.36 米		西汉早期	第二期
ⅡH40	ⅡT0304 东北角，部分延伸至ⅡT0304 北隔梁下	④层下	圆形	口径 1.91，深 0.46 米	少量绳纹碎瓦块	西汉早期	第二期
ⅡH41	ⅡT0304 北部，部分延伸至ⅡT0304 北隔梁下	④层下	近圆形	口径 1.27，深 0.93 米	少量绳纹瓦残块	西汉早期	第二期
ⅡH42	ⅡT0502 西南角，部分延伸至ⅡT0402 东隔梁下	④层下	椭圆形	口长径 1.47，短径 1.13，深 0.21 米	少量绳纹瓦残块，夹砂灰陶片	西汉早期	第二期

续附表一

编号	位置	开口层位	形状	尺寸	出土遗物	年代	分期
Ⅱ H43	Ⅱ T0402 东隔梁下，部分压在关键柱下	④层下	半圆形	已发掘部分长径 1.35、短径 0.39、深 0.42 米	少量绳纹瓦残块，夹砂灰陶、红褐陶片	西汉早期	第二期
Ⅱ H44	Ⅱ T0304 中部偏北	④层下	近椭圆形	口长径 1.06、短径 0.77、深 0.71 米	少量绳纹瓦残块，夹砂灰陶片、泥质灰陶片	西汉早期	第二期
Ⅱ H45	Ⅱ T0101 北隔梁下	③层下	近圆形	口径 0.96、深 0.2 米	少量绳纹瓦残块	西汉早期	第二期
Ⅱ H46	Ⅱ T0502 西南角，部分延伸到Ⅱ T0402 东隔梁下	Ⅱ H42 底部	近椭圆形	口长径 0.99、短径 0.84、深 0.38 米		西汉早期	第二期
Ⅱ H47	Ⅱ T0103 东部，部分压在东隔梁下	③层下	近椭圆形	口长径 1.28、短径 0.82、深 0.44 米	少量绳纹瓦残块	西汉中期至两汉之际	第三期
Ⅱ H48	Ⅱ T0401 南扩方，部分位于发掘区外	Ⅱ G4 下	半弧形	已发掘部分长径 1.0、短径 0.46、深 0.56 米	陶罐、盆、瓿、器底	战国晚期	第一期
Ⅱ H49	Ⅱ T0103 东部，部分压在东隔梁和关键柱下	③层下	近圆形	口径 1.8、深 0.56 米		西汉中期至两汉之际	第三期
Ⅲ H1	Ⅲ TC2 东部	西城墙夯土基础下	半圆形	已发掘部分长径 2.16、短径 0.96、深 1 米	少量夹砂夹云母陶片	战国晚期	第一期
Ⅳ H1	Ⅳ T0302 南部	①层下	近圆角长方形	口长 0.95、宽 0.89、深 0.15 米	布纹瓦残块	唐代早期	第五期
Ⅳ H2	Ⅳ T0301 关键柱下	①层下	近圆角长方形	口长 0.93、宽 0.82、深 0.15 米		唐代早期	第五期
Ⅳ H3	Ⅳ T0401 西北角	①层下	椭圆形	口长径 1.11、短径 0.9、深 0.21 米		唐代早期	第五期
Ⅳ H4	Ⅳ T0404 东北角	①层下	半椭圆形	已发掘部分口长径 1.81、短径 1.22、深 0.54 米		唐代早期	第五期
Ⅳ H5	Ⅳ T0603 南侧	①层下	长方形	已发掘部分口长 5.28、宽 2.10、深 0.92 米	布纹瓦残块	唐代早期	第五期

续附表一

编号	位置	开口层位	形状	尺寸	出土遗物	年代	分期
ⅣH6	ⅣT0503 东部，局部延伸至ⅣT0603 西部	①层下	圆角长方形	口长 1.01，宽 0.8，深 0.13 米		唐代早期	第五期
ⅣH7	ⅣT0405 东南部	①层下	近椭圆形	已发掘部分口长径 1.19，短径 1.08，深 0.37 米		唐代早期	第五期
ⅣH8	ⅣT0502 东部	①层下	椭圆形	口长径 3.18，短径 1.82，深 0.26 米	少量布纹瓦残块	唐代早期	第五期
ⅣH9	ⅣT0401 东南角	④层下	近半圆形	已发掘部分口长径 1.9，短径 1.16，深 0.26 米		西汉中期至两汉之际	第三期
ⅣH10	ⅣT0503 东南部	①层下	近长方形	口长 2.0，宽 1.32，深 0.42 米		唐代早期	第五期
ⅣH11	ⅣT0302 西南部	①层下	圆角长方形	口长 1.09，宽 0.94，深 0.3 米		唐代早期	第五期
ⅣH12	ⅣT0604 中部	③层下	近椭圆形	口长径 0.9，短径 0.8，深 0.42 米	卷云纹瓦当，铁钉	西汉中期至两汉之际	第三期
ⅣH13	ⅣT0704 中部	④层下	不规则形	口长径 1.88，短径 1.21，深 0.32 米	少量绳纹瓦残块，夹砂陶片	西汉中期至两汉之际	第三期
ⅣH14	ⅣT0604 东南角	④层下	圆形	口径 2.59，深 0.78 米	圆陶片，"半两"钱，动物骨骼	西汉早期	第二期
ⅣH15	ⅣT0102 东北部	②层下	近圆形	口径 1.51，深 0.44 米	少量布纹瓦残块及夹砂陶片	唐代早期	第五期
ⅣH16	ⅣT0305 东北角	③层下	近半圆形	已发掘部分口长径 1.62，短径 0.98，深 1.2 米	布纹板瓦，陶罐口沿，青瓷片，铜环，铁镞，动物骨骼	唐代早期	第五期
ⅣH17	ⅣT0202 西北部	②层下	圆角长方形	口长 1.2，宽 0.8，深 0.72 米		唐代早期	第五期
ⅣH18	ⅣT0101 东南部	③层下	近椭圆形	口长径 1.62，短径 1.3，深 0.37 米	少量布纹瓦残块	唐代早期	第五期

编号	位置	开口层位	形状	尺寸	出土遗物	年代	分期
ⅣH19	ⅣT0704东部	⑤层下	近半圆形	直径2.28，深1.12米	兽面纹瓦当，少量绳纹瓦残块，动物骨骼	战国晚期	第一期
ⅣH20	ⅣT0101东部	③层下	半圆形	已发掘部分长径1.41，短径0.68，深0.24米	陶钵，少量布纹瓦残块	唐代早期	第五期
ⅣH21	ⅣT0202西部	④层下	近椭圆形	口长径1.0，短径0.78，深0.5米	少量绳纹瓦残块，夹砂陶片	西汉中期至两汉之际	第三期
ⅣH22	ⅣT0202西南角	④层下	近长方形	已发掘部分口长1.93，宽0.84，深0.42米	绳纹板瓦	西汉中期至两汉之际	第三期
ⅣH23	ⅣT0505中部	④层下	弧边长方形	口长1.78，宽1.6，深0.38米	少量绳纹瓦残块，夹砂陶片	西汉早期	第二期
ⅣH24	ⅣT0704北部	④层下	半圆形	已发掘部分长径2.77，短径1.66，深0.66米	铜镞	西汉早期	第二期
ⅣH25	ⅣT0505中西部	④层下	圆形	口径1.24，深0.3米	少量绳纹瓦残块	西汉早期	第二期
ⅣH26	ⅣT0106西南角	⑤层下	圆形	口径1.1，深0.32米	陶豆	西汉早期	第二期
ⅣH27	ⅣT0106南部	⑤层下	长方形	口长1.2，宽1.08，深0.63米		西汉早期	第二期
ⅣH28	ⅣT0105东北部	⑤层下	圆角长方形	口长1.87，宽1.11，深1.03米	陶豆、盆、罐	西汉早期	第二期
ⅣH29	ⅣT0704西南部	⑤层下	圆形	口径1.1，深0.34米	铁斧	西汉早期	第二期
ⅣH30	ⅣT0704中部	⑤层下	圆形	口径0.58，深0.26米		西汉早期	第二期
ⅤH1	ⅤT0202西部	②层下	近圆形	口径1.0，深0.2米	少量布纹瓦残块	唐代早期	第五期
ⅤH2	ⅤT0201东部	②层下	近圆形	口径0.9，深0.6米	少量布纹瓦残块，动物骨骼	唐代早期	第五期
ⅤH3	ⅤT0101西南部	②层下	近椭圆形	口长径1.64，短径1.33，深0.25米	铁镞	唐代早期	第五期
ⅤH4	ⅤT0102中部	④层下	椭圆形	口长径1.25，短径0.89，深0.22米	卷云纹瓦当，铁镢	西汉中期至两汉之际	第三期
ⅤH5	ⅤT0202西南部	④层下	近圆形	口径0.54，深0.38米		东汉晚期	第四期

续附表一

编号	位置	开口层位	形状	尺寸	出土遗物	年代	分期
ⅤH6	ⅤT0202 东部	②层下	近圆形	口径0.9、深0.28米		唐代早期	第五期
ⅤH7	ⅤT0202 中南部	③层下	椭圆形	口长径1.38、短径1.2、深0.28米		唐代早期	第五期
ⅤH8	ⅤT0101 西南部	③层下	近弧三角形	口长径1.95、短径1.88、深0.24米	少量动物骨骼	唐代早期	第五期
ⅤH9	ⅤT0202 中南部	③层下	近椭圆形	口长径1.15、短径0.94、深0.35米	少量布纹瓦残片	唐代早期	第五期
ⅤH10	ⅤT0101 中部	③层下	长方形	口长1.65、宽0.95、深0.15米		东汉晚期	第四期
ⅤH11	ⅤT0202 中南部	③层下	长条形	口长3.36、宽1.32、深1.18米	铁镞	唐代早期	第五期
ⅤH12	ⅤT0101 西南部	③层下	圆角长方形	口长1.98、宽0.9、深0.42米	铁镞	唐代早期	第五期
ⅤH13	ⅤT0101 西南部	③层下	近椭圆形	口长径1.76、短径1.53、深0.57米		东汉晚期	第四期
ⅤH14	ⅤT0102 中部	③层下	近圆形	口径1.9、深0.96米		唐代早期	第五期
ⅤH15	ⅤT0102 西部	③层下	近椭圆形	口长2.37、深0.56米		东汉晚期	第四期
ⅤH16	ⅤT0101 中部	③层下	不规则形	口长径1.44、深0.48米		东汉晚期	第四期
ⅤH17	ⅤT0101 东北部	③层下	椭圆形	口长径6.34、短径4.82、深2.0米	陶壶口沿、动物骨骼	东汉晚期	第四期
ⅤH18	ⅤT0202 中部	④层下	近圆形	直径2.6、深0.23米	铜镞、铁镞	西汉中期至两汉之际	第三期
ⅤH19	ⅤT0102 西南部	④层下	半圆形	已发掘部分口径2.5、深0.4米		东汉晚期	第四期
ⅤH20	ⅤT0102 中部	④层下	圆角方形	口长2.36、宽1.92、深0.5米		东汉晚期	第四期
ⅤH21	ⅤT0202 东北部	④层下	椭圆形	口长径1.27、短径1.04、深0.22米	少量绳纹瓦片、动物骨骼	西汉中期至两汉之际	第三期
ⅤH22	ⅤT0201 中南部	②层下	近椭圆形	已发掘部分口长径4.16、短径3.34、深0.58米	莲珠纹瓦当、铁镞、镰	唐代早期	第五期

续附表一

编号	位置	开口层位	形状	尺寸	出土遗物	年代	分期
ⅤH23	ⅤT0201 东北部	④层下	近椭圆形	口长径1.31、短径1.07、深0.47米	瓦当，动物骨骼	西汉中期至两汉之际	第三期
ⅤH24	ⅤT0201 东北部	④层下	圆形	直径1.32、深0.38米	瓦当	西汉中期至两汉之际	第三期
ⅤH25	ⅤT0201 东南部	③层下	近椭圆形	已发掘部分口长径3.5、短径3.45、深0.38米	布纹瓦，动物骨骼	唐代早期	第五期
ⅤH26	ⅤT0201 东北部	④层下	椭圆形	已发掘部分长径2.11、短径1.55、深0.47米	铁镞，铲	西汉中期至两汉之际	第三期
ⅤH27	ⅤT0202 中部	④层下	近圆形	口径2.18、深0.4米		西汉中期至两汉之际	第三期
ⅤH28	ⅤT0102 东南部	④层下	长条形	口长径4.5、短径1.9、深0.43米	陶罐，铁镞，动物骨骼	东汉晚期	第四期
ⅤH29	ⅤT0102 西南部	④层下	长条形	口长径3.97、短径0.75、深0.45米	陶罐，圆陶片，动物骨骼	东汉晚期	第四期
ⅤH30	ⅤT0102 西南部	④层下	不规则形	口长径1.79、深0.44米		东汉晚期	第四期
ⅤH31	ⅤT0101 中北部	④层下	椭圆形	口长径1.52、短径1.25、深0.67米	陶纺轮	东汉晚期	第四期
ⅤH32	ⅤT0101 中北部	④层下	椭圆形	口长径0.82、短径0.67、深0.2米		东汉晚期	第四期
ⅤH33	ⅤT0101 中北部	④层下	近椭圆形	口长径0.87、短径0.75、深0.6米		东汉晚期	第四期
ⅤH34	ⅤT0101 中北部	④层下	椭圆形	口长径1.22、短径0.88、深0.4米	铜帽	东汉晚期	第四期
ⅤH35	ⅤT0201 中部	④层下	圆角方形	口长2.79、宽2.46、深1.08米	瓦当，砺石，动物骨骼	西汉中期至两汉之际	第三期

续附表一

编号	位置	开口层位	形状	尺寸	出土遗物	年代	分期
ⅤH37	ⅤT0202 西北部	④层下	半椭圆形	已发掘部分口长径 2.57、短径 1.02、深 0.5 米	少量绳纹瓦残片、动物骨骼	西汉中期至两汉之际	第三期
ⅤH38	ⅤT0101 南扩方	③层下	圆形	口径 1.56、深 0.36 米		东汉晚期	第四期
ⅤH39	ⅤT0202 东部	④层下	半圆形	已发掘部分口径 1.7、深 0.3 米		东汉晚期	第四期
ⅤH40	ⅤT0202 北部	④层下	长条形	口长 1.82、宽 1.12、深 0.48 米	绳纹筒瓦	西汉中期至两汉之际	第三期
ⅤH41	ⅤT0202 北部	④层下	长条形	口长 2.72、宽 0.48、深 0.29 米	铜镞	西汉中期至两汉之际	第三期
ⅤH42	ⅤT0302 西北部	②层下	椭圆形	口长径 0.82、短径 0.68、深 0.2 米		唐代早期	第五期
ⅤH43	ⅤT0302 西部	②层下	近圆形	口径 1.38、深 0.54 米		唐代早期	第五期
ⅤH44	ⅤT0302 西部	②层下	近圆形	口径 1.04、深 0.35 米		唐代早期	第五期
ⅤH45	ⅤT0302 西部	②层下	近圆形	口径 1.18、深 0.37 米		唐代早期	第五期
ⅤH46	ⅤT0302 中部	②层下	近圆形	口径 0.94、深 0.22 米		唐代早期	第五期
ⅤH47	ⅤT0302 东北部	②层下	近圆形	口径 1.03、深 0.46 米		唐代早期	第五期
ⅤH48	ⅤT0302 中部	②层下	近圆形	口径 1.03、深 0.23 米		唐代早期	第五期
ⅤH49	ⅤT0302 南部	②层下	近圆形	口径 0.97、深 0.36 米		唐代早期	第五期
ⅤH50	ⅤT0302 东部	②层下	近圆形	口径 1.02、深 0.4 米		唐代早期	第五期
ⅤH51	ⅤT0302 中部	②层下	椭圆形	口长径 1.14、短径 1.01、深 0.4 米		唐代早期	第五期
ⅤH52	ⅤT0301 东南部	②层下	半圆形	已发掘部分口径 3.2、深 0.86 米		唐代早期	第五期
ⅤH53	ⅤT0302 东北部	③层下	半圆形	已发掘部分口径 0.88、深 0.58 米		唐代早期	第五期
ⅤH54	ⅤT0302 北部	③层下	半圆形	已发掘部分口径 1.29、深 0.85 米		唐代早期	第五期

续附表一

编号	位置	开口层位	形状	尺寸	出土遗物	年代	分期
ⅤH56	ⅤT0402 中西部	②层下	椭圆形	口长径 1.19、短径 0.98、深 0.8 米	少量瓦片，动物骨骼	唐代早期	第五期
ⅤH57	ⅤT0402 中西部	②层下	椭圆形	口径 1.17、深 0.32 米	少量布纹碎瓦块	唐代早期	第五期
ⅤH58	ⅤT0402 中东部	②层下	长方形	口长 0.92、宽 0.75、深 0.45 米		唐代早期	第五期
ⅤH59	ⅤT0402 中东部	②层下	圆形	口径 1.1、深 0.8 米	陶纺轮、料珠	唐代早期	第五期
ⅤH60	ⅤT0401 中部	②层下	圆角长方形	口长 2.12、宽 0.73、深 0.5 米	板瓦、铜钗、铁环、骨匕	唐代早期	第五期
ⅤH61	ⅤT0401 西南部	②层下	近圆形	口径 1.48、深 0.43 米	铁削	唐代早期	第五期
ⅤH62	ⅤT0401 西部	②层下	半圆形	已发掘部分长径 1.82、短径 1.2、深 0.66 米		唐代早期	第五期
ⅤH63	ⅤT0401 北部	②层下	半圆形	已发掘部分口长径 1.04、短径 0.53、深 0.38 米	铁镞	唐代早期	第五期
ⅤH64	ⅤT0402 东南部	③层下	圆形	口径 1.16、深 0.58 米	布纹板瓦	唐代早期	第五期
ⅤH65	ⅤT0402 中部	③层下	圆形	口径 0.9、深 0.6 米	铜镞	西汉中期至两汉之际	第三期
ⅤH66	ⅤT0402 东南部	③层下	半椭圆形	已发掘部分口长径 0.79、短径 0.48、深 0.73 米		西汉中期至两汉之际	第三期
ⅤH67	ⅤT0402 北部	③层下	圆形	口径 1.19、深 0.4 米	少量绳纹瓦残块、铁斧、动物骨骼	西汉中期至两汉之际	第三期
ⅤH68	ⅤT0402 北部	③层下	长条形	口长径 1.83、短径 0.74、深 0.29 米	陶纺轮	西汉中期至两汉之际	第三期
ⅤH69	ⅤT0402 南部	③层下	半圆形	已发掘部分口径 2.93、深 0.8 米	陶钵	西汉中期至两汉之际	第三期
ⅤH70	ⅤT0302 西南部	④层下	弧三角形	已发掘部分口长 1.15、宽 0.8、深 0.1 米	陶罐	东汉晚期	第四期

续附表一

编号	位置	开口层位	形状	尺寸	出土遗物	年代	分期
VH71	VT0302 南部	④层下	椭圆形	口长径 3.17、短径 1.95、深 1.05 米	绳纹筒瓦、卷云纹瓦当、陶豆瓮、瓿、器底、铁斧、动物骨骼	西汉中期至两汉之际	第二期
VH72	VT0302 西部	④层下	近圆角长方形	已发掘部分口长 1.62、宽 1.38、深 0.16 米		西汉中期至两汉之际	第三期
VH73	VT0302 西南部	④层下	圆角方形	口长 3.36、宽 2.91、深 0.87 米	少量绳纹瓦残块、铁铲、铁缸、权	西汉中期至两汉之际	第三期
VH74	VT0401 西南部	③层下	近椭圆形	已发掘部分口长径 2.19、短径 1.55、深 0.37 米	铁镞	西汉中期至两汉之际	第三期
VH75	VT0401 东北部	③层下	半椭圆形	已发掘部分口长径 1.57、短径 1.55、深 0.66 米	少量绳纹瓦残片、铜镞	西汉中期至两汉之际	第三期
VH76	VT0401 西南部	VH74 底部	近椭圆形	已发掘部分口长径 1.37、短径 0.92、深 0.2 米	少量瓦片	西汉早期	第二期
VH77	VT0401 南部	③层下	近椭圆形	已发掘部分口长径 2.32、短径 2.1、深 0.44 米	铁钉	西汉中期至两汉之际	第三期
VH78	VT0301 东部,延伸至 VT0401	⑤层下	梯形	已发掘部分长 1.95、宽 1.20、深 0.42 米	绳纹（瓦棱纹）筒瓦、绳纹板瓦、动物骨骼	战国晚期	第一期
VH79	VT0301 西部	④层下	半椭圆形	已发掘部分口长径 2.42、短径 1.72、深 0.83 米	绳纹筒瓦、动物骨骼	西汉中期至两汉之际	第三期
VH80	VT0301 东部	④层下	圆形	口径 1.15、深 0.26 米	少量瓦片、动物骨骼	西汉早期	第二期
VH81	VT0302 西部	④层下	近圆角长方形	已发掘部分口长 2.68、宽 1.7、深 0.24 米		西汉中期至两汉之际	第三期
VH82	VT0401 中部	④层下	长方形	口长 3.54、宽 1.11、深 2.27 米	绳纹筒瓦、铁斧、动物骨骼	西汉早期	第二期
VH83	VT0301 东部	⑤层下	椭圆形	口长径 1.96、短径 0.82、深 0.5 米	少量绳纹瓦残片	战国晚期	第一期
VH84	VT0402 东北部	④层下	椭圆形	口长径 1.38、短径 0.96、深 0.95 米	陶纺轮、铜镞、铁锸、斧、刀币	西汉早期	第二期

续附表一

编号	位置	开口层位	形状	尺寸	出土遗物	年代	分期
ⅤH85	ⅤT0402 中部	④层下	长方形	口长1.72、宽0.92、深0.35米	陶钵、铜镞、销、刀币	西汉早期	第二期
ⅤH86	ⅤT0402 西部	④层下	近圆形	口径1.76、深0.99米	陶豆、铁镰、斧	西汉早期	第二期
ⅤH87	ⅤT0402 西南部	④层下	近长方形	口长2.07、宽1.36、深0.86米	铁斧	西汉早期	第二期
ⅤH88	ⅤT0402 西北部	④层下	近圆形	口长径1.29、宽1.15、深0.79米	铜镞、铁凿、骨镞	西汉早期	第二期
ⅤH89	ⅤT0402 西南角	④层下	半椭圆形	已发掘部分长径1.93、短径1.58、深1.79米	铁斧、钉	西汉早期	第二期
ⅤH90	ⅤT0401 东北部	④层下	椭圆形	口长径2.18、短径1.68、深0.56米	铁斧、钱币	西汉早期	第二期
ⅤH91	ⅤT0302 东南部	⑤层下	近圆形	口径1.26、深0.31米	少量绳纹瓦片、绳纹砖、动物骨骼	西汉早期	第二期
ⅤH92	ⅤT0302 西部	⑤层下	圆角长方形	口长径1.62、宽1.08、深0.93米	勾云纹瓦当、陶豆、动物骨骼	西汉早期	第二期
ⅤH93	ⅤT0301 中部	④层下	近椭圆形	口长径2.02、短径1.53、深0.28米		东汉晚期	第四期
ⅤH94	ⅤT0301 东北部	④层下	圆角长方形	口长径3.02、短径1.4、深0.58米	少量绳纹瓦残片、铜镞	西汉中期至两汉之际	第三期
ⅤH95	ⅤT0301 中部	④层下	椭圆形	口长径3.53、短径2.18、深0.4米	少量绳纹瓦残块、铁镢、把手	西汉中期至两汉之际	第三期
ⅤH96	ⅤT0302 西南部	⑤层下	半圆形	已发掘部分口长径1.24、短径0.49、深0.36米	少量瓦片、动物骨骼	西汉早期	第二期
ⅤH97	ⅤT0401 西南部	④层下	近椭圆形	口长径2.6、宽1.55、深0.51米	少量瓦片、动物骨骼	西汉早期	第二期
ⅤH98	ⅤT0301 中部	④层下	近椭圆形	口长径1.19、短径0.86、深0.2米		东汉晚期	第四期
ⅤH99	ⅤT0301 中部	④层下	近椭圆形	口长径0.78、短径0.7、深0.15米		东汉晚期	第四期
ⅤH100	ⅤT0401 中部	⑤层下	椭圆形	口长径3.65、短径2.25、深1.90米	绳纹筒瓦、陶钵、铜镞、石饼、砺石、动物骨骼	战国晚期	第一期

续附表一

编号	位置	开口层位	形状	尺寸	出土遗物	年代	分期
VH101	VT0301 北部	④层下	圆角长方形	口长4.26、宽2.05、深1.67米	绳纹（瓦棱纹）板瓦、陶钵、器底、鼎足、铜镞、管銎、带钩、铁斧、构件、"一化"钱、刀币	西汉中期至两汉之际	第三期
VH102	VT0402 西南角	⑤层下	长条形	口长7.90、宽1.48、深0.30米		战国晚期	第一期
VH103	VT0401 西北部	④层下	半椭圆形	已发掘部分口长径1.48、短径1.15、深0.52米	少量瓦片、铁斧、动物骨骼	西汉早期	第二期
VH104	VT0402 西部，延伸至 VT0302 东部和 VT0401 北部	⑤层下	不规则形	已发掘部分长8.9、宽0.85～5.12、深0.45米	绳纹（瓦棱纹）筒瓦、绳纹板瓦、瓦当、陶罐、豆、釜、盆、壶腹残片、鼎足、铁斧、铜镞、铁矛、剑格、红、镰、铤刀、剑首、环首刀、马衔、骨饼、针、锥、"一化"钱、刀币、布币、动物骨骼	战国晚期	第一期
VH105	VT0401 西北部	④层下	半椭圆形	已发掘部分口长径2.4、短径1.58、深1.46米		西汉早期	第二期
VH106	VT0401 西部	③层下	半圆形	已发掘部分口长径1.0、短径0.5、深0.46米		唐代早期	第五期
VH107	VT0301 中部	④层下	长条形	口长径1.58、短径1.07、深0.2米	少量绳纹瓦残片	西汉中期至两汉之际	第三期
VH108	VT0401 西北部	VH105 底部	圆角长方形	已发掘部分口长1.2、宽0.54、深0.32米	少量绳纹瓦残片	西汉早期	第二期
VH109	VT0302 西中部	⑤层下	三角形	已发掘部分口长0.9、宽0.38、深0.15米	少量绳纹瓦残块	西汉早期	第二期
VH110	VT0101 南扩方	④层下	近椭圆形	已发掘部分口长径2.31、短径1.89、深0.37米	铜镞	西汉中期至两汉之际	第三期

续附表一

编号	位置	开口层位	形状	尺寸	出土遗物	年代	分期
ⅤH111	ⅤT0101南扩方	④层下	圆角长方形	口长径1.88、短径0.87、深0.32米		西汉中期至两汉之际	第三期
ⅤH112	ⅤT0401东部	⑤层下	半圆形	已发掘部分口长径1.03、短径0.58、深0.43米		西汉早期	第二期
ⅤH113	ⅤT0302东隔梁	④层下	椭圆形	口长径2.25、短径1.16、深0.78米		西汉早期	第二期
ⅤH114	ⅤT0102东部	④层下	椭圆形	口长径1.94、短径1.37、深0.38米		东汉晚期	第四期
ⅤH115	ⅤT0101南扩方	④层下	椭圆形	口长1.54、宽0.85、深0.32米		西汉中期至两汉之际	第三期
ⅤH116	ⅤT0402西部，并延伸至ⅤT0302东部	⑥层下	圆形	直径1.84、深0.48米	少量陶片	战国晚期	第一期
ⅤH117	ⅤT0101南扩方	④层下	圆角长方形	口长3.1、宽1.63、深0.73米		东汉晚期	第四期
ⅤH118	ⅤT0302南部	⑥层下	长条形	已发掘部分长3.62、宽1.35、深1.30米	瓦当、陶钵、豆、器底	战国晚期	第一期
ⅤH119	ⅤT0101南扩方	④层下	半圆形	已发掘部分口长径1.15、短径0.5、深0.45米		西汉中期至两汉之际	第三期
ⅤH120	ⅤT0101南扩方	④层下	椭圆形	口长径0.9、短径0.67、深0.1米		东汉晚期	第四期
ⅤH121	ⅤT0201南扩方	③层下	半椭圆形	已发掘部分口长径1.46、短径1.34、深0.32米		唐代早期	第五期
ⅤH122	ⅤT0201南扩方	④层下	弧三角形	已发掘部分口长径1.09、短径0.34、深0.3米		东汉晚期	第四期
ⅤH123	ⅤT0401西部	⑥层下	近椭圆形	已发掘部分长径2.44、短径2.19、深1.47米	绳纹（瓦棱纹）筒瓦、绳纹板瓦、铁斧	战国晚期	第一期
ⅤH124	ⅤT0401西部	⑥层下	弧三角形	已发掘部分长1.35、宽1.32、深0.55米		战国晚期	第一期

附表二

高林台城址灰沟登记表

编号	位置	开口层位	形状	尺寸	出土遗物	年代	分期
I G1	I T8 ~ I T17	④层下	长条形	已发掘部分长约20.4米，上口宽12.7，底宽6.2，深2.8米	绳纹筒瓦，勾云纹瓦当，陶纺轮，铜镞	战国晚期至两汉之际	第一至二期
II G1	II T0101，II T0102，II T0103，II T0104	③层下	长条形	已发掘部分长16.6，顶宽0.6~1.55，底宽0.25~1.1，深0.1~0.9米	陶豆，纺轮	西汉早期	第二期
II G2	II T0204，II T0304，II T0403，II T0404	②层下	近长方形	上口长11.2，宽3.3，底长10.7，宽2.65，深0.85米	莲花纹瓦当，"开元通宝"钱	唐代早期	第五期
II G3	II T0204 西部	③层下	近长条形	已发掘部分长4.24，宽0.42~0.86，深0.35米		西汉早期	第二期
II G4	II T0301，II T0401，II T0501	⑤层下	长方形	已发掘部分上口长9.31，宽2.85，底长8.07，宽2.38，深1.26米	绳纹筒瓦，绳纹板瓦，陶罐，铜带钩，铁镰，斧，钉	战国晚期	第一期
IV G1	IV T0105，IV T0106，IV T0205，IV'T0305	②层下	近长条形	已发掘部分长12.68，宽0.89~2.9，深1.13米	陶豆、拍、圆陶片、铜带饰、铁镞、镰、钉、铧、铲、骨器、砺石、"开元通宝"钱、动物骨骼	唐代早期	第五期
IV G2	IV'T0201 中部	③层下	长条形	已发掘部分长4.54，宽0.56，深0.53米	陶盆	唐代早期	第五期
IV G3	IV T0502，IV T0602，IV'T0503，IV'T0603，IV'T0604	开口于IV MZ门道活动面下	长条形	已发掘部分长12.3，上口宽0.4~1.0，底宽0.4~0.6，深1.3米	绳纹筒瓦，绳纹板瓦，卷云纹瓦当，陶瓮	战国晚期至西汉早期	第一至二期
IV G4	IV T0106，IV T0205，IV'T0206，IV'T0305	③层下	长条形	已发掘部分长11.6，宽0.85~2.64，深1.08米	铁镞，骨匕，"开元通宝"钱	唐代早期	第五期
V G1	V T0201，V T0301	②层下	近曲尺形	已发掘部分口长7.71，宽0.56~1.08，深0.45~0.52米	铜铊尾，铁镞，钉，斧	唐代早期	第五期
V G2	V T0101 东南部	④层下	长条形	上口长6.9，宽1.06，底长6.7，宽0.88，深0.36~0.40米		东汉晚期	第四期

编号	位置	开口层位	形状	尺寸	出土遗物	年代	分期
ⅤG3	ⅤT0101、ⅤT0102西部	③层下	长条形	已发掘部分口长8.9、宽1.17~2.0、深1.04米	"开元通宝"钱	唐代早期	第五期
ⅤG4	ⅤT0101西南部	④层下	长条形	口长3.8、宽0.44~0.92、深0.22米		东汉晚期	第四期
ⅤG5	ⅤT0201东南部	③层下	长条形	已发掘部分长3.36、宽0.78、深0.40米		唐代早期	第五期
ⅤG6	ⅤT0202中东部	④层下	长条形	已发掘部分口长4.36、宽1.77、深0.3米	卷云纹瓦当、陶缸底、铁钉	西汉中期至两汉之际	第三期
ⅤG7	ⅤT0401、ⅤT0402	①层下	曲尺形	已发掘部分口长23.33、宽0.38~0.7、深0.2~0.3米		唐代早期	第五期
ⅤG8	ⅤT0401、ⅤT0402	④层下	长条形	已发掘部分口长12.5、宽0.7~1.65、深0.8米	绳纹板瓦、陶器底、铜镞、带钩、铁钉、凿	西汉中期至两汉之际	第三期

附表三

高林台城址其他遗迹登记表

编号	位置	开口层位	形状	尺寸	出土遗物	年代	分期
II F1	II T0101，II T0201，II T0301	坐落在④层上，被③层叠压	长方形	东西长 7.89、南北宽 3.63 米	陶刻槽盆、器底、纺轮、拍，铜镞、铁钉、镞、疾藜、犁，"大泉五十"钱	西汉中期至两汉之际	第三期
II F2	II T0403，II T0404，II T0503，II T0504	坐落在④层上，被③层叠压	长方形	长 2.08、宽 0.95、深 0.16 米	陶杯、纺轮，铜镞、带钩、铜镞、铁镞、甲片、斧，"五铢"钱	西汉中期至两汉之际	第三期
II Q1	II T0102，II T0202，II T0302，II T0401，II T0402，II T0501，II T0502	坐落在④层上，被③层叠压	长条状	已发掘部分长 30.6、宽 0.38～0.56、残高 0.20～0.35 米		西汉中期至两汉之际	第三期
II SQ1	II T0401，II T0402，II T0501，II T0502	坐落在③层上，被②层叠压	近圆形	外径约 6.26、内径约 2.37、残高约 0.3 米	大量布纹瓦残块	唐代早期	第五期
IV MZ	IV T0502，IV T0503，IV T0504，IV T0602，IV T0603，IV T0604	②层下、坐落在生土上	长方形	进深 7.08、宽 3.24～4.08、活动面距地表 1.72 米	绳纹板瓦、绳纹筒瓦，几何乳丁纹瓦当、卷云纹瓦当、绳纹砖，铜镞、铁斧、凿、铲、叉，明刀币、"明化"钱、"半两"钱，将军石	战国晚期沿用至两汉之际	第一至三期
V J1	V T0101，V T0102，V T0201，V T0202	⑤层下	长方形	北侧建筑外长 18.9、外宽 12.9、内长 16.1、内宽 9.5 米，残高 0.53～0.85 米；南侧建筑外长 12.6、外宽 11.1、内长 9.9、内宽 8.6 米，残高 0.5～0.6 米	绳纹筒瓦、绳纹板瓦、勾云纹瓦当、卷云纹瓦当、绳纹砖，陶豆、纺轮、器耳，铜镞、铁镞、斧	西汉早期	第二期
V SJ1	V T0301 南部	③层下	近圆形	直径 1.8～2.0、深 7.3 米	陶盆、器底，角器	战国晚期至东汉晚期	第一至四期
IV M1	IV T0102 东部	坐落于③层上	长方形		人骨一具	唐代早期	第五期
IV PZI	IV T0101 西北部	②层下	近椭圆形	口长径 2.15、短径 1.51、深 0.35 米	少量绳纹和布纹瓦残片，马骨一具	唐代早期	第五期

附　录

附录一　阜新高林台城址出土动物遗存
鉴定报告

王春雪　刘艺文　于新月
（吉林大学考古学院）

　　高林台城址位于辽宁省阜新市阜新蒙古族自治县境内中部偏南，行政归属阜新镇（原他本扎兰镇）西扣莫村高林台村。城址东北侧为一条季节性河流，西北为八家子山，东北为一处高岗。城址即位于两山之间低地的南侧，向北扼守山谷地带，向东紧临河流水源地，战略地位十分重要。

　　2014 年 10 月至 2017 年 11 月，辽宁省文物考古研究所联合阜新市考古所、阜新县文管所对城址南侧护城河、城内东南角、城址西南内角、南门遗址、城内西北角五个区域进行了考古发掘，根据城址五个发掘区的地层堆积、遗迹间的叠压打破关系，结合出土遗物的类型学分析，将城内外遗存分为五个时期。五期文化在时代上分别属于战国晚期遗存、西汉早期遗存、西汉中期至两汉之际遗存、早期鲜卑遗存、唐代遗存。在发掘过程中，发掘者严格按照出土单位对动物骨骼进行收集，但并没有进行筛选和浮选。我们对遗址内五个时期出土的动物骨骼进行了动物考古学的分析。

一、动物遗存种属鉴定及数量统计

　　本次分析对动物遗存按照出土遗迹单位进行编号整理，并进行种属、骨骼解剖学位置的鉴定，对骨骼形态学进行测量；根据牙齿的萌出和磨蚀程度及骨骺愈合情况对动物遗存进行年龄统计；记录骨骼保存状况及骨骼表面风化程度、痕迹和特殊病理现象等信息。鉴定标本对照《动物骨骼图谱》①《哺乳动物骨骼和牙齿鉴定方法指南》②《哺乳动物大型管状骨检索表》③ 及吉林大学动物考古实验室的现生动物骨骼标本。动物骨骼形态学的测量以《考古遗址出土动物骨骼测量指南》④ 为标准。

　　本章主要内容包括高林台城址出土动物遗存的种属鉴定、数量统计和骨骼形态学测量数据等情况。

（一）动物遗存种属鉴定

　　经鉴定，遗址中出土的动物种属包括 3 纲 8 目 19 种。具体动物种属如下：

---

　　① ［瑞士］伊丽莎白·施密德著，李天元译：《动物骨骼图谱》，中国地质大学出版社，1991 年。
　　② ［英］西蒙·赫森著，侯彦峰、马萧林译：《哺乳动物骨骼和牙齿鉴定方法指南》，科学出版社，2012 年。
　　③ ［苏联］B. 格罗莫娃著，刘后贻等译：《哺乳动物大型管状骨检索表》，科学出版社，1960 年。
　　④ ［德］安格拉·冯登德里施著，马萧林、侯彦峰译：《考古遗址出土动物骨骼测量指南》，科学出版社，2007 年。

瓣鳃纲 Lamellibranchia

　　帘蛤目 Veneroida

　　　　帘蛤科 Veneridae

　　　　　　文蛤属 *Meretrix*

　　　　　　　　文蛤 *Meretrix meretrix*

鸟纲 Aves

　　鸡形目 Galliformes

　　　　雉科 Phasianidae

　　　　　　原鸡属 *Gallus*

　　　　　　　　家鸡 *Gallus gallus domesticus* Brisson

　　雀形目 Passeriformes

　　　　鸦科 Corvidae

　　　　　　鸦属 *Corvus*

　　　　　　　　鸦（未定种）*Corvus* sp.

哺乳纲 Mammalia

　　兔形目 Rodentia

　　　　兔科 Leporidae

　　　　　　兔属 *Lepus*

　　　　　　　　草兔 *Lepus capensis*

　　啮齿目 Rodentia

　　　　仓鼠科 Circetidae

　　　　　　鼢鼠属 *Myospalax*

　　　　　　　　东北鼢鼠 *Myospalax psilurus*

　　食肉目 Carnivora

　　　　犬科 Canidae

　　　　　　犬属 *Canis*

　　　　　　　　狗 *Canis familiaris* Linnaeus

　　　　　　狗獾属 *Meles*

　　　　　　　　狗獾 *Meles meles*

　　　　　　貉属 *Nyctereutes*

　　　　　　　　貉 *Nyctereutes procyonoides*

　　　　猫科 Felidae

　　　　　　猞猁属 *Lynx*

　　　　　　　　猞猁 *Lynx lynx*

　　　　　　豹属 *Panthera*

　　　　　　　　虎 *Panthera tigris*

偶蹄目 Artiodactyla

　　猪科 Suidae

　　　猪属 *Sus*

　　　　猪 *Sus scrofa domestica*

　　鹿科 Cervidae

　　　鹿属 *Cervus*

　　　　梅花鹿 *Cervus nippon* Temminck

　　　　马鹿 *Cervus elaphus* Linnaeus

　　　狍属 *Capreolus*

　　　　狍 *Capreolus capreolus* Linnaeus

　　牛科 Bovidae

　　　牛属 *Bos*

　　　　黄牛 *Bos taurus*

　　　盘羊属 *Ovis*

　　　　绵羊 *Ovis aries* Linnaeus

　　　山羊属 *Capra*

　　　　家山羊 *Capra aegagrus hircus*

奇蹄目 Perissodactyla

　　马科 Equidae

　　　马属 *Equus*

　　　　马 *Equus caballus* Linnaeus

　　　　驴 *Equus asinus* Linnaeus

　　阜新高林台城址中出土动物包括：文蛤、家鸡、鸦（未定种）、草兔、东北鼢鼠、狗、狗獾、猞猁、虎、猪、黄牛、绵羊、山羊、马、驴、梅花鹿、马鹿、狍（彩版七三至彩版七九）。

　　由于保存状况的原因，我们将无法鉴定到具体属或种的鸟，统归为鸟科；无法鉴定到具体种属的鹿角部位，统一归为鹿角；无法鉴定到具体种的羊，统一记录为羊。

（二）动物遗存数量统计

　　高林台城址出土动物遗存标本 6882 件，其中战国晚期 426 件、西汉早期 735 件、西汉中期至两汉之际 2381 件、早期鲜卑时期 2036 件、唐代 1304 件。西汉中期至两汉之际和早期鲜卑两个时期出土的动物骨骼较多，分别占遗址全部出土动物遗存标本数的 34.6% 和 29.6%；战国晚期和西汉早期出土的动物骨骼遗存较少，分别占遗址全部出土动物遗存标本数的 6.19% 和 10.68%。出土单位包括探方地层、灰坑、灰沟、房址、水井和陪葬坑，其中前三种遗迹单位出土大部分的动物骨骼遗存，后三种遗迹单位出土动物遗存较少。动物遗存包含可鉴定标本 3537 件，占总标本的 51.39%。其中，战国晚期可鉴定标本有 252 件，占全部可鉴定标本的 7.12%；西汉早期可鉴定标本有 384 件，占全部可鉴定标本的 10.85%；西汉中期至两汉之际可鉴定标本有 1448 件，占全部可鉴定标本的40.93%；早期鲜卑时期可鉴定标本有756件，占全部可鉴定标本的21.37%；唐代可鉴定标本有697件，占全部可鉴定标本的19.7%。不可鉴定标本（包括不可鉴定到种或属的标本）3345件，占总标本的48.61%（图1）。最小个体数方面，战国晚期共有44件，西汉早期有51件，西汉中期至两汉之际96件，早期鲜卑时期共50件，唐代共68件。各时期可鉴定标本数与不可鉴定标本数比较见图1。从统计数据可以看出，西汉中期至两汉之际和早期鲜卑时期出土动物遗存标本和可鉴定标本数量最多，战国晚期出土动物遗存和可鉴定标本最少；西汉中期至两汉之际最小个体数数量最多，然后从高到低依次是唐代、西汉早期、早期鲜卑时期，战国晚期数量最少。

由于该遗址有明确的考古学分期和分区，因此在分析本遗址全部动物骨骼遗存时按照考古分期和分区进行，以探究该遗址动物资源在时间和空间上的变化。

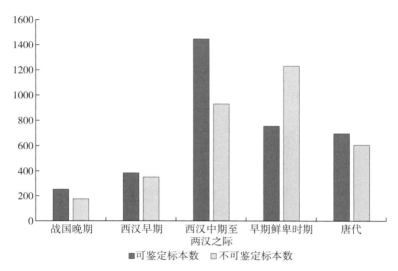

图1 遗址各时期可鉴定标本数、不可鉴定标本数数量统计

各时期的动物遗存，根据不同的发掘区域，可以分成Ⅰ、Ⅱ、Ⅲ、Ⅳ和Ⅴ共五个区域，分别对应城址南侧护城河、城内东南角、城址西南内角、南门遗址和城内西北角。本次分析将从时期上的变化和区域上的变化来探讨遗址内部动物遗存分布的变化情况。

1. 战国晚期动物遗存数量统计

高林台城址战国晚期共出土动物遗存426件，出土于Ⅰ、Ⅱ、Ⅳ和Ⅴ共四个发掘区。其中可鉴定标本为252件，占该时期出土动物遗存总数的59.15%；不可鉴定标本有174件，占该时期出土动物遗存总数的40.84%，主要包括173件哺乳动物碎骨和1件破损较为严重只能鉴定到科的鹿角。动物遗存主要发现于探方地层、灰坑和灰沟这三种遗迹单位中。经鉴定，该时期动物种属包括文蛤（*Meretrix meretrix*）、家鸡（*Gallus gallus domesticus* Brisson）、狗（*Canis familiaris* Linnaeus）、狗獾（*Meles meles*）、猞猁（*Lynx lynx*）、猪（*Sus scrofa domestica*）、梅花鹿（*Cervus nippon* Temminck）、狍（*Capreolus capreolus* Linnaeus）、黄牛（*Bos taurus*）、绵羊（*Ovis aries* Linnaeus）、家山羊（*Capra aegagrus hircus*）、马（*Equus caballus* Linnaeus）、驴（*Equus asinus* Linnaeus）。

该时期出土动物骨骼各种类的可鉴定标本数（NISP）、最小个体数（MNI）的统计见表1。从可鉴定标本数来看，该时期马的数量最多，其次是牛，二者占比共54.33%，然后是猪和狗等家养动物，鹿科等野生动物有所发现，但占比较小。从最小个体数来看，牛的数量最多，其次是马，然后是猪。虽然最小个体数中牛是最多的种属，但总体与可鉴定标本数所反映的情况相差不大。总体表明，马、牛、猪和狗是该时期主要的利用对象。

从发掘区域上看，Ⅴ区出土动物种属种类最多，共计13种，也是该时期唯一出土野生哺乳动物的区域；其次为Ⅳ区和Ⅱ区，共计4种；Ⅰ区出土动物种属最少，共计2种。值得注意的是，以上4个发掘区皆有牛的骨骼遗存出土，除Ⅰ区以外其他3个发掘区皆有马和驴的骨骼遗存；除Ⅱ区外，其他各发掘区皆有猪骨骼遗存出土；该时期羊的骨骼遗存主要发现于Ⅱ区和Ⅴ区；该时期狗的骨骼遗存集中发现于Ⅴ区。结合以上数据可以看出，牛的分布最广，分布于遗址的四个发掘区，其次为马、驴和猪，主要分布于遗址的三个发掘区。牛、马、驴和猪这四种动物在当时居重要地位，在遗址内分布范围较广，是先民主要利用的对象；羊和狗主要集中发现于Ⅱ区和Ⅴ区，可能为当时这两种动物的主要饲养或利用区域。

表1　　　　战国晚期动物种类、最小个体数（MNI）、可鉴定标本数（NISP）及重量（MW）

种属	发掘区	MNI	MNI%	NISP	NISP%	MW/千克
马	Ⅱ	3	6.81	30	11.90	375
	Ⅳ	1	2.27	2	0.79	125
	Ⅴ	3	6.81	41	16.26	375
黄牛	Ⅰ	2	4.54	3	1.19	250
	Ⅱ	2	4.54	21	8.33	250
	Ⅳ	1	2.27	2	0.79	125
	Ⅴ	3	6.81	38	15.07	375
驴	Ⅱ	2	4.54	7	2.77	100
	Ⅳ	1	2.27	1	0.39	50
	Ⅴ	1	2.27	7	2.77	50
猪	Ⅰ	1	2.27	2	0.79	119
	Ⅳ	1	2.27	4	1.58	119
	Ⅴ	4	9.09	31	12.30	476
绵羊	Ⅱ	1	2.27	6	2.38	17
家山羊	Ⅴ	2	4.54	2	0.79	16.8
羊	Ⅴ	2	4.54	4	1.58	24
狍	Ⅴ	1	2.27	6	2.38	17.5
梅花鹿	Ⅴ	2	4.54	9	3.57	125
狗	Ⅴ	4	9.09	26	10.31	238
猞猁	Ⅴ	1	2.27	1	0.39	
狗獾	Ⅴ	1	2.27	1	0.39	
家鸡	Ⅴ	1	2.27	3	1.19	
文蛤	Ⅴ	4	9.09	5	1.98	
合计		44	≈100	252	≈100	3227.3

　　肉量统计就是对遗址中出土动物的实际肉量进行统计，由此探讨在当时人类的肉食结构中，各种动物肉量的比例。通过对遗址中出土动物提供的肉量进行统计计算可以重建遗址先民对肉食资源的利用模式。本分析在前文已提到的可鉴定标本数、最小个体数统计基础上，对遗址出土主要哺乳动物所能提供的肉量贡献进行估算。一般而言，肉量的估算值仅代表一种动物或一群动物可能提供的可食用或可利用的肉食量。通常骨骼、毛皮和内脏的重量会从活体重量中剔除以获得可食用或可利用的肉量[①]。肉量估算主要采用 White[②] 和杨杰[③]的计算方法。结合统计数据分析表明，遗址战国时期各种属共产出肉量大约为 3227.3 千克。这一时期先民的肉食结构以马和牛为主，二者占总肉量比例的 58.05%，猪和驴也占据重要的地位，其他家养动物和野生动物则作为肉食资源的补充。

2. 西汉早期动物遗存

　　高林台城址西汉早期共出土动物遗存 735 件，出土于 I、IV 和 V 三个发掘区。其中可鉴定标本有 384 件，占该时期出土动物遗存总数的 52.24%；不可鉴定标本有 351 件，占该时期出土动物遗存总数的 47.76%，包括 349 件哺乳动物碎骨和 2 件仅能鉴定为鸟科的骨骼。动物遗存主要发现于探方地层、灰坑、灰沟、水井和房址这五种遗迹单位中。鉴定结果表明，该时期动物遗存包含文蛤（*Meretrix meretrix*）、家鸡（*Gallus gallus domesticus* Brisson）、狗（*Canis familiaris* Linnaeus）、貉（*Nyctereutes procyonoides*）、虎（*Panthera tigris*）、猪（*Sus scrofa domestica*）、梅花鹿（*Cervus nippon* Temminck）、马鹿（*Cervus elaphus* Linnaeus）、狍（*Capreolus capreolus* Linnaeus）、黄牛（*Bos taurus*）、绵羊（*Ovis aries* Linnaeus）、家山羊（*Capra aegagrus hircus*）、马（*Equus caballus* Linnaeus）、驴（*Equus asinus* Linnaeus）。

　　该时期出土动物骨骼各种类的可鉴定标本数（NISP）、最小个体数（MNI）的统计见表 2。从可鉴定标本情况看，首先，牛的数量最多，其次为马，然后是驴和猪，这四种动物骨骼的可鉴定标本数占比达 85.92%；从最小个体数上看，牛的数量亦最多，其次是猪，然后是马和驴，以上四种动物的最小个体数占总比例的 60.77%。该时期狗和羊的可鉴定标本数和最小个体数比例都比较低。

　　总的来说，西汉早期动物种群结构基本延续前一个时期，在家养动物和野生动物种类及占比方面没有明显的变化，牛、马、驴、猪等哺乳动物依旧占有主要地位，是先民主要的利用对象。狗和羊在这一时期的占比有所下降。狍子、梅花鹿、马鹿等野生哺乳动物发现率依旧较低。该时期可鉴定标本占比超过总标本的半数，骨骼保存完整度较高。

　　从发掘区域上看，V 区出土动物骨骼种属最丰富，数量最多，共出土 15 种动物骨骼遗存，家养动物和野生动物兼备；其次为 I 区，共出土 6 种动物骨骼遗存，种属多为马、牛、驴、猪等家养动物以及鹿科、貉等野生动物；再次为 IV 区，共出土 4 种动物骨骼，为马、牛、驴和猪等主要家养动物。根据以上考古发现推断，V 区的该时期遗址居民肉食结构及可利用种属较为丰富。在

---

① ［美］Elzabeth J. Reitz, Elizabeth S. Wing 著，中国社会科学院考古研究所译：《动物考古学》，科学出版社，2013 年。

② White，T. E. 1953：A method of calculating the dietary percentage of various food animals utilized by aboriginal peoples. *American Antiquity* 18（4），pp. 396 – 398.

③ 杨杰：《古代居民肉食结构的复原》，《考古与文物》2007 年第 6 期。

西汉早期的动物遗存中，马、牛、驴和猪分布最广，分布于 3 个发掘区。

该时期遗址主要哺乳动物出肉量共 3694.9 千克。出肉量从多到少依次为牛、猪、马、驴、鹿科、狗和羊。

表 2 西汉早期动物种类、最小个体数（MNI）、可鉴定标本数（NISP）及重量（MW）

种属	发掘区	MNI	MNI%	NISP	NISP%	MW/千克
马	I	2	3.92	23	5.99	250
	IV	1	1.96	2	0.52	125
	V	3	5.88	78	20.31	375
黄牛	I	1	1.96	11	2.86	125
	IV	2	3.92	17	4.43	250
	V	7	13.73	86	22.40	875
驴	I	1	1.96	4	1.04	50
	IV	1	1.96	2	0.52	50
	V	4	7.84	63	16.40	200
猪	I	2	3.92	15	3.90	238
	IV	1	1.96	2	0.52	119
	V	6	11.76	27	7.03	714
绵羊	V	1	1.96	3	0.78	17
家山羊	V	1	1.96	1	0.26	8.4
羊	V	2	3.92	4	1.04	24
梅花鹿	V	1	1.96	3	0.78	62.5
马鹿	V	1	1.96	1	0.26	100
狍	I	1	1.96	1	0.26	17.5
	V	2	3.92	21	5.46	35
狗	V	1	1.96	7	1.82	59.5
貉	I	2	3.92	2	0.52	
	V	2	3.92	3	0.78	
家鸡	V	1	1.96	2	0.52	
文蛤	V	3	5.88	4	1.04	
虎	V	1	1.96	1	0.26	
合计		51	≈100	384	≈100	3694.9

3. 西汉中期至两汉之际动物遗存

高林台城址西汉中期至两汉之际共出土动物遗存 2381 件，出土于 I、II、III、IV 和 V 五个发掘区，其中可鉴定标本有 1448 件，占该时期出土动物遗存总数的 60.81%；不可鉴定标本有 933 件，占该时期出土动物遗存总数的 39.19%，不可鉴定标本包括 930 件哺乳动物碎骨和 3 件仅鉴定为鹿科的角。动物遗存主要发现于灰坑、探方地层、灰沟和房址这四种遗迹单位中。鉴定结果表明，该时期动物遗存包含文蛤（*Meretrix meretrix*）、家鸡（*Gallus gallus domesticus* Brisson）、东北鼢鼠（*Myospalax psilurus*）、狗（*Canis familiaris* Linnaeus）、貉（*Nyctereutes procyonoides*）、狗獾（*Meles meles*）、猪（*Sus scrofa domestica*）、梅花鹿（*Cervus nippon* Temminck）、马鹿（*Cervus elaphus* Linnaeus）、狍（*Capreolus capreolus* Linnaeus）、黄牛（*Bos taurus*）、绵羊（*Ovis aries* Linnaeus）、家山羊（*Capra aegagrus hircus*）、马（*Equus caballus* Linnaeus）、驴（*Equus asinus* Linnaeus）。

　　该时期出土动物骨骼各种类的可鉴定标本数（NISP）、最小个体数（MNI）的统计见表3。该城址西汉中期至两汉之际动物遗存从种类和数量两方面来看都非常丰富。在可鉴定标本数方面，牛和马数量最多，占总比例的68.06%，主要种属变化不大，依旧以马、牛、鹿科、驴、猪等哺乳动物占据主要地位，是先民主要的利用对象；从最小个体数来看，该时期数量最多的依次为牛、马、鹿科、羊、猪和驴等。这一时期，鹿科野生动物发现率上升，在先民生产生活中的利用程度相对提高。

　　从发掘区域看，该时期V区仍然是动物种属最丰富的区域；其次为I区，除该遗址常见的主要种属外，未发现貉、家鸡、文蛤和东北鼢鼠四种动物遗存；IV区发现动物遗存种属8种，该区除主要动物种属外还发现有家鸡、文蛤和东北鼢鼠，另外该区尚未发现羊的骨骼遗存；II区除常见家养动物和野生动物外，不见马、牛、驴、狗和鸡等骨骼遗存；III区仅有马和牛的骨骼遗存出土。马、牛、驴、猪和梅花鹿分布范围最广，I、IV和V区均有发现。

　　该时期动物遗存出肉量共7412.8千克。出肉量从高到低依次为牛、马、猪、鹿科、驴、狗和羊。马、牛和猪是该时期先民的主要肉食来源，其他家养及野生动物是肉食来源的补充。

表3　　　　西汉中期至两汉之际动物种类、最小个体数（MNI）、可鉴定标本数（NISP）及重量（MW）

种属	发掘区	MNI	MNI%	NISP	NISP%	MW/千克
马	I	6	6.25	118	8.14	750
	III	1	1.04	5	0.34	125
	IV	1	1.04	14	0.96	125
	V	10	10.41	319	22.03	1250
黄牛	I	3	3.12	53	3.66	375
	III	1	1.04	7	0.48	125
	IV	2	2.08	10	0.69	250
	V	13	13.54	460	31.76	1625
驴	I	1	1.04	34	2.34	50
	IV	1	1.04	2	0.13	50
	V	5	5.20	136	9.39	250
猪	I	5	5.20	31	2.14	595
	II	1	1.04	1	0.06	119
	IV	1	1.04	3	0.21	119
	V	3	3.12	39	2.69	357

种属	发掘区	MNI	MNI%	NISP	NISP%	MW/千克
绵羊	Ⅰ	1	1.04	1	0.06	17
	Ⅱ	1	1.04	1	0.06	17
	Ⅴ	3	3.12	12	0.82	51
家山羊	Ⅴ	2	2.08	5	0.34	16.8
羊	Ⅰ	1	1.04	4	0.28	12
	Ⅱ	1	1.04	1	0.06	12
	Ⅴ	2	2.08	20	1.38	24
狍	Ⅰ	1	1.04	5	0.34	17.5
	Ⅱ	1	1.04	2	0.14	17.5
	Ⅴ	5	5.20	39	2.69	87.5
梅花鹿	Ⅰ	2	2.08	13	0.89	125
	Ⅱ	1	1.04	2	0.14	62.5
	Ⅳ	1	1.04	1	0.06	62.5
	Ⅴ	3	3.12	33	2.28	187.5
马鹿	Ⅰ	1	1.04	2	0.14	100
	Ⅱ	1	1.04	2	0.14	100
	Ⅴ	1	1.04	6	0.41	100
狗	Ⅰ	1	1.04	6	0.41	59.5
	Ⅴ	3	3.12	25	1.71	178.5
狗獾	Ⅰ	1	1.04	4	0.28	
貉	Ⅴ	1	1.04	1	0.06	
家鸡	Ⅳ	1	1.04	1	0.06	
文蛤	Ⅳ	2	2.08	3	0.21	
	Ⅴ	1	1.04	1	0.06	
东北鼢鼠	Ⅳ	1	1.04	1	0.06	
	Ⅴ	3	3.12	25	1.71	
合计		96	≈100	1448	≈100	7412.8

4. 早期鲜卑时期动物遗存

高林台城址早期鲜卑时期共出土动物遗存 2036 件，均出土于 Ⅴ 发掘区。其中可鉴定标本有 756 件，占该时期出土动物遗存总数的 37.13%；不可鉴定标本有 1280 件，占该时期出土动物遗存总数的 62.87%，不可鉴定标本中有 1279 件哺乳动物碎骨和 1 件破损严重仅能鉴定为鹿科的角。动物遗存主要发现于探方地层、灰坑、灰沟和水井这四种遗迹单位中。经鉴定，该时期动物种属包括文蛤（*Meretrix meretrix*）、家鸡（*Gallus gallus domesticus* Brisson）、草兔（*Lepus capensis*）、狗（*Canis familiaris* Linnaeus）、猞猁（*Lynx lynx*）、虎（*Panthera tigris*）、猪（*Sus scrofa domestica*）、梅花鹿（*Cervus nippon* Temminck）、马鹿（*Cervus elaphus* Linnaeus）、狍（*Capreolus capreolus* Linnaeus）、黄牛（*Bos taurus*）、绵羊（*Ovis aries* Linnaeus）、家山羊（*Capra aegagrus hircus*）、马（*Equus caballus* Linnaeus)、驴(*Equus asinus* Linnaeus)。

该时期出土动物骨骼各种类的可鉴定标本数(NISP)、最小个体数(MNI)的统计见表4。从统计情况来看,在早期鲜卑时期,不管是从最小个体数还是可鉴定标本数看,牛都占有主要地位,其次是马,然后是驴和猪。动物种群中,牛、马、驴、猪和狗等家养哺乳动物的发现率较高,是先民主要的利用对象。狍子、梅花鹿、马鹿等野生哺乳动物发现率较低。这一时期先民仍然主要以利用牛、马、驴、猪和狗等家养动物为主,偶尔猎获野生鹿科动物以丰富肉食结构及利用鹿角。另外可以看出该时期动物骨骼相对较为破碎,骨骼完整度不高,可鉴定标本在总标本中占比较低。

从发掘区域上看,该时期动物遗存全部出土于V发掘区,种属丰富,暂未在其他发掘区域发现早期鲜卑时期动物遗存。

该时期主要哺乳动物肉量估算大约为3762.8千克。这一时期先民的肉食结构以牛和马为主,二者占总肉量比例的63.11%,其次为猪,再次是驴,以上四种家养动物是遗址先民的主要肉食来源,其他家养动物和野生动物则作为肉食资源的补充。

表4 早期鲜卑时期动物种类、最小个体数(MNI)、可鉴定标本数(NISP)及重量(MW)

种属	发掘区	MNI	MNI%	NISP	NISP%	MW/千克
马	V	8	16	179	23.67	1000
黄牛	V	11	22	318	42.06	1375
驴	V	5	10	77	10.18	250
猪	V	5	10	50	6.61	595
绵羊	V	2	4	16	2.11	34
家山羊	V	2	4	11	1.45	16.8
羊	V	3	6	25	3.30	36
狍	V	3	6	24	3.17	52.5
梅花鹿	V	2	4	8	1.05	125
马鹿	V	1	2	6	0.79	100
狗	V	3	6	37	4.89	178.5
猞猁	V	1	2	1	0.13	
虎	V	1	2	1	0.13	
草兔	V	1	2	1	0.13	
家鸡	V	1	2	1	0.13	
文蛤	V	1	2	1	0.13	
合计		50	≈100	756	≈100	3762.8

5. 唐代动物遗存

高林台城址唐代共出土动物遗存1304件,Ⅰ、Ⅱ、Ⅲ、Ⅳ和V五个发掘区均有动物骨骼出土,其中可鉴定标本有697件,占该时期出土动物遗存总数的53.45%;不可鉴定标本有607件,占该时期出土动物遗存总数的46.55%,不可鉴定标本包括594件哺乳动物碎骨、10件仅鉴定为鹿科的角和3件仅鉴定为鸟骨的骨骼遗存。动物遗存主要发现于灰沟、探方地层、灰坑和陪葬坑这四种遗迹单位中。鉴定结果表明,该时期动物遗存包含文蛤(*Meretrix meretrix*)、家鸡(*Gallus*

gallus domesticus Brisson)、鸦（未定种）（*Corvus* sp.）、狗（*Canis familiaris* Linnaeus）、猪（*Sus scrofa domestica*）、梅花鹿（*Cervus nippon* Temminck）、马鹿（*Cervus elaphus* Linnaeus）、狍（*Capreolus capreolus* Linnaeus）、黄牛（*Bos taurus*）、绵羊（*Ovis aries* Linnaeus）、家山羊（*Capra aegagrus hircus*）、马（*Equus caballus* Linnaeus）、驴（*Equus asinus* Linnaeus）。从动物种属方面可以看出，该遗址战国晚期到唐代的动物种属种类无太大变化，主要为马、牛、驴、猪、狗、羊、鸡等家养动物和鹿科等野生动物。

该时期出土动物骨骼各种类的可鉴定标本数（NISP）、最小个体数（MNI）的统计见表5。从可鉴定标本数情况来看，数量最多的为马，其次为牛，这两种遗存的可鉴定标本数占总比例的64.28%，是当时遗址先民主要的利用对象；其他的数量从高到低的依次为驴、鹿科动物、猪和羊。该遗址家养动物可鉴定标本数比例占总比例的91.41%。从最小个体数看，马的数量占有绝对主导地位，然后依次为牛、猪、驴、羊和鹿科动物。

表5 唐代动物种类、最小个体数（MNI）、可鉴定标本数（NISP）及重量（MW）

种属	发掘区	MNI	MNI%	NISP	NISP%	MW/千克
马	Ⅰ	1	1.47	1	0.14	125
	Ⅲ	1	1.47	13	1.87	125
	Ⅳ	5	7.35	59	8.46	625
	Ⅴ	16	23.53	189	27.12	2000
黄牛	Ⅱ	1	1.47	1	0.14	125
	Ⅲ	2	2.94	16	2.30	250
	Ⅳ	3	4.41	58	8.32	375
	Ⅴ	5	7.35	111	15.93	625
驴	Ⅲ	1	1.47	6	0.86	50
	Ⅳ	2	2.94	24	3.44	250
	Ⅴ	4	5.88	72	10.33	500
猪	Ⅲ	1	1.47	2	0.29	119
	Ⅳ	4	5.88	24	3.44	476
	Ⅴ	3	4.41	17	2.44	357
绵羊	Ⅲ	1	1.47	1	0.14	17
	Ⅳ	2	2.94	19	2.73	34
	Ⅴ	2	2.94	12	1.72	34
家山羊	Ⅴ	1	1.47	3	0.43	8.4
羊	Ⅴ	1	1.47	7	1.00	12
狍	Ⅱ	1	1.47	1	0.14	17.5
	Ⅳ	1	1.47	6	0.86	17.5
	Ⅴ	1	1.47	16	2.30	17.5
梅花鹿	Ⅳ	1	1.47	18	2.58	62.5
	Ⅴ	1	1.47	8	1.15	62.5

续表5

种属	发掘区	MNI	MNI%	NISP	NISP%	MW/千克
马鹿	Ⅱ	1	1.47	4	0.57	100
	Ⅲ	1	1.47	1	0.14	100
狗	Ⅳ	1	1.47	2	0.29	59.5
家鸡	Ⅳ	1	1.47	3	0.43	
鸦	Ⅳ	1	1.47	1	0.14	
文蛤	Ⅳ	1	1.47	1	0.14	
	Ⅴ	1	1.47	1	0.14	
合计		68	≈100	697	≈100	6544.4

从发掘区域看，Ⅳ区发现动物种类最多，且包含该时期发现的大部分动物遗存；其次为Ⅴ区，包括除狗和家鸡之外的家养动物和鹿科等野生动物种类；Ⅲ区发现除狗和山羊之外的所有家养哺乳动物，野生动物发现有马鹿；Ⅱ区发现动物种属较少；Ⅰ区仅发现1件马的骨骼遗存。从动物遗存在各发掘区出土的情况看，马和牛在唐代遗址先民生产生活中占有绝对优势地位。

经统计，该时期主要哺乳动物肉量估算为6544.4千克，其中，马、牛、猪和驴的出肉量占总比例的91.71%，是遗址先民的主要肉食来源，占据了无法取代的主要地位。

（三）部分骨骼测量数据

通过对遗址中出土马的肱骨、桡骨、股骨、胫骨、第一节指/趾骨、第二节指/趾骨和第三节指/趾骨形态测量并与中国古代家马相应骨骼的尺寸范围[①]进行对比（表6）发现，该遗址马骨形态在中国古代家马尺寸的范围内，属于家马范畴。

表6　　　　　　遗址出土马骨骼尺寸与中国古代家马骨骼尺寸比较　　　　（单位：毫米）

		中国古代家马骨骼尺寸范围		高林台遗址马骨骼尺寸范围	
		最小值	最大值	最小值	最大值
肱骨	GLI	272.6	309.25	272.54	288.04
	GLC	259	275	253.62	276.12
	Bp	79.62	92.71	89.95	101.16
	SD	30.7	38.86	30.91	38.17
	Bd	63.54	86.26	73.23	84.13
桡骨	GL	319	341.45	318.35	345.94
	Bp	74.01	83.99	70.45	87.94
	SD	34.04	40.95	33.53	40.45
	Bd	60.35	78.03	68.51	79.21

---

① 刘羽阳：《先秦时期家马研究》，中国社会科学院博士学位论文，2013年。

		中国古代家马骨骼尺寸范围		高林台遗址马骨骼尺寸范围	
		最小值	最大值	最小值	最大值
股骨	SD	34.85	43.75	36.66	44.52
	Bd	84.6	93.77	81.23	99.13
胫骨	GL	332	369.81	332.65	362.87
	Bp	69.63	96.97	88.9	100.45
	SD	35.75	44.01	35.27	45.51
	Bd	61.4	76.75	63.1	79.63
第一节指/趾骨	GL	74.37	97	75.55	103.86
	Bp	43.06	58.27	46.83	58.81
	SD	29.24	37.72	31.66	41.82
	Bd	40.34	53.3	40.98	51.74
第二节指/趾骨	GL	35.98	53	41.36	53.06
	Bp	40.76	58.86	48.02	56.54
	SD	37.62	49.86	39.43	47.4
第三节指/趾骨	GL	46.67	84.02	50.59	84.25
	GB	56.09	86.5	67.85	82.15
	LF	21.53	32.18	23.52	33.05
	BF	40.66	56.37	44.47	60.83
	Ld	38.32	59.32	45.53	57.69

　　通过对遗址中出土黄牛骨骼遗存的鉴定分析发现，遗址黄牛骨骼形态整体纤细，由第一、第二指/趾骨测量数据（表7）判断，该遗址内黄牛为家养。

表7　　　　遗址出土战国晚期及早期鲜卑时期黄牛的第一、第二指/趾骨测量数据　　（单位：毫米）

编号	部位	最大长	近端最大宽	骨干最小宽	远端最大宽
Ⅴ T0302⑥：B34	第一指/趾骨	61.05	32.94	28.4	31.3
Ⅴ H104：B50	第一指/趾骨	59.77	31.75	26.85	28.87
Ⅴ H104：B64	第一指/趾骨	59.47	30.19	24.99	28.46
Ⅴ H78：B14	第一指/趾骨	61.14	30.47	26.01	29.88
Ⅴ H78：B15	第一指/趾骨	60.06	30.14	26.24	30.48
Ⅴ T0201③：B50	第一指/趾骨	57.43	33.52	28.32	29.93
Ⅴ T0201③：B77	第一指/趾骨	61.49	35.41	28.51	32.51
Ⅴ T0201③：B78	第一指/趾骨	64.1	34.09	28.12	31.63
Ⅴ T0301③：B10	第一指/趾骨	66.03		31.07	33.11
Ⅴ T0301③：B30	第一指/趾骨	64.21	35.82	30.01	32.18

编号	部位	最大长	近端最大宽	骨干最小宽	远端最大宽
Ⅴ T0102③：B4	第一指/趾骨	59.58	37.13	31.55	32.05
Ⅴ T0102③：B41	第一指/趾骨	59.76	35.33	29.99	30.96
Ⅴ T0402③：B40	第一指/趾骨	60.33	30.14	24.8	29.27
Ⅴ T0102③：B31	第一指/趾骨	59.94	34.85	30.11	31.31
Ⅴ T0101③：B18	第一指/趾骨	60.41	31.05	26.76	29.47
Ⅴ T0101③：B19	第一指/趾骨	62.44	34.97	29.5	31.39
Ⅴ T0101③：B20	第一指/趾骨	73.12	34.71	28.46	30.89
Ⅴ T0101③：B21	第一指/趾骨	63.07	35.11	29.29	31.52
Ⅴ T0101③：B42	第一指/趾骨	69.33	31.86	26.67	29.53
Ⅴ T0101③：B67	第一指/趾骨	60.88	29.44	23.94	27.46
Ⅴ T0202③：B8	第一指/趾骨	63.41		27.07	28.4
Ⅴ G2：B18	第一指/趾骨	63.64	33.02	27.41	31.85
Ⅴ H17：B35	第一指/趾骨	62.85	32.71	26.63	29.62
Ⅴ H17：B49	第一指/趾骨	65.65	36.19	31.69	35.47
Ⅴ H17：B66	第一指/趾骨	66.92	36.84	31.62	33.39
Ⅴ H17：B67	第一指/趾骨	62.22	30.87	26.4	31.93
Ⅴ H17：B88	第一指/趾骨	56.07	26.58	22.74	26.06
Ⅴ H17：B128	第一指/趾骨	63.6	33.65	29.15	32.48
Ⅴ H17：B129	第一指/趾骨	62.66	32.38	28.77	
Ⅴ T0401③：B15	第一指/趾骨	61.49	34.37	29.42	32.7
Ⅴ T0201③：B15	第二指/趾骨	38.38			28.34
Ⅴ T0201③：B51	第二指/趾骨	40.38	35.98	31.8	31.55
Ⅴ H5：B7	第二指/趾骨	39.67	29.8	23.66	25
Ⅴ H17：B27	第二指/趾骨	41.39	32.95	27.13	31.55
Ⅴ H17：B69	第二指/趾骨	43.47	34.69	28	30.01
Ⅴ H17：B131	第二指/趾骨	42.67	29.39	24.41	
Ⅴ T0402③：B36	第二指/趾骨	42.77	32.78	26.39	27.77
Ⅴ T0102③：B14	第二指/趾骨	41.38	34.95	27.33	27.27
Ⅴ T0102③：B72	第二指/趾骨	40.17	31.34	24.45	26.9
Ⅴ T0102③：B73	第二指/趾骨	39.39	31.58	24.87	25.87
Ⅴ T0101③：B22	第二指/趾骨	39.54	32		

通过对遗址出土驴骨尺寸与新疆圆沙古城遗址家驴的测量数据[①]比较（表 8）可以看出，该遗址驴的骨骼测量数据在家驴测量数据范围内，略有偏差，高林台遗址驴的个体应和家驴个体相当，故初步判定该遗址内驴为家驴（表 8）。

---

①　黄蕴平：《新疆于田县克里雅河圆沙古城遗址的兽骨分析》，《考古学研究》（七），科学出版社，2008 年。

表 8 　　　　　　　　　　遗址出土驴骨尺寸与家驴尺寸比较　　　　　　　　　（单位：毫米）

项目	圆沙遗址			高林台遗址		
	N	平均值	极小值~极大值	N	平均值	极小值~极大值
跟骨最大长	3	80	75~84	10	81.27	79.1~85.39
距骨最大长	10	44.4	43~46.5	15	44.1	38.9~48.69
距骨最大宽	10	44.8	41.5~48	15	43.96	38.39~46.04
第一指/趾骨最大长	4	67.1	64~71	22	63.91	57.55~68.59
第二指/趾骨最大长	4	34.3	32~37	13	32.46	27.64~34.89
蹄骨最大长	3	34.8	32~38.5	6	36.34	31.76~39.23

家猪是由野猪驯化而来。在驯化过程中，由于家猪生活环境和生活习性的变化，导致家猪与野猪在形态上出现差异，家猪的形体逐渐缩小，下颌 m3 的尺寸能够反映这种变化趋势。本文根据罗运兵将下颌 m3 长度平均值小于 39 毫米作为猪群中出现家猪的判断标准[①]。高林台城址出土可测量的下颌 m3 共 6 件，最大个体长度为 38.67 毫米，最小个体长度为 27.84 毫米，平均值为 35.86 毫米，因此判断该遗址内猪皆为家猪（表 9）。

表 9 　　　　　　　　　　遗址出土猪下颌 m3 的测量数据　　　　　　　　　（单位：毫米）

	N	极大值	极小值	平均值
下颌 m3 长	6	38.67	27.84	35.86
下颌 m3 宽	6	17.06	14.22	15.75

根据武仙竹对狼和狗裂齿的测量[②]，归纳出现代狼下裂齿长的平均值为 26.16 毫米，变异范围 26.3~26.9 毫米。新石器时代狗的下裂齿平均值为 18.89 毫米，变异范围 16.8~22.4 毫米。现代狗的下裂齿平均值 19.16 毫米，变异范围 16.8~22.0 毫米。现代狼下裂齿宽度平均值 10.75 毫米，变异范围 10.5~11.0 毫米。新石器时代狗比现代狗略大，新石器时代狗平均值为 8.2 毫米，变异范围 7.0~9.1 毫米。现代狗平均值为 7.48 毫米，变异范围 6.5~8.5 毫米。高林台城址犬的下颌测量数据见表 10，下裂齿长、宽数值均在狗的范围内，证明该遗址内狗均为家狗。

表 10 　　　　　　　　　　遗址出土犬下颌骨的测量数据　　　　　　　　　（单位：毫米）

编号	左/右	全长	p1 到 p4 齿列长	颌体下方最大厚度	m1 后下颌骨高	m1 的长和宽
Ⅴ H104：B27	右			10.09	22.35	长 18.76、宽 7.40
Ⅴ H104：B28	右	124.82	35.42	9.62	22.39	长 18.97、宽 7.41
Ⅴ T0302⑥：B29	右	125.53	36.83	11.58	22.64	
Ⅴ T0302⑥：B58	左		35.11	14	25.76	
Ⅴ G8：B2	左		41.87	12.31	24.1	长 21.83、宽 8.44
Ⅴ G8：B3	右	136.93	41.61	12.12	23.49	长 20.74、宽 8.46
Ⅰ H3：B85	左	136.23	37.57	12.9	26.7	长 18.08、宽 8.19
Ⅴ T0704④：B5	左	123.66			28.02	长 21.31、宽 8.61

---

① 罗运兵：《中国古代猪类驯化、饲养与仪式性使用》，科学出版社，2012 年。
② 武仙竹：《狼、狗裂齿与臼齿的测量值、变量值研究》，《四川文物》2005 年第 4 期。

二、动物群的年龄结构

本小节将对高林台城址出土马、黄牛、猪、羊、狗等动物的年龄进行分析并建立相应的年龄结构。通常根据动物的牙齿萌出与磨蚀状况以及长骨骨骺的愈合情况来建构动物死亡年龄结构。本文主要参考 I. A. Silver 的骨骺愈合情况和牙齿萌出的研究成果①。

关于猪的死亡年龄，主要依据标准是 Grant② 对牙齿磨蚀程度的记录及 Silver 和李志鹏③ 对牙齿萌出次序与肢骨愈合情况的研究。表 11 根据牙齿萌出和磨蚀情况列举了遗址各时期猪的死亡年龄。根据遗址出土猪的下颌牙齿萌出、脱落及磨蚀情况，建立该遗址猪的年龄结构。

战国晚期可判断年龄的猪下颌骨共 11 件，5～24 月龄占比 90.9%，其中 18～24 月龄占比 36%，36～48 月龄占比 9.09%，可知该时期猪的死亡年龄主要集中在 2 岁之前，2 岁左右死亡的概率大。对战国晚期出土猪骨的骨骺愈合情况进行统计，可观察骨骺愈合情况的标本共 20 件，1 岁时，愈合骨骺占比 66.66%，未愈合骨骺占比 33.33%，死亡率 33.33%；2～2.5 岁时，未愈合骨骺占比 100%，死亡率 100%；3～3.5 岁时，愈合骨骺占比 80%，未愈合骨骺占比 20%，死亡率 20%；3.5 岁左右，未愈合骨骺占比 100%，死亡率 100%，以上数据表明猪的死亡年龄多在 2～2.5 岁左右，少数存活到 3～3.5 岁。结合二者统计结果，遗址内战国晚期猪的死亡年龄集中在 2～2.5 岁左右。

西汉早期可判断年龄的猪下颌骨共 11 件，5～8 月龄占比最多，为 45%，24～36 月龄占比其次，为 18%，数据显示该时期猪的死亡年龄集中在 1 岁之前。该时期可观察骨骺愈合情况的标本共 20 件，12 月龄骨骺愈合占比 55.55%，未愈合占比 44.44%，死亡率 44.44%；24～30 月龄左右骨骺愈合占比 100%；36～42 月龄骨骺愈合占比 66.66%，未愈合占比 33.33%，死亡率 33.33%。根据骨骺愈合情况可知该时期猪的死亡年龄主要集中在 1 岁之前和 3～3.5 岁之间。结合下颌牙齿萌出及磨蚀情况，该时期猪的死亡年龄主要分为 1 岁之前和 3～3.5 岁两个阶段。

西汉中期至两汉之际可判断年龄的猪下颌骨共 15 件，2 岁之前的标本占比较多，其中 9～14 月龄这一阶段占比 40%，表明该时期猪的死亡年龄主要集中在 2 岁之前，死亡高峰期为 9～14 月龄左右。该时期可观察骨骺愈合情况的标本共 22 件，由表 12 可看出该时期猪的死亡年龄集中在 24～30 月龄和 36～42 月龄两个阶段。结合二者统计结果，该时期猪的死亡年龄在 1～3.5 岁之间。

早期鲜卑时期可判断年龄的猪下颌骨共 11 件，5～8 月龄占比 18%，9～14 月龄占比 27%，18～24 月龄占比 9%，24～36 月龄占比 45%，根据统计结果可以看出，该时期猪的死亡年龄各个年龄阶段皆有分布，但死亡年龄主要集中在 24～36 月龄。对该时期骨骺的愈合情况进行统计，可观察骨骺愈合情况的标本共 22 件，12 月龄愈合骨骺占比 75%，未愈合占比 25%，死亡率 25%；24～30 月龄愈合骨骺占比 72.73%，未愈合骨骺占比 27.27%，死亡率 27.27%；36～42 月龄愈合骨骺占

① I. A. Silver. 1969：The ageing of domestic animals. In Don Brothwell, Eric Higgs, *Science in Archaeology: A Survey of Progress and Research*, London: Thames and Hudson.
② Grant, A. 1982：The use of toothwear as a guide to the age of domestic ugulates. *Ageing and Sexing Animal Bones from Archaeological Sites*, British Archaeological Reports British Series.
③ 李志鹏：《殷墟孝民屯遗址出土家猪的死亡年龄与相关问题研究》，《江汉考古》2011 年第 4 期。

表 11　　　　　　　　　　　　　遗址出土猪死亡年龄统计

月龄	左侧		右侧		合计		时期
	数量	百分比%	数量	百分比%	数量	百分比%	
Ⅱ（5~8）	2	67			2	18	战国晚期
Ⅲ（9~14）			2	25	2	18	
Ⅳ（14~18）			2	25	2	18	
Ⅴ（18~24）	1	33	3	37.5	4	36	
Ⅶ（36~48）			1	12.5	1	9.09	
合计	3	100	8		11	100	
Ⅱ（5~8）	3	50	2	40	5	45	西汉早期
Ⅲ（9~14）	1	17			1	9	
Ⅳ（14~18）	1	17			1	9	
Ⅴ（18~24）			1	20	1	9	
Ⅵ（24~36）	1	17	1	20	2	18	
Ⅶ（36~48）			1	20	1	9	
合计	6	100	5	100	11	100	
Ⅱ（5~8）	2	22	1	17	3	20	西汉中期至两汉之际
Ⅲ（9~14）	4	44	2	33	6	40	
Ⅳ（14~18）	1	11			1	7	
Ⅴ（18~24）			3	50	3	20	
Ⅶ（36~48）	2	22			2	13.33	
合计	9		6	100	15	100	
Ⅱ（5~8）			2	33	2	18	早期鲜卑时期
Ⅲ（9~14）	2	40	1	17	3	27	
Ⅴ（18~24）	1	20			1	9	
Ⅵ（24~36）	2	40	3	50	5	45	
合计	5	100	6	100	11	100	
Ⅱ（5~8）			1	25	1	13	唐代
Ⅲ（9~14）	1	25	2	50	3	38	
Ⅳ（14~18）	2	50			2	25	
Ⅶ（36~48）	1	25	1	25	2	25	
合计	4	100	4	100	8	100	

比 66.66%，未愈合骨骺占比 33.33%，死亡率 33.33%。骨骺愈合情况显示多数个体存活至 3.5 岁以上，而下颌骨所反映的年龄结构集中在 2～3 岁左右。结合二者统计结果初步认为，该时期遗址内存在各年龄段猪的个体。

　　唐代可判断年龄的猪下颌骨共 8 件，5～8 月龄占比 13%，9～14 月龄占比 38%，14～18 月龄和 36～48 月龄占比皆为 25%，该时期猪的死亡年龄较为分散，除 5～8 月龄死亡率较少外，9～48 月龄死亡率差别不大，因此根据下颌牙齿萌出及磨蚀情况判断该时期猪死亡年龄集中在 9～48 月龄之间。该时期可观察骨骺愈合情况的标本共 20 件，其中 12 月龄骨骺愈合占比 88.88%，未愈合占比 11.11%，死亡率 11.11%；24～30 月龄骨骺愈合占比 100%；30 月龄仅 1 件可观察标本，该标本骨骺未愈合；36～42 月龄骨骺愈合占比 85.71%，未愈合占比 14.28%，死亡率 14.28%。结合二者统计结果，表明该时期猪的死亡年龄集中在 30～42 月龄。

表 12　　　　　　　　　　遗址出土西汉中期至两汉之际猪骨骨骺的愈合情况统计

月龄	骨骼部位	愈合	未愈合	合计	愈合百分比%	未愈合百分比%
12 个月	肱骨（远）	5	1			
	桡骨（近）	1				
	合计	6	1	7	85.71	14.28
24～30 个月	胫骨（远）		2			
	掌骨（远）	2				
	跟骨		1			
	跖骨（远）	1				
	合计	3	3	6	50	50
36～42 个月	尺骨（远）		1			
	桡骨（远）	3				
	肱骨（近）	1				
	股骨（远）		1			
	胫骨（近）	1	1			
	合计	5	4	9	55.55	44.44

　　对于黄牛的年龄判断主要依据下颌齿萌出、磨蚀情况和骨骺愈合情况。牙齿磨蚀情况按照 Grant 的方法进行比对，牙齿萌出和骨骺愈合情况根据 Silver 的研究进行判断。根据下颌骨牙齿萌出和磨蚀情况统计死亡年龄和骨骺愈合情况可以看出，该遗址各时期黄牛的死亡年龄主要集中于 32～120 月龄，少量个体死亡年龄在 26～32 月龄和 18～26 月龄，死亡年龄在 120 月龄以上的个体仅唐代发现 3 例，遗址中未发现 0～18 月龄死亡标本（表 13～表 18）。

表 13　　　　　　　　　　　　遗址出土黄牛的死亡年龄统计

月龄	左侧		右侧		合计		时期
	数量	百分比%	数量	百分比%	数量	百分比%	
Ⅰ（0～6）							战国晚期
Ⅱ（6～18）							
Ⅲ（18～26）							
Ⅳ（26～32）	1	33.33			1	25.00	
Ⅴ（32～120）	2	66.66	1	100.00	3	75.00	
Ⅵ（120～）							
合计	3	100	1	100	4	100	
Ⅰ（0～6）							西汉早期
Ⅱ（6～18）							
Ⅲ（18～26）							
Ⅳ（26～32）	1	100.00			1	33.33	
Ⅴ（32～120）			2	100.00	2	66.66	
Ⅵ（120～）							
合计	1	100	2	100	3	100	
Ⅰ（0～6）							西汉中期至两汉之际
Ⅱ（6～18）							
Ⅲ（18～26）			1	14.28	1	9.09	
Ⅳ（26～32）			1	14.28	1	9.09	
Ⅴ（32～120）	4	100	5	71.42	9	81.81	
Ⅵ（120～）							
合计	4	100	7	100	11	100	
Ⅰ（0～6）							早期鲜卑时期
Ⅱ（6～18）							
Ⅲ（18～26）	1	33.33			1	11.11	
Ⅳ（26～32）	1	33.33			1	11.11	
Ⅴ（32～120）	1	33.33	6	100.00	7	77.77	
Ⅵ（120～）							
合计	3	100	6		9	100	
Ⅰ（0～6）							唐代
Ⅱ（6～18）							
Ⅲ（18～26）			2	22.22	2	13.33	
Ⅳ（26～32）			2	22.22	2	13.33	
Ⅴ（32～120）	5	83.33	3	33.33	8	53.33	
Ⅵ（120～）	1	16.67	2	22.22	3	20.00	
合计	6	100	9	100	15	100	

表 14 遗址出土战国晚期黄牛的骨骺愈合情况统计 （单位：件）

月龄	骨骼部位	愈合	未愈合	合计	愈合百分比%	未愈合百分比%
7～10 个月	肩胛骨					
	髋骨（髋臼）					
	合计					
12～18 个月	肱骨（远）	2				
	桡骨（近）					
	第一指/趾骨（近）	5				
	第二指/趾骨（近）					
	合计	7		7	100.00	
24～36 个月	胫骨（远）	4				
	掌骨（远）	3				
	跖骨（远）	3				
	合计	10		10	100.00	
36～42 个月	股骨（近）	1				
	跟骨	1	1			
	合计	2	1	3	66.66	33.33
42～48 个月	肱骨（近）	1				
	尺骨					
	桡骨（远）	3				
	股骨（远）		1			
	胫骨（近）	2	1			
	合计	6	2	8	75.00	25.00

表 15 遗址出土西汉早期黄牛的骨骺愈合情况统计 （单位：件）

月龄	骨骼部位	愈合	未愈合	合计	愈合百分比%	未愈合百分比%
7～10 个月	肩胛骨					
	髋骨（髋臼）					
	合计					
12～18 个月	肱骨（远）	2				
	桡骨（近）	3				
	第一指/趾骨（近）	8				
	第二指/趾骨（近）	8				
	合计	21		21	100.00	
24～36 个月	胫骨（远）	4				
	掌骨（远）	3				
	跖骨（远）	1				
	合计	8		8	100.00	

月龄	骨骼部位	愈合	未愈合	合计	愈合百分比%	未愈合百分比%
36~42 个月	股骨（近）	4				
	跟骨	4				
	合计	8		8	100.00	
42~48 个月	肱骨（近）	2	1			
	尺骨	1	1			
	桡骨（远）	5	1			
	股骨（远）	4				
	胫骨（近）	4	1			
	合计	16	4	20	80.00	20.00

表 16　　　　　遗址出土西汉中期至两汉之际黄牛的骨骺愈合情况统计　　　　　（单位：件）

月龄	骨骼部位	愈合	未愈合	合计	愈合百分比%	未愈合百分比%
7~10 个月	肩胛骨					
	髋骨（髋臼）					
	合计					
12~18 个月	肱骨（远）	13				
	桡骨（近）	23				
	第一指/趾骨（近）	49				
	第二指/趾骨（近）	22				
	合计	107		107	100	
24~36 个月	胫骨（远）	13				
	掌骨（远）	16	2			
	跖骨（远）	16				
	合计	45	2	47	95.74	4.26
36~42 个月	股骨（近）					
	跟骨	16	2			
	合计	16	2	18	88.89	11.11
42~48 个月	肱骨（近）	9	2			
	尺骨	10	3			
	桡骨（远）	13	3			
	股骨（远）					
	胫骨（近）	10	3			
	合计	42	11	53	79.25	20.75

表 17　　　　　　遗址出土早期鲜卑时期黄牛的骨骺愈合情况统计　　　　　　（单位：件）

月龄	骨骼部位	愈合	未愈合	合计	愈合百分比%	未愈合百分比%
7~10 个月	肩胛骨					
	髋骨（髋臼）					
	合计					
12~18 个月	肱骨（远）	10				
	桡骨（近）	16				
	第一指/趾骨（近）	24				
	第二指/趾骨（近）	11				
	合计	61		61	100.00	
24~36 个月	胫骨（远）	7				
	掌骨（远）	14				
	跖骨（远）	10	1			
	合计	31	1	32	96.87	3.12
36~42 个月	股骨（近）	6	1			
	跟骨	13				
	合计	19	1	20	95.00	5.00
42~48 个月	肱骨（近）	4				
	尺骨	13				
	桡骨（远）	8				
	股骨（远）	6	1			
	胫骨（近）	8	1			
	合计	39	2	41	95.00	5.00

表 18　　　　　　遗址出土唐代黄牛的骨骺愈合情况统计　　　　　　（单位：件）

月龄	骨骼部位	愈合	未愈合	合计	愈合百分比%	未愈合百分比%
7~10 个月	肩胛骨					
	髋骨（髋臼）					
	合计					
12~18 个月	肱骨（远）	6				
	桡骨（近）	3				
	第一指/趾骨（近）	19				
	第二指/趾骨（近）	14				
	合计	42		42	100.00	

续表 18

月龄	骨骼部位	愈合	未愈合	合计	愈合百分比%	未愈合百分比%
24~36 个月	胫骨（远）	3				
	掌骨（远）	3				
	跖骨（远）	5				
	合计	11		11	100.00	
36~42 个月	股骨（近）	3				
	跟骨	6				
	合计	9		9	100.00	
42~48 个月	肱骨（近）	1				
	尺骨	4				
	桡骨（远）	3				
	股骨（远）	1				
	胫骨（近）		1			
	合计	9	1	10	90.00	10.00

关于马的死亡年龄计算，主要依据牙齿萌出、门齿磨蚀以及骨骺愈合进行判断。牙齿萌出与骨骼愈合参照 Silver 的研究。依据牙齿特征来判定马科动物死亡年龄有一定困难，目前大多数研究者是选择易鉴定的牙齿标本并测量其齿冠高度来估算马科动物的年龄。本文依据 Spinage 对斑马上颌 M1 的齿冠高度对年龄进行估算[①]（图 2、3）。

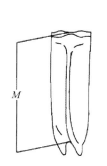

图 2　马上颌 M1 齿冠高度测量

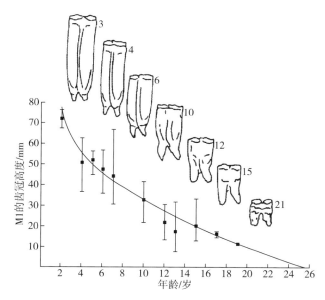

图 3　马齿冠高度与年龄对照图

---

① Spinage CA. 1972：Age estimation of zebra. *African Journal of Ecology*（12），pp. 273－277.

　　从对牙齿萌出、磨蚀情况和上颌 M1 的齿冠高度判断年龄情况来看，该遗址战国晚期马的死亡年龄主要集中在 8～12 岁的中年期，青年期较少，仅 2 例，未发现幼年期和老年期的死亡个体；西汉早期马的死亡年龄主要集中在青年期，幼年期和中年期的数量较少，未发现老年个体；西汉中期至两汉之际马的死亡年龄集中在 4～12 岁的青年期和中年期；早期鲜卑时期马的死亡年龄主要集中在 4～8 岁的青年期，其次为中年期，未发现老年期和幼年期死亡个体；唐代马的死亡年龄主要集中在中年期，青年期和老年期死亡个体发现较少，未发现幼年死亡个体（表 19）。

表 19　　　　　　　　　　　　　　　　遗址出土马的死亡年龄统计

年龄	左侧		右侧		合计		时期
	数量	百分比%	数量	百分比%	数量	百分比%	
Ⅰ（0～4 岁）							战国晚期
Ⅱ（4～8 岁）	1	33.33	1	16.66	2	22.22	
Ⅲ（8～12 岁）	2	66.66	5	83.33	7	77.77	
Ⅳ（12 岁以上）							
合计	3	100	6	100	9	100	
Ⅰ（0～4 岁）	1	33.33			1	20	西汉早期
Ⅱ（4～8 岁）	1	33.33	2	100	3	60	
Ⅲ（8～12 岁）	1	33.33			1	20	
Ⅳ（12 岁以上）							
合计	3	100	2	100	5	100	
Ⅰ（0～4 岁）							西汉中期至两汉之际
Ⅱ（4～8 岁）	5	55.55	4	44.44	9	50	
Ⅲ（8～12 岁）	4	44.44	5	55.55	9	50	
Ⅳ（12 岁以上）							
合计	9	100	9		18		
Ⅰ（0～4 岁）							早期鲜卑时期
Ⅱ（4～8 岁）	4	80	2	40	6	60	
Ⅲ（8～12 岁）	1	20	3	60	4	40	
Ⅳ（12 岁以上）							
合计	5	100	5	100	10	100	
Ⅰ（0～4 岁）							唐代
Ⅱ（4～8 岁）	1	14.28	2	15.38	3	23.07	
Ⅲ（8～12 岁）	5	71.42	3	23.07	8	61.53	
Ⅳ（12 岁以上）	1	14.28	1	7.69	2	15.38	
合计	7	100	6	100	13	100	

　　通过对马的骨骺愈合情况的统计，战国晚期未发现骨骺未愈合标本；西汉早期发现一件胫骨标本，近端骨骺未愈合，脱落，死亡年龄在 3～3.5 岁左右；早期鲜卑时期发现一件肱骨标本，肱骨头未愈合，脱落，死亡年龄在 3～3.5 岁左右。根据对西汉中期至两汉之际及唐代马的骨骺愈合

情况的统计可知，西汉中期至两汉之际3～3.5 岁骨骺未愈合率占比8.82%，死亡率8.82%；唐代1～1.25 岁骨骺未愈合率5.55%，死亡率5.55%；1.25～1.5 岁的骨骺未愈合率为6.66%，死亡率6.66%；3～3.5 岁骨骺未愈合率12.5%，死亡率12.5%（表20）。

表20　　　　　　　　遗址出土西汉中期至两汉之际和唐代马骨骨骺的愈合情况统计

年龄	骨骼部位	愈合	未愈合	合计	愈合百分比%	未愈合百分比%	时期
36～42 个月	肱骨（近）						西汉中期至两汉之际
	桡骨（远）						
	股骨（近）	18	2				
	股骨（远）	14					
	胫骨（近）	15	2				
	跟骨	15	2				
	合计	62	6	68	91.18	8.82	
13～15 个月	第一指/趾骨（近）	17	1	18	94.44	5.55	唐代
15～18 个月	肱骨（远）	5					
	桡骨（近）	4	1				
	掌骨（远）	5					
	合计	14	1	15	93.33	6.66	
36～42 个月	肱骨（近）	3	1				
	桡骨（远）	4	1				
	股骨（近）	5	3				
	股骨（远）	4					
	胫骨（近）	3					
	跟骨	8					
	合计	35	5	40	87.50	12.50	

总的来说，该遗址马的死亡年龄主要集中在4～12 岁的青年期和中年期；早期鲜卑时期到唐代均有幼年死亡个体发现，但数量较少；老年死亡个体仅唐代发现的2 例标本，其他时期未有发现。

根据以上方法对驴的死亡年龄进行初步统计，该遗址驴的可鉴定死亡年龄的牙齿标本较少，死亡年龄主要集中在青年期和中年期；从骨骺愈合情况来看，仅有少数个体在幼年时期死亡（表21、22）。

表21　　　　　　　　　　遗址出土驴的死亡年龄统计

年龄	左侧		右侧		合计		时期
	数量	百分比%	数量	百分比%	数量	百分比%	
Ⅱ（4～8 岁）	1	100	1	100	2	100	战国晚期
合计	1	100	1	100	2	100	

年龄	左侧		右侧		合计		时期
	数量	百分比%	数量	百分比%	数量	百分比%	
Ⅱ（4~8 岁）			2	100	2	50	西汉早期
Ⅲ（8~12 岁）	2	100			2	50	
合计	2	100	2	100	4	100	
Ⅲ（8~12 岁）	1	100	1	100	2	100	西汉中期
合计	1	100	1	100	2	100	至两汉之际
Ⅱ（4~8 岁）	1	100	1	100	2	100	早期鲜卑时期
合计	1	100	1	100	2	100	

表 22　　　　遗址出土驴骨骨骺的愈合情况统计

年龄	骨骼部位	愈合	未愈合	合计	愈合%	未愈合%	时期
36~42 个月	尺骨（近）						战国晚期
	肱骨（近）		1				
	桡骨（远）						
	股骨（近）						
	股骨（远）	1					
	胫骨（近）						
	跟骨	1					
	合计	2	1	3	66.67	33.33	
36~42 个月	尺骨（近）						早期鲜卑时期
	肱骨（近）	2					
	桡骨（远）	4	1				
	股骨（近）	2					
	股骨（远）	4					
	胫骨（近）	2	1				
	跟骨						
	合计	14	2	16	87.5	12.5	
15~18 个月	肱骨（远端）	7					唐代
	桡骨（近）	4	1				
	掌骨（远）	6					
	合计	17	1	18	94.44	5.56	
36~42 个月	尺骨（近）	4					
	肱骨（近）	2					
	桡骨（远）						
	股骨（近）	1	1				
	股骨（远）	5					
	胫骨（近）	4					
	跟骨	4					
	合计	20	1	21	95.23	4.76	

　　根据 I. A. Silver 对犬牙齿萌出标准的总结及 Marie-Pierre Horard-Herbin[①] 对犬的牙齿磨蚀程度进行死亡年龄判断，该遗址出土狗的骨骼发现骨骺未愈合情况仅一例，不具有统计学意义，因此不做参考。经统计发现，该遗址狗的死亡年龄集中在青年期以上，另有 2 例少年死亡个体，具体情况见表23。

表 23　　　　　　　　　　　　　　　　遗址出土狗的死亡年龄统计

年龄		左侧		右侧		合计		时期
		数量	百分比%	数量	百分比%	数量	百分比%	
Ⅰ（≤5 个月）	少年							战国晚期
Ⅱ（6~10 或 15 个月）	青年			2	100	2	66.66	
Ⅲ（15~48 个月）	中年							
Ⅳ（>48 个月）	老年	1	100			1	33.33	
合计		1	100	2	100	3	100	
Ⅰ（≤5 个月）	少年	2	40			2	28.57	西汉早期
Ⅱ（6~10 或 15 个月）	青年							
Ⅲ（15~48 个月）	中年	3	60	1	50.00	4	57.14	
Ⅳ（>48 个月）	老年			1	50.00	1	14.28	
合计		5	100	2	100	7	100	
Ⅰ（≤5 个月）	少年							西汉中期至两汉之际
Ⅱ（6~10 或 15 个月）	青年							
Ⅲ（15~48 个月）	中年							
Ⅳ（>48 个月）	老年	1	100			1	100	
合计		1	100			1	100	
Ⅰ（≤5 个月）	少年							早期鲜卑时期
Ⅱ（6~10 或 15 个月）	青年	1	50			1	100	
Ⅲ（15~48 个月）	中年							
Ⅳ（>48 个月）	老年	1	50			1	100	
合计		2	100					

三、骨骼表面痕迹

　　骨骼表面痕迹是指由于外界原因在骨骼表面留下的改变，能够反应相应的人类行为及遗址形成过程的信息。动物骨骼表面痕迹的形成主要受到自然作用、动物啃咬作用和人工作用的影响。以下从这三种作用来分析骨骼表面的痕迹。

---

① Marie-Pierre Horard-Herbin. 2000：Dog management and use in the late iron age：the evidence from the Gallic site of Levroux. In Susan Janet Crockford，*Dogs Through Time：An Archaeological Perspective*. The Basingstoke Press.

（一）风化作用

风化是自然作用中影响骨骼保存状况的重要因素之一。在骨骼整理过程中发现，该遗址出土动物骨骼主要受风化作用影响。该分析参照 Behrensmeyer[1] 的界定，对骨骼表面的风化程度进行了记录。经统计，在战国晚期所有 252 件可鉴定标本中风化程度为 1 级的标本有 161 件，占总比例的 63.88%；风化程度为 2 级的标本有 85 件，占总比例的 33.73%；风化程度为 3 级的标本有 6 件，占总比例的 2.38%。该时期未发现风化程度为 4 级和 5 级的标本。

在西汉早期的 384 件可鉴定标本中，风化程度为 1 级的标本有 235 件，占总比例的 61.19%；风化程度为 2 级的标本有 106 件，占总比例的 27.6%；风化程度为 3 级的标本有 36 件，占总比例的 9.37%；风化程度为 4 级的标本有 7 件，占总比例的 1.82%。该时期未发现风化程度为 5 级的动物骨骼遗存。

西汉中期至两汉之际可鉴定标本数为 1448 件，其中风化程度为 1 级的有 914 件，占总比例的 63.12%；风化程度为 2 级的有 447 件，占总比例的 30.87%；风化程度为 3 级的有 73 件，占总比例的 5.04%；风化程度为 4 级的标本有 14 件，占总比例的 0.97%。该时期仍未发现风化程度为 5 级的动物骨骼遗存。

在早期鲜卑时期的所有 756 件可鉴定标本中，风化程度为 1、2、3、4 级的标本数分别有 446 件、264 件、39 件和 7 件，分别占总比例的 58.99%、34.92%、5.15% 和 0.92%。该时期未发现风化程度为 5 级的标本。

唐代可鉴定标本有 697 件，其中风化程度为 1 级的有 411 件，占总比例的 58.96%；风化程度为 2 级的标本有 201 件，占总比例的 28.83%；风化程度为 3 级的有 73 件，占总比例的 10.47%；风化程度为 4 级和 5 级的标本数分别有 10 件和 2 件，分别占总比例的 1.43% 和 0.28%。

综上所述，该遗址战国晚期到唐代的动物骨骼遗存风化程度主要为 1 级和 2 级，4 级和 5 级占比较少，表明动物骨骼遗存在地表暴露的时间较短即被掩埋。

（二）动物啃咬作用

遗址中常见的动物啃咬痕迹，主要是啮齿动物门齿啃咬痕或食肉动物啃咬痕。遗址中发现的动物啃咬痕迹多没有特定的分布规律，一般在动物肢骨部位发现较多。经研究统计，该遗址战国晚期共发现啮齿啃咬痕和食肉动物啃咬痕的动物骨骼分别为 7 件和 14 件，西汉早期发现啮齿啃咬痕和食肉动物啃咬痕的标本数分别为 11 件和 18 件，西汉中期至两汉之际发现啮齿啃咬痕和食肉动物啃咬痕的标本数分别为 16 件和 56 件，早期鲜卑时期的动物遗存发现有啮齿啃咬痕和食肉动物啃咬痕的标本分别有 16 件和 22 件，唐代发现啮齿啃咬痕和食肉动物啃咬痕的标本数分别为 22 件和 43 件。总的来说，该遗址各时期的动物骨骼遗存表面都发现有动物啃咬痕迹，但所占比重不高，动物作用对骨骼的影响较小，其中以食肉动物啃咬痕迹最多，多集中于哺乳动物的肢骨部位。

---

[1]　Behrensmeyer AK. 2016：Taphonomic and ecologic information from bone weathering. *Paleobiology*（02），pp. 150 – 162.

（三）人工作用

先民在狩猎、屠宰、肢解动物、剥皮割肉、敲骨吸髓、取料加工等过程中会在动物骨骼表面留下一定的人工痕迹，通过对这些痕迹的研究，可以获得人类不同的行为信息。高林台城址中发现数量较多、带有人工加工痕迹的动物骨骼遗存，痕迹包括砍砸痕、切割痕、烧烤痕等，共计668件，主要集中分布于马、牛、羊、猪、狗、鹿科等哺乳动物的肢骨及骨干部位以及指/趾骨等部位。其中，具有砍砸痕迹的骨骼共258件，主要发现于遗址中发现的大中型家养动物及野生哺乳动物的角、椎骨和肢骨的骨干及两端骨骺部位（表24；彩版八〇）。具有切割痕的骨骼共354件，分布范围较广，主要分布在遗址大中型家养动物及野生动物的头骨、肩胛骨、椎骨、肢骨、跟骨、距骨和蹄骨等部位；根据切割痕迹分布部位的不同，可以将人类的行为分成肢解、剔肉和剥皮三种，具体情况见表25。为了肢解动物一般会对长骨两端关节处的筋腱进行切割分离，这样就会在该处骨骼表面留下切割痕迹；剔肉痕迹一般集中出现在下颌骨、椎骨、肋骨及长骨骨干上；剥皮痕迹主要见于头骨、指/趾骨、角柄等部位，这些位置没有过多的肉质，在此切割可以直接分离动物皮毛。

表24　　　　　　　　　各动物种属及部位骨骼表面砍砸痕统计　　　　　（单位：件）

部位/种属		马	黄牛	驴	猪	羊	狗	鹿科
角			2					16
头骨								1
下颌		1	1	1	2			
寰椎			4					
枢椎				1		1	1	
肩胛骨		3	2	1	1	1		2
肱骨	骨骺	1						
	近骨骺	4	2	2				1
	骨干	8	7	2	1	1		2
桡骨	骨骺							
	近骨骺	2	1	1	1			
	骨干	4	8	2	1			3
尺骨	骨骺							
	近骨骺							
	骨干	1	2		1			
掌骨	骨骺							
	近骨骺	3	1	1				
	骨干	8	5	2				1
髋骨		7	3	1		2		1

部位/种属		马	黄牛	驴	猪	羊	狗	鹿科
荐椎			1					
股骨	骨骺							
	近骨骺	4	2	1				1
	骨干	7	3	5				6
胫骨	骨骺							
	近骨骺	2	6			2		4
	骨干	9	8	5	3			3
跟骨		1	3	2		1		1
距骨			5			1		
跖骨	骨骺							
	近骨骺	3	1			1		
	骨干	5	9					1
跗骨	中央及第四跗骨		1					
掌/跖骨/跗跖骨			2	1				
髌骨								
系骨		7	3					
冠骨		3	1					
合计		83	83	28	10	10	1	43

表 25 　　　　　　　各动物种属及部位骨骼表面切割痕统计　　　　　　（单位：件）

部位/种属		马	黄牛	驴	猪	羊	狗	鹿科	虎
角		1	1					28	
头骨		1	2						
下颌		1			3		2		
寰椎		3	4	1		1		1	
枢椎		5	5	1		2			
肩胛骨		10	9	4	4	3	1	3	
肱骨	骨骺		1		1				
	近骨骺	7	9	7	5	1		11	
	骨干	1	2	2	2	1	1	1	
桡骨	骨骺	1							
	近骨骺	5	6	4	3	2	2		
	骨干				1			3	

续表 25

部位/种属		马	黄牛	驴	猪	羊	狗	鹿科	虎
尺骨	骨骺				1		1		
	近骨骺	4	4		3		1		
	骨干		1	1					
掌骨	骨骺		1						
	近骨骺	3	7						
	骨干								
髋骨		4	3	2	1	4	2	2	
荐椎		1	1						
股骨	骨骺	1							
	近骨骺	5	6	2	3			1	
	骨干	1	2				1		
胫骨	骨骺				1		3		
	近骨骺	3	7		2			4	
	骨干	1	2					1	
跟骨		6	4	2	1				
距骨		4	12	3	5	1		2	
跖骨	骨骺		1	1	1				
	近骨骺		7	1		2			
	骨干								1
跗骨	中央及第四跗骨							1	
掌/跖骨/跗跖骨									
髌骨			1	1					
系骨		3	17	1					
冠骨		1	5	1		1			
合计		72	120	34	37	18	14	58	1

烧烤痕一般会在骨骼表面留下黑色、黄褐色或灰褐色等痕迹。该遗址具有烧烤痕迹的骨骼共56件，主要见于哺乳动物的头骨、肢骨、跟骨、距骨和蹄骨等部位，应是先民进行烧烤食用或对骨骼进行焚烧的结果。

此外，还发现制作骨器的骨料，主要有哺乳动物的长骨部位等，骨料表面保留有锯痕、磨痕和劈裂痕等。由于这些骨料保留的部分较少，所以骨器的用途有待进一步研究。

总的来说，高林台城址出土的动物骨骼遭受风化程度较轻，食肉动物和啮齿类动物啃咬痕迹也较少，其骨骼表面痕迹主要是人工痕迹的遗留，包括人类加工过程留下的砍痕、割痕，制作骨器时留下的锯割、磨光等痕迹，烧烤动物或将动物丢在火堆中留下的烧痕等痕迹。根据以上对于骨骼人工痕迹的观察可以看出，先民在加工处理动物资源时有相对应的处理方式，痕迹分布的部位也比较集中，说明高林台遗址的古代居民熟练地掌握剥皮、肢解、剔肉、烧烤、取髓等多种加工技术，专业化程度较高。

四、骨骼异常现象

历史时期家畜与人类联系更加密切，除食用、开发副产品外，一些家畜还承担骑乘、役使等功能，这些行为可能导致骨骼形态发生一系列的变化，这些变化对我们进一步了解动物与人的关系及动物的经济效用等有着重要意义。以下对该遗址提取成功且可观察到异常现象的动物骨骼遗存进行介绍（彩版八一）。

椎骨

经观察发现，标本ⅣG1：B31为一件马的寰椎，保存完整，该标本前关节面背侧发现骨赘现象。

标本ⅣG1：B18为马的荐椎，荐椎翼背侧发现骨赘现象。

标本ⅣG1：B168为马的腰椎，两个椎骨联合处附近有骨赘现象。

标本ⅤH17：B162、ⅤG3：B53、ⅤH59：B17皆为马的胸椎标本，观察有脊椎关节面左右形状不对称现象。

标本ⅤH95：B66为马的胸椎，脊椎关节面异常。

盆骨

标本ⅣG1：B27、B119为马的髋骨，属同一匹马。经观察，标本ⅣG1：B27为马的右侧髋骨，在髋臼周围、髂骨近髋臼处及耻骨有骨赘现象。标本ⅣG1：B119为马的左侧髋骨，在髂骨翼及坐骨远端有骨赘现象。

掌跖骨

标本ⅤT0202⑤：B29为马的左侧掌骨，第Ⅱ、Ⅲ掌骨骨干近端有骨赘现象且部分愈合。

标本ⅤT0301②：B9为驴的右侧掌骨和腕骨，在掌骨近端关节面及腕骨之间发现骨赘现象并愈合。

第二指/趾骨

标本ⅤT0201③：B51为牛的轴左侧第二指/趾骨，在表面发现骨赘现象。

五、骨骼部位发现率

骨骼部位发现率分析是了解动物被利用方式的重要途径。考古遗址中出土的动物骨骼，除埋藏因素外，不同部位的骨骼可能受到埋藏前人类的屠宰或烹饪等行为的影响，最终造成在保存和出土数量上的差异[1]。骨骼部位发现率的计算方法是先统计遗址中某一动物种属的最小个体数，计算得出各骨骼部位的期望值，然后以遗址中各部位的实际数量除以各部位的期望值，从而得到发现率[2]。

根据此方法计算出该遗址各时期动物骨骼的部位发现率。遗址中马、黄牛、驴和猪的骨骼部位发现率统计分别见表26至表29。

---

[1]　马萧林：《灵宝西坡遗址的肉食消费模式——骨骼部位发现率、表面痕迹及破碎度》，《华夏考古》2008年第4期。

[2]　戴玲玲、张东：《安徽蚌埠双墩遗址2014年～2015年度发掘出土猪骨的相关研究》，《南方文物》2020年第2期。

六、讨论与结语

根据上述分析，马、牛、驴、猪等家畜是高林台城址人们主要的利用对象，羊、狗和鸡等家畜家禽在当时的生产生活中也占据重要地位。包括鹿科在内的野生动物占比较小，是肉食消费的补充或骨角器的原料。遗址各时期动物种属的种类未发生太大的变化，表明人们的利用对象较为稳定，生产方式以饲养家畜为主。从马、牛、驴等大型家畜的年龄结构看，死亡年龄集中在青年期和中年期，在骨骼上发现的切割等人工痕迹和特殊病理现象表明，马、牛和驴等大型家畜主要功能为役使、骑乘，同时也存在肉食消费的利用模式。猪的死亡年龄则较分散，从骨骼部位发现率来看，产肉量多的部位发现频率高，是以肉食消费为主要目的的动物利用模式。

另外，遗址Ⅴ区中出土各时期的动物骨骼种类均较多且各种属的骨骼部位皆有发现，该区可能为遗址居民聚居区出土或主要家畜饲养或加工利用区。

该遗址出土的动物骨骼遭受风化程度较轻，食肉动物和啮齿类动物啃咬痕迹也较少，其骨骼表面痕迹主要是人工痕迹的遗留，包括人类加工过程留下的砍痕、割痕，制作骨器时留下的锯割、磨光等痕迹，烧烤动物或将动物丢在火堆中留下的烧痕等痕迹。先民在加工处理动物资源时有相对应的处理方式，痕迹分布的部位也比较集中，说明该遗址古代居民熟练地掌握剥皮、肢解、剔肉、烧烤、取髓等多种加工技术，专业化程度较高。

总的来说，此批动物遗存的发现为研究高林台城址战国晚期到唐代的生产生活情况提供了考古学证据，对于了解先民的饮食习惯、动物资源利用方式等方面提供了新线索，同时也为东北地区这一阶段的动物考古研究补充了新的证据。

表 26　遗址内各时期马的骨骼部位发现率

骨骼部位	全身数量	战国晚期 MNI=7			西汉早期 MNI=6			西汉中期至两汉之际 MNI=8			早期鲜卑时期 MNI=8			唐代 MNI=23		
		NISP期望数	NISP观察数	发现率%	NISP期望数	NISP观察数	发现率%	NISP期望数	NISP观察数	发现率%	NISP期望数	NISP观察数	发现率%	NISP期望数	NISP观察数	发现率%
上颌骨	2	14	9	64.29	12	5	41.67	16	13	81.25	16	10	62.50	46	7	15.22
下颌骨	2	14	1	7.14	12	5	41.67	16	3	18.75	16	5	31.25	46	10	21.74
寰椎	1	7	2	28.57	6	2	33.33	8	3	37.50	8	2	25.00	23	5	21.74
枢椎	1	7	1	14.29	6	0	0	8	0	0	8	4	50.00	23	1	4.35
肩胛骨	2	14	0	0	12	5	41.67	16	6	37.50	16	6	37.50	46	11	23.91
肱骨	2	14	1	7.14	12	3	25.00	16	4	25.00	16	7	43.75	46	10	21.74
桡骨	2	14	1	7.14	12	5	41.67	16	3	18.75	16	3	18.75	46	13	28.26
尺骨	2	14	1	7.14	12	4	33.33	16	3	18.75	16	8	50.00	46	6	13.04
掌骨	2	14	5	35.71	12	5	41.67	16	10	62.50	16	6	37.50	46	9	19.57
盆骨	2	14	2	14.29	12	1	8.33	16	0	0	16	9	56.25	46	8	17.39
股骨	2	14	4	28.57	12	4	33.33	16	8	50.00	16	5	31.25	46	27	58.70
胫骨	2	14	4	28.57	12	5	41.67	16	5	31.25	16	7	43.75	46	11	23.91
跗骨	2	14	4	28.57	12	2	16.67	16	4	25.00	16	6	37.50	46	11	23.91
距骨	2	14	3	21.43	12	4	33.33	16	1	6.25	16	1	6.25	46	7	15.22
跟骨	2	14	3	21.43	12	2	16.67	16	1	6.25	16	3	18.75	46	10	21.74
髌骨	2	14	1	7.14	12	1	8.33	16	0	0	16	4	25.00	46	3	6.52
指/趾骨	6	42	7	16.67	36	20	55.56	48	28	58.33	48	20	41.67	138	43	31.16

表27 遗址内各时期黄牛的骨骼部位发现率

骨骼部位	全身数量	战国晚期 MNI=8			西汉早期 MNI=10			西汉中期至两汉之际 MNI=19			早期鲜卑时期 MNI=11			唐代 MNI=11		
		NISP期望数	NISP观察数	发现率%	NISP期望数	NISP观察数	发现率%	NISP期望数	NISP观察数	发现率%	NISP期望数	NISP观察数	发现率%	NISP期望数	NISP观察数	发现率%
角	2	16	2	12.50	20	0	0	38	6	15.79	22	5	22.73	22	7	31.82
上颌骨	2	16	0	0	20	3	15.00	38	9	23.68	22	4	18.18	22	7	31.82
下颌骨	2	16	3	18.75	20	3	15.00	38	7	18.42	22	6	27.27	22	11	50.00
寰椎	1	8	0	0	10	3	30.00	19	10	52.63	11	6	54.55	11	4	36.36
枢椎	1	8	0	0	10	2	20.00	19	4	21.05	11	3	27.27	11	7	63.64
肩胛骨	2	16	1	6.25	20	4	20.00	38	20	52.63	22	12	54.55	22	3	13.64
肱骨	2	16	1	6.25	20	4	20.00	38	20	52.63	22	8	36.36	22	12	54.55
桡骨	2	16	4	25.00	20	6	30.00	38	27	71.05	22	10	45.45	22	6	27.27
尺骨	2	16	0	0	20	2	10.00	38	15	39.47	22	13	59.09	22	4	18.18
掌骨	2	16	3	18.75	20	4	20.00	38	19	50.00	22	16	72.73	22	8	36.36
盆骨	2	16	0	0	20	2	10.00	38	10	26.32	22	8	36.36	22	3	13.64
股骨	2	16	2	12.50	20	5	25.00	38	0	0	22	11	50.00	22	6	27.27
胫骨	2	16	7	43.75	20	7	35.00	38	17	44.74	22	13	59.09	22	6	27.27
跗骨	2	16	5	31.25	20	3	15.00	38	25	65.79	22	14	63.64	22	5	22.73
距骨	2	16	1	6.25	20	8	40.00	38	27	71.05	22	17	77.27	22	5	22.73
跟骨	2	16	3	18.75	20	5	25.00	38	25	65.79	22	18	81.82	22	7	31.82
髌骨	2	16	0	0	20	1	5.00	38	5	13.16	22	4	18.18	22	4	18.18
指/趾骨	12	96	5	5.21	120	23	19.17	228	95	41.67	132	51	38.64	132	41	31.06

表28　遗址内各时期驴的骨骼部位发现率

骨骼部位	全身数量	战国晚期 MNI=4			西汉早期 MNI=6			西汉中期至两汉之际 MNI=7			早期鲜卑时期 MNI=5			唐代 MNI=7		
		NISP期望数	NISP观察数	发现率%	NISP期望数	NISP观察数	发现率%	NISP期望数	NISP观察数	发现率%	NISP期望数	NISP观察数	发现率%	NISP期望数	NISP观察数	发现率%
上颌骨	2	8	2	25.00	12	4	33.33	14	2	14.29	10	2	20.00	14	0	0
下颌骨	2	8	1	12.50	12	4	33.33	14	3	21.43	10	0	0	14	1	7.1
寰椎	1	4	0	0	6	0	0	7	1	14.29	5	1	20.00	7	1	14.29
枢椎	1	4	0	0	6	1	16.67	7	1	14.29	5	1	20.00	7	3	42.86
肩胛骨	2	8	0	0	12	3	25.00	14	9	64.29	10	1	10.00	14	2	14.29
肱骨	2	8	1	12.50	12	7	58.33	14	9	64.29	10	5	50.00	14	7	50.00
桡骨	2	8	0	0	12	7	58.33	14	9	64.29	10	6	60.00	14	8	57.14
尺骨	2	8	0	0	12	5	41.67	14	7	50.00	10	2	20.00	14	5	35.71
掌骨	2	8	0	0	12	6	50.00	14	8	57.14	10	5	50.00	14	7	50.00
盆骨	2	8	1	12.50	12	1	8.33	14	2	14.29	10	3	30.00	14	4	28.57
股骨	2	8	0	0	12	7	58.33	14	8	57.14	10	6	60.00	14	9	64.29
胫骨	2	8	1	12.50	12	5	41.67	14	10	71.43	10	7	70.00	14	4	28.57
跗骨	2	8	0	0	12	2	16.67	14	6	42.86	10	4	40.00	14	5	35.71
距骨	2	8	0	0	12	2	16.67	14	6	42.86	10	5	50.00	14	4	28.57
跟骨	2	8	1	12.50	12	2	16.67	14	5	35.71	10	3	30.00	14	5	35.71
髌骨	2	8	0	0	12	0	0	14	2	14.29	10	2	20.00	14	3	21.43
指/趾骨	6	24	2	8.33	36	8	22.22	42	10	23.81	30	10	33.33	42	17	40.48

表29　遗址内各时期猪的骨骼部位发现率

骨骼部位	全身数量	战国晚期 MNI=6			西汉早期 MNI=9			西汉中期至两汉之际 MNI=10			早期鲜卑时期 MNI=5			唐代 MNI=8		
		NISP期望数	NISP观察数	发现率%	NISP期望数	NISP观察数	发现率%	NISP期望数	NISP观察数	发现率%	NISP期望数	NISP观察数	发现率%	NISP期望数	NISP观察数	发现率%
上颌骨	2	12	1	8.33	18	5	27.78	20	7	35.00	10	7	70.00	16	3	18.75
下颌骨	2	12	5	41.67	18	13	72.22	20	12	60.00	10	9	90.00	16	4	25.00
寰椎	1	6	0	0	9	0	0	10	2	20.00	5	1	20.00	8	0	0
枢椎	1	6	0	0	9	0	0	10	1	10.00	5	0	0	8	0	0
肩胛骨	2	12	2	16.67	18	1	5.56	20	5	25.00	10	2	20.00	16	5	31.25
肱骨	2	12	6	50.00	18	8	44.44	20	7	35.00	10	7	70.00	16	7	43.75
桡骨	2	12	3	25.00	18	3	16.67	20	4	20.00	10	2	20.00	16	4	25.00
尺骨	2	12	3	25.00	18	4	22.22	20	3	15.00	10	3	30.00	16	5	31.25
掌骨	8	48	0	0	72	1	1.39	80	2	2.50	40	3	7.50	64	0	0
盆骨	2	12	1	8.33	18	1	5.56	20	4	20.00	10	1	10.00	16	0	0
股骨	2	12	2	16.67	18	0	0	20	5	25.00	10	2	20.00	16	2	12.50
胫骨	2	12	6	50.00	18	4	22.22	20	4	20.00	10	2	20.00	16	2	12.50
跗骨	8	48	0	0	72	0	0	80	1	1.25	40	2	5.00	64	1	1.56
距骨	2	12	0	0	18	0	0	20	7	35.00	10	1	10.00	16	1	6.25
跟骨	2	12	0	0	18	1	5.56	20	1	5.00	10	2	20.00	16	1	6.25
髋骨	2	12	0	0	18	0	0	20	0	0	10	1	10.00	16	0	0
指/趾骨	48	288	0	0	432	0	0	480	0	0	240	0	0	384	0	0

附录二　阜新高林台城址出土铜器的
初步科学分析

柏艺萌

（辽宁省文物考古研究院）

　　高林台城址是燕北长城内侧的一座边城遗址，地处医巫闾山北段西麓，西北为八家子山，东北为高林台北山，东侧为细河支流高林台河，战略位置突出。城址年代涉及战国晚期、西汉、东汉晚期（早期鲜卑）、唐四个时期，城防体系始成于战国时期并沿用至汉代，此后此地仍然是辽西北地区的重要防御据点。城址出土了大量铜质文物，包括各种货币、兵器等，是研究阜新地区古代金属文物的重要实物资料。本文通过金相组织鉴定、合金成分分析的检测方法，对高林台城址出土的部分铜器进行科学分析，以期揭示其所蕴含的工艺技术信息，为深入认识战国时期至汉代阜新地区金属器的生产与交流提供更多科学依据。

一、取样及分析方法

　　为最大限度保护文物，仅对残缺、破损严重的铜器进行取样。共获取文物本体样品12件，包括4枚刀币（燕明刀）、8枚铜镞。将样品进行镶嵌、打磨、抛光，使用 Leica DM-4000M 金相显微镜观察未浸蚀和被浸蚀后样品的金相组织、夹杂物形貌及分布等；随后将样品重新抛光，使用北京大学考古文博学院科技考古实验室 TM3030 超景深电子显微镜观察样品形貌，选取无锈或少锈蚀区域，以联用的 EDAX 能谱仪对样品不同部位分别测定成分，取平均值作为整体成分分析结果。测试条件为：电压15kV，采集时间90~120秒。金相分析结果详见表1，成分分析结果详见表2。

表1　　　　　　　　　　　　高林台城址出土铜器金相组织观察分析结果

样品编号	器物名称	出土号	显微组织	加工工艺	彩版号
GCu1	刀币	VH104：38	α相固溶体晶粒，晶界腐蚀严重，有大量自由铜沉积及深灰色的颗粒状硫化物	铸后受热	八二，1
GCu2	刀币	VT0302⑥：27	α相固溶体偏析明显，周围分布着大量铅颗粒，深灰色圆粒为硫化物夹杂	铸造	八二，2
GCu3	刀币	VT0102③：15	铅颗粒不规则分布在再结晶α晶粒间，并伴有大量深灰色硫化物和少量浅灰色夹杂物	铸后受热	八二，3
GCu4	刀币	VT0301⑥：1	α相固溶体周围分布着大小不等的铅颗粒（多为球状），并伴有深灰色硫化物颗粒	铸造	八二，4

样品编号	器物名称	出土号	显微组织	加工工艺	彩版号
GCu5	镞	VH104：40	大量（α+δ）共析体分布在再结晶 α 晶粒间，铅呈细小的颗粒状弥散分布	铸后受热	八二，5
GCu6	镞	Ⅳ0206⑧：2	α 固溶体枝状晶，偏析明显，大量（α+δ）共析体连成网状	铸造	八二，6
GCu7	镞	VT0302⑥：30	α 固溶体枝状晶，偏析明显，晶间有（α+δ）共析体；大量铅呈颗粒状弥散分布	铸造	八三，1
GCu8	镞	VT0302⑥：16	α 固溶体枝状晶，偏析明显，有大量（α+δ）共析体；铅呈颗粒状弥散分布	铸造	八三，2
GCu9	镞	VT0402⑤：1	α 固溶体枝状晶，偏析明显；铅呈条状、颗粒状弥散分布	铸后受热	八三，3
GCu10	镞	VT0301⑤：6	α 固溶体枝状晶，偏析明显，晶间有少量（α+δ）共析体；铅呈颗粒状弥散分布并有少量自由铜沉积	铸造	八三，4
GCu11	镞	VT0302⑤：16	α 固溶体枝状晶，偏析明显，大量（α+δ）共析体连成网状	铸造	八三，5
GCu12	镞	VT0402④：1	α 固溶体枝状晶，晶间散布（α+δ）共析体，局部区域有少数再结晶 α 晶粒及滑移带；铅呈颗粒状弥散分布	铸后受热+冷加工	八三，6

表2 高林台城址出土铜器成分分析结果

样品编号	器物名称	时代	元素含量（wt.%）				材质
			Cu	Sn	Pb	其他	
GCu1	刀币	战国	87.25	3.91	7.43	As：0.98 S：0.43	Cu–Sn–Pb
GCu2	刀币	战国	64.54	1.88	29.78	O：2.23 Fe：1.57	Cu–Pb
GCu3	刀币	战国	61.79	8.02	28.76	O：1.43	Cu–Sn–Pb
GCu4	刀币	战国	76.28	1.84	19.09	O：1.64 Cl：1.15	Cu–Pb
GCu5	镞	战国	80.53	14.94	2.26	O：1.22 Fe：1.04	Cu–Sn–Pb
GCu6	镞	战国	79.57	16.87	2.53	O：1.03	Cu–Sn–Pb
GCu7	镞	战国	78.77	10.03	8.36	O：1.84	Cu–Sn–Pb
GCu8	镞	战国	76.88	13.12	9.18	O：0.82	Cu–Sn–Pb
GCu9	镞	西汉	77.88	7.08	12.82	O：2.21	Cu–Sn–Pb
GCu10	镞	西汉	82.98	9.65	5.11	O：1.55 Fe：0.72	Cu–Sn–Pb
GCu11	镞	西汉	77.82	18.51	2.19	O：1.49	Cu–Sn–Pb
GCu12	镞	西汉	87.76	10.56	1.05	O：0.63	Cu–Sn

二、金相组织鉴定

通过金相分析发现，高林台城址出土的 12 件铜器均为铸造成型（表 1）。4 枚刀币均为铸造组织，由于铅、锡含量及冷却速度的不同，其 α 固溶体及铅颗粒的数量、形态及分布有所差异，其中刀币 GCu1、GCu3 因受热而组织均匀化，各样品金相组织中均含有数量不等、呈深灰色颗粒状分布于晶间或晶内的硫化物夹杂。8 枚铜镞样品也均为铸造组织，并存在不同数量的（α+δ）共析体，同时含有数量不等且多与铅伴生的硫化物颗粒。在铜镞 GCu10 样品中还发现有自然铜沉淀，自然铜多存在于铸造或锈蚀原因形成的孔洞和缝隙中。箭镞在成型后进行过不同程度的冷热加工处理，铜镞样品 GCu5 由于铸后受热，组织呈现均匀化趋势，导致共析体中 α 相聚合。铜镞样品 GCu9、GCu12 呈现不同程度的再结晶晶粒和树枝状晶残留痕迹。另外，铜镞样品 GCu12 部分晶粒内还伴有滑移带，可能是使用时经过戗磨所致。同一器物的再结晶晶粒、树枝状晶痕迹和滑移带在组织中的比例不同，表明不同部位受热或冷加工程度不均匀。

三、合金成分分析

经检测分析发现，刀币 GCu1、GCu3 是铅锡青铜，刀币 GCu2、GCu4 是铅青铜，且样品中的铅、锡含量的波动范围较大，尤其是铅含量，最低含量 7.43%，最高含量 29.78%。从刀币 GCu4 的背散射图可看到，刀币基体内的铅因腐蚀向表面迁移、流失（彩版八四，1），导致成分比例降低，刀币 GCu1 的低铅含量也可能与此有关，且铅颗粒上还检测出微量的砷（彩版八四，2）。所有样品都含有铜硫化物夹杂，呈小颗粒状，多与铅伴生（彩版八四，3）。能谱分析结果表明，多数样品夹杂物的含硫量在 20% 左右，铜硫化物夹杂的存在表明冶炼所用矿石不是纯净的氧化矿。刀币 GCu2 还检测出含铁、砷的杂质颗粒（彩版八四，4），推测是由冶炼共生矿所致。8 枚铜镞样品中，除 GCu12 是锡青铜，其余均为铅锡青铜，锡含量在 7.08% ~ 18.51% 之间，铅含量波动较大，范围为 1.05% ~ 12.82%。在铜镞样品 GCu5、GCu10 中检测出微量的铁元素，推测是由冶炼共生矿所致。

四、讨论

（一）高林台城址出土刀币的冶铸工艺

燕国刀币因刀身上铸有一"明"字铭文，故俗称明刀。燕明刀的铸造和使用时间为春秋晚期到秦始皇统一六国时期，在考古遗址中出土数量大，动辄以千或万计，是燕国最为重要的货币。分析结果表明，高林台城址出土的燕明刀样品均为铸造成型，铅含量相对较高，且分布形态各不相同，有的样品中铅呈球状、颗粒状分布于基体上，有的均匀地分布于枝晶间，且均有硫化物夹杂相。张晓梅等[①]用 X 射线荧光能谱仪对 20 个燕明刀样品的合金成分进行了分析，结果显示燕国铸币杂质元素少且含量都较低，但铅含量非常高，最低的为 29.52%，含量高的可达 57.6%，有 6 个样品的铅含量高于铜，是铅基铜合金，有 3 个样品铅含量与铜含量相当；而锡含量低，仅有 1 个为 6.67%，其余均在 3% 以下。赵匡华等[②]用经典化学分析方法对河北易县燕下都遗址出土的 40

---

① 张晓梅、王纪洁、原思训：《燕国明刀币的合金成分与金相组织的分析》，《考古》2005 年第 9 期。
② 赵匡华、陈荣、郭玉竹等：《战国时期古币金属组成试析》，《自然科学史研究》1992 年第 1 期。

枚战国时期燕明刀进行了成分分析，平均含量为：Cu 46.94%，Sn 2.32%，Pb 47.54%。对比可见，高林台城址出土燕明刀的成分与燕下都等遗址出土燕明刀的成分差异非常大，虽然不同的检测方法或基体腐蚀部位可能导致检测结果中铅含量偏低，但也不会差别如此大，推测整体成分的不稳定很可能是不同的生产者采用了不同的合金配比导致的。在铜中加入一定量的铅可以降低熔点，提高熔融金属的流动性，改善铜的铸造性能。钱币铸造多采用叠铸法，需要较高的流动性，高铅青铜正好符合这个要求。但随着铅含量的增加，青铜的韧性和延展性降低，机械性能变差，质脆易断裂。而流通量大的钱币只需容易铸造，并不需很高的强度和韧性，同时铅的加入还可节约较为昂贵的金属锡及铜从而降低成本，因此当时的生产者便采用了高铅合金来铸造明刀币。

（二）高林台城址出土铜镞的冶铸工艺

从检测结果来看，高林台城址出土铜镞样品均为铸造成型。样品 GCu12 是 Cu-Sn 二元合金，铅含量只有 1.05%，可视为杂质而非人为引入。其余 7 件样品是 Cu-Sn-Pb 三元合金，铜含量均接近 80%，平均锡含量为 12.6%，铅含量波动较大。其中战国时期铜镞样品与秦始皇兵马俑坑中的铜镞成分[1]比较接近，汉代铜镞样品的成分与满城汉墓[2]、永城西汉梁国王陵与寝园[3]、徐州狮子山楚王陵[4]等遗址出土铜镞的成分也比较相似。总体来看，铜与锡、铅的质量比约为 4:1，没有非常明显的时代特征。锡的增加是为了获得更高的机械性能，使器物获得更高的硬度，主要用于工具与兵器中；铅的增加主要是为了提高合金溶液的流动性，增强充填铸型能力，更适用于具有繁缛纹饰的器物，但过高的铅含量会降低铜器的机械性能。高林台城址出铜镞样品的锡含量较高，可提供较高的抗拉强度和硬度，铅含量虽然差异大，但均能满足远射武器所需的机械性能。考虑到这些铜镞的生产时间是从战国到东汉末，成分上的差异应该是不同的生产者采用了不同的原料配比导致的，但从检测结果看并未发现明显的时代特征。镞是高消耗武器，需求量大，不同批次生产所用原料不同也是正常现象。样品 GCu5 的组织因受热而均匀化，可能是生产者为了提高其使用性能做了进一步的热加工处理，其余几件铸后受热的样品更像是经过火烧而非有意人为加工。

五、结语

通过对高林台城址出土的 4 枚刀币和 8 枚铜镞的科学检测分析，初步得出以下结论：4 枚刀币均为铸造成型，两枚是 Cu-Pb 合金，两枚是 Cu-Sn-Pb 合金，铅含量相对较高，且普遍含有硫化物夹杂，说明铜、铅的冶炼可能采用了硫化物矿。8 枚铜镞样品也是铸造成型，有 7 件是 Cu-Sn-Pb 三元合金，仅 1 件是 Cu-Sn 二元合金，铜、锡含量较为集中，虽然铅含量波动较大，但当时的工匠已经认识到了锡、铅配比对合金性能的影响，并充分运用到了实践中。总体来看，高林台城址出土铜器反映出了专业的冶炼技术和成熟的制作工艺，为研究阜新地区战国时期至汉代铜器冶铸加工技术提供了新的资料，对研究当时社会的科技、经济和地区间的交流等有重要意义。

---

① 袁仲一：《秦始皇陵兵马俑研究》，文物出版社，1990 年。
② 中国社会科学院考古研究所：《满城汉墓发掘报告》，文物出版社，1980 年。
③ 河南省文物考古研究所：《永城西汉梁国王陵与寝园》，中州古籍出版社，1996 年。
④ 迟鹏、李秀辉、陈建立等：《徐州狮子山楚王陵出土青铜器的科学分析》，《中国文物科学研究》2016 年第 4 期。

英文提要

The Gaolintai City site is located 100 meters west of Gaolintai Village, Fuxin Town, Fuxin Mongolian Autonomous County, Fuxin City, Liaoning Province. The site is near to the northwestern foothill of the *Yiwulv* （医巫闾） Mountain, and guarding the Xi River Valley south to the Great Wall belong to Yan State, Qin and Han Dynasties. This location has a prominent strategic position. From 2014 to 2017, in order to cooperate with the construction of the Beijing-Shenyang High-speed Railway, the Liaoning Provincial Institute of Cultural Relics and Archaeology conducted archaeological excavations on the site, with a total excavation area of approximately 3000 square meters. Over the course of four years, we have excavated the southern moat, the southern section of the western wall, the southwest corner of the wall, the southern gate site, the southeastern living area, and the northwestern rammed earth building area. We have obtained a large number of cultural relics of the late Warring States period, Western Han Dynasty, Eastern Han Dynasty, and Tang Dynasty. We have cleared more than 240 relics and unearthed more than 1000 artifacts such as potteries, stone tools, iron tools, and copper coins. These relics have accumulated important information for studying the cultural landscape of the late Warring States period to the Tang Dynasty in the western Liaoning region. It showcases the wonderful process of the collision and integration of agricultural culture and nomadic culture in northwest Liaoning from the late Warring States period to the Tang Dynasty.

后　记

　　高林台城址发掘历时四年，是对辽西地区燕秦汉长城沿线众多长城类遗址的一次重要发掘。此次发掘本是为了配合京沈高铁占地区域施工，在服务基本建设的同时，发掘团队带着一定的学术目的，对城址做了深度发掘和研究，真正体现了"既有利于文物保护，又服务于基本建设"的基建考古目标。

　　高林台城址2014～2016年度发掘领队为樊圣英，执行领队褚金刚；2017年度发掘领队为褚金刚；历年参与发掘人员有马红光、王义、郭添刚、崔嵩、陈亦峰、姚崇、龚湛清。

　　本报告第一至第四章各章节文字由褚金刚撰写，附录一动物骨骼鉴定报告由吉林大学考古学院王春雪教授和硕士研究生刘艺文、于新月撰写，附录二出土铜器的初步科学分析由辽宁省文物考古研究院柏艺萌研究员撰写。遗址出土器物线图由林雪川完成，器物线图后期处理、排版由万成忠完成。遗迹底图由郭添刚、崔嵩、龚湛清绘制，遗迹图数字化处理由万成忠、毕桐馨完成。遗物摄影由刘博完成，遗迹摄影由褚金刚、姚崇完成，图片编排由褚金刚完成。

　　高林台城址的发掘和资料整理工作得到辽宁省文物局、辽宁省文物考古研究院、阜新市文化局、阜新市考古所、阜新县文化局、阜新县文物管理所、京沈高铁项目部等各级单位的支持和配合。辽宁省文物局专家组郭大顺、田立坤、方殿春、华玉冰等诸位先生多次莅临考古工地，现场指导发掘工作。原辽宁省文物考古研究所所长吴炎亮、副所长李新全、第二研究室主任白宝玉、考古研究部主任万雄飞、业务综合办公室主任熊增珑对历年发掘工作给予了大力支持。原辽宁省文物考古研究院院长马宝杰、副院长李新全，现任院长白宝玉、考古研究部主任李海波等同志一直关心考古资料的整理和报告编写工作，并给予了各方面的支持。以上单位和人员对高林台城址考古工作的支持，我们始终铭记，在此一并致谢！

　　高林台城址发掘工作结束已有七年之久，期间项目负责人褚金刚在中国人民大学历史学院攻读博士学位，并在课业之余兼顾单位交付的其他发掘任务，然从未懈怠报告编写工作。将四年发掘的二百余处遗迹，千余件文物全部整理发表一直是我们心中的愿望。将每一处遗址挖明白、写明白，并研究明白是每一位一线考古工作者的职业追求。由于报告编写者学术水平有限，在以上三个"明白"方面还有很多需要改进的地方，报告中疏漏之处，还请读者不吝赐教。

编　者

1.远景（由西北向东南）

2.近景（由东向西）

彩版一　高林台城址远景、近景

1.高林台城址西北八家山东坡地表长城遗迹（由西向东）

2.城址俯瞰及各发掘区的分布情况（上为北）

彩版二　高林台城址全景及附近长城遗迹

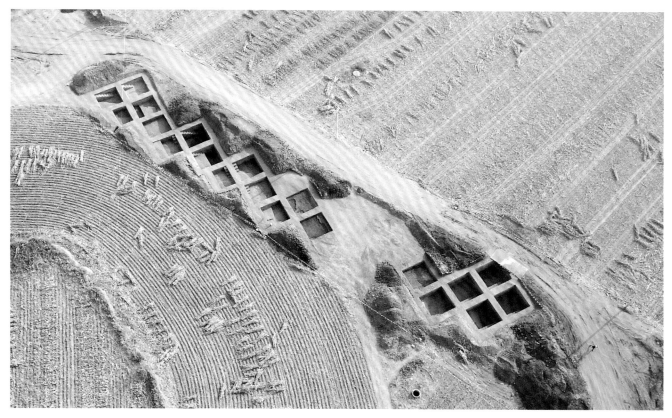

1.第Ⅰ发掘区全景（左下为北）

2.第Ⅱ发掘区全景（上为北）

彩版三　高林台城址第Ⅰ、Ⅱ发掘区全景

1.第Ⅲ发掘区全景（右为北）

2.第Ⅳ发掘区全景（上为北）

彩版四　高林台城址第Ⅲ、Ⅳ发掘区全景

彩版五　高林台城址第Ⅴ发掘区全景

（上为北）

1.南城墙西段现状（由南向北）

2.南城墙西段所见夯层（由东南向西北）

彩版六　高林台城址南城墙现状

1.北城墙现状（由东北向西南）

2.西城墙现状（由东南向西北）

彩版七　高林台城址北城墙、西城墙现状

1. ⅢTG1（南城墙西段）清理现状（由东南向西北）

2. ⅢTG2（西城墙南段）清理现状（由西向东）

彩版八　高林台城址城墙解剖情况

1.西南内角清理后（由东北向西南）

2.西南内角夯土衔接情况（由东北向西南）

彩版九　城墙西南内角清理情况

1.第Ⅲ发掘区T5布纹板瓦出土现状（由北向南）

2.板瓦（ⅢT5⑤:1）

3.板瓦（ⅢT5⑤:2）

4.陶灯（ⅢTG2:1）

5.陶纺轮（ⅢT4③:9）

彩版一〇 第Ⅲ发掘区出土器物

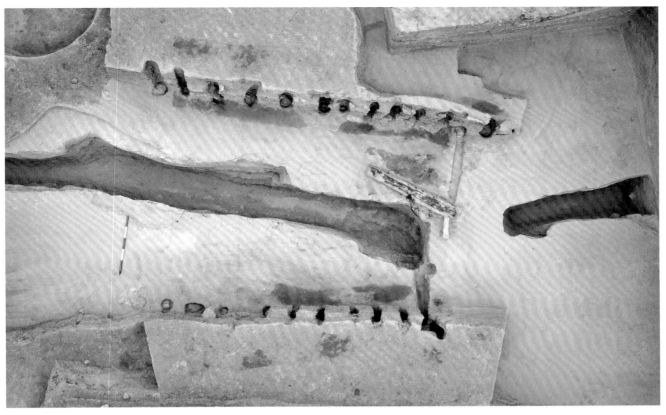

1.南门门址正射影像（左为北）

2.南门门址近景（由南向北）

彩版一一　南门门址全景

1.卷云纹瓦当（ⅣG3:1）

2.筒瓦（ⅣG3:13）

3.筒瓦（ⅣG3:11）

彩版一四　ⅣG3出土建筑构件

1.南门门址西侧城墙正射影像（左上为北）

2.马面正射影像（左下为北）

彩版一五　南门门址西侧城墙、马面正射影像

1.马面近景（由西南向东北）

2.马面东立面纤木孔（由东向西）

彩版一六　南门门址西侧马面近景和细部特征

1. I G1南壁（由北向南）

2. I G1全景（由北向南）

3. I G1北壁（由南向北）

彩版一七　南护城河（I G1）解剖情况

1.筒瓦（ⅠG1:7）

2.卷云纹瓦当（ⅠG1:6）

3.陶纺轮（ⅠG1:4）

4.铜镞（ⅠG1:1）

5.铜镞（ⅠG1:3）

彩版一八　南护城河（ⅠG1）出土器物

1. IVH19清理前（右为北）

2. IVH19清理后（右为北）

彩版一九　第一期文化IVH19

1.筒瓦（ⅤH100:6）

2.砺石（ⅤH100:5）

3.铜镞（ⅤH100:2）

4.铜镞（ⅤH100:4）

5.铜镞（ⅤH102:4）

6.铜管銎（ⅤH102:1）

彩版二〇　第一期文化灰坑出土器物

1.兽面纹瓦当（VH104:24）

2.兽面纹瓦当（VH104:30）

3.陶钵（VH104:22）

4.陶钵（VH104:23）

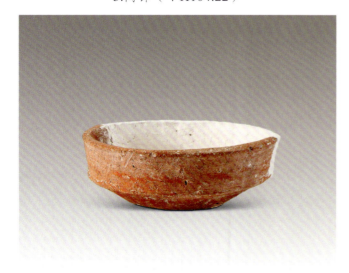

5.陶钵（VH104:98）

6.陶钵（VH104:135）

彩版二一　第一期文化灰坑出土器物

1.陶钵（ⅤH104:102）

2.陶钵（ⅤH104:108）

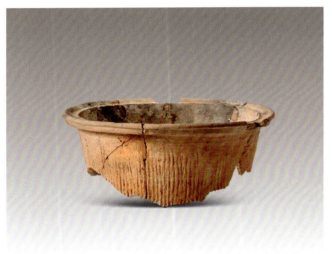

3.陶釜（ⅤH104:90）

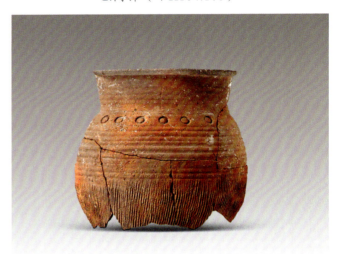

4.陶罐（ⅤH104:97）

5.铜镞（ⅤH104:8）

6.铜镞（ⅤH104:40）

7.铜镞（ⅤH104:44）

彩版二二　第一期文化灰坑出土器物

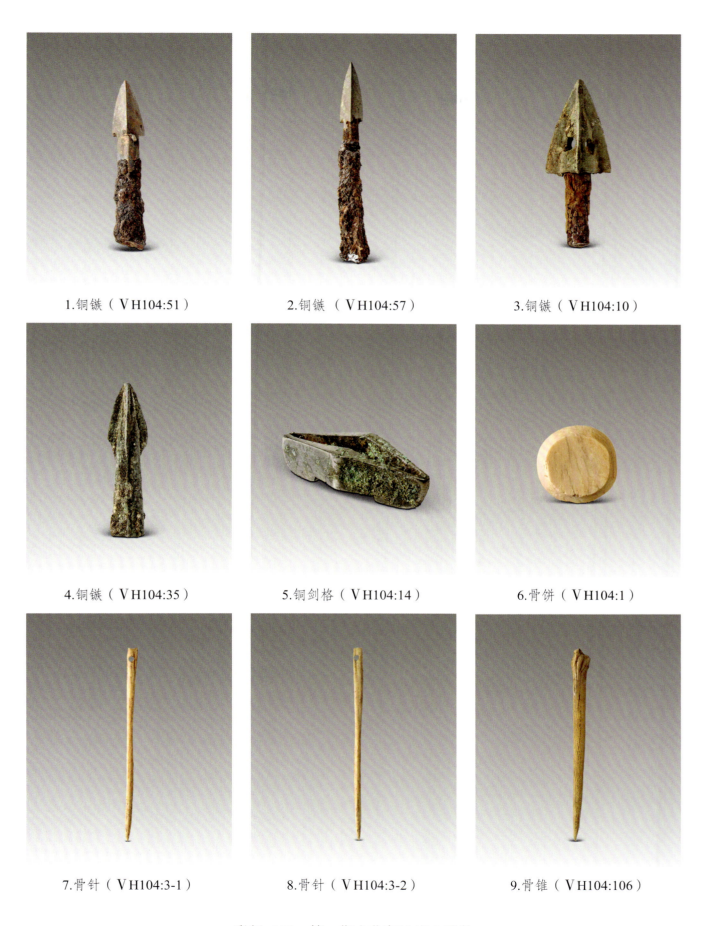

1.铜镞（ⅤH104:51）　　2.铜镞（ⅤH104:57）　　3.铜镞（ⅤH104:10）

4.铜镞（ⅤH104:35）　　5.铜剑格（ⅤH104:14）　　6.骨饼（ⅤH104:1）

7.骨针（ⅤH104:3-1）　　8.骨针（ⅤH104:3-2）　　9.骨锥（ⅤH104:106）

彩版二三　第一期文化灰坑出土器物

1.铁斧（ⅤH104:20）

2.铁斧（ⅤH104:58）

3.铁钉（ⅤH104:21）

4.铁銍刀（ⅤH104:39）

5.素面瓦当（ⅤH118:3）

6.兽面纹瓦当（ⅤH118:4）

彩版二四　第一期文化灰坑出土器物

1.筒瓦（ⅡG4:13）　　　　　　　　　2.板瓦（ⅡG4:16）

3.铜带钩（ⅡG4:3）　　　　　　　　　4.铁镰（ⅡG4:2）

5.铁斧（ⅡG4:9）　　　　　　　　　　6.铁钉（ⅡG4:10）

彩版二五　第一期文化灰沟出土器物

1. ⅤSJ1清理前（由西南向东北）

2. ⅤSJ1清理中（上为北）

彩版二六　第一期文化ⅤSJ1

1. ⅠT11⑦筒瓦出土现状（上为北）

2.筒瓦（ⅠT11⑦:1）

3.筒瓦（ⅠT11⑦:2）

4.筒瓦（ⅠT11⑦:3）

5.筒瓦（ⅠT11⑦:4）

彩版二七　第一期文化地层出土建筑构件

1.筒瓦（ⅣT0305⑥:5）

2.饕餮纹瓦当（ⅤT0401⑥:12）

3.兽面纹瓦当（ⅡT0304⑤:1）

4.兽面纹瓦当（ⅣT0505④:1）

5.兽面纹瓦当（ⅤT0302⑥:10）

6.兽面纹瓦当（ⅤT0302⑥:38）

彩版二八　第一期文化地层出土建筑构件

1.几何乳丁纹瓦当（ⅣT0704⑥:1）

2.素面瓦当（ⅤT0402⑥:3）

3.陶钵（ⅣT0206⑧:4）

4.陶罐（ⅤT0402⑥:4）

5.陶量（ⅤT0302⑥:33）出土现状（上为北）

6.陶量（ⅤT0302⑥:33）

彩版二九　第一期文化地层出土器物

1. I T2⑥:8

2. I T4⑥:2

3. I T4⑥:6

4. I T4⑥:17

5. I T4⑥:29

6. V T0302⑥:17

7. V T0302⑥:14

8. V T0302⑥:18

9. V T0302⑥:37

彩版三〇　第一期文化地层出土铜镞

1. Ⅰ T2⑥:10

2. Ⅰ T4⑥:1

3. Ⅰ T4⑥:13

4. Ⅰ T4⑥:31

5. Ⅱ T0303⑤:1

6. Ⅳ T0206⑧:2

7. Ⅴ T0302⑥:16

8. Ⅴ T0302⑥:41

9. Ⅴ T0302⑥:35

彩版三一　第一期文化地层出土铜镞

1.铁镞（ⅠT2⑥:5）　　　　　　　　　　　2.骨锥（ⅤT0402⑥:1）

3.骨块（ⅠT4⑥:16）　　　4.石斧（ⅠT2⑥:1）　　　5.石耳瑱（ⅠT4⑥:22）

6.“明化”钱（ⅤT0401⑥:14）　　7.布币（ⅤT0402⑥:17）　　8.刀币（ⅤT0302⑥:32）

彩版三二　第一期文化地层出土器物

1.陶钵（ⅠH1:9）

4.铁镰（ⅠH1:10）

2.陶钵（ⅠH1:4）

5.铁环（ⅠH1:3）

3.陶钵（ⅠH1:2）

6.铁削（ⅠH1:5）

彩版三三　第二期文化灰坑出土器物

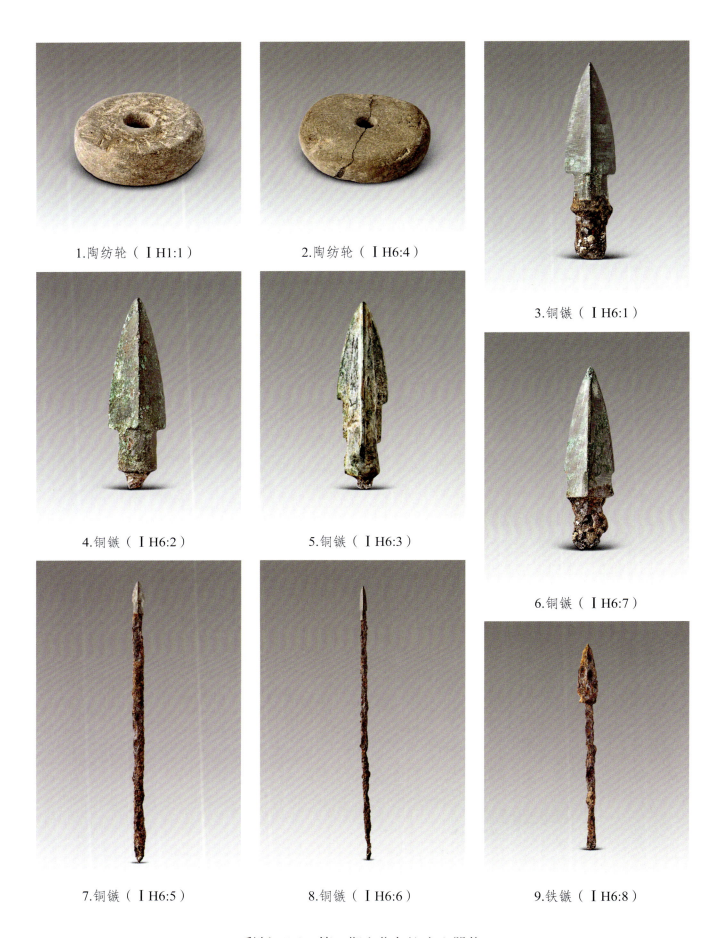

1.陶纺轮（ⅠH1:1）

2.陶纺轮（ⅠH6:4）

3.铜镞（ⅠH6:1）

4.铜镞（ⅠH6:2）

5.铜镞（ⅠH6:3）

6.铜镞（ⅠH6:7）

7.铜镞（ⅠH6:5）

8.铜镞（ⅠH6:6）

9.铁镞（ⅠH6:8）

彩版三四　第二期文化灰坑出土器物

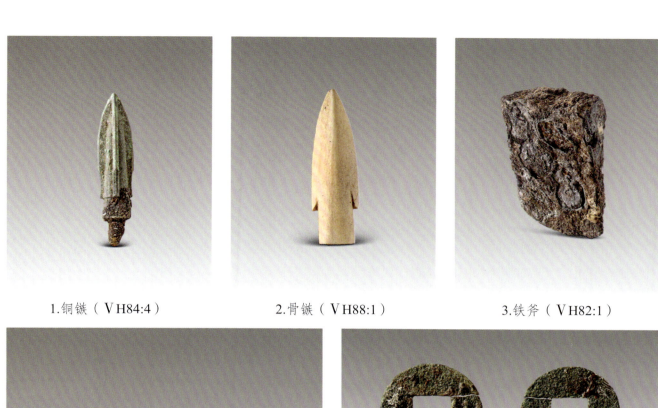

1.铜镞（ⅤH84:4）　　　　　2.骨镞（ⅤH88:1）　　　　　3.铁斧（ⅤH82:1）

5."半两"钱（ⅣH14:1）

4.铁锸（ⅤH84:2）

6.卷云纹瓦当（ⅤH71:2）　　　　　　　7.铁凿（ⅤH88:3）

彩版三五　第二期文化灰坑出土器物

1. ⅣH14清理后全景（下为北）

2. ⅡG1清理后局部（由北向南）

3. ⅡG1清理后局部（由南向北）

彩版三六　第二期文化ⅣH14、ⅡG1

1. VJ1清理前（左为北）

2. VJ1正射影像（右为北）

彩版三七　第二期文化VJ1全景

1. VJ1近景（由西南向东北）

2. VJ1近景（由东北向西南）

彩版三八　第二期文化VJ1近景

1. ⅤJ1北墙解剖沟（由北向南）

2. ⅤJ1北墙解剖沟西壁（由东南向西北）

彩版三九　第二期文化ⅤJ1北墙解剖情况

1.筒瓦（ⅤJ1:37）

2.筒瓦（ⅤJ1:49）

3.筒瓦（ⅤJ1:50）

4.筒瓦（ⅤJ1:60）

5.板瓦（ⅤJ1:12）背面

6.板瓦（ⅤJ1:12）内面

彩版四〇　第二期文化ⅤJ1出土建筑构件

1.勾云纹瓦当（ⅤJ1:41）

2.卷云纹瓦当（ⅤJ1:47）

3.勾云纹瓦当（ⅤJ1:62）

4.勾云纹瓦当（ⅤJ1:64）

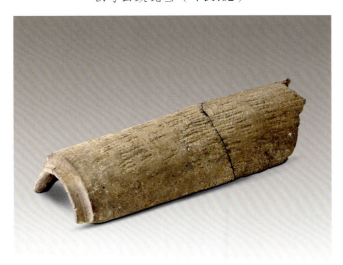

5.筒瓦（ⅣT0704⑤:5）

6.筒瓦（ⅤT0402⑤:4）

彩版四一　第二期文化ⅤJ1和地层出土建筑构件

1.勾云纹瓦当（Ⅳ T0501⑤:1）

2.卷云纹瓦当（Ⅳ T0504⑤:1）

3.勾云纹瓦当（Ⅳ T0504⑤:2）

4.勾云纹瓦当（Ⅴ T0402⑤:33）

5.勾云纹瓦当（Ⅳ T0704⑤:4）

彩版四二　第二期文化地层出土建筑构件

1.钵（ⅤT0402⑤:10）　　　　　　　　　　　2.罐（ⅤT0401⑤:2）

3.纺轮（ⅤT0402⑤:25）　　4.纺轮（ⅡT0303④:4）　　5.纺轮（ⅣT0604⑤:2）

6.纺轮（ⅤT0301⑤:19）　　7.纺轮（ⅤT0302⑤:14）　　8.纺轮（ⅤT0302⑤:18）

彩版四三　第二期文化地层出土陶器

1.铁斧（ⅣT0604⑤:5）

2.铁斧（ⅤT0301⑤:7）

3.铁斧（ⅤT0401⑤:5）

4.铁铲（ⅣT0604⑤:1）

5."半两"钱（ⅡT0403④:1）

6."半两"钱（ⅣT0704⑤:1）

7."半两"钱（ⅤT0302⑤:28）

8."半两"钱（ⅤT0402⑤:39）

彩版四六　第二期文化地层出土器物

1. Ⅰ H7清理后（上为北）

2.板瓦（Ⅰ H7:4）

彩版四七　第三期文化Ⅰ H7及其出土建筑构件

1.卷云纹瓦当（ⅣH12:1）

2.勾云纹瓦当（ⅤH23:1）

3.卷云纹瓦当（ⅤG6:2）

4.筒瓦（ⅤH40:1）

5.铁铲（ⅤH26:2）

6.铁斧（ⅤH67:1）

彩版四八　第三期文化灰坑、灰沟出土器物

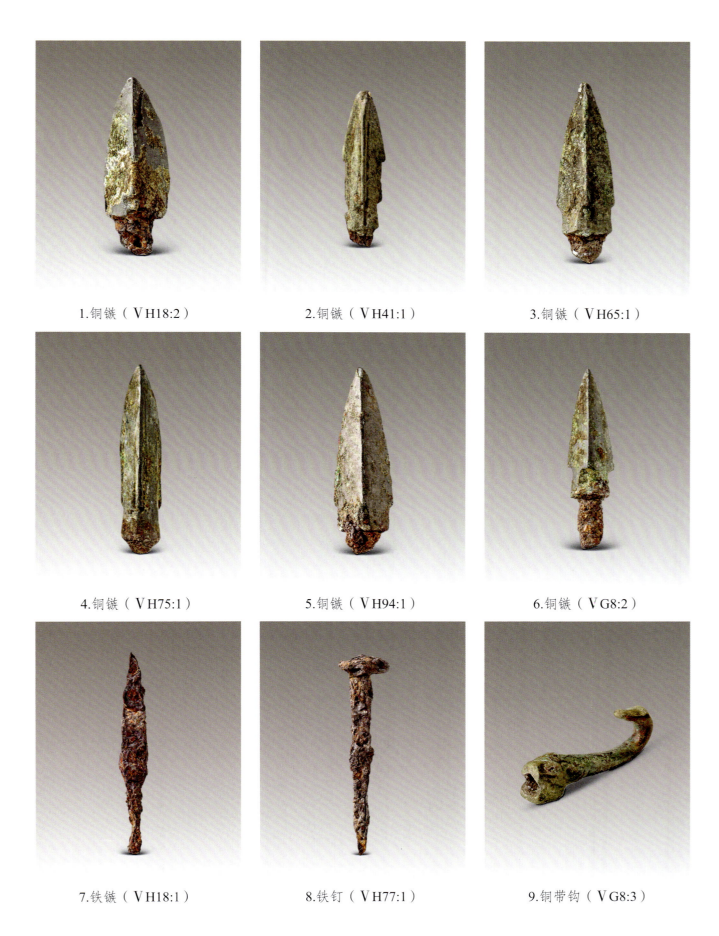

1.铜镞（ⅤH18:2）　　　　2.铜镞（ⅤH41:1）　　　　3.铜镞（ⅤH65:1）

4.铜镞（ⅤH75:1）　　　　5.铜镞（ⅤH94:1）　　　　6.铜镞（ⅤG8:2）

7.铁镞（ⅤH18:1）　　　　8.铁钉（ⅤH77:1）　　　　9.铜带钩（ⅤG8:3）

1. ⅡF1正射影像（上为北）

2.陶刻槽盆（ⅡF1:15）

3.陶拍（ⅡF1:9）

彩版五〇　第三期文化ⅡF1及其出土陶器

1.铜镞（ⅡF1:4）   2.铜镞（ⅡF1:12）   3.铁镞（ⅡF1:5）

4.铁蒺藜（ⅡF1:1）   5.铁蒺藜（ⅡF1:6）   6.铁蒺藜（ⅡF1:13）

7.陶纺轮（ⅡF1:10）   8."大泉五十"钱（ⅡF1:8）

彩版五一　第三期文化ⅡF1出土器物

1. ⅡF2正射影像（上为北）

2. 铜带钩（ⅡF2:6）　　　　3. 陶杯（ⅡF2:9）　　　　4. 陶纺轮（ⅡF2:8）

5. 铜镞（ⅡF2:4）　　　　6. 铜镞（ⅡF2:5）　　　　7. 铁甲片（ⅡF2:2）

彩版五二　第三期文化ⅡF2及其出土器物

1. ⅡQ1西段（由北向南）

2. ⅡQ1东段（由西南向东北）

彩版五三　第三期文化ⅡQ1

1.筒瓦（ⅠT7③:1）

2.筒瓦（ⅡT0101③:7）

3.筒瓦（ⅣT0401④:6）

4.筒瓦（ⅣT0704④:2）

5.筒瓦（ⅤT0102⑤:2）

6.卷云纹瓦当（ⅣT0401④:1）

彩版五四　第三期文化地层出土建筑构件

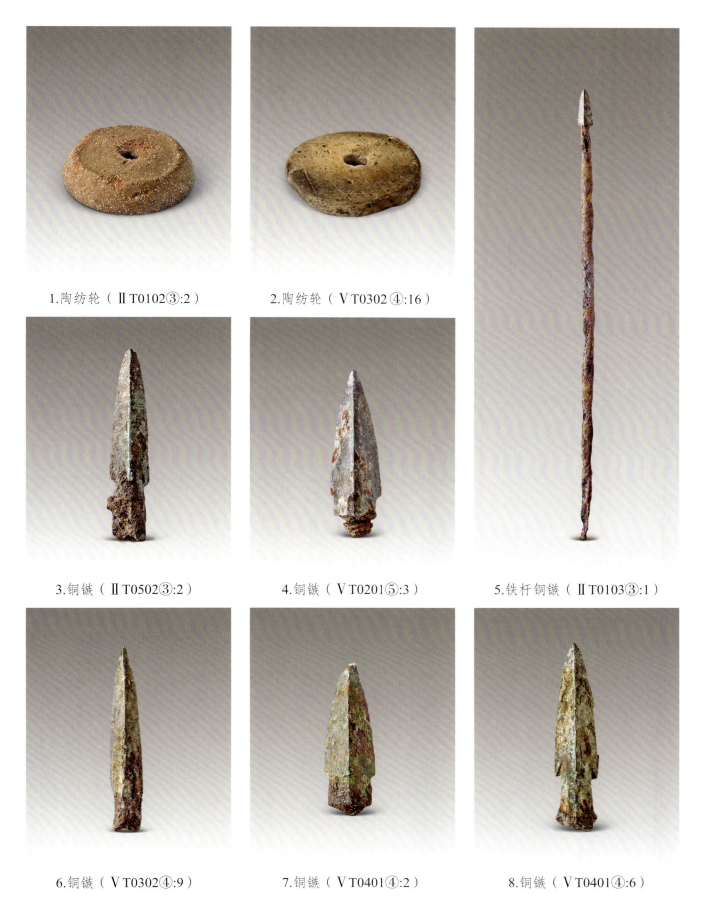

1.陶纺轮（ⅡT0102③:2）　　　2.陶纺轮（ⅤT0302④:16）

3.铜镞（ⅡT0502③:2）　　　4.铜镞（ⅤT0201⑤:3）　　　5.铁杆铜镞（ⅡT0103③:1）

6.铜镞（ⅤT0302④:9）　　　7.铜镞（ⅤT0401④:2）　　　8.铜镞（ⅤT0401④:6）

彩版五五　第三期文化地层出土器物

1．Ⅴ T0401④:7   2．Ⅴ T0401④:8   3．Ⅴ T0401④:14

4．Ⅴ T0401④:15   5．Ⅴ T0402④:1   6．Ⅳ T0501④:5

7．Ⅳ T0502④:6   8．Ⅴ T0202⑤:3   9．Ⅴ T0302④:2

彩版五六　第三期文化地层出土铜镞

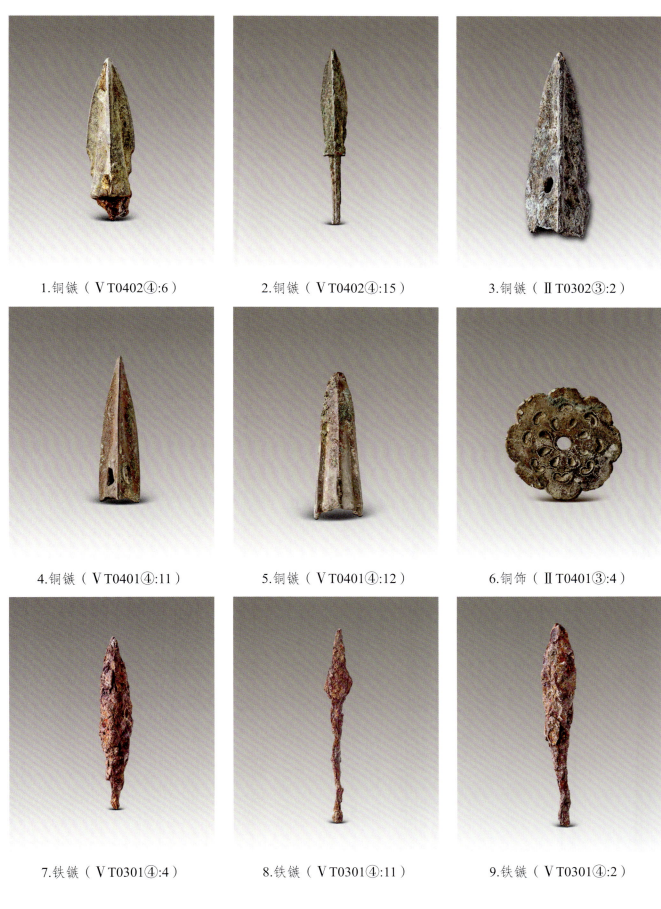

1.铜镞（ⅤT0402④:6）　　　2.铜镞（ⅤT0402④:15）　　　3.铜镞（ⅡT0302③:2）

4.铜镞（ⅤT0401④:11）　　　5.铜镞（ⅤT0401④:12）　　　6.铜饰（ⅡT0401③:4）

7.铁镞（ⅤT0301④:4）　　　8.铁镞（ⅤT0301④:11）　　　9.铁镞（ⅤT0301④:2）

彩版五七　第三期文化地层出器物

1.铁斧（ⅡT0101③:6）

2.铁斧（ⅤT0401④:1）

3.铁钉（ⅤT0301④:5）

4.铁钉（ⅤT0302④:10）

5.玛瑙珠（ⅤT0302④:24）

6."五铢"钱（ⅤT0401④:17）

7."五铢"钱（ⅤT0402④:18）

彩版五八　第三期文化地层出土器物

1. ⅤH17清理后（由东南向西北）

2. ⅤH20清理后（下为北）

彩版五九　第四期文化ⅤH17、ⅤH20

1.陶纺轮（ⅤH31:1）

4.重菱纹和马纹陶器底残片（ⅤT0102④:16）

2.菱格暗纹陶壶残片（ⅤT0202④:12）

5.铁镰（ⅤT0102④:2）

3.陶壶（ⅤT0202④:10）

6.铁锥（ⅤT0102④:11）

彩版六〇　第四期文化灰坑和地层出土器物

1.ⅣH16清理后（下为北）

2.ⅣH18清理后（上为北）

彩版六一　第五期文化ⅣH16、ⅣH18

1.铭文板瓦（ⅣH16:13）　　　　　　　　2.铭文板瓦（ⅤH60:3）

3.铁镞（ⅣH16:3）　4.铁镞（ⅣH16:5）　5.铁镞（ⅣH16:7）　6.铜钗（ⅤH60:1）

7.骨匕（ⅤH60:4）　　　8.陶纺轮（ⅤH59:1）　　　9.瓦当（ⅤH22:3）

彩版六二　第五期文化灰坑出土器物

1.清理前（由西向东）

2.清理后（由西向东）

彩版六三　第五期文化ⅡG2

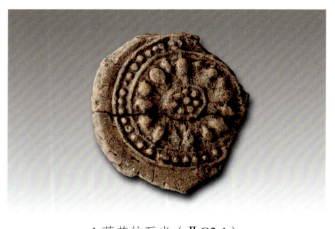

1.莲花纹瓦当（ⅡG2:1）

2.莲花纹瓦当（ⅡG2:2）

3.陶拍（ⅣG1:17）

4.砺石（ⅣG1:18）

5.铁铧（ⅣG1:1）

6.铁铲（ⅣG1:13）

彩版六四　第五期文化灰沟出土器物

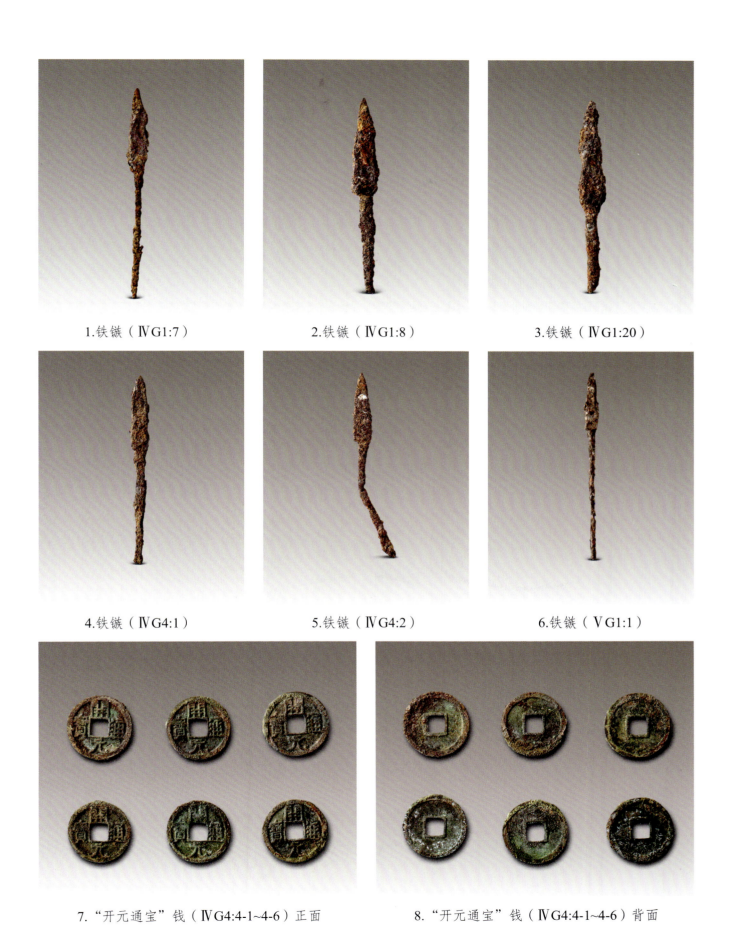

1. 铁镞（ⅣG1:7）　　　　　2. 铁镞（ⅣG1:8）　　　　　3. 铁镞（ⅣG1:20）

4. 铁镞（ⅣG4:1）　　　　　5. 铁镞（ⅣG4:2）　　　　　6. 铁镞（ⅤG1:1）

7. "开元通宝"钱（ⅣG4:4-1～4-6）正面　　　　8. "开元通宝"钱（ⅣG4:4-1～4-6）背面

彩版六五　第五期文化灰沟出土器物

1. ⅡSQ1全景（上为北）

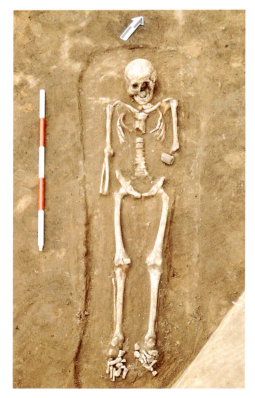

2.ⅣM1全景（由东南向西北）

3.ⅣPZ1全景（左为北）

彩版六六　第五期文化ⅡSQ1、ⅣM1、ⅣPZ1全景

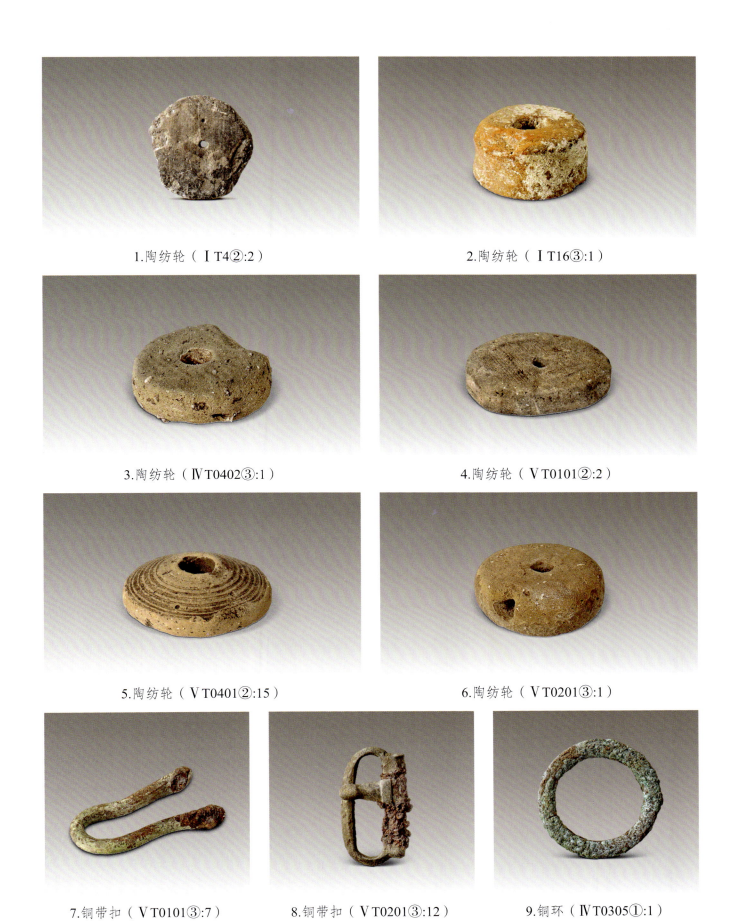

1.陶纺轮（ⅠT4②:2）

2.陶纺轮（ⅠT16③:1）

3.陶纺轮（ⅣT0402③:1）

4.陶纺轮（ⅤT0101②:2）

5.陶纺轮（ⅤT0401②:15）

6.陶纺轮（ⅤT0201③:1）

7.铜带扣（ⅤT0101③:7）

8.铜带扣（ⅤT0201③:12）

9.铜环（ⅣT0305①:1）

彩版六七　第五期文化地层出土器物

1. Ⅴ T0102②:10   2. Ⅴ T0301②:5   3. Ⅴ T0101③:3

4. Ⅳ T0305③:1   5. Ⅴ T0101③:19   6. Ⅴ T0101③:20

7. Ⅴ T0102③:9   8. Ⅴ T0201③:18   9. Ⅴ T0301③:1

彩版六八　第五期文化地层出土铁镞

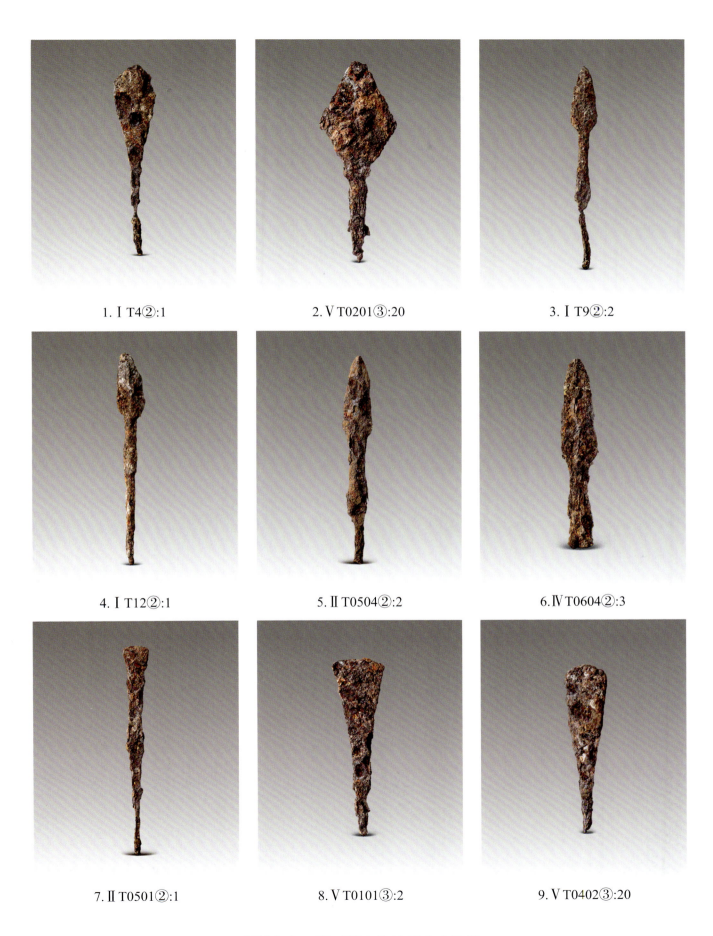

1. Ⅰ T4②:1

2. Ⅴ T0201③:20

3. Ⅰ T9②:2

4. Ⅰ T12②:1

5. Ⅱ T0504②:2

6. Ⅳ T0604②:3

7. Ⅱ T0501②:1

8. Ⅴ T0101③:2

9. Ⅴ T0402③:20

彩版六九　第五期文化地层出土铁镞

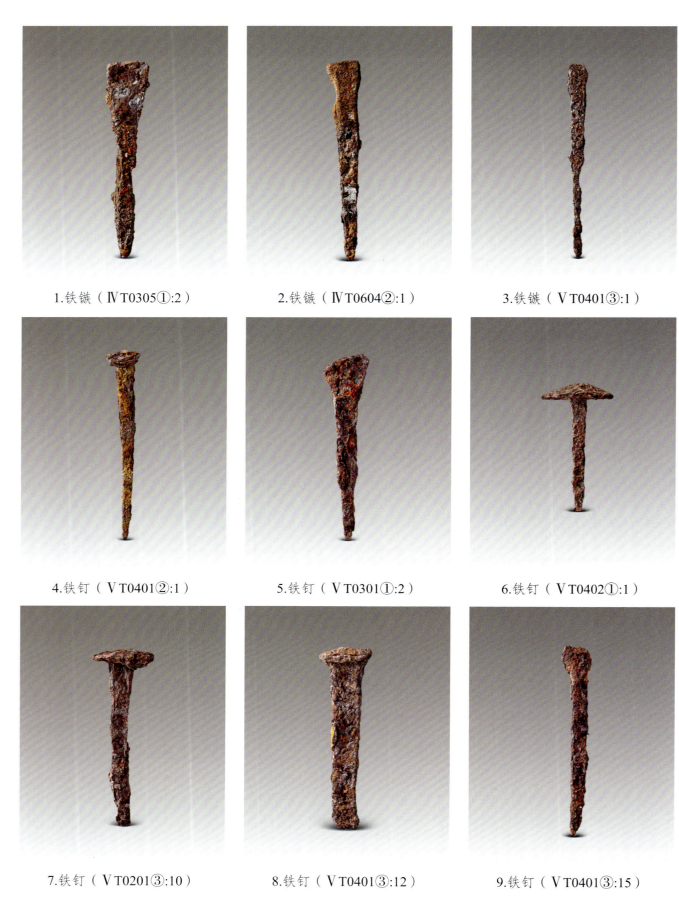

1.铁镞（ⅣT0305①:2）　　　2.铁镞（ⅣT0604②:1）　　　3.铁镞（ⅤT0401③:1）

4.铁钉（ⅤT0401②:1）　　　5.铁钉（ⅤT0301①:2）　　　6.铁钉（ⅤT0402①:1）

7.铁钉（ⅤT0201③:10）　　　8.铁钉（ⅤT0401③:12）　　　9.铁钉（ⅤT0401③:15）

1.铁削（ⅡT0404②:2）

2.铁削（ⅣT0101③:3）

3.铁削（ⅤT0101②:10）

4.铁削（ⅤT0401③:14）

5.铁斧（ⅣT0305②:1）

6.铁斧（ⅤT0301②:1）

彩版七一　第五期文化地层出土铁器

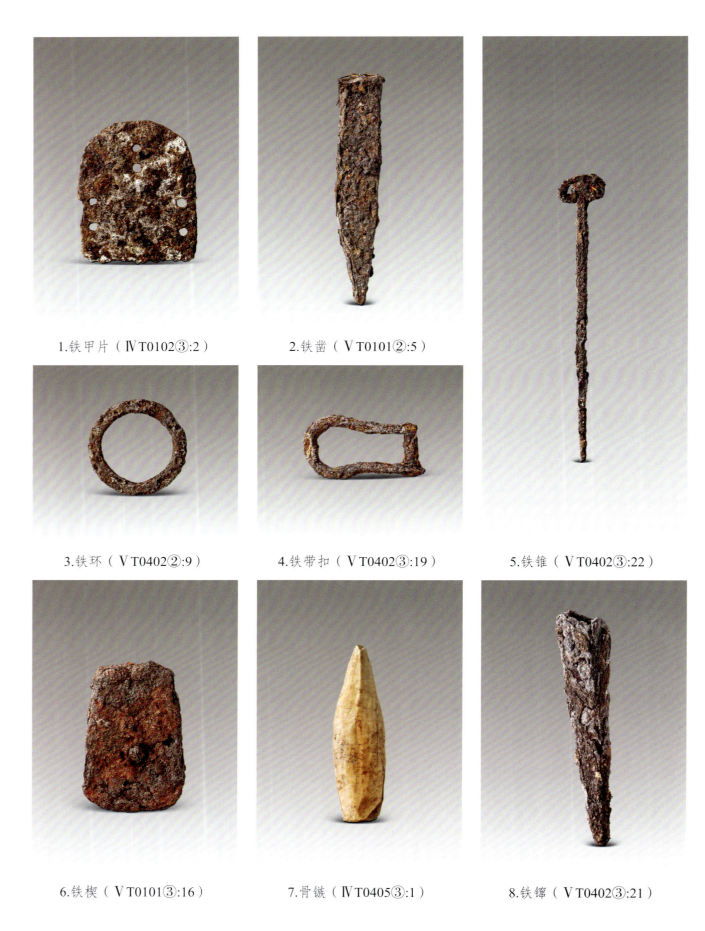

1.铁甲片（ⅣT0102③:2）　　2.铁凿（ⅤT0101②:5）

3.铁环（ⅤT0402②:9）　　4.铁带扣（ⅤT0402③:19）　　5.铁锥（ⅤT0402③:22）

6.铁楔（ⅤT0101③:16）　　7.骨镞（ⅣT0405③:1）　　8.铁镩（ⅤT0402③:21）

彩版七二　第五期文化地层出土器物

1.狍子左下颌骨（ⅤH59:B15）　　　　6.狍子右掌骨（ⅤH17:B1）

2.梅花右鹿肩胛骨（ⅤT0302⑥:B52）　7.狍子左髋骨（ⅤT0202⑤:B39）

3.马鹿角（2014ⅠH3:B53）　　　　　8.梅花鹿左距骨（ⅤT0302⑥:B55）

4.狍子左肱骨（ⅤT0102③:B5）　　　　9.马鹿右距骨（ⅤT0401②:B3）

5.梅花鹿右尺桡骨（ⅤH10:B1）　　　 10.马鹿右冠骨轴（ⅤH104:B3）

彩版七三　高林台城址出土鹿科动物骨骼

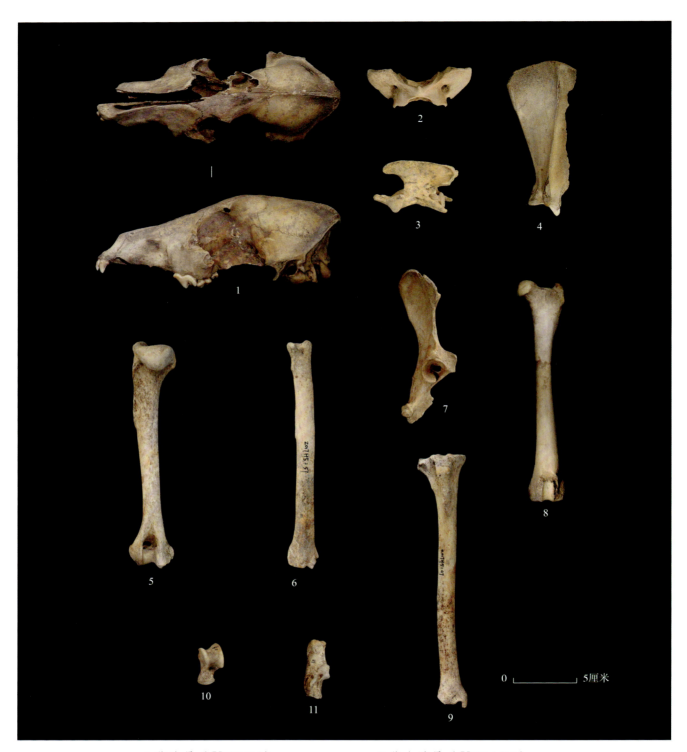

1.狗头骨（ⅤG8:B6）
2.狗寰椎（ⅤT0102④:B12）
3.狗枢椎（ⅤH5:B41）
4.狗右肩胛骨（ⅤH104:B23）
5.狗左肱骨（ⅤH5:B34）
6.狗左桡骨（ⅤH5:B37）
7.狗右髋骨（ⅤH94:B8）
8.狗左股骨（ⅤH104:B11）
9.狗右胫骨（ⅤH5:B47）
10.狗左距骨（ⅤH5:B19）
11.狗左跟骨（ⅤH5:B21）

彩版七四　高林台城址出土狗骨骼

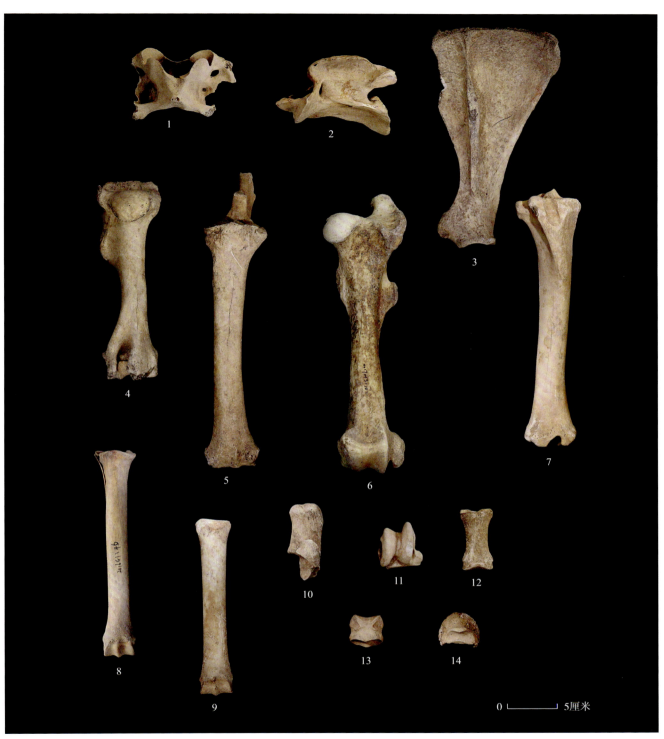

1.驴寰椎（ⅤH15:B13）　　　　8.驴右距骨（ⅣG1:B46）

2.驴枢椎（ⅤH15:B14）　　　　9.驴右掌骨（ⅢT4③:B2）

3.驴左肩胛骨（ⅤT0401⑤:B7）　10.驴右跟骨（ⅤT0202④:B7）

4.驴左肱骨（ⅤH101:B11）　　　11.驴右距骨（ⅤT0401④:B8）

5.驴左尺桡骨（ⅤH14:B4）　　　12.驴左系骨（ⅤT0201③:B7）

6.驴左股骨（ⅤH5:B10）　　　　13.驴左冠骨（ⅤT0302⑥:B35）

7.驴右胫骨（ⅤT0202⑤:B11）　14.驴左蹄骨（ⅤT0302⑥:B36）

彩版七五　　高林台城址出土驴骨骼

1.马上颌骨（ⅤH15:B1）　　　　　9.马右跖骨（ⅣG1:B16）

2.马寰椎（ⅤH74:B5）　　　　　　10.马右髋骨（ⅤH26:B8）

3.马枢椎（ⅤT0201④:B42）　　　　11.马左掌骨（ⅤT0301③:B25）

4.马左肩胛骨（ⅤT0202⑤:B6）　　12.马右髌骨（ⅤH26:B37）

5.马左肱骨（ⅤH5:B33）　　　　　13.马左距骨（ⅤT0301④:B23）

6.马右尺桡骨（ⅤT0202⑤:B1）　　14.马右跟骨（ⅤH104:B1）

7.马左股骨（ⅤT0301③:B1）　　　15.马左冠骨（ⅤT0302⑥:B2）

8.马左胫骨（ⅤT0301③:B2）　　　16.马左蹄骨（ⅤT0301③:B35）

彩版七六　高林台城址出土马骨骼

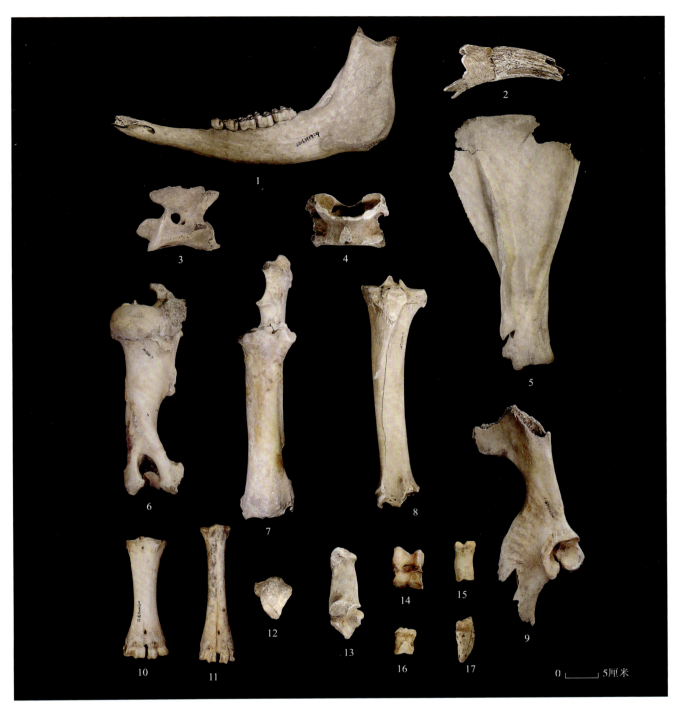

1.牛左下颌骨（ⅣH19:B4）　　　　10.牛右掌骨（ⅤT0203⑤:B22）

2.牛右角（ⅤT0202④:B22）　　　　11.牛左距骨（ⅤH101:B3）

3.牛枢椎（ⅣG1:B13）　　　　　　12.牛左髌骨（ⅤH3:B2）

4.牛寰椎（ⅤH5:B2）　　　　　　　13.牛左跟骨（ⅤH30:B7）

5.牛左肩胛骨（ⅣG1:B28）　　　　14.牛右距骨（ⅤT0301④:B17）

6.牛右肱骨（ⅤH4:B7）　　　　　　15.牛左系骨轴（ⅤH104:B50）

7.牛左尺桡骨（ⅤH101:B1）　　　　16.牛右冠骨轴（ⅤH6:B1）

8.牛左胫骨（ⅤH30:B1）　　　　　17.牛左蹄骨轴（ⅤT0202④:B18）

9.牛右髋骨（ⅤT0106④:B1）

彩版七七　高林台城址出土牛骨骼

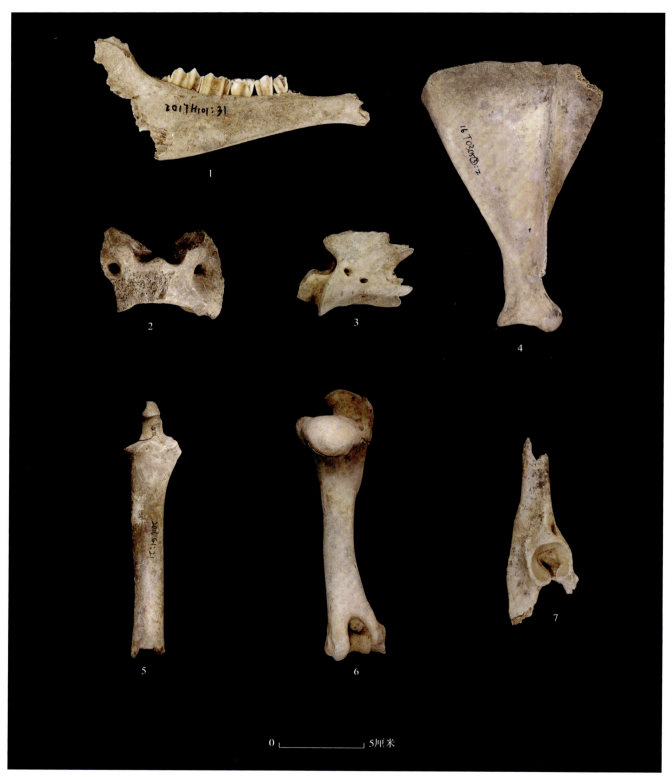

1.绵羊左下颌骨（ⅤH101:B31）　　　5.山羊右肱骨（ⅣT0305③:B3）
2.绵羊寰椎（ⅣG1:B8）　　　　　　6.绵羊左尺桡骨（ⅣG1:B21）
3.绵羊枢椎（ⅤH2:B1）　　　　　　7.羊右髋骨（ⅤT0305⑥:B2）
4.绵羊右肩胛骨（ⅣT0305③:B2）

彩版七八　高林台城址出土羊骨骼

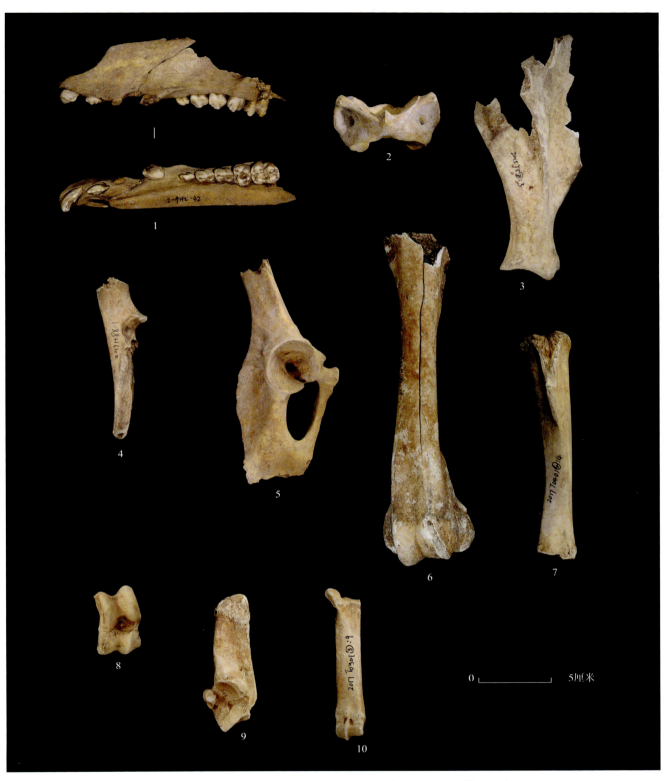

1.猪左上颌骨（Ⅰ H2:B42）　　6.猪左股骨（Ⅴ T0301②:B19）

2.猪寰椎（Ⅴ H113:B6）　　　7.猪右胫骨（Ⅴ T0401④:B4）

3.猪右肩胛骨（Ⅲ T5③:B3）　　8.猪左距骨（Ⅴ H24:B2）

4.猪右尺骨（Ⅴ H88:B1）　　　9.猪右跟骨（Ⅴ T0301③:B17）

5.猪右髋骨（Ⅰ H3:B81）　　　10.猪右第四跖骨轴（Ⅴ T0301③:B9）

彩版七九　高林台城址出土猪骨骼

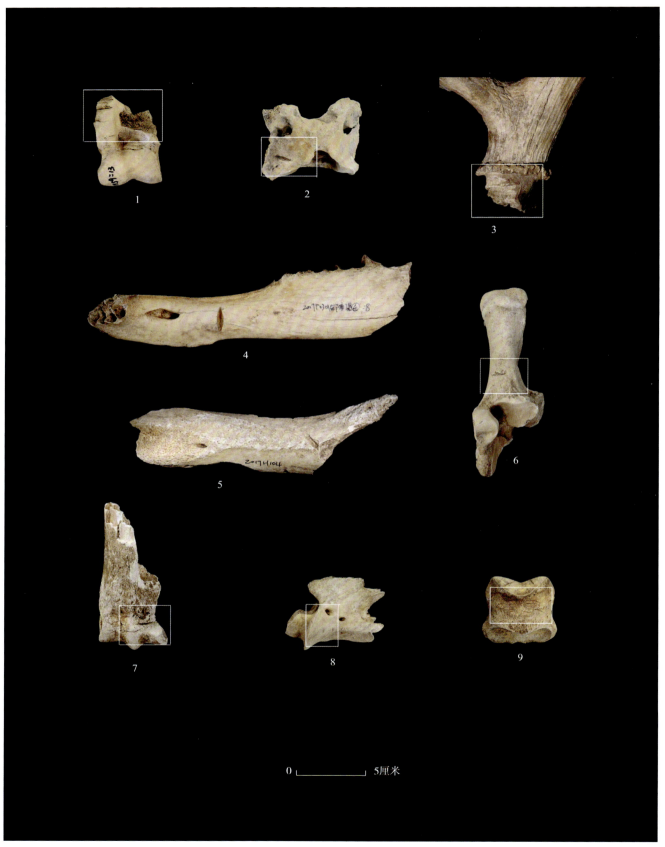

1~7.砍砸痕　　　8、9.切割痕

彩版八〇　高林台城址出土动物骨骼人工痕迹举例

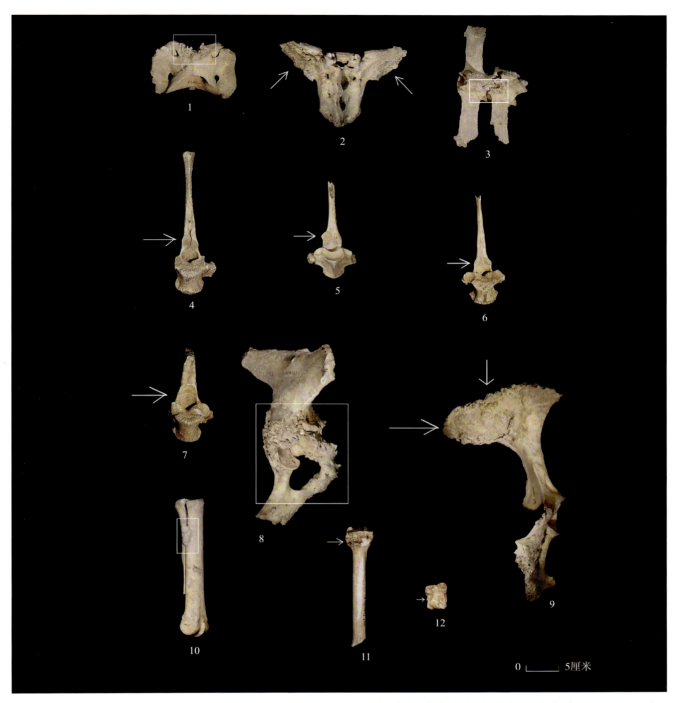

1.马寰椎前关节面背侧骨赘现象（ⅣG1:B31）　　　4.马胸椎脊椎关节面左右形状不对称（ⅤH17:B162）

2.马荐椎荐椎翼背侧骨赘现象（ⅣG1:B18）　　　　5.马胸椎脊椎关节面左右形状不对称（ⅤG3:B53）

3.马腰椎椎骨联合处骨赘现象（ⅣG1:B168）　　　 6.马胸椎脊椎关节面左右形状不对称（ⅤH59:B17）

4.马胸椎脊椎关节面异常（ⅤH95:B66）

8.马髋骨髋臼、髂骨近髋臼及耻骨附近有骨赘现象（ⅣG1:B27）

9.马髋骨髂骨翼及坐骨远端有骨赘现象（ⅣG1:B119）

10.马掌骨骨干近端与第Ⅱ、Ⅲ掌骨有骨赘现象且部分愈合（ⅤT0202⑤:B29）

11.驴掌骨及腕骨掌骨近端关节面及腕骨之间有骨赘现象并愈合（ⅤT0301②:B9）

12.牛第二指/趾骨骨骼表面有骨赘现象（ⅤT0201③:B51）

彩版八一　高林台城址出土动物骨骼异常（病变）举例

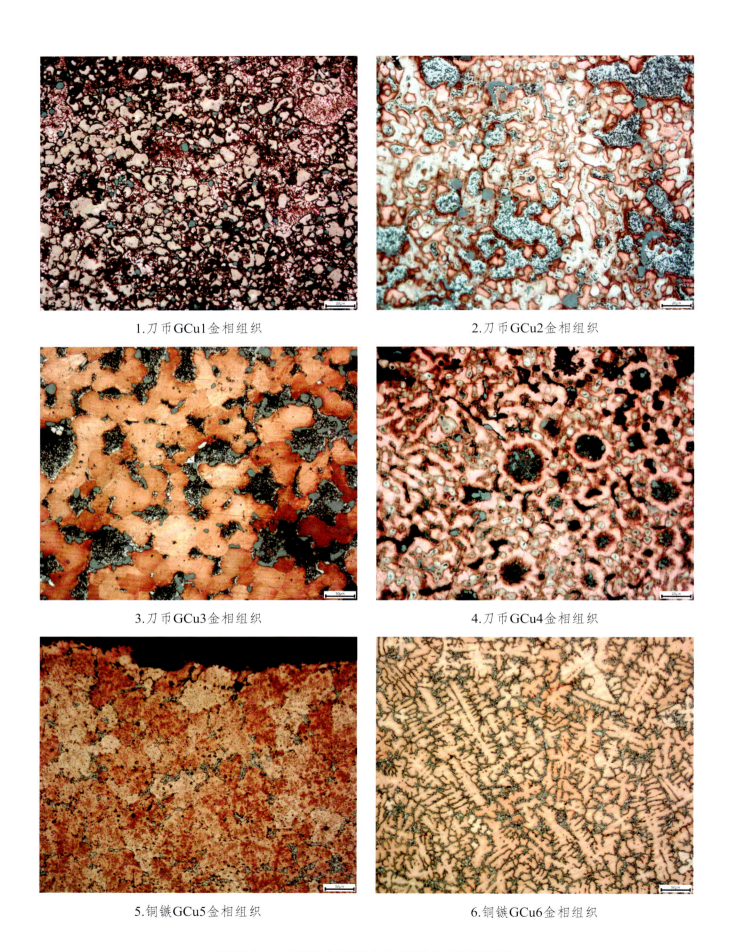

1.刀币GCu1金相组织

2.刀币GCu2金相组织

3.刀币GCu3金相组织

4.刀币GCu4金相组织

5.铜镞GCu5金相组织

6.铜镞GCu6金相组织

彩版八二　高林台城址出土铜器金相分析照片

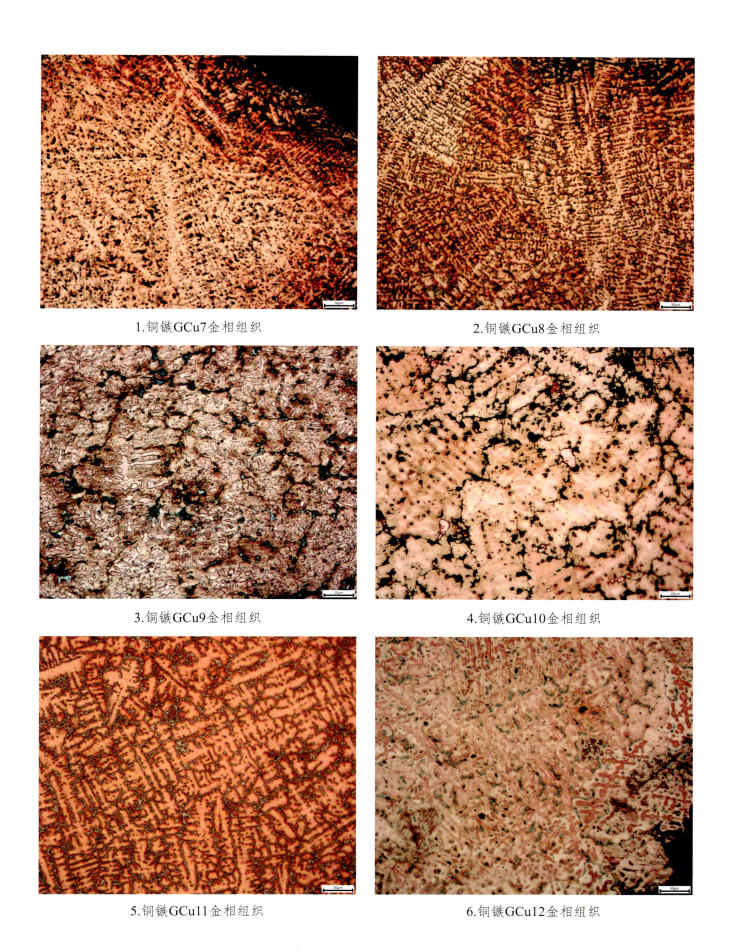

1.铜镞GCu7金相组织

2.铜镞GCu8金相组织

3.铜镞GCu9金相组织

4.铜镞GCu10金相组织

5.铜镞GCu11金相组织

6.铜镞GCu12金相组织

彩版八三　高林台城址出土铜器金相分析照片

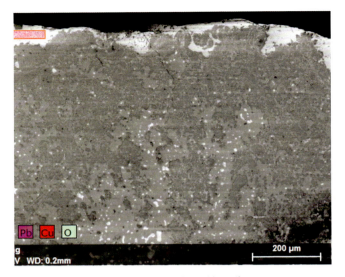

1. 刀币 GCu4 背散射图像

EDS微区分析（wt.%）：Cu 9.08，O 8.07，Pb 82.85

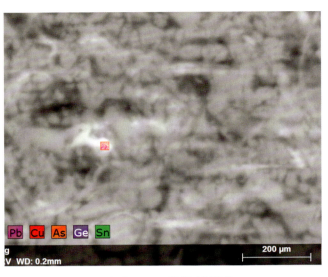

2. 刀币 GCu1 背散射图像

EDS微区分析（wt.%）：Cu 50.08，Pb 41.09，As 6.16，Sn 2.51，Ge 0.24

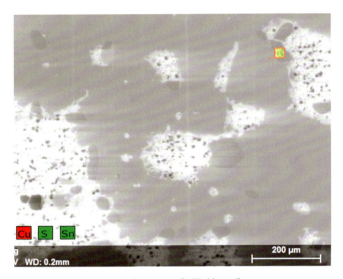

3. 刀币 GCu3 背散射图像

EDS微区分析（wt.%）：Cu 75.42，S 20.68，Sn 3.90

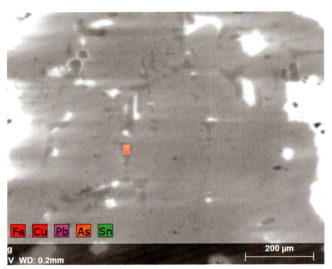

4. 刀币 GCu2 背散射图像

EDS微区分析（wt.%）：Fe 52.06，Cu 34.02，Pb 6.38，As 6.31，Sn 1.24

彩版八四　高林台城址出土铜刀币背散射图像